管理心理学

MANAGEMENT PSYCHOLOGY

杨东 张丽 主编

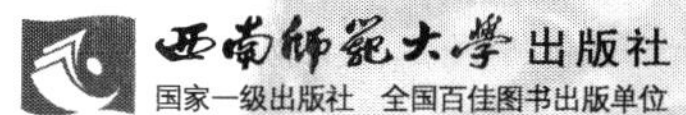

图书在版编目(CIP)数据

管理心理学/杨东,张丽主编.—重庆:西南师范大学出版社,2011.1
ISBN 978-7-5621-5165-4

Ⅰ.①管… Ⅱ.①杨…②张… Ⅲ.①组织心理学:管理心理学 Ⅳ.①C93-05

中国版本图书馆 CIP 数据核字(2011)第 005278 号

管理心理学

杨 东 张 丽 主 编

责任编辑:任志林
封面设计:尚品视觉 CASTALY 周 娟 钟 琛
出版发行:西南师范大学出版社
地址:重庆市北碚区天生路 1 号 400715
市场营销部电话:023—68868624,68254350(传真)
http://www.xscbs.com
经 销:全国新华书店
印 刷:重庆大雅数码印刷有限公司
幅面尺寸:180mm×230mm
印 张:22
字 数:430 千字
版 次:2011 年 2 月 第 1 版
印 次:2019 年 7 月 第 2 次印刷
书 号:ISBN 978-7-5621-5165-4

定 价:35.00 元

前　言

哲学家阿尔弗雷德·诺斯·怀特海德(Alfred North Whitehead,1861～1947)认为:人类文明进步的一个标志,就是人们可以频繁地、不假思索地采取行动。要不假思索地采取行动,了解个体及组织的潜在心理机制及活动规律是首要的。组织管理心理学就是这样一门学科,经过半个多世纪的不断壮大,如今它已经成为备受心理学、管理学研究者及管理实践者关注的一门学科。

组织管理心理学的学习有两个主要方向:一是站在未来——不同的时代,不同的国籍,不同的生活方式,从自我的习惯出发,从不同的角度去学习之,评论之,创新之;二是站在现在——从已有的研究中,学习前人的经验,作为自己的参考,模仿之,实践之。

无论从哪个方向入手学习,都需要有一定的管理学、心理学知识的积累以及实践体验和感受,甚至还需要学习者个人的一些人生阅历。但笔者在教学过程中发现,很多心理学专业的学生,虽然积累了一定的心理学知识,却在学习组织管理(人力资源管理、管理心理学等)相关课程时,往往显得心有余而力不足,究其原因,主要有两方面:

首先,对于应用心理学专业的本科生来说,他们可能缺乏对管理学知识的系统了解和掌握,因此,对心理学与管理学的联结点把握不到位,不知该怎样将心理学的理论连接到管理的实践活动中,"知行合一"难以实现;其次,对于管理(工业、组织)心理学的研究生来说,由于研究生招生生源的广泛性,心理学考研大军中,有很大部分考生都是跨专业的,他们对管理学和心理学知识的掌握程度也是参差不齐,对之后的研究生教学内容、教学方式及社会实践都提出了很大的挑战。在这种情况下,如果完全按照传统的教学方式和方法来设计教学内容,势必会增加学生学习的难度。因此,对于管理心理学类教材的编写来说,怎样将管理学、心理学及组织管理实践的知识融合到一起,具有非常重要的价值。

另外,心理学、管理学及其他相关学科的迅猛发展,也为人们打开了窥探管理世界奥秘的新视野。新理论、新观点、新知识在不断地涌现,及时将这些思想的精髓从分散的文献中发掘出来,予以提取整合,对于理论本身的发展和完备大有裨益。且管理心理学知识的运用不在于言谈,而在于行动,通过理论指导有效的实践才能体现学科的意义。综上所述,一本从企业管理实践出发,充分融合心理学和管理学最新知识的管理心理学类教科书是学生们热切期望的，这也是我们编写本教材的初衷。

本书主要面向大学高年级学生和研究生，尤其是心理学院、管理学院及商学院的学生。另外，本书对于企业管理从业者也有所帮助。对于现实中的企业管理实践者来说，不仅要掌握具体的管理方法和工具，最重要的是理解管理的思想和理论精髓。目前，国内正处于充斥着各种新颖的管理观念及模式而实质上没有自己管理思想的时代，眼花缭乱的西方管理理念和方法已经成为企业界迷茫和困惑的制造源。管理不仅是工具和方法，也是一种哲学思想、一种智慧、一种对管理者思维起指导作用的方法论，如果仅仅是从“工具”的层面而非思想的层面去看待管理，那这种理解不一定深刻，而且很快就会陷入茫然无措的境地。因此，对于现实中的企业管理实践者来说，在学习管理工具的同时，应该加强对经典管理理论的学习和掌握。

本书是集体智慧的结晶，全书由我和我的研究生共同完成，我的研究生张丽、王静、彭程、余明莉、魏青青、刘小静、王艳辉、何秋菊参与了本书的编写，感谢她们为此付出的汗水和努力。

本书参考了大量国内外相关书籍、论文、网站上的研究成果和企业实践案例。由于篇幅所限，书后仅罗列出了直接引用的参考书目和相关文献，间接引用的参考文献未能一一列出，谨此对这些文献的作者表示衷心感谢！

由于水平有限和时间仓促，书中的缺点和不足在所难免，欢迎广大读者批评指正。

杨　东
西南大学心理学院

目 录

前言 …… 1
第一章　导论 …… 1
　第一节　管理心理学概述 …… 3
　第二节　管理心理学的发展与展望 …… 7
　第三节　人性假设 …… 16
第二章　组织外部环境 …… 26
　第一节　组织的一般外部环境 …… 28
　第二节　组织的社会责任 …… 35
　第三节　中国文化与组织行为 …… 42
第三章　组织内部环境 …… 52
　第一节　组织结构与组织设计 …… 53
　第二节　组织发展与变革 …… 62
　第三节　组织文化 …… 71
第四章　个体心理 …… 82
　第一节　气质、性格与能力 …… 83
　第二节　态度与价值观 …… 95
　第三节　认知理论 …… 105
第五章　群体心理 …… 113
　第一节　人际关系理论 …… 115
　第二节　群体动力 …… 120
　第三节　群体沟通与冲突 …… 130
第六章　领导心理 …… 144
　第一节　领导特质理论 …… 146
　第二节　领导风格和行为方式理论 …… 152
　第三节　领导的权变理论 …… 160

第七章　人格与管理 …… 171
第一节　价值观、自尊与管理 …… 172
第二节　工作态度与管理 …… 176
第三节　动机与激励 …… 184
第八章　认知与管理 …… 195
第一节　社会知觉与管理 …… 196
第二节　学习、创造与管理 …… 202
第三节　决策 …… 208
第九章　心理健康与管理 …… 217
第一节　员工心理健康概述 …… 218
第二节　员工援助计划(EAP) …… 228
第三节　EAP实践案例分析 …… 238
第十章　有效激励 …… 246
第一节　外部动机与激励 …… 248
第二节　社会动机与激励 …… 256
第三节　内部动机与激励 …… 263
第十一章　良好沟通 …… 270
第一节　沟通 …… 272
第二节　谈判与说服 …… 279
第三节　冲突处理 …… 287
第十二章　高效团队 …… 294
第一节　团队概述 …… 295
第二节　基层班组建设实践及启示 …… 307
第十三章　卓越领导 …… 315
第一节　卓越领导的表现 …… 317
第二节　卓越领导艺术 …… 324
第三节　卓越领导训练 …… 330
参考文献 …… 339

第一章 导论

学习目标

1.了解管理心理学的学科性质、研究内容及研究对象；
2.理解管理心理学的形成与发展的历史及未来展望；
3.掌握人性假设的基本观点以及相应的管理措施。

【本章知识结构】

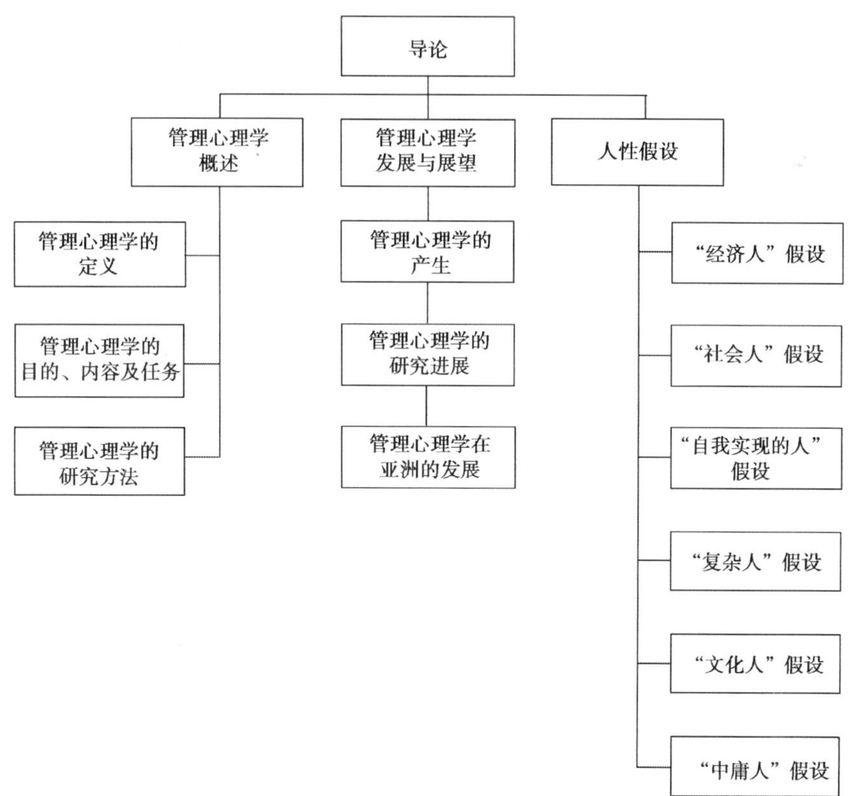

【引言】

住在同一屋檐下的七个人，每天的口粮只有一桶粥，这对他们来说显然是不够的。刚开始时，大家抓阄决定谁来分粥，每天轮一个，于是一周下来，每人只有自己分粥那天是饱的；后来，他们推选一个道德高尚的人出来分粥，大家开始挖空心思去讨好他，贿赂他，搞得乌烟瘴气却依然没有解决问题；然后，大家组建了三人的分粥委员会及四人的评选委员会，分粥时互相攻击耍赖，等吃到嘴里，粥已经完全凉透了；最后，生存的压力让大家想出一个绝妙的主意：轮流分粥，但分粥的人要等其他人都挑完后拿剩下的最后一碗。为了不让自己吃到最少的，每人都尽量分得平均，就算不平，也只能认了。大家快快乐乐，和和气气，日子越过越好。

上述前三种分粥的办法，或造成分粥不公平的结局，影响了大家的积极性；或效率不高，在一件极简单的事情上浪费太多的精力；或给“掌勺者”以可乘之机，使其有以权谋私的机会。而唯有第四种方法，看似简单，实则适用，隐含了深刻的组织管理的内涵，具有更宽广的适用性。

（资料来源：http://www.gpxz.com/pc/88939.html）

“人事之最难在于知人”，分粥的故事是一场人与人之间的博弈游戏，恰如在组织管理中，管理者通过预测、引导、控制员工的心理和行为，建立一个像“轮流分粥，分者后取”这样合理的游戏规则，让每个员工按照游戏规则进行自我管理。也就是说，让谋划的人尽心谋划，让执行的人全力执行，且他们都从中获得间接而不是直接的利益，这样我们才能把“粥”分得更好。

管理心理学就是这样一门学科，它从整合的多学科视野出发，运用心理学的研究手段和成果，通过对人的心理活动的研究，提高管理人员预测、引导和控制人们行为的能力，从而提高管理行为的有效性和艺术性。虽然它也要研究心理与行为的一般表现，但更要进一步研究评价和分析人的行为的方法，掌握保持积极行为、改变消极行为的技术。总的说来，管理心理学是一门实践性很强的应用性学科，强调在管理实践中的应用，并在管理实践中不断丰富和发展自身的内容。注重理论与实际的紧密联系是学习组织管理心理学的重中之重。

本章是全书的导言部分。在本章中，我们将对管理心理学的学科性质、研究内容、研究对象，管理心理学形成与发展的历史、未来展望，以及管理中的最基本也是最核心的问题——人性问题进行概述，以便读者对这门学科形成总体的认识，构建一个整体的认识框架。

第一节　管理心理学概述

要学习管理心理学，我们首先要了解管理心理学的内涵，管理心理学的学科性质、定位，以及管理心理学的研究目的、对象、研究内容等。

一、管理心理学的定义

管理心理学主要研究的是组织中的管理心理和行为，为此，我们首先要了解什么是组织，什么是管理的本质等问题。

1.定义的构造解析

组织(organization)是指两个或两个以上的个体以一定方式有意识地联系在一起，为达到共同的目标而按一定规则从事活动的群体或社会单位。

组织的定义包含着多层内涵：第一，组织是有一定结构的，至少有两个人才谈得上组织，组织内的个体是有意识地联系在一起的；第二，组织的存在是有具体意义的；第三，组织是以有规则的活动为存在方式的，没有活动，目的就无从达到，组织也就名存实亡。

管理(management)就是界定企业的使命，并激励和组织人力资源去实现这个使命。界定使命是企业家的任务，而激励与组织人力资源是领导力的范畴，二者的结合就是管理。

彼得·德鲁克(Peter F.Drucker，1909～2005)认为管理包含三项任务：第一，管理是为了实现组织的特定目标与使命，使命就是组织存在的原因；第二，管理要使工作富有成效，使员工有成就感；第三，管理需要处理对社会的影响以及承担社会责任。

今天的组织已经逐渐演变为个人赖以谋生、取得社会地位、获得个人成就与满足的工具。因此，使员工有成就感不仅很重要，也是一种衡量组织绩效的尺度。人力资源是所有经济资源中最未有效使用的资源，提高经济绩效的最大机会在于提高人们工作的效率。组织的有效运作，归根结底取决于它促使人们尽职尽责、完成工作的能力。而管理心理学(organization managerial psychology)就是一门系统地研究人在组织中的心理现象、行为及其规律，以调动人的工作积极性，提高管理效能为目的的应用心理学科。

2.组织行为学与管理心理学的区别与联系

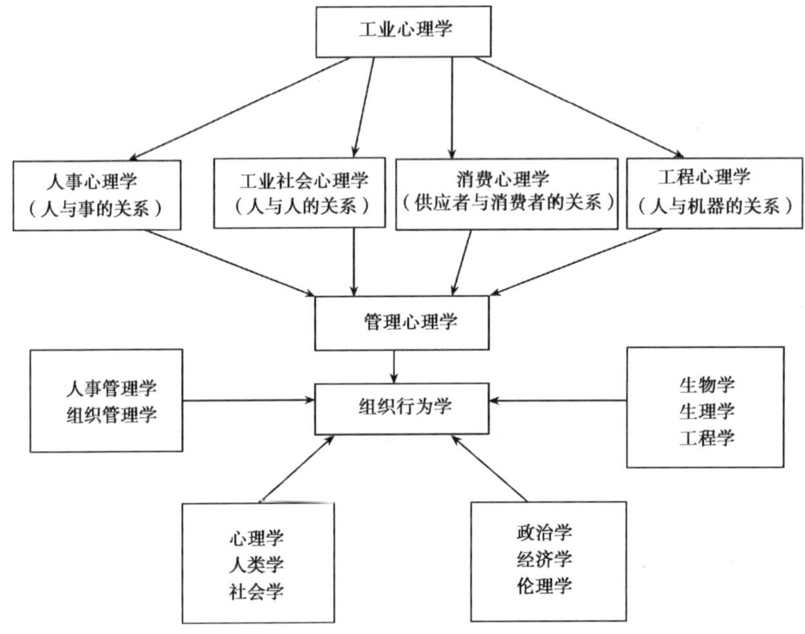

图 1-1 组织行为学与其他学科之间的关系

组织行为学与管理心理学都属于边缘科学，并且二者都为管理服务，具有应用性，属于应用科学，在这两点上二者是一致的。即使这样，组织行为学与组织管理心理学在学科性质上仍然是有差异的。

组织行为学属于行为科学的范畴。“行为科学的研究对象是人，是人的行为，是组织环境中人们的行为特征和规律。”组织行为学是行为科学在组织环境中的具体化，专门研究一定组织中人的行为特征和规律；而管理心理学属于心理科学的范畴，是心理科学的一个分支，是心理科学中应用心理学的一个学科。前者的立足点是行为，后者的立足点是心理，二者之间不能画等号。虽然美国心理学家和我国港台地区的心理学家认为“心理学是研究行为的科学”，并认为“行为”的含义至广，“除包括外显活动之外，还包括内隐的一切心理过程，甚至包括部分生理过程在内（神经系统与内分泌）。”但这里毕竟有个“外显”与“内隐”的区别，“外显活动”则是行为。进入20 世纪 80 年代后，组织行为学又分为宏观组织行为学和微观组织行为学，宏观组织行为学（或称组织理论）来源于社会学、政治学和经济学，探讨在一定社会经济背景下的组织结构、组织设计和组织行为；微观组织行为学来源于心理学，研究个体行为、态度、动机与组织系统之间的相互影响。

值得说明的是，管理心理学的研究领域，包括其理论和结论，都是建立在大量系统化调查研究的基础上的。它运用在控制条件下收集到的科学的证据，以合理而严谨的态度去测量和解释，对其原因和结果进行归类和汇总，其目的是得出准确的结论。

二、管理心理学的目的、内容及任务

1.管理心理学的研究目的

研究组织管理心理的目的在于两方面：其一是理论目的，即通过对管理心理学的研究，可以发展和完善学科体系，深化对组织心理的认识；其二是直接的实践目的，也是它的根本目的，是要提高组织效能、提高生产率。在实践中的研究目标要定位于帮助管理者解释、预测和控制组织中人的行为。

2.管理心理学的研究内容

管理心理学的研究对象是管理活动中人的心理现象及规律，主要包括如下几个方面的内容。

(1)个体心理

个体心理部分是以员工个体为研究对象，揭示人的认知、情感、个性、态度等方面的特点，以便管理者面对不同特点的人能够采取适当的管理措施，做到知人善任。个体心理研究的核心问题是激励。

(2)群体心理

群体心理部分是以工作群体为研究对象，揭示人们在相互交往、互相适应、共同实现群体目标过程中，群体规范及其心理压力的作用、群体凝聚力及影响条件、群体内信息沟通、人际互动与人际关系形成和发展的规律等。群体动力及人际关系问题是群体心理研究的重点所在。

(3)领导心理

领导心理研究的内容围绕领导行为的有效性展开，主要包括两方面：一方面侧重领导的素质特点和领导群体合理结构的研究，以期为领导人的选拔、培训、考核、晋升提供证据；另一方面侧重领导行为作风如何适应领导环境变化的研究，以期为提高领导艺术和领导效率服务。领导特质、领导风格以及领导行为方式是领导心理研究的重点。

(4)组织心理

组织是人设计的，同样也是随着人的变化而变化的。什么样的组织才能够既适应外界环境的变化又符合群体成员的心理需求？什么样的组织设计才合理？组织设计、组织变革与组织发展是组织心理研究的重点。

三、管理心理学的研究方法

在组织管理心理学的研究中，常用方法主要有实验法、观察法、访谈法、问卷法、测验法和个案法。

观察法可分为参与观察和非参与观察。观察者直接参与被观察者的活动，并在该活动中进行观察称为参与观察；而观察者不参与被观察者的活动，以旁观者的身份进行的观察则称为非参与观察。

访谈法，按谈话过程中结构模式的不同可分为有组织的访谈和无组织的访谈两种。有组织的访谈是研究者根据预定目标，事先拟定谈话提纲，按提纲的内容提出问题；无组织的访谈虽然也有一定的目标，但谈话中没有严密固定的程序，结构松散、层次交错，研究者的提问往往涉及较大范围，对象可较自由地作出回答，较为主动，便于交流情感。

实验法在组织管理心理学的应用中使用得比较广泛。实验法，是研究者有目的地通过严格控制或创设一定的条件，来引起被试产生某种心理现象，从而进行研究的方法。常用的实验法包括实验室实验和现场实验两种方法。实验室实验法，是指在特设的心理实验室内，借助于专门的仪器设备进行实验的方法；现场实验法也称自然实验法，是指在日常的实际工作场所中进行实验的方法。

另一个使用得比较广泛的方法是问卷法，它是设计调查表进行笔答式调查，进而研究人的心理和行为的方法。常用的问卷调查法有：是非法——要求被试者对问卷中每个问题，根据个人的主观判断进行“是”或“否”的简单选择式的问卷形式；选择法——要求被试者从多种可供选择的方案中选择一个或若干个方案的问卷形式；计分法——要求被试者对问卷中每个问题用五级（或七级）计分的方式进行回答的问卷形式；等级排列法——要求被试者对多种可供选择的方案，按其重要程度进行次序排列的一种问卷形式；描述型调查表法——要求被试者用自己的话来回答的问卷形式，这种调查问卷，往往可以活跃思想，广开言路，趣味性强。

测验法，是指采用标准化的心理测验量表或精密的测验仪器来测量被试者有关心理品质的研究方法。它虽然可以作为一种标尺用于评价人们的个性特征，但在使用中稍有偏差，就会使测验结果产生很大误差。

个案法，是对某一个体、团体或组织在较长时间里连续进行观察、调查、了解，从而研究其心理发展变化的全过程。

以上几种方法各有长处，也各有其局限性。因此，要结合管理实际，根据不同的情况、不同的问题，采用适宜的方法，使问题的解决有客观的科学根据，这样才能够取长补短，相得益彰。

第二节　管理心理学的发展与展望

管理实践的需要和心理科学的发展为组织管理心理学的产生提供了必然性和可能性。作为完整的系统化学科，管理心理学产生于20世纪50年代的美国。但它更悠久的根源却是在20世纪20年代，当时的经济、社会的发展和心理学以及其他相关学科的发展对其产生有密切的关系。

一、管理心理学的产生

管理心理学作为一门学科是在美国诞生的，虽然产生得比较晚，但其思想却很早就已出现，早期的许多组织管理的思想为其产生奠定了基础。

1.管理心理学思想的萌芽

在产业革命前，英国学者亚当·斯密(Adam Smith，1723～1790)就注意到要以人性的观点作为建立管理理论的依据。同时期的英国数学家查尔斯·巴贝奇(Charles Babbage，1792～1871)也主张在管理人员和员工之间寻求建立新的和谐关系。从他们的主张中可以看出，早期的管理思想看到了人性的因素，在管理中注入了心理学的内容。因此，我们可以说这就是组织管理心理学思想的萌芽。

2.科学管理理论时期

19世纪末到20世纪初是"科学管理理论"形成的时期，科学管理理论的代表人物有美国的泰勒、法国的法约尔、德国的韦伯和英国的厄威克等。泰勒等主要专注于研究如何提高劳动生产率，法约尔、韦伯等人则集中研究如何使组织设计合理化的问题。

泰勒(Frederick W.Taylor，1856～1915)提出了科学管理与"经济人"思想，主张去分析工作并对劳动进行科学的监督管理，在管理者和员工之间建立起一种和谐的人际关系，避免劳资冲突，以提高企业的劳动生产率。从他的思想中可以看到，他已经涉及人的心理需要，注意到努力调动人的因素。但泰勒仍将人看作"经济人"，认为员工积极努力工作的目的是为了获取最大的经济报酬。

法约尔(Henry Fayol)在1923年出版的《工业管理和一般管理》一书中提出了管理不同于经营的思想。经营包括技术、商业、财务、安全、会计和管理六种活动，管理只是经营职能的1/6。管理包括计划、组织、指挥、协调和控制五种因素，并在此基础上提出了管理的14条原则：专业化分工、权力与责任、纪律性、命令的统一、指挥的统一、个人利益服从整体利益、公正合理的报酬、集权制、阶层或等级系列、秩序、公平、保持员工的稳定、创造性、团结或集体精神，其中最后五项原则都是有关企业组织中的人际关系问题的。

韦伯(Max Weber,1864～1920)提出了“理想的组织机构模式”——成员间任务分工明确,上下级之间职、权、责分明,成员间是工作与职位的关系,不应受个人情感影响。这些研究对组织管理心理学做出了很大的贡献。

厄威克(Lyndall F.Urwick,1891～1984)在概括泰勒、法约尔、韦伯等人的管理原则的基础上,提出了他认为适用于一切组织的八项原则:原则、相符、职责、组织阶层、控制广度、专业化、协调及明确化。

概括起来,科学管理理论虽然已经部分涉及企业中人际关系问题,但其主要思想还是关注组织,而较少地关注人和人际关系等和人有关的因素。

3.行为科学理论时期

20 世纪 20 年代到 50 年代是行为科学理论的发展时期。行为科学是应用心理学、社会心理学、社会学和人类学等方面的知识,探讨如何对人的行为进行描述、解释、预测、控制和管理的一门科学。行为科学理论认为,人是“自我实现的人”,每个人都有完善自己的愿望。因此,他们反对泰勒的“经济人”思想,主张让员工在工作中去满足其自我实现的需要,从而不断地提高工作效率。他们提出,人的反应是在受到内外因素的刺激时所产生的,而人的反应结果又会影响人的工作效率。因此,他们重视通过内外的因素来调动员工的工作积极性。代表性的理论主要有:需要理论、强化理论等。其中最关键的是霍桑实验,该实验标志着组织管理心理学的初步创立。

霍桑实验的中心课题是生产效率与工作物质条件的相互关系。实验的主要内容包括:

(1)照明实验

该实验于 1924 年至 1927 年进行,目的是研究照明与员工个体生产效率之间的关系。实验人员挑选了一批员工,分别编成实验组和控制组。对于实验组,照明会有各种变化,而控制组的照明则没有变化。在实验开始之前,实验人员设想:增加照明会使产量提高。但实验的结果是:随着照明的增加,实验组的产量不断提高,而控制组的照明尽管没有变化,其产量也不断提高,两组的产量几乎等量。于是,研究者又采取了相反的措施,不断降低实验组的照明度,结果他们的产量仍然没有下降。因此,尽管这一实验进行了两年半的时间,却无法得出照明的变化导致工作效率变化的结论。

经过对前阶段实验的分析和总结,梅奥认为:让员工在特定的条件下进行实验,被选拔参加实验的员工会认为这是管理当局对他们的重视,因而产生一种回报心理;由于实验有著名的学者和专家参与,工厂里的管理人员可能会改变以往对待员工的态度,从而使管理者与被管理者之间的关系得以融洽,最终引起产量的提高。

为使这个判断有更充实的论据，梅奥又进行了一些后续实验。照明实验说明，良好的心理状态、人际关系比工作的物质环境更重要。

(2)福利实验

该实验于1927至1932年进行，实验的目的是研究福利条件、工作时间等因素对生产的影响。实验人员选择了6名女工在单独的房间里从事装配继电器的工作。在实验的过程中，先对她们逐步增加一些福利措施，如减少工作时间、增加休息时间、免费供应午餐等，结果生产效率不断上升。实验进行两个月后，实验者有意将福利取消。一般会认为，取消福利，产量定会下降。但事实是产量仍没有下降。这证实了梅奥推论的正确性，同时也说明融洽的人际关系在起作用。福利实验表明：在调动积极性方面，人际关系比福利措施更重要。

除了以上两个主要的实验以外，同时还进行了关于工资与生产效率关系的实验，这几个实验都说明：工作物理环境、福利、工资等不是提高生产效率的主要因素，员工的情绪、动机、人际关系等心理因素才是提高生产效率的主要原因。

(3)访谈实验

该实验于1928年至1930年进行。经过上述两个阶段的实验，研究者认识到工作环境中人的因素比工作的技术和物质条件对生产效率有更为重大的影响。于是，研究者在工厂开始了访谈计划，请员工对管理当局的规划和政策、工头的态度和工作条件等问题做出回答。为了真实地了解员工的想法，后来又放宽谈话的内容，让员工任意发表意见。在访谈的过程中，要求访谈者耐心听取员工的不满和意见，多听少说，并做好记录。访谈计划持续了两年多，收到了意想不到的效果：工厂的产量大幅度地提高。研究者通过分析认为，员工们长期以来对工厂的各项管理制度和方法存在许多不满，无处发泄，访谈计划的实行恰好为他们提供了发泄的机会，通过发泄，员工的情绪感到愉快，士气提高，从而提高了产量。

(4)群体实验

该实验于1930年至1932年进行。梅奥等人选择了14名男员工在隔离的观察室中进行中央交换机接线器的装配工作，对他们实行集体计件工资制：以小组的总产量为依据对每个员工付酬，并强调必须进行互相协作。研究者原来设想，实行这套奖励方法会使员工更加努力工作，以得到更多的报酬。但通过6个月的观察发现，虽然小组的成员大都具有超产能力，但他们的产量都只保持在中等水平上，每个员工的日产量都差不多，没有一个人企图无限制地超额而得到更多的工资。研究者经过调查发现，这个小组的成员为了自身的利益，自发地形成了一些规范。他们约定，谁也不能干得太多，突出自己；谁也不能干得太少，影响全组的产量。因为他们担心干得太多可能会导致管理当局改变现有的奖励制度，提高定额或者裁减人员，从而使部分员工失业。对于这些规定，不准向管理当局告密，如果有谁违反，轻则挖苦谩骂，重则拳打脚踢。梅奥由此得出结论，在正式组织中存在着自发形成的非正式群体，这种群体有自己的特殊规范，这些规范对人们的行为起着调节和控制作用。为了维护非正式群体的利益，群体成员宁可放弃物质利益的引诱。

霍桑实验告诉人们：人是社会人，员工不只是单纯追求金钱收入，他们还有社会、心理的需要；员工心理需要的满足是提高产量的基础，生产效率主要取决于员工的士气和工作积极性；在正式组织中存在着非正式群体，这些非正式群体有自己特殊的情感和规范，并对其成员的行为有较大影响。梅奥在总结霍桑实验的基础上，提出了人际关系理论。他认为人是“社会人”，影响人生产积极性的因素除物质条件外，还有社会、心理因素；生产效率的高低取决于“士气”，而士气又取决于是否具有良好的人际关系；非正式群体是影响生产效率的重要因素；新型领导的能力在于增加工人满意度、提高生产率，并且能够在正式组织的经济需要与非正式群体的社会需要之间取得平衡。霍桑实验及人际关系理论为管理心理学奠定了实验和理论的基础，并成为管理心理学的核心内容。

4.管理心理学的产生

虽然梅奥等人运用社会学、心理学知识来研究企业内部的人际关系，开创了在企业管理中研究员工行为、行为动机、行为激励和领导方法的新方向，但在当时，组织管理心理学并未以独立学科的形态出现，自身的名称和理论体系都尚未形成。1961 年，弗鲁姆和梅尔（Victor H.Vroom & N.R.F. Maier）发表了一篇题为“工业社会心理学”的综述，他们在这篇综述中指出，工业社会心理学应根据个体和社会系统两个基本模型进行研究。1964 年，莱维特（Harold J.Leavitt，1922～2007）在美国心理学年鉴发表了题为“组织心理学”的综述评论，标志着组织心理学正在形成一门独立的学科，强调了组织心理学在企业管理方面的作用。

二、管理心理学的研究历程

1.激励问题研究

激励问题是组织管理心理学诞生的基础，也是研究最多的领域。它曾产生了内容学派、过程学派和强化学派等诸多有关激励的理论流派。

（1）工作动机的研究

亚当斯（S.Adams）1963 年提出了“公平理论”，由于它对工资报酬制度设计的实际意义而颇受重视。例如，Bullock（1983）关于员工参与工资制定的研究表明，当员工参与工资制定时，他们更能明确工作成绩与报酬之间的关系，从而会体验到更大程度的公平感。从发展趋势看，工作动机的研究越来越重视可应用性和可操作性。

【拓展阅读】

猴子的生存

加利福尼亚大学的学者曾做过这样一个实验:把六只猴子分别关在三间空房子里,每间两只,房子里分别放置一定数量的食物,但放的位置不一样。

第一间房子里的食物放在地上,第二间房子里的食物分别多次从易到难悬挂在不同高度上,第三间房子里的食物悬挂在屋顶。数日后,他们发现第一间房子里的猴子一死一伤,第三间房子里的两只猴子都死了,只有第二间房子里的两只猴子活得好好的。原来,第一间房子里的猴子一进房间就看到了地上的食物,为了争夺唾手可得的食物而大动干戈,结果一死一伤。第三间房子里的猴子虽做了努力,但因食物太高,够不着,活活饿死了。只有第二间房子里的两只猴子先按各自的本事取食,最后随着悬挂食物高度的增加,一只猴子托起另一只猴子跳起取食。这样,每天依旧取得足够的食物。

如何实现人力资源的最佳组合一直是管理者十分关注的问题。岗位难度过低,人人能干,体现不出能力与水平,反倒产生内耗甚至残杀,如同第一间房子里的两只猴子;而岗位的难度太大,虽努力却不能及,最后人才也被埋没,就像第三间房子里的两只猴子。只有岗位难易适当,并循序渐进,犹如第二间房子里的食物,才能真正检验出人的能力与水平,发挥人的能动性和智慧。对人工作动机的激励要讲方法。

(资料来源:史顺利.小故事背后的管理之道[J].领导科学,2010,2:52—53.)

(2)工作满意感研究

自赫茨伯格(F.Herzberg)提出了双因素理论以来,人们围绕着满意感(满足)与生产水平(工作业绩)之间的关系展开了大量的研究。由于不能证明它们之间呈正相关,所以人们不再把工作满意感视为一种个体现象,而倾向于把工人满意感视为整个群体或企业的特征,作为预测企业和组织中工作行为的有效指标。

(3)应激的研究

随着工作节奏的加快,工作中的应激问题越来越受到人们的重视。关于工作紧张或角色压力(Role stress)的问题近年有不少研究,如角色压力与工作满意感之间的关系以及不同工作环境对于这一关系的影响。此外,还有一些关于减轻压力的策略研究。

(4)工作承诺和工作卷入的研究

工作承诺(job commitment)是指员工对自己所从事的工作的一种热衷态度。它与工作满意感(job satisfaction)和工作卷入(job involvement)有着密切关系。有关工作承诺的研究大体围绕五个不同方面展开,即工作价值观、职业发展、工作责任心、组织认同和对社会的态度。

工作卷入(job involvement)是指员工对其本职工作的积极主动的态度和热爱迷恋程度。早期研究者认为它是一种内在激励,把它看成是对工作的认同和价值观的表现。后来的学者将其视为一定的工作态度。总体看来,工作卷入包含三个关键因素:一是主动参与精神;二是工作是生活的核心兴趣;三是工作绩效在人的自我概念中居于核心地位。他们认为,工作卷入是以认知、情感和行为三者为基础的复杂概念。

(5)组织承诺研究

组织承诺(organizational commitment)的研究是工作承诺等研究的深入和扩展。最早提出此概念的是贝克(H.S.Becker,1960),他把组织承诺看成是随着员工对组织投入的增加而使其不得不继续留在该组织的一种心理现象。之后,许多学者对组织承诺的实质提出了各种各样的说法,这些定义大体上包括对组织的认知、情感和行为三方面的内容。

此外,关于组织承诺与离职、工作满意度、期望满足、工作安全感、人际关系等变量的分析研究也不少。尤其是关于员工组织承诺的形成培养过程的研究,对于增强员工对组织忠诚和依赖颇有实际意义。

2.团队的研究

在传统的组织心理学中,群体的研究是一个重要的内容。这种群体既包括正式群体,也包括非正式群体。而近些年来,组织管理心理学则侧重于正式工作群体,即团队(team 或 work group)的研究。

(1)团队凝聚力

这类研究侧重于军队和体育团队及治疗小组的凝聚力。但凝聚力的研究存在一些疑问:其一,关于凝聚力的参照标准不统一,不同学者采用不同的标准:"团结或一致性"、"道德感"、"气氛"、"团队精神"等,这就使各种研究结果难以比较;其二,凝聚力的因素结构比较复杂,不同研究的因素分析结果差异较大;其三,凝聚力的因果分析不一,对一些现象,有的当做原因,有的作为结果;其四,凝聚力的评价方法差异较大,缺乏公认的评价方法;其五,关于凝聚力与团队表现之间的关系,究竟是凝聚力影响表现,还是表现增加了凝聚力,或是相互影响,没有一致性结论。综上所述,关于团队凝聚力的研究,尚未看到突破性的成果。

(2)团队的构成

许多研究表明,团队规模大小会影响到成员的满意感。随着团队规模的增加,其成员“参与”和“沟通”的机会相对减少，从而导致满意感降低。能力水平也是影响因素之一。许多学者主张应选择能力相当的人组成团队。此外，关于年龄、性别、观点、人格特性等差异的影响，也有不少研究。

一些研究者认为，团队构成特点只是一种中介因素，仅起调节作用，而不是直接原因。也有研究表明，团队的构成特点，只不过是团队其他特点所带来的结果。

坎平(M.A.Campion)等曾研究了金融服务机构的80个团队，发现团队的19个特征与业绩有关，如团队的工作设计、成员的相互依赖程度、团队构成同质性、内部沟通以及管理支持等。

(3)团队的决策

团队常常会因那些影响其成员利益的决定而争论不休。因此，团队决策就成为影响团队工作业绩的一个重要问题而备受重视。

关于团体决策过程的研究较多，有定性分析，也有定量分析。在定性分析中，有贝尔斯和斯特罗特贝克(R.F.Bales & F.L.Strodtbeck)的团队决策三阶段模型(定向、评价、控制)、普尔(M.S.Poole)的结构化模型、伯恩斯坦和伯鲍姆(E.Burnstein & M.L.Berbaum)的用于高层管理小组的决策模型等。在定量分析中，有三个理论模型是非常著名的，它们是社会决策方案模型(social decision scheme model, SDS)，主要用于团队的最后决策；社会转变方案模型(social transition scheme model, STS)，主要用于不同爱好的成员之间的转变；社会相互作用顺序模型(social interaction sequence model, SIS)，着重于成员群体的改变。

计算机模拟代表着定量分析理论的一种新的发展趋势。SIS模型已经开发出了计算机模拟系统，其最大长处在于对决策所依赖的大量数据可以照样全盘考虑。另外，关于团队决策的影响因素研究也不少，但大多只是研究某个方面的因素，如决策规则、任务类型、信息占有量、信息的偏向及信息交换等。

3.领导行为研究

在20世纪70年代，因受到权变管理理论的影响，在领导行为的研究领域曾出现了豪斯(R.J.House,1971)的“通路—目标理论”、弗鲁姆(V.H.Vroom,1973)的“领导—参与模式”、卡曼(A.K.Karman,1975)的生命周期理论等。进入20世纪80年代后，受认知科学的影响，领导行为研究又出现了新的动向。

(1)认知资源利用理论

该理论由费德勒(F.E.Fiedler,1986)提出，用以说明如何使领导者有效地利用其认知资源，并确定依据领导业务能力来预计下级人员工作绩效的各种条件。所谓认知资源是指领导者的智力、专业知识和各种技能等。认知资源利用理论是在权变理论的基础上把情景变量与个体特征结合起来，对于领导者的选拔颇具意义。

(2)社会信息加工理论

该理论由洛德(Robert Lord,1985)提出,它是以认知信息加工的思路来分析领导行为,主要涉及领导行为的知觉、因果归因和评价。社会信息加工理论主要用于减少管理信息加工的认知偏差,提高领导者的有效认知能力。

(3)转化型领导理论

该理论由巴斯(B.M.Bass,1986)等人提出,认为以往的领导行为研究都把部下的绩效和满意度作为评价领导效能的结果变量,而转化型领导理论则把部下对工作任务的情绪反应、自尊、价值观以及对领导者的信任和信心等作为因变量。所谓转化型领导,是指那些能使部下看到美好的前景而激发出他们积极性和创造性的领导。

4.管理决策研究

管理决策研究在近十几年来颇受管理学界和心理学界的重视。

(1)认知心理学决策研究

主要研究决策与判断的认知加工过程,注重于决策与判断中所采取的认知策略、认知加工的特点与出现的偏差等。这类研究基本上是以心理决策论和统计决策论作为理论基础。卡尼曼(Kahnemant,1982)在《不确定条件下的判断:启发式与偏差》一书中,系统地分析了决策判断的认知特点和策略,总结了有关不确定条件下判断研究的初步成果。

(2)组织水平的决策研究

这方面的研究集中于分析不同背景下的决策模式、权力结构和参与体制,特别重视决策技能的开发与利用。Heller 与 Wolpert(1981)在《管理决策的能力与权力》一书中,总结了组织水平决策的比较研究,对管理决策进行了微观、中观和宏观三种层次的分析,建立了"影响力与权力分享(IPC)"的决策理论模型。Bass(1983)在《组织水平的决策》专著中,全面讨论了管理决策的加工过程以及影响因素,对组织水平的决策研究作了新的理论分析。

此外,Winterfeld 和 Edwards(1986)在《决策分析和行为研究》一书中详细地分析了决策分析与测量的各种方法,深入地探讨了决策研究的方法问题。

(3)信任研究

1995 年,米尔斯(Miles)与格瑞德(Greed)合作的论文《组织中的信任》,是从宏观层面对组织中信任动力问题进行了研究,他们通过研究管理者的态度和行为,提出了一个概念性框架:信任在管理哲学和组织形式中的互动作用。最终他们得出,在组织中,信任是可以实现的,信任就是组织控制的机制,是管理理念和管理哲学的关键要素,是组织网络形式运转的要因。在中观层面,鲍威尔(Powell)、伯特和肯兹(Burt&Knez)等的研究很具有代表性。鲍威尔从关注信任产生的社会环境入手,通过对四种合作网(地缘网络、研发网络、商业集团、战略联盟)的考察,发现每种类型的合作网都有自己建立信任的社会基础。他认为信任是一种文化价值观的解释，信任“就像在经济交换中使用功效卓著的润滑剂”。微观层面的研究，主要是克雷默(M.Kramer)、刘易斯(Lewicki)和邦克(Bunker)等。克雷默主要对等级关系中信任与不信任的产生进行了调查，刘易斯和邦克则分析了信任在组织中的发展模式。他们认为，组织中的信任不是一个孤立的问题，而是与社会学、心理学都紧密相关。

5.组织文化研究

以威廉·大内1981年出版的《Z理论》为标志，揭开了组织文化研究的序幕。他以文化和民族性的宏观视角，深入到组织内部去探讨组织成员的社会化和对组织的价值观及信念的认同以及组织效率问题。《追求卓越》(Peters & Waterman, 1982)、《公司文化》(Deal & Kennedy)等的相继出版掀起了组织文化研究的热潮。

1985年，沙因(E.H.Schein)发表了《文化如何形成、发展和变化》一文，将组织文化定义为：特定群体所发明、发现和发展的，用于学习和应付外部环境及内部整合问题的基本假设形式，并成为教育员工用以认知、思考和感受组织问题的实际方式。

6.管理的跨文化研究

随着国际市场的拓展和跨国公司的发展，管理的跨文化研究逐渐成为组织心理学研究的一个新趋势。20世纪90年代以来，跨文化的比较管理研究日益增多。在这种研究中，文化被作为一种背景因素、参照框架，用于探讨文化对管理的影响。其中，最引人注目的是关于个人主义与集体主义国民特性对组织管理的影响研究。美国是一个典型的个人主义国家，在这一文化背景下所获得的研究成果和管理模式，并不一定适合在集体主义中社会化了的国民。如Leung和Bond(1984)在研究集体主义文化对奖金分配的影响时指出，与美国被试相比，中国被试在没有社会压力情况下，更愿意遵循平等规则来分配小组奖金。

总之，组织管理心理学的发展呈现以下几个特点：一是从个体理论向整体组织理论扩展；二是在理论发展上，重视吸收认知心理学的研究成果；三是在学科体系方面，更强调组织的动力学和人力资源的系统开发；四是在研究领域方面，组织管理心理学也突破了传统的框架。这些特点一方面反映了学科本身的内部驱动，另一方面也反映了管理的实际需要。作为一门应用学科，组织管理心理学要以自己独特的理论去指导和服务组织管理的实践，从而使它成为管理科学中的一个重要组成部分。因此，管理学界比心理学界更重视组织管理心理学，这并不是偶然的，而组织管理心理学也在管理的实际需要推动下不断扩展。

三、管理心理学在亚洲的发展

第二次世界大战后，日本在实现企业管理现代化的过程中，注意在“民族形式”中引进现代化的内容。他们在管理方法上吸收欧美现代化的管理制度、方法和手段，在管理思想上发扬中国的传统管理思想。然后，他们将引进的东西与传统的东西创造性地有机结合，从而创立了独具特色的日本式管理和管理心理学理论。战后的日本仅用了20年的时间，就实现了企业管理的现代化，其主要标志之一就是经营思想的现代化，特点是：不仅重视对物的因素的管理，而且更重视对人的管理，特别是重视对行为科学和社会心理学的研究与应用——主张组织管理心理学的研究重点应从对个体的研究转移到通过某种社会控制使个体的能力资源得以充分发挥；强调个体的价值观在决策中的作用；重视组织理论的更新与发展。

我国是一个发展中的社会主义大国，组织管理心理学的兴盛也与国家的社会经济进步和改革成功息息相关。在古代的时候，我国就出现了很多有关行为管理和组织管理心理学方面的思想。这些思想主要体现在关于"人性"问题的争论、治国安邦的领导艺术与策略、领袖或将帅心理、士气激励等方面。其中的很多思想体现了管理的精髓，直到今天还被世界各地的人们所传阅和学习。虽然我国在很早的时候就有很多宝贵的管理思想，但在相当长的时间内，组织管理心理学的研究一直是一个空白。

从1978年开始，我国组织管理心理学者开始系统地引入国外管理心理学的理论和方法，相继完成了我国组织管理心理学的学科基础建设，在领导行为、管理决策、工作动机、价值观、员工培训、人员选拔和组织变革等方面，进行了较为系统的研究，通过与国外工业与组织心理学家的跨文化比较合作研究，不仅缩短了与发达国家的差距，还丰富了国际管理心理学的知识体系。近年来在国有企业改革、领导干部选拔、管理决策、科技创新体系的人力资源管理、激励机制、航天员的模拟培训等前沿问题上，根据国家科技进步和社会经济转型的需要，完成了一系列有较大影响的科研课题，产生了较大的社会效益和经济效益。

总体看来，我国的组织管理心理学研究已有了良好的开端，开始受到企业界的关注。我国组织管理心理学总的研究方向就是要探索一条建设有中国特色的组织管理心理学的研究道路。要完成这样一些目标，还有着很长的路要走，还需要组织管理心理学的理论工作者和管理实践工作者做出更多的努力。

第三节　人性假设

现代很多企业都提倡"人本管理"，那么什么是人本管理？人本管理的关键在什么地方？有人说，人本管理就是满足员工需求的管理，这个解释是否正确？有人说人本管理就是"和谐"管理，"和谐"管理是否意味着要一味地迁就人的不合理要求？其他还有很多观点。从实践的角度，我们认为，人本管理的核心应该是"顺着人性管理”，而不能“逆着人性管理”。更确切地说，作为管理者，就是要尽量去了解和洞悉人性，并尊重人性，根据人性的特点来进行管理。只有这样，才能达到孔子所说的“随心所欲而不逾矩”的最高境界。从这个意义来说，作为管理的基础，人性假设是需要了解的重要内容之一。下面介绍几种常见的人性假设。

一、“经济人”假设

1.基本观点

“经济人”(rational-economic man)，也可译为“理性人”。该观点从一种享乐主义的哲学观点出发，认为人的一切行为都是为了最大限度地满足自己的私利，工作的目的是为了获得经济报酬。美国管理学家麦格雷戈(D.M.McGregor)在他所著的《企业的人性面》一书中，提出了两种对立的管理理论，其中，X理论就是对“经济人”假设的概括。其基本观点如下：

(1)多数人天生是懒惰的，他们都想设法逃避工作。

(2)多数人没有雄心大志，不愿负任何责任，而心甘情愿被人指导。

(3)人们以自我为中心而忽视组织目标。

(4)人们习惯于抵抗变革。

(5)多数人是愚笨、无创造力的，常有盲从举动。

(6)人们只有生理和安全的低级需要，没有自尊和自我实现的高级要求。

2.相应的管理措施

管理只是少数人的事，与一般员工无关；员工的任务就是听从指挥，努力生产；强调任务管理，而不考虑人的感情；在奖励制度上，主要用金钱来刺激员工生产的积极性，同时对消极怠工者采用严厉的惩罚措施。通俗些说，就是采取“胡萝卜加大棒”的政策。

3.简评

(1)“经济人”假设是以享乐主义哲学为基础的。它把人看成是非理性的，天生懒惰而不喜欢工作的“自然人”，把人看成是机器，这与马克思认为的“人是社会人、人的本质是社会生产关系的总和”的观点是对立的。

(2)“经济人”假设的管理是以金钱为主的机械管理模式，否认人的主人翁精神，否认人有自觉性、主动性、创造性和责任心。

(3)“经济人”假设认为大多数人缺少雄心壮志，只有少数人起统治作用，因而把管理者与被管理者绝对对立起来，反对员工参与管理，其“员工观”是完全错误的。

(4)“经济人”假设和X理论也含有科学管理的成分。在消除浪费和提高效率、促进科学管理体制的建立方面，对今天的管理实践等，仍有一定的借鉴作用。

二、"社会人"假设

1.基本观点

霍桑实验的主持者梅奥提出"社会人"(social man)假设，认为人是有思想、有感情、有人格的活生生的"社会人"，而不是机器和动物。个体作为一个复杂的社会成员，金钱和物质虽然对其积极性的产生具有重要影响，但是起决定因素的是员工在工作中发展起来的人际关系，而不是物质报酬。

2.相应的管理措施

从"社会人"的假设出发，要采取不同于"经济人"假设的管理措施。主要有以下几点：

(1)管理人员不应只注意生产任务的完成，而应重点注意关心人、满足人的需要。

(2)管理人员不能只注意指挥、监督、计划、控制和组织等，而更应重视员工之间的关系，培养和形成员工的归属感和整体感。

(3)在实行奖励时，提倡集体的奖励制度，而不主张个人奖励制度。

(4)管理人员的职能也应有所改变，应在员工与上级之间起联络人的作用：倾听员工的意见、了解员工的思想感情，并向上级反映。

3.简评

从历史来看，企业间竞争的加剧和企业中劳资关系紧张化的要求，迫使管理者不得不改变他们的看法，形成"社会人"假设的人性观。但在当时，这样的人性假设并未改变资本主义社会的雇佣关系、剥削关系，也没影响到社会生产关系的改变，因此它不能解决资本主义社会的阶级矛盾与冲突。

值得注意的是，从"社会人"的观点实行参与管理，在某些资本主义企业中确实在某种程度上起到了缓和劳资矛盾的效果。在这方面，日本企业利用参与管理收到了显著的效果。"社会人"的假设认为人际关系对于激发动机、调动员工的积极性是比物质奖励更为重要的因素。这不仅对现代企业组织中制定和实施管理制度、决策制度、奖励制度具有重要的参考价值，而且对增进员工队伍内部的团结、培养集体凝聚力，也具有重要的参考价值。

三、"自我实现人"假设

1.基本观点

"自我实现人"(self-actualizing man)的概念是马斯洛(A. H. Maslow，1908～1970)提出来的。他认为人类需要的最高层次就是自我实现。

所谓自我实现(self-actualizing)，指的是人都需要发挥自己的潜力，表现自己的才能，只有当人的潜力充分发挥出来，才能充分表现出来，人们才会感到最大的满足。这就是说，人们除了有社会需求之外，还有一种想充分运用自己的各种能力、发挥自己自身潜力的欲望。

因此，这一人性假设认为，自我实现是人的最高层次需要，只有使每个人都能有机会将个人才能、智慧发挥出来，才能最大限度地调动人的积极性。

麦格雷戈结合管理问题，总结并归纳了马斯洛、阿基里斯以及其他人的类似观点，提出了Y理论。Y理论是与X理论根本对立的，其基本内容如下：

(1)一般人都是勤奋的，如果环境条件有利，工作如同游戏或休息一样自然。

(2)控制和惩罚不是实现组织目标的唯一方法。人们愿意实行自我管理和自我控制完成应当完成的目标任务。

(3)在适当条件下，一般人不仅会接受责任，而且会主动寻求责任。

(4)在解决组织的困难问题时，大多数人都能发挥较高想象力、聪明才智和创造性。

(5)在现代工业条件下，一般人的潜力只得到了部分的发挥。

2.相应的管理措施

根据“自我实现人”的假设以及Y理论，管理措施也应该有相应的改变，这主要体现在以下几个方面：

(1)管理重点的改变。管理者应更多考虑的问题是怎样才能使工作变得富有内在意义和具有挑战性，使员工能充分发挥其潜力，在完成任务中产生自豪感和满足自身的需要。

(2)管理人员职能的改变。管理者不应是单纯的生产指挥者，也不应是单纯的人际关系调节者，他们的主要任务是为员工发挥才智创造条件，减少和消除员工自我实现过程中遇到的障碍。

(3)奖励方式的改变。奖励可分为两大类，一类是外在奖励，如工资、提升、良好的人际关系等。另一类是内在奖励，如在工作中获得知识、增长才干、充分发挥自己的潜力等。只有后一类奖励才能满足人的自尊和自我实现的需要，从而极大地调动员工的积极性。麦格雷戈指出：“管理的任务只是在于创造一个适当的环境，一个可以允许和鼓励每一位员工都能从中得到内在奖励的环境。”

(4)管理制度的改变。管理制度应保证员工能充分施展个人才能，能充分发挥他们的积极性和创造性。所以，应下放管理权限，建立决策参与、提案、劳资会议、目标管理等制度和制订发展计划，以此使员工显示其才能，满足其自我实现的需要。

3.简评

从理论上说，“自我实现的人”的假设也不一定全对的，人的心理成熟不是一个自然发展的过程，而是取决于全部社会环境的社会化过程。勤奋和寻求责任并不是人的本能，恰恰相反，正是人们所受的社会环境和教育影响，使有些人形成了强烈的自我实现愿望，而另一些人则仅仅追求低层次的生理、安全、社交需要的满足。

尽管如此，其中一些管理措施也值得借鉴。例如，如何在不违反集体利益的原则下，为员工创造较适当的客观条件，以便充分发挥个人的才能。这种假设中所包含的企业领导人要相信员工的独立性、创造性的含义，对我们也不无启发。

四、“复杂人”假设

1.基本观点

“复杂人”(complex man)假设是在 20 世纪 60 年代末至 70 年代初提出来的。

研究证明，人是复杂的，人的需要和潜力随着年龄的增长、知识的增加、地位的改变以及人与人之间关系的变化而各不相同。权变理论(contingent theory)是基于“复杂人”假设的基础上提出的。“权变”是指应根据具体情况，采取适当的管理措施，称为超 Y 理论。概括地说，“复杂人”假设的要点是：

(1)人是怀着许多不同的需要加入工作组织的，而且人的需要是随着人的发展和生活条件的变化而变化的。

(2)人在同一时期内会有各种需要和动机。它们会发生相互作用并结合为统一的整体，形成错综复杂的动机模式。

(3)由于工作和生活条件的不断变化，人会不断产生新的需要和动机。

(4)一个人在不同单位或同一单位的不同部门工作，会产生不同的需要。

(5)由于人的需要不同、能力各异，对于不同的管理方式会有不同的反应。因此，没有一套适合于任何时代、任何组织和任何个人的普遍行之有效的管理方法。

2.相应的管理措施

从“复杂人”假设出发提出的权变理论，要求针对不同的人采取灵活的管理措施，这就是说，要因人而异、因事而异，不能千篇一律。

在西方管理实践的领域中，从权变理论这一观点出发进行了大量具体的研究工作。例如，企业领导人的工作作风也随企业的情况有所不同。在企业任务不明确、工作混乱的情况下，需要采用较为严格的管理措施；反之，则可以更多地采取授权形式，使下级可以充分发挥自己的能动性。企业组织的性质不同，员工工作的固定性也会不同。有的企业需要采取较为固定的组织形式，有的企业就需要有较为灵活的组织结构。此外，权变理论要求管理人员善于观察员工之间的个体差异，根据具体情况采取灵活多样的管理方法等等。

3.简评

“复杂人”假设和权变理论，克服了此前各种理论片面、静止的理论缺陷，强调了因人而异、因地制宜的灵活管理，这一主张包含了可贵的辩证法思想。在实践上也更加接近管理现实，对我们更具有借鉴意义。

但是，我们还应看到“复杂人”假设和超Y理论也并不完备，它过分强调了人性的差异性和变化性的一面，又忽视了人性的共同性和稳定性的另一面，因而在超Y理论看来，管理只是一种艺术而无规律可循。同时，“复杂人”假设只从现象上认识人性的复杂性，并没有从社会生产关系的本质上去了解人们需求动机的本质差别，故该理论仍不可避免地存在片面性。

五、“文化人”假设

1.基本观点

20世纪80年代初期，企业文化管理时兴起来，威廉·大内提出了Z理论。Z理论认为，人的行为及价值选择，是由所处的文化决定的，有什么样的文化，就会有什么样的行为。企业文化就是以主导价值观为核心的观念系统，以及与之相适应的管理制度和组织行为的总和。管理的要点就是要建立一种适合于企业发展的企业文化，提高员工对企业的认同感和归属感，以改变人的态度和行为，从而获得较高的管理效果和效率。这种以企业文化为指导的人性假设就被称为“文化人”假设。归结为一句话，就是要用正确的企业文化引导人、约束人、凝聚人、塑造人。Z理论的基本思想是：

(1)企业对员工实行长期或终身雇佣制，使员工与企业同甘共苦，并对员工实行定期考核和逐步提级晋升制度，使员工看到企业对自己的好处，因而积极关心企业的利益和企业的发展。

(2)企业经营者不但要让员工完成生产任务，而且要注意员工培训，培养他们能适应各种工作环境的需要，成为多专多能的人才，既积蓄了企业内部的人才资源，又为有志于得到提升的人员提供了机会。

(3)管理过程既要运用统计报表、数字信息等鲜明的控制手段，还要注意对人的经验和潜在能力进行诱导。

(4)企业决策采取集体研究和个人负责的方式，由员工提出建议，集思广益，由领导者作出决策并承担责任。

(5)上下级关系融洽、平等。管理者对员工要处处关心，让员工多参与管理。

(6)大胆引进没有经验的新人员。因为新人员比较容易接受企业文化，不大会产生抵触或拒绝的态度，而管理的关键就在于员工要认同企业文化。

2.相应的管理措施

(1)管理的重点应着眼于建设优秀的组织文化，确立明确的企业理念与精神，并以此统领企业的组织制度、经营决策、企业形象与环境建设等各项管理工作。

(2)管理者的职责首先应是组织文化的建设者和优秀文化的楷模。管理者会因任期有限而经常有人事更换，但组织文化是组织发展的历史延续，是组织生命力的“根”。因而管理者在自己任期内都应把继承和发展本组织的优秀精神作为最主要的任务，并且身体力行，以自己的榜样教育带动全体员工。

(3)重视非正式管理的作用。企业文化管理不仅应该重视组织机构、权责等级、会议制度等正式管理手段和渠道的作用，更应该重视习俗、作风、礼仪、感情、舆论和氛围等非正式管理手段和渠道的潜移默化作用，实行信任的、微妙的、亲密的软管理。利用群体性对个性的制约作用，形成组织强大的凝聚力，从而以极高的效率实现组织目标。

(4)发挥“共识”、“共享”的激励作用。与前述各理论注重激发员工个体积极性不同，企业文化论着眼于激发组织全员整体的积极性。加强文化管理的激励策略在于使全体员工对企业的价值观、目标、行为准则等达成共同认识，使这些企业理念成为组织成员的统一意志；同时，让全体员工共享企业成功的荣誉与自豪，共担企业的风险与责任，从而构成“企业—员工命运共同体”。这是一种建立在员工个人自觉为组织目标奉献的基础上，获得群体行为高效率的有效激励模式。

3.简评

“企业文化”作为最新管理思潮，已风靡世界，在我国企业界和理论界也成为研究的“热点”。之所以称之为“最新管理”，是因为“文化人”假设与企业文化论对前述诸理论有以下几方面的重大突破：

(1)突破了人性观的“人本主义”观念，摆脱了以个人为中心的局限，认识到人的社会意识的能动制约作用，第一次提出把优化群体文化作为管理的中心任务。

(2)突破了管理只能适应人性的局限，把教育、优化员工人性列为管理的基本任务。前面所述的不论是X理论、人际关系理论还是Y理论、超Y理论，都是以相应的“经济人”、“社会人”、“自我实现的人”、“复杂人”的人性假设为依据，为适应某种人性特点而选择的管理模式。企业文化论则要求现实的管理一方面要适应企业员工的现实人性特点，另一方面还要求通过加强文化管理来改造现实人性的各种缺点，为企业未来发展造就具有优良人性特点的员工。

(3)突破了西方民族文化的局限，兼容了东方民族文化的特征。前述各种人性观和管理理论产生、发展在美国，明显地表现出盎格鲁撒克逊民族崇尚个人中心的文化特征，而企业文化论虽然产生在美国，但是其根源在日本，它有着注重团体精神的东方民族文化的特点，是东西方文化融合的产物。体现企业文化管理观点的美国“6S”管理模式，即以目标为中心进行人员(staff)、才能(skill)、风格(style)、战略(strategy)、结构(structure)、制度(system)的综合管理，正是在日美管理比较综合的基础上提出来的。

六、"中庸人"假设

"中庸人"假设是中国的传统人性观。春秋时期的孔子提出了"性相近也,习相远"的理论思想,认为人刚出生的时候就像一张白纸,至于性格方面的差异多是由于后天的不同环境塑造而成的。

战国时期,儒家的另一集大成者孟子在中国管理思想史上第一次系统地阐述了人性理论,他认为:仁义礼智是人所固有的本性,但人性是善于变化的,所以他主张统治者实行仁政来教化百姓。

孟子之后,荀子又提出了性恶论与礼治学说,他认为人一生下来不可能一切行为都符合社会道德规范和礼仪制度的要求;相反,他认为人生来的本性是恶的,人生来就好利、嫉妒、喜声色,如不加以规制,发展下去就会犯上、淫乱。因此,需要圣人、君主对百姓进行教化,需要有道德规范和礼仪制度对人的行为加以约束。

综合来说,由于历史原因,儒家的人性观在中国思想史上一直占据着统治地位,成为我国传统文化的核心。

依照西方的四种人性假设和我国的儒家人性观,反观我们中国人的行为特征时,我们会发现,用西方的四种假设都无法做到全面、客观、准确地描述中国人这一群体的行为特征。因而出现了新型的人性假设——"中庸人"假设,这里所说的"中庸人"只是一种称谓,与《中庸》无关。

"中庸人"认为,人的本性是一种"非善非恶"的中性体,不具有"经济"或"社会"的特征。需要也并不直接产生动机,而是经过大脑处理后作用于动机的。一般来说,动机的产生受两个因素影响:一是人的价值理念,即价值观,这就是为什么在相同的客观环境下每个人的行为不一样的原因;二是受客观条件制约,这里的客观条件不仅仅指我们所提到的物理环境,而是一个广义上的客观条件,包括社会环境、道德规范等因素。

与前四种人性假设相比,"中庸人"假设理论的不同点主要体现在以下几个方面:

(1)目的问题

"经济人"、"社会人"、"自我实现人"与"复杂人"四种假设,产生于西方市场经济条件下,因而,追求个人经济最大化,成为其共同的目的。当然,这也与西方的个人至上主义价值观密不可分的。而"中庸人"产生于中国大的传统文化背景之下,"中庸人"追求的不仅仅是个人利益的满足,更包括与家庭、社会、自然关系的和谐,甚至在个人利益与群体利益相冲突时,主张舍弃个人利益来服从群体利益。这一点是上面四种人性假设所无法企及的。

(2)动机驱动问题

"经济人"、"社会人"、"自我实现人"与"复杂人"四种假设中,无论是单一人性论还是复杂人性论都认为动机是由需要直接驱动的；而“中庸人”则认为需要不直接构成动机，动机的形成是人的需要受到了客观环境的制约。

(3)人性与价值取向问题

“经济人”、“社会人”、“自我实现人”认为人性是不变的，价值取向也是不变的。这样就很难解释一个人在不同的时期，在相同的环境下做出不同的选择；而“复杂人”则认为人性是易变的，价值取向也会随之改变。这虽然能够解释一个人在不同的时期，在相同的环境下做出不同选择的问题，但却解释不了不同的人甚至是本性完全对立的两个人在相同的环境下会做出相同的选择。“中庸人”假设认为人性是恒久不变的，是内因；变化的只是随着时间、社会经验增加而变化的价值取向，这是外因。同时，从中国人的本性来看，“中庸人”假设认为一个经常消极怠工的人，只要善加诱导，也是可以变成一个优秀员工的，因为他的本性与其他人是没有区别的。

【本章小结】

通过学习和研究组织管理心理学，将有助于我们对组织管理过程中出现的心理、行为现象的规律性从理论上给予把握，同时也有助于管理者在管理实践中获得指导。本章作为组织管理心理学整体理论体系介绍的导论部分，使读者对组织管理心理学这门学科有个总体的认识，主要阐述了管理心理学的学科性质、研究对象和研究内容等，以及它的发展历史与研究进展。最后我们介绍了六种人性假设，并分别列出了其相应的管理措施，特别是“中庸人”假设，对于我国本土化管理有着积极意义。

【习题】

名词解释

组织管理心理学　工作卷入　霍桑照明实验　自我实现人假设　复杂人假设
中庸人假设

简答题

1. 组织管理心理学的研究对象和研究内容分别是什么？
2. 霍桑实验有哪些主要结论？
3. 与前几种人性假设相比，“中庸人”假设的不同点体现在哪几个方面？

案例分析

2010 年 1 月 14 日，华为技术有限公司总裁任正非在 2009 年全球市场工作会议的讲话中提出了有关“灰度管理”的概念。他提出，一个领导人重要的素质是方向、节奏，他的水平就是合适的灰度。而坚定不移的正确方向来自灰度、妥协与宽容。

任正非的这一“灰度管理”中契合了中国传统文化中的“中庸之道”,“中庸之道”是中国儒家文化的经典,也是儒家文化的精华。其精髓是不偏不倚,它的主张是“取中贵和”。这与任正非提出的“‘妥协’其实是非常务实、通权达变的丛林智慧,凡是人性丛林里的智者,都懂得恰当时机接受别人妥协”有异曲同工之妙。

在现代企业管理中,有许多的案例来佐证“中庸之道”与“灰度管理”是企业成功的最重要的法宝之一。“中庸之道”使中兴通信稳步前进,能够更好地面对市场的不确定性。“在平和务实、平和主动中追求卓越!”是张朝阳给“搜狐”立下的一个核心理念。

问题 1:如何理解“灰度管理”?

问题 2:结合本章内容,谈谈如何更好地将“中庸之道”或“灰度管理”融入到现代企业管理之中?

第二章　组织外部环境

学习目标

1.了解组织内外部环境的内容；
2.熟知全球化趋势及信息网络化对组织行为的影响；
3.掌握组织对利益相关者的社会责任；
4.掌握中西方文化的差异表现；
5.熟知人情、面子的运行机理。

【本章知识结构】

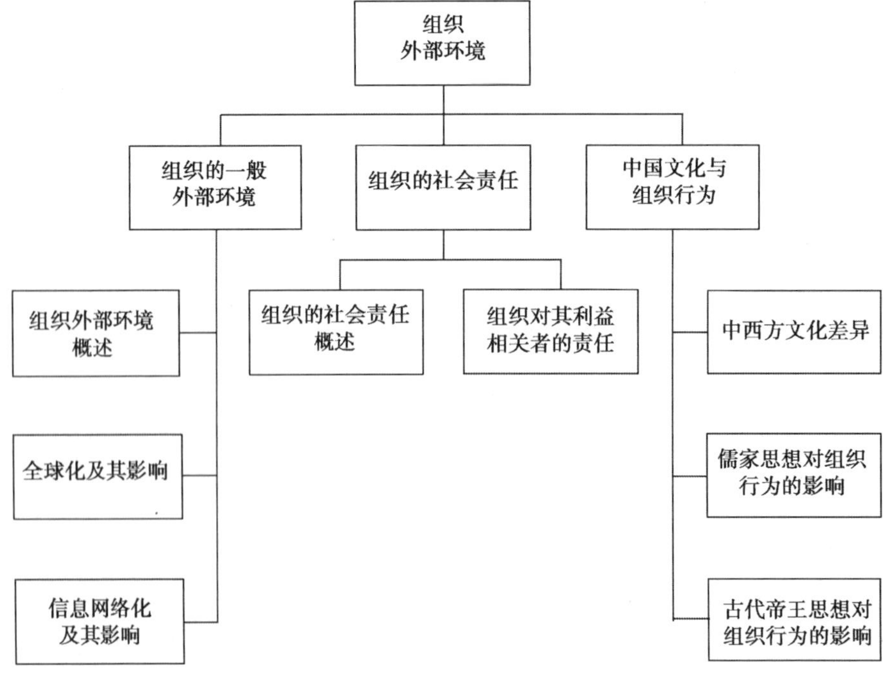

【引言】

企业如何躲过"巅峰陷阱"

有一天，一位总裁召集所有员工训话："我今天要对你们讲两点。"他说，"首先，我要提醒你们，我们是一个比任何时候都要成功的企业。第二，我必须告诉你们，如果我们想继续这么成功的话，我们就必须从根本上改变我们正在进行的工作方式。"但是没有人在听，所有人沉浸在辉煌的成功中，他们认为，在这个时候变化是愚蠢的。

三年之后，该公司陷入困境，被迫进行改变以重新振作。于是，他们开始进行手术，手术伴随着巨额的支出和疼痛。这样的悲剧重演了一年又一年，毁掉了一个又一个子公司。

这个故事是管理思想大师查尔斯·汉迪在阐述他的"第二曲线理论"时讲到的。他告诉我们，商业世界的悖论是：使你到达现在的位置的事情和方式几乎很少可能是使你继续到达那儿的事情和方式；当你知道你该走向何处时，你往往已经没有机会走了。

第二曲线理论强调了企业市场的变化性是永恒的主题。任何一个市场，都将随着一定的市场年限而老化，并且随着数字时代的来临，市场的老化问题将会越来越快速。因此，企业必须随时准备自己的第二条增长曲线。并且，应该在第一条曲线到达顶峰之前开始执行第二条曲线计划。换言之，就是企业必须随时准备变革，一旦时机成熟，就应该坚定不移地执行自己的新业务计划，以避免旧业务跌入低谷。

查尔斯·汉迪告诉我们的是，第二条曲线的规则要求，你要总是假设自己已经靠近第一条曲线的顶部了，这样才能够保证企业永远未雨绸缪。查尔斯·汉迪没有告诉我们的是，新的曲线在哪里等待着我们。

（资料来源：http://www.ceconline.com 作者：BABALA WU）

"淘汰你产品的人应是你自己，而不是你的竞争者。"全球化、信息技术及雇佣关系的变化……组织外部环境的变化为组织带来了机会也带来了挑战，面临日益激烈的市场竞争，组织要想获得自身的持续发展，保持基业长青，就必须要了解当前所处的内外部环境。所谓"知己知彼，百战不殆"，要想在激烈的角逐中屹立不倒，深刻理解其所处的外部环境是组织发展的首要问题。

鉴于组织外部环境与组织中人的行为密切相关，本章将从组织的一般外部环境与行为、组织的特定外部环境与行为，以及中国特色的组织外部环境与行为三个方面分别来进行阐释。

第一节　组织的一般外部环境

组织的一般外部环境包括社会人口、文化、经济、政治、法律、技术、资源等。一般外部环境的这些因素，对组织的影响是间接的、长远的。当外部环境发生剧烈变化时，会导致组织发展的重大变革。

一、组织环境概述

组织环境（organization environment）是指所有潜在影响组织运行和组织绩效的因素或力量。组织环境对组织的生存和发展起着决定作用。一般来讲，以组织界线（系统边界）来划分，可以把环境分为内部环境和外部环境，或称为工作（具体）环境和社会（一般）环境。

组织内部环境是指管理的具体工作环境。影响管理活动的组织内部环境包括：物理环境、心理环境、文化环境等。

物理环境因素包括工作地点的空气、光线和照明、声音（噪音和杂音）、色彩等等，它对于员工的工作安全、工作心理和行为以及工作效率都有极大的影响。物理环境因素对组织设计提出了人本化的要求，防止物理环境中的消极性和破坏性因素，创造一种适应员工生理和心理要求的工作环境，这是实施有序而高效管理的基本保证。

心理环境指的是组织内部的精神环境，对组织管理有着直接的影响。心理环境制约着组织成员的士气和合作程度，影响了组织成员的积极性和创造性的发挥，进而决定了组织管理的效率和管理目标的达成。心理环境包括组织内部的人际关系、人事关系、组织成员的责任心、归属感、合作精神和奉献精神等等。

组织文化环境至少包含两个层面的内容：一是组织的制度文化，包括组织的工艺操作规程和工作流程、规章制度、考核奖励制度以及健全的组织结构等等；二是组织的精神文化，包括组织的价值观念、组织信念、经营管理哲学以及组织的精神风貌等等。

组织外部环境是指组织所处的社会环境。外部环境影响组织的管理系统，可以分为一般外部环境和特定外部环境。组织的外部环境，实际上也是管理的外部环境。

一般外部环境包括的因素有社会人口、文化、经济、政治、法律、技术、资源等，它们对组织的影响是间接的、长远的。当外部环境发生剧烈变化时，会导致组织发展的重大变革。

特定外部环境因素主要是针对企业组织而言的，包括供应商、顾客、竞争者、政府和社会团体等。特定外部环境的这些因素，对企业组织的影响是直接的、迅速的。

组织的外部环境从总体上来说是不易控制的，因此它的影响是相当大的，有时甚至能影响到整个组织结构的变动。对外部环境作分析，目的是要寻找出在这个环境中可以把握住哪些机会，必须要回避哪些风险，抓住机遇，健康持续发展。

谈到组织的一般外部环境，不得不提到近几年的热点问题——全球化和信息网络化，它们对组织和组织行为有重要的影响作用。同时，伴随着世界各国的经济、社会和科技的迅猛的发展，一系列的社会问题也逐渐浮出水面，组织的社会责任问题也逐渐地突显出来。我们将会在下文中做具体的介绍。

二、全球化及其影响

早点，往往是牛奶、面包。到浴室冲凉，洗发精——不管你是在北京，还是香港、台北、纽约，大概都是同样那几个国际品牌。

晚上，很可能去看个电影。要避开好莱坞的全球产品可不容易；睡不着吗？想吃一颗安眠药，你会发现，连安眠药也是全球一致的。头疼吗?止痛药也是全球一致的。

一个Ikea的家具就把每一个公寓，不管是在墨西哥还是上海，是在赫尔辛基还是洛杉矶，都“统一”了。

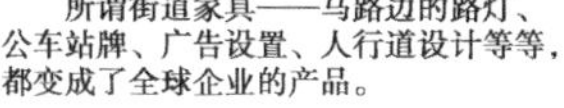

所谓街道家具——马路边的路灯、公车站牌、广告设置、人行道设计等等，都变成了全球企业的产品。

出门坐车，别说是汽车就那几个固定的选择，连不同城市的地铁都是几个品牌公司的产品。连城市的样子都一致了。

图 2-1　全球化给我们带来什么(来自搜狐财经)

1.全球化

全球化(globalization)指的是与世界各地的人们在经济、社会、文化等方面产生的联结。它是一个以经济全球化为核心，包含各国各民族各地区在政治、文化、科技、军事、安全、意识形态、生活方式、价值观念等多层次、多领域的相互联系、影响、制约的多元概念。经济全球化是全球化的核心，是指生产要素跨越国界，在全球范围内自由流动，各国、各地区相互融合成整体的历史过程。

成立于1984年的联想集团今天已经成为在信息产业内多元化发展的大型企业集团，1994年在香港上市(香港恒生指数成分股)。目前联想集团在北京、上海、成都、沈阳、深圳等地设有分部，内地各省设有数千家代理分销网点，在欧洲、美洲和亚太地区设有海外平台，整体水平不断提高；除此之外，联想拆分之后拥有联想集团、神州数码、联想投资等一些子公司，成为中国最具影响力的高科技公司之一。

【拓展阅读】

抹去 IBM 光环的 Lenovo ThinkPad

2004年12月8日，全世界的眼光都在瞬间聚焦于中国：当联想宣布收购曾经叱咤风云的IBM个人电脑事业部(IBM PCD)的时候，我们看到了一个中国电脑品牌的崛起，看到了联想开始正式实施其国际化的战略，看到了联想集团也进入了跨国企业的行列，加入了国际化的竞争。在2005年5月1日，联想集团正式完成并购IBM PCD，摆在联想面前的就是如何操盘IBM Think的品牌，如何让IBM PCD的资源快速融入联想。时光飞逝，转眼联想收购IBM PCD也已四个年头了，在展望未来之前，其实我们可以静下心来回过头去看看，Lenovo的ThinkPad和IBM的ThinkPad相比到底发生了怎样的变化。

时下，进军海外市场，开展国际化经营，俨然已经成为许多IT企业发展壮大的必经之路。而联想作为国内电脑制造的龙头厂商，当然更不会满足于仅仅在中国开展业务，国际化的发展更是他们迫切渴望和需要的。

对于联想集团并购IBM PCD，一方面是完成其全球化的战略布局；另一方面当然是希望借助IBM的品牌拉力来提升Lenovo在美国的认知度，为联想打开美国市场奠定基础。

(资料来源：《V－MARKETING成功营销》李承平 2009－04－22)

联想的成长是过去几十年经济全球化的很好见证。当联想等公司积极参与到其他国家和文化当中去的时候，也就开始了全球化的进程。虽然跨国商品交易的历史已经存在了几个世纪，但由于信息技术和交通系统的大力发展，导致各行业的企业在全球运营联结更频繁，业务依赖程度更密切。

全球化给组织带来了巨大的利益，如更大的市场、更低的成本、更广阔的网络；但全球化是否有利于发展中国家，以及是否导致了发达国家工作强度的增加、工作安全感的降低和工作家庭失去平衡等问题，还存在着不小的争论。

全球化给组织研究者们提供了更为广阔的研究视野，领导力、影响力、冲突等组织行为学主题在跨文化方面的差异是近期研究者们关注的热点。

2.全球化对劳动力多元化的影响

全球化对组织的人力资源有重要影响，其直接作用就是劳动力的多元化。劳动力的多元化有多种形式，但最重要的是三种：民族和种族、性别、代际（年龄和工作经验）。

(1)民族、种族多元化

美国人口普查局发表人口普查预测报告，证实了人口学家多年来预测的人口变化趋势及其对教育和就业等的影响，并且多年来首次以官方统计报告的形式公布。报告指出，目前占美国人口绝大多数的非拉丁族裔的白人人口在今后 40 年间将逐渐老化，人口增长率不足 2%的白人数量在 2030 年到 2040 年期间将呈现下降趋势。到 2050 年，白人人口将从目前占人口总数的 66%下降到 46%，成为少数民族。

与此同时，人口构成的显著特点包括：拉美裔依然是最大的少数族裔，他们的总数为 4550 万，占美国总人口 15.1%；非洲裔黑人总人口 4070 万人，位居第二；亚裔人口 1502 万，位居第三。报告预计，到本世纪中叶，每三个美国人中就有一个是拉丁族裔。

(2)人口结构多元化

女性日益进入劳动力市场，成为劳动力储备的重要来源。2002 年，中国妇女就业 33552 万人，占就业人口总数的 45.5%，女性在技术、知识密集度高的行业中的比重明显增加，美国女性劳动力占了有偿劳动力的一半，这一比例是 10 年前的两倍，在很多职业中这种改变还在不断地发生。由此可见，女性在整个社会发展中的作用越来越重要。

随着中国老龄化社会的提前到来（2001 年，我国 65 岁以上老年人口已占总人口的 7.1%，达到 9062 万，将在 2020 年之后达到 12%左右）和老人寿命的逐渐延长，老年人口也成了后续劳动力的一个重要组成部分，老年人口是劳动力多样化的催化剂。此外，同性恋人群、残疾人群的不断增加也使之成为多元化劳动力的一个重要组成部分。

(3)代际多元化

近些年来，一种对组织发展有着重要影响的多元化，越来越受到理论界和企业管理者们的重视——即出生年代的多元化。

不同的生长环境对于人们价值观会产生重要影响：出生于60年代的人们需要更多的工作安全感，其改善自己社会地位、经济地位的愿望更为强烈；出生于70年代的人们则更希望工作场所的灵活性、学习的机会、崇尚平等但不失趣味的组织；而现在被炒作得非常热闹的“80后”们，他们表现更加乐观、自信，他们适应多种任务，比70年代的人们更加独立。

相对而言，“80后”实际上是很矛盾的一个群体，在某方面很先进，他们的知识信息量大、自信、创新；但在另外一方面，对工作压力的承受力相对较弱，而且对工作的期望值很高。管理“80后”满足其期望值是最关键的。在指导“80后”员工的过程中，管理者要用比较亲切的方式，不能让他们感觉到是在命令他们，这会引起他们的反感。要和风细雨、朋友般地与他们聊天，在关键点上，要倾听他们的想法，事先给予提醒，让他们承担更多的责任；碰壁之后要和他们及时沟通，然后设法引导。

总而言之，多元化可以给组织带来很多直接或间接的受益。首先是直接受益，一个能够反映其客户特征的队伍才能更好地了解客户的需求；其次是间接受益，如果一个公司执行一种包容性的人事制度，那么它就大大增加了工作的合适人选，从而减少了员工流动，一支多元化的队伍在决策和复杂任务上的表现会更好。在看到收益的同时，我们也应注意多元化给我们带来的挑战，如冲突、沟通不力、歧视等。

3.全球化对劳动力预期的影响

由于全球化，组织要求其成员更具灵活性来维持其全球竞争力，而员工们要求更多的工作环境变化以满足他们对工作的预期。

在中国，约有65%的人抱怨工作生活失衡。管理大师查尔斯·汉迪(Charles Handy)曾预言：“未来，组织若想保有个人的奉献精神与创意，给予个人的自由必须超过公司乐意给予的程度，并且要在公司的控制与个人追求自主的压力之间，找寻有利的平衡点。”现在，预言正在变为现实。工作与生活的平衡(work/life balance)即减少工作与非工作需求之间的冲突，在以前被人们认为是只有通过努力工作才能得到的一种奢侈，而如今，它变成了雇佣关系中的“必备品”，尤其对于“80后”的员工而言。一些国家的调查研究表明，工作与生活的平衡是年轻成员职业成功最重要的指标之一。

为了满足人们不断增加的对平衡的工作环境的需求，组织也在不断地进行变革调整。组织通过减少管理层级，用辅助和教育导向的领导来取代命令控制式的管理。随着外部环境和内部人员的变化，宝洁公司将平衡法提上整个公司的日程，采取了一系列平衡员工工作与生活的策略，希望既能够得到公司需要的生产力，又能让员工有满足感和快乐的生活。主要包括：

(1)采取一系列灵活的措施让工作变得更轻松。比如：配备有专业按摩师的按摩室;工作时间有弹性,员工可以在早上七点半到十点半之间任意选择上班时间;员工每周可以选择一天在家办公。

(2)以信任为基础的价值观保持不变。公司有一个非常清晰的价值系统 PVP,即 purpose、value 和 principle。概括来说,就是领导才能、主人翁精神、诚实正直、积极求胜和信任。

(3)为员工提供有意义的工作:在工作岗位上能做出成绩、能自己做决定、能经常得到老板嘉奖,工作具有挑战性。

(4)强化英语能力,培养员工的全球竞争力。

(5)坚持奉行内部培养而不是招空降兵的文化,给员工看得见的上升之路。

三、信息网络化的影响

20 世纪 90 年代开始,随着以计算机网络通信技术为主的信息技术革命的出现以及因特网的迅猛崛起,人类社会步入网络时代。信息经济逐渐从实物经济中脱离出来,信息丰富性和受众量之间的平衡已开始崩溃,信息经济打破了传统经济的结构模式,引起了传统商业结构的解构,改变了传统经济下的管理方式,催生了虚拟团队的形成,并为虚拟团队的发展创造了良好的外部条件。同时,组织的结构也开始向扁平化方向发展。

1.虚拟组织

任何一种企业组织和模式都具有时代特征,都是适应当时社会、经济发展和科技进步的产物。虚拟组织的产生就是企业适应不断变化的外部环境的结果,是全球化、技术推进、思想解放和市场机制作用的产物。

自 20 世纪 90 年代以来,以计算机技术为基础的信息技术获得了快速的发展,使信息交流速度获得极大提高,互联网、宽带等信息传输基础设施的日益完善,使网民的数量空前倍增,据中国互联网络信息中心(CNNIC)统计,截至 2008 年 6 月 30 日,中国网民数达 2.53 亿。越来越多的人倾向于首先把自己看成一个世界公民,世界变成了"地球村",企业可以通过因特网、电子数据交换、局域网等实现与外部组织的信息共享,使信息的传递与交换具有前所未有的快捷性、灵活性。这些不仅为企业提供了低成本优势,而且还为企业提供了建立、发展和管理异地工作关系的能力,从而为虚拟企业的产生与扩展奠定了坚实的技术基础。虚拟局域网、电子邮件、视频会议系统、网络电话等技术为企业提供了异地网络化的虚拟工作环境,因此信息技术的发展,也是促使虚拟组织产生的原因之一。

虚拟组织(virtual organizations)是实现机遇的重要组织形式,它是由机遇驱动,从适当的资源中选出来而形成的临时性的战略联盟,它随着机遇的产生而产生,随着机遇的消失而消亡。理解虚拟组织的关键问题在于:组织间通过核心优势力量的联盟而结合在一起。虚拟组织通过业务"外包"、企业共生、策略联盟和虚拟销售的形式构成其主要运营模式，如产品联盟、技术联盟、知识联盟、战略联盟等。它可以由一个大公司内部的不同部门之间的合作构成，也可以由不同国家的不同公司联合而形成。

耐克、爱默生、戴尔等公司都有一个共同的特点：没有自己的生产制造设备，而是依靠别人的力量来盈利。这种经营形式就是虚拟经营，这种组织就是虚拟组织。虚拟组织最大的特点是：组织的决策集中化程度很高，但部门化程度很低，或者根本就不存在实体的部门。这种特点决定了组织的灵活性，如果他们认为其他公司在某方面具有很大的优势，他们就与这些公司联合起来，把自己相对劣势的部门转让出去。

虚拟团队(virtual team)的一个特性是团队成员在时区和地区上的分布都是较分散的。虚拟团队很少有(或永远没有)见面的机会，他们主要依靠信息和通讯技术进行协调和合作(如电子邮件、视频会议等)。此外，新通信技术的快速发展(如因特网)加速了这种趋势的形成，所以许多公司都不同程度地建立了虚拟团队。如AFW(2002)对德国376个不同公司的管理者调查表明，他们中的20%主要在虚拟团队中工作，40%至少是暂时在虚拟团队中工作。目前我们可在各个领域看到虚拟团队的身影，如研发、客户服务以及非营利组织中的科研虚拟合作等。如甘肃酒泉电信"一站服务"虚拟团队就为"神舟五号"、"神舟六号"载人航天飞行提供了全面通信保障服务工作。

虚拟工作(virtual work)是指员工使用信息技术来完成他们以前需要到真实的工作场所中才能完成的工作。虚拟工作影响着组织行为的很多方面，例如，一些研究表明，远程办公可以减少员工的压力、增加生产能力和工作满意度，让员工感觉有更多的自主权。而另一方面，完成虚拟工作的员工比较容易感到孤独和缺乏认可。更具讽刺意味的是，如果员工没有足够的空间和资源来应付家庭办公的话，往往会同时感受到工作与家庭的双重压力。

2.组织扁平化

随着信息技术的快速发展，组织各层面的活动显著增加，知识流动加速，信息的传递速度成为企业获取竞争优势的决定性因素。为了改变传统迟钝、低效的职能型科层制组织结构，改变传统低效的职能化管理模式，越来越多的企业开始利用网络技术对其进行扁平化战略改造，建立快捷、灵活、高效并富有弹性的扁平化组织，形成新的以团队为组织单元和以流程为导向的运营模式，并加强组织单元间的沟通协同，使组织对环境能做出快速反应和决策，以保持企业的竞争力。

组织扁平化(horizontal organization)就是通过破除公司自上而下的垂直高耸的结构，减少管理层次，增加管理幅度，裁减冗员来建立一种紧凑的横向组织，达到使组织变得灵活、敏捷、富有柔性和创造性的目的。它强调系统、管理层次的简化以及管理幅度的增加与分权。

传统的组织结构多为金字塔形，这种组织结构的优点是分工明确、便于监控、结构严谨；但这种结构也存在着一些问题，具体表现为机构臃肿、管理成本上升、运转不够灵活，由于权力集中，员工参与决策的程度低，其工作积极性、主动性和创造性较差。随着社会的发展、信息化时代的到来以及经济全球化进程的加快和市场竞争的加剧，传统的组织结构已经无法适应，其弊端日益显现。因此，扁平而灵巧的组织结构就成为必然的趋势。

扁平化组织的主要优点表现在以下几方面：(1)管理层次的减少，不仅可以降低人员费用，而且管理幅度的增大可以使员工实现工作内容的丰富化；(2)管理幅度的增大，迫使上级适当授权，这就可以在一定程度上增加下级的自主权，从而提高员工的工作积极性；(3)管理人员的减少势必导致人员的淘汰和竞争，这可以促进员工队伍整体素质的提高；(4)中间层次的减少，使上下层之间的距离缩短，一方面可以提高信息传递的速度，另一方面也提高了领导者决策的效率；(5)管理层次减少后，员工工作责任感增强的同时也增大了工作职位的挑战性，迫使员工自我加压，从而促进人才的快速成长。

第二节　组织的社会责任

组织的特定外部环境包括的因素有：供应商、顾客、竞争者、政府和社会团体等。特定外部环境的这些因素，对企业组织的影响是直接的、迅速的。企业和这些特定的外部环境保持恰当的关系，是组织得以生存和发展的重要保障。要保持良好的关系，就涉及企业的社会责任问题。本节主要从社会责任的角度来进行阐述。

一、组织的社会责任概述

经济发展的同时也伴随着许多社会问题的产生，如环境污染、能源浪费、安全生产和员工劳动保护等。在这种背景下，作为市场经济中最活跃的主体——企业组织，已经不能够仅仅局限于关注自己的经济目标，同时必须重视自己的社会责任。

企业的社会责任(corporate social responsibility)是指在其商业运作过程中对其利益相关者应负的责任，企业社会责任的概念是指基于商业运作必须符合可持续发展的想法，企业除了考虑自身的财政和经营状况外，也要考虑其对社会和自然环境所造成的影响。

利益相关者(stake holders)是指所有可以影响、或会被企业的决策和行动所影响的个体或群体，包括员工、顾客、供应商、社区团体、母公司或附属公司、合作伙伴、投资者和股东。

在战略决策的过程中，各个与企业利害相关的团体的利益总是相互矛盾的，不可能有一个能使每一方都满意的战略。因此，一个高层管理者应该知道哪些团体的利益是要特别重视的。美国管理协会(AMA)曾经对6000位经理进行调查，最后得出了下表：

表2-1　各利益团体对企业的重要性

利益相关团体	得分排序(最高分为7分)
顾客	6.40
员工	6.01
主要股东	5.30
一般大众	4.52
一般股东	4.51
政府	3.79

资料来源：http://wiki.mbalib.com

中国企业的发展正处在一个急功近利的历史阶段。如何摆正企业与社会的关系？如何发挥企业的社会责任？企业到底应该肩负起哪些社会责任？中国社会对这些问题还茫然无知。从国际经验看，企业社会责任的提出，主要是为了解决资本与公众的矛盾问题，是为了解决企业与消费者的矛盾。没有正确的理念，资本就会过度地偏向少数人。例如，企业如果搞假冒伪劣，就会不正当地攫取消费者的利益；如果生产优质产品、不欺骗顾客，就要减少利润；如果要搞清洁生产、减少污染、保护环境，就更要减少利润。这是一对矛盾，一个社会如果没有清晰的商业伦理和经营理念，便可能陷入自私自利、互相诈骗的泥沼之中。因此，今天在中国掀起一场企业社会责任的大讨论是十分必要的。企业如何牟利，如何与消费者争利？不仅需要法律保障，更需要一定的思想道德境界来保障。

二、组织对环境的责任

环境保护是企业社会责任的重点，可持续发展离不开对环境和资源的保护，企业必须确保其行动和决策符合人类的长远利益。企业履行环境社会责任不只是创造社会财富、增加财政收入，也不只是投入公益事业或者扩大企业的影响，更应是将其作为自己应尽的义务。树立企业与社会、环境和谐发展的双赢理念，是企业可持续发展的前提。

道德银行是汇丰银行履行社会环境责任的一种具体体现，它是指汇丰在进行贷款和投资时，必须遵守国际最高标准：全盘考虑社会的期望和下几代人的利益。通过发布五项环境贷款指南，涵盖了对环境敏感的行业，包括“森林土地和森林产品”、“淡水基建”、“化工”、“能源”和“矿产与金属”，强化对赤道原则的承诺。

汇丰（中国）设立了全职岗位的环境和可持续发展专员，以加强对汇丰的贷款和客户业务的环境评估和监督，确保其符合国际标准，符合汇丰集团的环境贷款指南以及中国的环境保护条例。

【拓展阅读】

环境责任经济联盟（CERES）

近年来随着国际间合作的加强与社会大众环保意识的不断增强，企业已逐渐感受到公开自身环境信息的压力，并普遍致力于环境绩效的提升，而所达成的成果亦相当可观。自从1989年环境责任经济联盟（coalition for environmentally responsible economics，CERES）成立以来，大约有60多家领域不同、规模各异的公司加入该联盟并签署了一揽子协议，包括减少浪费、节约能源、降低员工和社会的健康与安全风险。它们同意向社会公告公司在这些领域的进展，并假设它们也需要从自己的公司管理的角度获取相同的信息，从而衡量成本、收益和进展。

环境责任经济联盟于1989年在美国成立，成员主要来自美国各大投资团体及环境组织，工作重点在于促使企业界采用更环保、更新颖的技术与管理方式，以尽到企业对环境的责任。自1990年起，环境责任经济联盟开始在美国及国际间致力于推动企业环境报告书的工作，目的在于提升组织环境管理实务的层次。1997年环境责任经济联盟还发起成立了全球报告协会（GRI），该协会已于2002年6月成为一个独立的国际性组织。由全球报告协会设计和推行的用于编制可持续发展报告的指导性纲领《可持续发展报告指南》现已成为事实上的有关企业经济、社会和环境绩效报告的国际标准。

（资料来源：www.ceres.org）

三、组织对消费者的责任

组织要对消费者和合作者负责，就要创造名牌产品和名牌组织，讲究诚信；提供安全的产品，保证顾客的权利；提供正确的产品信息；提供售后服务；提供必要的指导；赋予顾客自主选择的权利。为了达成这样的责任，组织可以采取如下的一些方式方法。

1.实施“顾客满意度”(customer satisfaction)调查

(1)将顾客的意见融入到业务活动中去。在全公司范围内,对个人和法人、顾客进行有关产品、价格、维修服务及其他企业活动的顾客满意度调查。顾客反馈的宝贵意见和要求要反映给包括最高管理层在内的有关各方,改进企业经营活动,以达到让顾客满意的目的。针对调查结果,改进使用说明书等工作。

(2)为顾客提供安全、可信任的产品、系统和服务。

(3)诚实、迅速、准确地应对顾客的要求和咨询。

(4)重视顾客的意见,努力开发、改进使顾客满意的产品、系统和服务。

(5)准确地向顾客提供产品信息。

(6)保护顾客的个人信息。

2.顾客接待及售后服务

首先,在顾客咨询窗口和维修现场努力提高顾客接待及服务质量。企业管理者定期集会,举办与运营、服务质量相关的信息交流例会,采取措施,以期使顾客更加满意。

其次,为了让顾客长久、安全地使用购买的企业产品,企业应努力提高售后服务的质量。负责修理、维护的售后部门在培训员工提高技术的同时,还包括对技术服务人员进行礼仪方面的培训。

3.努力提高产品质量和安全性

首先,企业应全面加强质量管理体制,按照有关规定的“质量方针”,以向顾客提供安全、放心使用的产品、系统、服务为最高使命,全力开展质量管理活动。

其次,公司安排质量负责人,更加明确地落实质量责任。为了实现产品质量和安全性能万无一失,“质量负责人”的责任是对产品从研究开发、生产到废弃的全寿命周期实施严格监督。

再次,要保持产品的高质量,最重要的是员工遵守必要的作业规程,提高产品质量和产品安全的意识。因此,无论是对刚入职的新员工还是经验丰富的老员工,都必须持续进行牢记产品质量的教育。主要包括以下几点:

(1)从顾客的立场出发确保产品质量

遵守相关法律和合同的同时,尊重顾客及第三方的权益;

建立并保持争取实现百分之百优良品的质量体系;

所有部门、全体成员参与创造高质量产品;

找出真正原因,追求本质上的改进。

(2)产品安全的基本方针

遵守国内外产品安全法规;

积极收集产品的事故信息，进行必要的公布；

依据法规迅速向相关政府部门报告产品事故；

公司高层要迅速判断产品事故的应对方法，并向顾客提供相关信息；

因产品原因引起重大事故时，迅速告知顾客并召回产品；

为使用安全，标明必要的注意事项和警示；

彻底分析事故原因，努力防止事故的再次发生；

提供适时的产品安全信息。

四、组织对员工的责任

作为组织来说，如果每个组织都能对员工负责，都能处理好与员工的关系，则组织也将赢得比较好的外部劳动力环境。要处理好对员工的责任，需要注意如下一些方面：

1.尊重人权、禁止歧视

遵纪守法，尊重基本人权、不搞歧视，禁止雇用童工和强迫劳动，应当尊重个人的多种价值观、个性、隐私，杜绝种族、宗教、性别、国籍、身心残疾、年龄、有关性取向等方面的歧视言行、暴力行为、性骚扰、职权骚扰等忽视人格行为的发生。另外，还参加支持、实践有关人权与劳动等普遍原则的《联合国全球契约》。

2.尊重多样性、推进工作方式创新

承认不同的价值观，尊重人格与个性，完善高效、创造性的工作环境，支持实现工作生活平衡(工作与生活的协调)。在工作与生活平衡之上结合创新，形成工作方式创新，包容、尊重多样性的意识和氛围的改革。

各种不同的人相互理解、包容、尊重不同的性别、年龄、国籍和是否有残疾是非常重要的。定期举办与员工的信息交流会，为创建更舒适的工作环境加强沟通。

3.人才的灵活使用与培养

企业除了进行业务所必需的培训、研修外，还应设置员工根据自己的职业计划所希望的各种培训课程。按年龄段分别实施支持员工职业计划和职业能力开发的“职业能力研修”。

设立公示业务内容，形成“公开招募有能力员工”的集团内晋升制度；员工根据自己的职业能力积极挑战新岗位。

在组织内部进行员工意见调查，对公司政策、工作单位和上司的评价、员工本身业务、评价及待遇进行意见调查。调查结果分别在部门内讨论，以达到增强组织活力的目的。

4.安全与健康(劳动安全卫生)

企业应把安全与健康定为经营的重要课题之一，制定各项方针政策；企业应贯彻国家规定的劳动者安全健康相关方针，强化各企业的管理体制；企业应注意提高员工的健康意识，在保护身心健康的基础上发挥其能力；定期进行健康检查，加强员工健康管理体制，制订维护并增进健康的各种方案，特别是在精神健康对策方面，针对公司的实际情况，对员工进行不同层次的教育；另外，也可引进 EAP 等项目，对员工进行心理辅导和必要的心理干预。

五、组织承担社会责任的策略

【拓展阅读】

爱心的经济价值

美国 CNN 的大股东泰德·特纳在 1997 年 9 月，宣布要捐出 10 亿美元，这是他当时净资产的 1/3，他指定这笔巨资的受益者是联合国，要用于处理人口控制及传染病防治等事务。当时有经济学家预测，在给联合国捐助了 10 亿美元之后，特纳的财富只会有增无减。结果，正如预料，至到了 2001 年的时候，特纳的身价已经达到 90 亿美元，是他当年捐助时家产的整整 3 倍。而他当年的那个竞争对手默多克呢，虽然在这期间也捐出了 1000 万美元在洛杉矶盖了一座天主教大教室，但人们虽然佩服他，却并不喜欢他。当年比特纳还要有钱的默多克，到 2001 年的时候，比特纳少了整整 10 亿美元！

经济学家发现，在富豪们捐钱出去的时候，可能根本没有打算赚回来，但慈善行为可以博得别人的好感，从而扩大自己的商业机会、提高自己的信用度，捐了的款就能赚回来。有人甚至计算出，花在慈善方面的每 1 美元，都能够换回 1.1 美元至 2 美元。

企业经济与社会责任并非截然对立。20 世纪 70 年代初以来，美欧策略性企业慈善行为的成功实践有力地证明了这一点。区别于传统纯粹“赐予”性质的慈善行为，策略性企业慈善行为强调公益与慈善行为兼容企业利益。在 30 余年的发展和演变过程中，策略性企业慈善行为的实践和理论逐步形成两种不同的思路和方法。

1.公益型市场营销

公益型市场营销，即通过资助特定公益事业帮助销售企业产品和提升企业形象。公益营销以高曝光、低成本的态势，使品牌在特定目标群体中获得知名度和美誉度。据调查，86％的消费者认为具有公益行为的公司具有更为积极的形象，90％的员工坦称为本公司的公益行为感到骄傲。

“公益型市场营销”(cause related marketing) 慈善行为理论是营销大师

菲利普·科特勒(Philip Kotler)提出的。他认为,成功的公益事业关联型营销活动能够帮助企业将慈善捐赠和商业利益联系在一起,二者可以互为影响,并相得益彰。

在谈到企业应该如何开展慈善捐赠行动时,大师总结出了如下六项方案:一是只选择支持少数的社会主题;二是选择当地社区关心的主题;三是选择可以与企业的使命、价值观、产品和服务协同配合的公益事业;四是选择有能力支持经营目标的公益事业;五是选择关键群体关心的主题;六是选择能够得到长期支持的公益事业。

企业靠技术可以生存、靠战略可以扩张,而要让品牌恒久地俘获人心,却一定要靠不断积累的公益形象与对社会责任的担当。公益营销只有成为企业战略的组成部分,经过一系列的事件积累,才能在消费者心中建立起"责任"企业的牢固形象,蒙牛无疑深谙此道。

1998年,牛根生出走伊利,创办蒙牛,提出"为民族工业争气,向伊利学习"的口号,为企业发展明确了方向,走出了蒙牛快速成长的第一步;1999年,蒙牛打出"发展乳品行业,振兴内蒙古经济"的口号,用公益的行为博得大众和社会的认可;2001年,中国申奥年,蒙牛打出"为申奥助威"的奥运牌;2003年,非典肆虐,蒙牛适时提出"与国家共同抗击非典"的口号;紧接着"神五"升天,"蒙牛牛奶,强壮中国人"和"蒙牛牛奶,航天员专用牛奶"充斥着整个城市的大街小巷;从2004年1月起,蒙牛液体奶销量已经连续30个月居全国奶类销量之冠;2004年、2005年蒙牛酸酸乳"超级女声"影响空前,酸酸乳销量直线上升。

2006年,"一天一斤奶,强壮中国人",蒙牛一年内为全国500所贫困学校的贫困学生免费提供一年新鲜牛奶,身体力行地担当起全民喝奶运动的倡导者。蒙牛并没有把这项工程当做简单的公益活动,而是紧紧围绕这一公益活动来策划设计,通过电视、报纸、户外等媒体宣传,吸引每一位关心中国下一代的人,吸引更多有责任心的企业和单位加入到这一公益工程中来。老百姓没有觉得蒙牛们"做作",因为他们知道,蒙牛们为中国人的健康踏踏实实地做了事。蒙牛赢得了受助学子及其家人的心,赢得了消费者的口碑,更赢得了中国未来的市场。

2008年"5·12"汶川大地震发生后,蒙牛在第一时间就将200万包牛奶等物资送抵灾区,组建了一支全部由蒙牛员工组成的志愿者突击队,将奶粉及时送达了什邡、德阳、绵阳等7个重灾区,为嗷嗷待哺的婴儿及受饥挨饿的老人送去了生命的希望。从应急送奶到志愿救援再到灾后重建计划的一套完整方案的制订……蒙牛用自己的实际行动,证明了一个负责任企业的社会担当。

2.竞争环境导向型市场营销

竞争环境导向型慈善行为,即通过公益与慈善活动改善企业竞争环境(要素条件、需求条件、政企关系和相关产业等)。

竞争环境导向型慈善行为理论(context-focused philanthropy theory)是战略管

理大师迈克尔·波特(Michael E. Porter)提出的,他指出企业可以通过开展慈善性活动来改善其竞争环境(包括削减竞争障碍、赢得广泛支持),进而促进企业长期繁荣发展。

在他的《企业慈善事业的竞争优势》一文中就有这样的论述——当谈到慈善活动时,企业高层主管们越来越觉得自己夹在评论家和投资者当中左右为难,前者要求自己承担更多社会责任,而后者又不断施压,要求自己实现短期利润最大化。因此,许多企业希望自己的慈善活动能够更有战略性。但是,当前所谓的"战略性慈善活动"其实一点也不具备真正的战略性,而且它们又常常不能达到慈善活动的特别效果。慈善活动越来越多地成为企业公关或广告的一种形式,而企业赞助某些备受瞩目的慈善事业的目的只是为了彰显自己的形象。

但是我们可以从真正意义上的战略性角度来思考企业的慈善活动。企业可以利用慈善活动来改善自己的竞争环境,即企业经营所在地的商业环境的质量。利用慈善活动来改善竞争环境能够使社会目标和经济目标统一起来,并能够使公司的长远经营环境得到改善。此外,企业在改善竞争环境时,能够做的不止是捐几个钱而已,它们还能够充分发挥自身能力和关系来支持慈善事业。由此产生的社会效益远远超出了个人捐赠者、基金会甚至政府所能提供的。

然而,这一新思路要求企业在捐赠活动的方式上要有根本性的转变。例如,慈善捐赠可以改善教育,提高当地生活质量,从而使企业自身受益。此外,慈善活动也可以影响当地市场的规模和质量,遏制当地腐败现象的发生,从而提高企业的竞争力。

以改善经营环境为着眼点的慈善活动与现今通行的慈善实践在立足点上是截然相反的。要想慈善活动转而以改善环境为中心,企业就必须超越目前的通行做法,变得更为缜密。虽然这样花的气力要多一些,但是,这种新的慈善方式将大大提高企业慈善活动的成效。

第三节 中国文化与组织行为

中国文化博大精深,古籍典藏浩如烟海,华夏文明不仅是人类最古老的文明,更是一个唯一没有间断的文明,伴随着中国在经济方面取得的辉煌成就,中华民族优秀传统文化也愈来愈彰显出其无穷的魅力,儒家的谦恭进取、道家的无为而治、《周易》的精妙、兵家的策略、法家的权谋等都被各国广泛推崇。这些传统文化在潜移默化地影响着中国人的行为,对于在中国本土的组织来说,虽然需要不断学习西方先进管理思想、理念和工具,但是,如不考虑中国文化对组织行为的影响,再好的思想、理论和工具都没有办法发挥其作用。因此，本节首先探讨中西方文化存在的差异性，然后主要从受儒家文化影响较大的帝王思想以及中国特有的如面子、人情等对组织行为的影响来进行阐述。

一、中西方文化差异

中西企业管理文化都有着各自发展的历史渊源，其产生根植于各自社会的价值体系。中国的文化重人性、轻器物，价值取向以道德为本位，崇尚群体意识，强调同一性，追求人与自然的和谐，把人与自然看成浑然一体；西方的文化重物质、轻人伦，价值取向以功利为本位，强调人权，主张个人至上，强调人与自然的对立，人对自然的索取。

中西文化的差别，反映在企业管理文化上表现为以下几个方面：

(1) 显型文化的差异

显型文化是指来自行为者双方的象征符号系统之间的差异，也即通常所说的表达方式所含的意义不同而引起的冲突。这些表达方式通常通过语言、神态、手势、面目表情、举止等等表现出来，即使相同的表情符号对于不同文化背景中的人来说，其象征的意义很有可能是完全不同的。美国学者在研究中西方文化差异时发现，受不同文化长期的潜移默化的影响，细微的动作表情已经衍生为表达不同含义的潜意识语言，而这种潜意识语言的习惯流露对于不同文化背景的成员来说，往往因缺乏相互理解这一共同的前提，而给双方带来误会。

(2) 对工作和成就态度的差异

在中国一些国有企业中，由于激励机制还不够健全，能力和业绩挂钩的奖励和晋升还未能完全实现，收入分配的平均主义现象也在一定范围内存在，工作缺乏主动性，因此目前还不能过高地指望通过高水平、高效率的工作来达到物质上的满足。

而在西方企业，完善的管理机制使员工能从自身的努力工作过程中得到更多的物质满足和乐趣，因此职工普遍信奉拼命干活、拼命享受的价值观，有能力的员工能够得到迅速的提拔，在他们看来，干活就得像干活的样子，甚至不乏有人把干活当做是一种特殊的享受。因此，既有助于促使员工更大地发挥自己的能力，也有助于留住优秀的人才。

(3) 上下级关系的差异

中国文化强调群体性，往往把家族伦理关系融合在企业管理模式中，在企业内形成较为和谐的人际关系环境，按照群体的尊卑长幼顺序来阐发个人利益，群体中的个人必须按各自所处的身份行事，不逾矩、不过分。与西方的管理模式相比，这种文化特征确实更容易减少人际间的摩擦和冲突。然而，这种文化特征也容易产生一些负面影响，如“窝里斗”、“找熟人、拉关系”的社会风气等。

西方近代文化认为，人的精神和社会生活应当存在于工作场所之外，因此反对在工作场所结成人与人之间亲密的关系，人际间的情感和亲情只能存在于家庭、教堂、俱乐部和邻里之间的狭小范围内；在涉及员工个体与群体的关系方面，西方文化尊重个性，偏重于从个人方面去探讨群体，基于这种看法，西方管理者倾向于在工作中与人保持一定的距离，他们把上司与下属之间的关系看成是纯粹地完成工作任务的关系。

(4) 决策方式上的差异

古今中外的管理者都很重视管理中的决策，因为决策在很大的意义上意味着领导的成功与失败。中国的企业管理者受传统思想的影响，不善于对下级进行授权，做事求稳，不愿承担责任，所以，一遇到有风险的事，宁愿不做，也不愿冒险。倘若要做，也必须是经过集体讨论，大家决策。虽然这样做有助于提高决策质量，有助于防止个人或单方面专断，有利于保证和维护企业的整体利益，但也容易丧失经营机会。

西方管理者则受其母国文化影响，上下级之间的权力距离较小，多数管理者具有冒险精神，敢于做出快速的决策，敢于为此承担责任，因此决策时奉行个人主义，注重个性，决策的主观性较强，这种决策方式的长处是权力集中、责任明确，管理效率高，也易于考核领导业绩，其不足之处是受个人能力、知识、精力限制较大，容易产生个人专断。

(5) 工作支持规范的差异

中国文化重视“人和”因素，注意协调人与人之间的关系，强调集体主义、合作基础上的竞争，崇尚家族主义的伦理原则，重视整体的和谐与安定，强调个人的成就依赖于集体的兴旺，个人利益应服从整体利益的具有全局观念的工作支持规范，正所谓“大河里有水小河里满”。

西方文化在鼓励企业员工完成工作目标相互协同合作方面，强调在竞争基础上的合作，认为“一”只有在“多”之中才能产生，只有在冲突、对立、差异中才可能造就和谐的秩序，和谐不是由于消灭差异，相反，差异本身、差异的存在是和谐的前提；认为只有从个人利益出发才能诠释群体利益，更加关心的往往是个人而不是群体。

当今经济飞速发展，地区的企业文化模式也深受世人的注目，受中国传统文化影响的日韩企业的崛起，使得儒家精神对企业经营管理的作用成为热门话题，以华人企业为代表的东方企业文化成为竞相学习的典范。

二、儒家思想对组织行为的影响

林语堂先生曾说过：“面子、命运和人情为统治中国的三女神。”而这三个方面中的面子和人情，其文化渊源都是来自儒家思想的影响，以下我们将从中国社会特有的人情、面子两个方面来具体介绍儒家思想对组织行为的影响。

1. **人情的影响**

(1) 人情的内涵

“孝”是孔孟之道的核心。“父慈,子孝;兄良,弟悌;夫义,妇听;长惠,幼顺;君仁,臣忠。”中国人讲“孝”,“孝”不仅仅是尊敬长辈,而且是在长幼尊卑次序中的基本行为规范。中国人按照家族伦理的准则建立起自己的人际交往规范,所以中国人讲人情。

儒家学说的特色是它不从社会本位或个人本位出发,而是从人与人之间的关系着眼,重人际关系,重交换。人情是以人与人之间的关系为起点的,而要有关系则必须发生交换行为。同时,儒家又极重“礼”这一概念,“礼”在一定意义上是古代社会习惯风俗所认可的一套行为规范,而“礼”又有“礼物”之解,与“人情”有相通之处。所谓“来而不往非礼也”、“礼尚往来”,这些交换的观念已深入中国人的心中,“因为它不只是一套礼的仪式,实是因为是合乎人之常情的”。

人情指的是一种与实际生活相联系,并贯穿于人们社会交往的以地缘、业缘、人缘等情缘关系为基础的具有规范功能和交换资源性质的社会情感。

人情这一词语,在中国人的社会中是非常容易感知到的,在日常的社会交往中也是能够频繁地接触到的。中国人讲人情,时常是与“理”相提并论的,意即关于人之为人处世、待人接物的规范准则有人情和事理两类,但中国人是把情放在理的前面,情先理后、情主理次。与理相比较,人情的意义、价值和作用都大于理、重于理、超越于理。所以,林语堂曾说:“中国人是把人情放在道理的上面的。”

无论是从其所涵括的内容来看,还是就其表现形式而言,人情都是难以进行客观衡量和评判的。在人际交往互动中,人情的施予、收受和还报的实际运作已成为一种极为复杂和微妙的社会活动和社会技能。由于人情所具有的这种特点,因而在实际的人际交往互动活动中,人情有着强有力的“粘套作用”,施予人情的一方不能也不应该要求和期望对方给以回报,正所谓“施恩莫望报”,但是人情难尽,人又会担心一而再、再而三的被求诸施予而缠粘住;收受人情的一方虽然可以回报,但是人情难清,因而会因一次收受他人之人情而感到须永生给以回报,从而为对方所圈套住。人情所具有的这种“粘套作用”的特性正是导致中国人人际交往复杂和人际关系紧张的重要原因。

综上所述,可以总结出人情概念所具有的另一个重要特性,即关系取向的特性,人与人之间正是以此作为相互交往互动、建立关系的基础和依据。

(2)人情与关系的建立

在中国人的社会中,人与人之间的交往和关系的建立不是决定于人与人之间的那种先天注定的血缘联系,而是根据由这种联系逐步扩展和推广而形成的人与人之间的地缘、业缘和人缘的联系;建立于血缘联系基础之上的人与人的关系的亲疏远近取决于人与人的血缘脉统及由此而产生的血亲之情，而建立于地缘、业缘、人缘联系基础之上的人与人的关系的冷暖炎凉则取决于人与人的社会背景身份及由此而产生的人情。

所以，在中国人建立和维持关系以及交往的过程中，人情发挥着十分重要的作用。人情实际上是中国人在与他人发生交往、建立关系的活动中所遵循的基本的行为规范准则，它决定了与谁交往、以何种方式交往以及建立和维持什么样的关系。两个人之间人情的厚薄往往表明了他们之间的关系的亲疏远近，而培养人情则是建立和维持关系的先决条件。

【拓展阅读】

典型的中国人——文明与陋习

"一个人帮了你的忙，而你又不可能当即付钱报答，事后你再送钱去，他会礼貌地推辞说：'这点小事，不足挂齿，要了你的东西，会有损五常的。'如果坚持要送，就是看扁了他，硬要他接受，就是贬低了他。这些话虽然听起来动人，其实是，这么一点钱与他对你的希望相去甚远，他们只是像奥列弗·特维斯特那样，'想要的更多'。这些话也可能是一种暗示，想让你将来尽你的能力，为他做些什么，因此，他宁愿留待以后，来日方长。"

（资料来源：明恩溥著.典型的中国人文明与陋习.书海出版社，2004.45—46）

(3)人情、关系的组织行为表现

中国人的人情关系，会导致组织中出现许多有别于西方文化的组织行为。具体表现在以下几个方面：

①庸人集团

在很多公司，有一些莫名其妙的部门或者职位，他们的名称不但难以顾名思义而且匪夷所思，这些人在大事上没有决策权，但在公司的大会上，这些人的地位排列并不低，而且工资待遇也很高。这些人就是创业初期的兄弟们退役后演变成的"庸人集团"。在很多国有企业里存在着的庸人集团，则是一些老员工，他们为公司辛苦了大半辈子，是属于没有功劳也有苦劳的那种人。庸人集团的破坏力远远大于它的建设力。

②近亲聚集的非正式组织

在我国的基层企业中，"近亲聚集"的非正式组织是一种普遍现象。亲属关系网是指同一企业中，从业人员基于血缘、亲缘关系所构成的一种组织形态。亲属关系网的存在，使企业与家族(庭)这两个具有不同目标且是竞争性的系统重叠。在管理实践中，它虽有一定积极作用，但更主要的是有悖于企业特性，从而严重影响企业素质和活力的提高。

③“中国式”的办公室政治

办公室政治在国内外企业中都是普遍存在的，但是在中国企业中，特别是在中国民营企业中，办公室政治的作用和影响更为巨大突出。

办公室政治就是企业内部所有成员在权力、利益分配上的一套不成文的规则和机制。事实上，办公室政治表面看上去谁跟谁好，谁和谁一派，是人际关系，其实质却是为了获得保障自身利益的权力。有人的地方就存在利益分配，就会存在政治，企业办公室作为一种经济谋利组织，大家聚在一起就是为了谋利益，自然也不能免俗。

人情现象：同事间的人情就像毛毛雨，对于刚从学校出来的学生来说，会极其不适应工作单位的人情世故，还是拿“同学关系”套用“同事关系”。两者虽只一字之差，意义却大相径庭，尤其表现在经济关系上。结婚生子、亲戚亡故、乔迁之喜、生日派对……一来二去，人情随了一大堆，可瘪瘪的腰包是只出不进，留得牢骚满腹无处诉说。

应声虫现象：就是老板说什么就做什么，无论对错，完全服从，百分之百执行。这样的人没有太大能力，也不受老板器重和同事尊敬。这种“做一天和尚撞一天钟”的现象在企业巨变、方向不明、人事混乱时非常常见，其目的在于明哲保身。

2.面子

(1)面子的内涵

在中国古代，“礼”就是“礼仪”的意思，起源于祭祀，进而演变成世俗礼仪。“礼”是待人的正确态度和方式，是维系“上尊下卑”等级秩序和亲疏关系之根本。孔子曰“不知礼，无以立”，“礼以行之”，即每个人在社会中有其固定的身份，要按照礼法行事，如果做了不符合身份的事，说了不符合身份的话，就会丢脸。儒家的“礼”既是一套外在的礼仪规范，也是个人内在的自我评价。“礼仪”的特殊化说法其实就是“面子”。

面子是个人成就被认可的形象，它与自我修养的目标即他的社会声望和影响相关，在儒家体系中是个人道德规范（礼）的社会延伸；而德是个人自我修养的结果，是个人的荣誉。由于“礼”是规定人的行为的规范，要求占据某职位的个人有一个正当的名，因此“名成为社会行为的调整和约束原则，决定社会中人的价值和地位”。由此可见，面子一说确实受到了儒家学说的影响。

一位外国学者曾评价中国人说：“对中国人大部分行为、态度的分析，穷极到一点就是‘面子’。那不可思议的感受性、隐秘性、平素被谦让掩盖着的、根源于极度虚荣的、病态的功利主义。”

很多外国人对中国人的“面子问题”十分想不通，其实质还是由于儒家思想造成的。儒家规定的礼制极为繁多，人们违反其中一条，便被认为不符合伦理道德，违反礼制的行为要被社会公众轻视。因此长久以来，在羞耻感上的知觉，中国人要比其他国家的人敏感得多。

(2)面子的组织行为表现

“酒文化”：酒作为一种交际媒介，发挥了独到的作用，酒文化同时也是中国人的面子文化。首先敬酒就是一门学问。一般情况下敬酒应以年龄大小、职位高低、宾主身份为序，敬酒前一定要充分考虑好敬酒的顺序，分明主次。公司年会时，领导先到各张餐桌敬酒，员工站起，轮流和领导碰杯，领导祝词，员工答谢，领导干杯，员工干杯；员工到领导桌敬酒，领导站起，轮流和领导碰杯，员工祝词，领导答谢，员工干杯，领导干杯。各级领导以此类推。

要想在酒桌上得到大家的赞赏，就必须学会察言观色。因为与人交际，就要了解人心，左右逢源，才能演好酒桌上的角色。在这时候，领导可以和一般员工称兄道弟，斗争尖锐的部门之间可以互相说谢谢，道一声对不起，这在一定程度上是能抵消一些内部矛盾的尖锐性，但更重要的是怎样真正解决这些矛盾。中国人喜欢面子上过得去，年会就是为了模糊一下矛盾者的视线，不要把矛盾表面化。

“螃蟹文化”之窝里斗：钓过螃蟹的人或许都知道，篓子中放了一群螃蟹，不必盖上盖子，螃蟹是爬不出去的，因为只要有一只想往上爬，其他螃蟹便会纷纷攀附在它的身上，结果是把它拉下来，最后没有一只能够出去。企业里常有一些人，嫉妒别人的成就与杰出表现，想尽办法破坏与打压，如果不予去除，久而久之，组织里只剩下一群互相牵制、毫无生产力的螃蟹。

窝里斗的结果只有两个：一是把人变成“两面派”，二是把人逼成“精神病”。最起码也会让人意志消沉、心胸狭窄。那些窝里斗严重的企业，多半没有什么业绩和成就；那些热衷于窝里斗的人，也多半没有什么眼界和水平。正因为没有什么眼界和水平，这才不把眼光看着“外面的世界”，只管盯着“家里的是非”。结果自然是“内战内行，外战外行”，在单位里争权夺利很拿手，到了外面，便头也抬不起，话也说不出了。

三、古代帝王思想对组织行为的影响

汉学家费正清在《观察中国》一书中对古代帝王思想做了如下描述：“中国的皇帝是高于一切的天子，他只遵从先祖、政体和孔教的遗训，不易为任何人控制。皇帝是选拔官员的最后决策者，选拔时，他必须衡量能力和忠诚，或根据手下官员的表现决定其命运。他的行为代表着皇朝利益，不受规则的约束，因此，他就是法律。他变幻无常，高深莫测，冷酷无情，官员们莫名其妙地被免职。官位越高，就越祸福难测，也许今天还在行使权力，明天就镣铐加身，发配充军。这种帝王宠幸的不定性，是使官员们尽职尽力的一种手段”——当代社会，名义上的“皇帝”死了，中国人心中的“皇帝”观念根深蒂固、潜移默化，几乎支配着我们的所有行为，在组织中也不例外。

1.决策方式：民主是为了集中

封建帝王由于掌握了绝对的法权、决策权以及由此派生出的统治权，从而决定了他对国家和人们的绝对控制权，使上下级的权力距离无限扩大，导致了封建专制的腐败和低效率。在这种权力结构中，一郡之政取决于郡长，一县之政取决于县令，一府之政取决于府尹，一国之政取决于皇帝。一旦皇帝昏庸无能，则整个社会陷入不可挽救的境地。

在中国人的观念中，一言九鼎、说一不二是能力的象征——古代英明神武的皇帝都是这么做的。决策“一言堂”现象在中国的政府和企业依旧风行，一些股份制公司的董事会也都成了摆设，即使是举手、投票，那也只是走走形式。这时的“民主”是为了让“集中”具有合法性，“民主”成了“集中”的幌子。

2.工作规范：制度是狗

中国人的骨子里是蔑视制度的，这是导致中国社会的法制进程如此缓慢的根本原因。在中国人的观念里，制度就是用来被违反的。“制度是死的，人是活的”，遵守制度是无能的一种表现，而违反制度则被当成“上面有人”的象征。所以，在企业中违反制度的都是老板、高官或老板亲信等那些所谓“有脸面”的人，在这种观念支配下，建立有效的制度体系是不可能的。

现代人都喜欢养狗，因为人靠不住，只有狗对自己忠实，很多老板也喜欢把身边的东西照着狗的标准来打扮，其中也包括自己制定的公司规章制度。在他看来，制度是“狗”，“狗”只对外人狂吠，却不会咬自己。比如，有人经常说“制度是这样规定的”的另外一层意思就是，你被拒绝，说明你是外人，要想办成事你就得“意思”或“表示”一下。

3.授权：授责不授权

无论是中国的社会观念，还是价值取向，中国人其实认可的都是那些事无巨细、事必躬亲、亲民勤奋的官员或领导者。在这种观念和意识的支配下，老板们的自我塑造和下属们的期许意向其实是一致的。

当然，有些老板有时候也会发出授权的声音，特别是企业发展到一定程度，老板们感到自己（并且好像只有自己）最辛苦的时候，往往会怒气冲冲地向下属提出“你办事，我放心”之类的授权意向，这种情绪和方式本身就已经说明了授权的非理性。如果你把这种授权当真，甩开膀子大干一场，那可能只会让你迅速地走向失败。老板们说的授权其实是“授责”，只让你承担出问题的责任，你却要争权力，莫非想“造反”不成？更何况，授权是需要体系支持的，并非一句话说授权就授权了，由于缺乏管理系统的支持，中国式授权往往是又一轮“一放就乱、一收就死”循环的开始罢了。

【本章小结】

组织是一个生命体，它从外部环境中获取资源，如原材料、人力资本、信息等，通过组织内部的子系统把这些输入转换成输出；组织可以从外部环境得到关于其输出价值以及未来输入可能性的反馈。这个过程是循环的，并且在理论上是自我维持的，正因为如此，组织才能生存并获得发展。

成功的组织必须密切注意其外部环境，并有能力改变自己的输出和生产流程，以适应不断变化的外部环境，而关注其外部环境主要就是密切关注利益相关者的需求和期望，这就是本章讨论的重点所在。全球化、信息技术、组织对利益相关者的责任是组织行为学研究的趋势。本章最后特别关注了中国的传统文化对组织行为的影响作用，对跨国公司在中国进行管理提供一些参考资料。

【习题】

名词解释

组织环境　全球化　虚拟团队　组织扁平化　利益相关者　公益型市场营销　面子

简答题

1. 劳动力日益多元化的潜在好处和挑战是什么?

2. 分析组织的利益相关者有哪些? 不同行业的组织，哪些利益相关者更为重要?

3. 举例说明“面子”文化在中国企业中的表现，并列举相应的管理方法和技巧。

案例分析

李明是典型的“80后”，大学毕业后受到经济危机的影响，不得不到某保险公司做普通职员。在公司里，每做一件事，他总是先想别人会怎么评价他。一想到别人会提出反对意见，他就暗暗地不寒而栗。于是话也不敢多说。工作时，他总嫌自己没有亲和力，对与客户直接接触的工作，他总是能躲就躲。更严重的是，上司无意中的一句冷话，一个漠然的表情，都令他产生失业的恐惧。结果，他的工作成绩总不能让人满意。

与李明同时进公司的林丽，由于能力较强且具备一定的团队领导能力，领导把她提拔为一个小团队的头。林丽当上头后，自我意识愈发强烈，很多事情不愿再听领导的安排，总是按照自己的意图行事，在日常工作中，发生了很多大大小小的冲突。对此现状，领导看在眼里。终于在某日，林丽因经验不足，在某事上判断失误，导致了一个小小的损失，一直没法处理下来。在林丽焦头烂额，不知所措之际，领导适时出现了，及时接过了活儿，寥寥几句话，三下五除二就把问题迎刃而解。事情解决后，林丽一直没做声，既不反对也不赞成。但后来再与领导相处时，明显就谦虚多了，不再那么张扬，知道要听取别人的建议和要求了。

同时进公司的还有赵娉，大部分时候是比较听从领导安排的，但某日因为工作失误，领导在工作会议上公开批评了赵娉，希望她能及时改进，不想赵娉表面上没有表示反对，但心里实际不服气。领导找到赵娉沟通此问题时，赵娉坚持表示自己没有失误，不肯承认错误。同时在接下来的工作里都不再认真执行领导的安排，导致工作效率大为降低。

问题1：结合本章内容分析，在我国传统文化和全球化的双重影响下，"80后"职场新人的特点。

问题2：针对这些特点，采用怎样的管理办法会更有效？

第三章　组织内部环境

学习目标

1.了解组织结构的模式，掌握组织设计的内容；

2.了解组织发展的阶段和途径，以及组织变革的过程、心理障碍与对策；

3.理解组织文化的概念、要素，掌握它是如何塑造和落实的。

【本章知识结构】

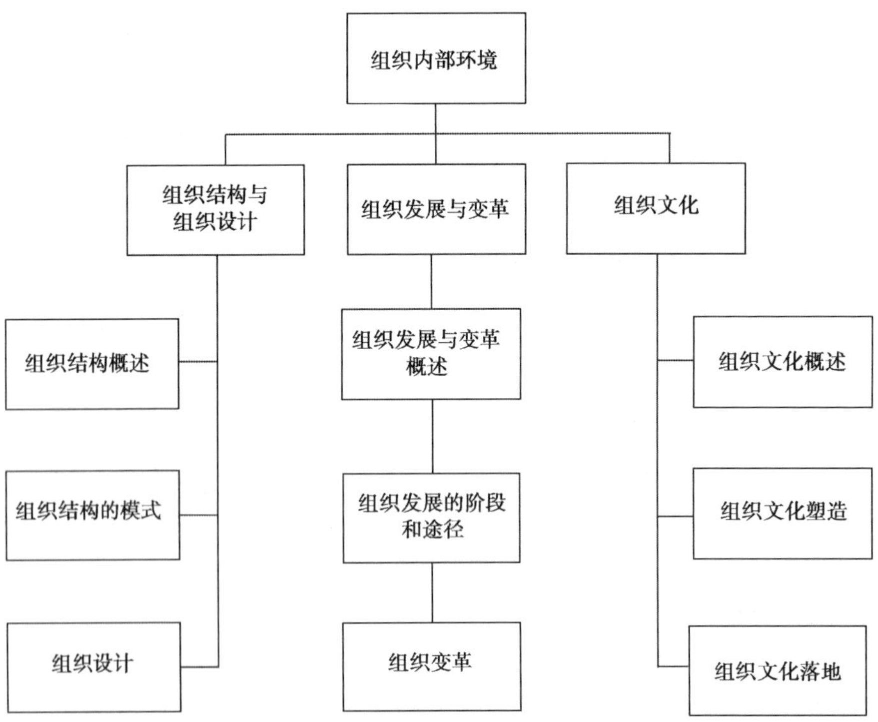

【引言】

壳牌石油公司在1983年进行的一项调查表明,1970年进入美国《财富》(Fortune)杂志"世界500家大企业"排行榜的公司到80年代初已有1/3销声匿迹。他们据此估计:大型企业的平均寿命不到40年,约为人类寿命的一半!在"适者生存"、"优胜劣汰"的法则下,在变化日益迅速和难以预料的环境中,企业如何延长寿命,保持稳定、持久的发展?

针对上面的调查和估计,为了避免企业的衰败,保持和延长企业的寿命,荷兰壳牌石油公司(Royal Dutch/Shell)采取了一系列的方法和措施。壳牌石油公司是一个拥有一百多个遍及全球的分公司的大型石油企业。但在1970年时,它还位居世界七大石油公司之末,被讥为七姊妹中的"丑小妹"。20世纪70年代初,欧佩克组织(OPEC)采取石油禁运政策,导致了能源危机的发生。但在这之前,壳牌公司已经围绕石油产销长期走势和战略对策问题进行分析研究,统一了全公司上下的脑力模型,得出一些重要的看法和结论,并采取了相应的措施。因此而经受住了这次危机,之后,"丑小妹"壳牌石油公司跃然成为世界上实力最强的石油公司之一。

壳牌石油公司的成功正是由于其在70年代初就逐渐自觉运用系统思考、统一脑力模型和共同前景等修炼方法与工具的结果。这些正是当前最时髦的管理话题"学习型组织"给我们的启示,组织的学习氛围是目前所提倡的良好的内部环境。

(资料来源:http://www.docin.com/p-24805911.html)

个体作为一个社会成员,必然要生活在一个特定的组织环境中。因此,组织的内部环境影响着个体的心理和行为,个体反过来也影响着组织功能的发挥和组织目标的达成。高效的组织应该具备什么样的特征?什么样的组织结构才合理?如何才能根据组织环境的变化对组织进行变革,从而促进组织的发展?组织文化又是怎样影响人的心理和行为的?鉴于此,本章将介绍组织的内部环境,从组织结构与设计、组织的发展与变革以及组织文化等方面进行阐述。

第一节　组织结构与组织设计

组织结构使员工处于组织的相对位置上,这种相对位置和关系会影响员工的工作状况,影响到组织行为。换句话说,不同形态的组织结构会对员工的工作态度、行为和组织绩效产生不同的影响。因此,研究组织结构与设计是研究组织中人的行为的重要前提。

一、组织结构概述

所谓组织结构(organizational structure),是指组织内关于职务及权力关系的一套形式化系统,它阐明各项工作如何分配、谁向谁负责及内部协调的机制(Johns,1995)。一般来说,描述组织结构的维度主要有三个:

第一,复杂性,是指任务分工的层次和细致程度。一个组织愈是进行细致的劳动分工,具有愈多的纵向等级层次,组织单位的地理分布愈是广泛,则协调人员就愈是困难。比如跨国公司的空间分化度就极高,当空间分化度增大时,协调和沟通的难度也会增大。

第二,规范性,是指使用规则和标准来规范工作行为的程度。组织的正规化通常以文字的形式明确下来,对于员工工作的内容、方式和时间等都有明确的规定,并要求所有的员工照章行事,员工自己做主的余地较小。当然,过分规范化会导致员工对工作的满意度降低。

第三,集权度,是指组织中权力分散或集中的程度。现实中,有的组织采用的是高度集权制,有的组织则采用分权制。

这三个维度结合起来,便可以说明一个组织的结构面貌。比如,有的组织内部有许多分工非常专业的部门,员工必须遵守无数的规定,从最高的决策层到一般工作人员之间,有很多层级,形成复杂的网络,这是一种结构严密的组织。与此同时,也有一些组织的结构比较松散,部门分工较少,管理层级也少,对员工的工作规定也很简单。

二、组织结构的模式

1.一般组织结构的设计

实际中的组织结构是千差万别的,而在理论上根据组织结构的定义,则可以将形形色色的组织结构抽象为直线制、直线职能制、事业部制、矩阵制、委员会制等形式。每类组织结构都有各自的特点和适用条件。其中,直线制也称为简单结构,直线职能制和事业部制是官僚结构的两种类型。

不同的组织其结构也不同,但归纳起来大体有如下几种:

(1)直线制组织结构

在直线制结构中,组织的权力比较集中,责任比较明确,一般会有2～3层垂直层次,成扁平化的结构模式。如图3-1所示:

图3-1 直线制结构示意图

直线制结构的优点是权力集中，责任分明，命令统一，控制严密。缺点是组织中的所有职能都集中于一个人身上，不利于组织的扩展；部门之间的信息交流比较少，协调性差。总之，简单结构适用于产品单一、劳动密集、机械化程度比较高、规模较小的企业或组织的初创阶段。

(2)直线职能制组织结构

上面提到直线制结构适用于规模较小的企业，而要产生规模经济的话，直线职能制组织结构更适用。直线职能制结构采用按职能分工实行专业化的管理办法来代替简单结构的全能管理者；各职能机构在自己业务范围内可以向下级下达命令和指示，直接指挥下属。如图 3-2 所示：

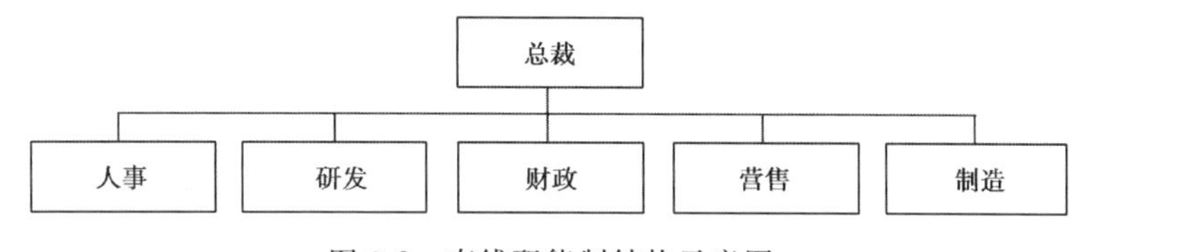

图 3-2　直线职能制结构示意图

直线职能制结构的优点是它按部门、岗位具有的专业技术、资源特性分解任务，有很强的专业技术分工；专业化管理具体深入、效率高，并能减轻管理者的工作负担。缺点在于不利于组织的统一指挥，使得职责职权的划分不够明确；各职能机构往往从本部门的利益出发，横向联系较差；对于环境发展变化的适应性比较差，不够灵活。

直线职能制结构一般适用于外界环境比较稳定、产品种类较少、技术例行、而又不需要太多横向联系的劳动密集、重复劳动的中小型企业。

(3)事业部制组织结构

事业部制结构是一种分权式结构，按产品或地区设立事业部，实行分权管理。各事业部有相对独立的利益、自主权以及市场，各事业部经理也由总经理所领导管辖，同时他又统一领导自己主管的事业部及其下设的人事、生产、财务等职能部门及辅助部门。如图 3-3 所示：

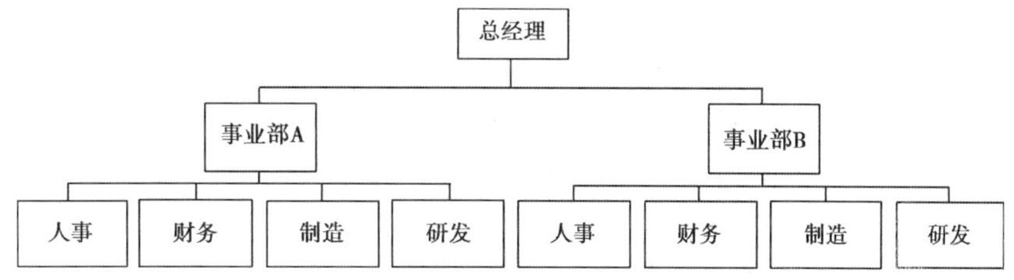

图 3-3　事业部制结构示意图

事业部制结构最大的优点是集中决策，分散经营，权力适当下放，减轻了总经理的负担。另外，各事业部能够自主灵活地适应市场出现的新状况并且灵活地做出反应；自主经营，责任明确，使得目标管理和自我控制能有效地进行。在这样的条件下，高层领导的管理幅度便可以适当扩大。其不足主要表现为：无法进行深度竞争和技术专门化；各部门内部的规模经济无法展开；产品线之间的整合与标准化变得困难。

依据上面所述的优缺点，事业部制结构一般适用于外界环境不确定、富于变化、非例行技术、产品种类在两种或两种以上以及部门间有较高依存性的组织。

(4)矩阵制组织结构

矩阵制组织结构是指既有按职能划分的垂直领导系统，又有按项目划分的横向领导系统的结构，即员工既要接受原单位和部门的垂直领导，又要接受任务小组中负责人的领导。如图 3-4 所示：

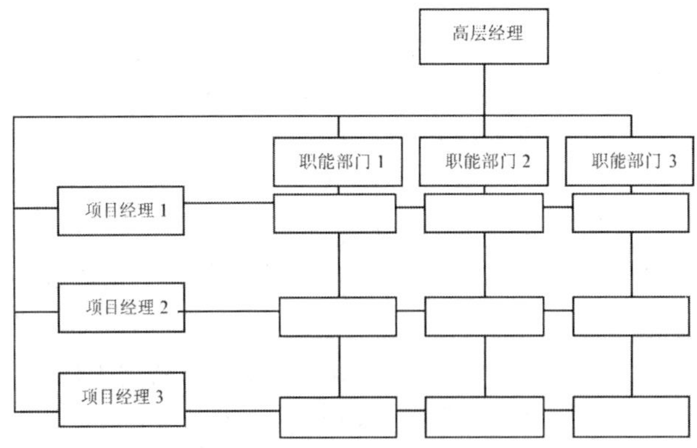

图 3-4　矩阵制结构示意图

矩阵制机构的主要优点是灵活性、适应性强，集思广益，有利于把组织垂直联系与横向联系更好地组合起来，以便加强各职能部门之间的协作。主要的缺点是小组是临时性的，所以稳定性较差；小组成员要接受双重领导，当两个意见不一致时，就会使他们的工作无所适从。

矩阵制结构适用于集权分权能优化组合、员工素质比较高、技术复杂的企业。

(5)委员会制组织结构

委员会制组织结构是对二维矩阵组织的扩展和延伸，即在二维矩阵组织的基础上又加上了地区和时间这一维度，变成了项目系统、职能系统和地区与时间三个维度，形成了一种全新的管理组织模式。如图 3-5 所示：

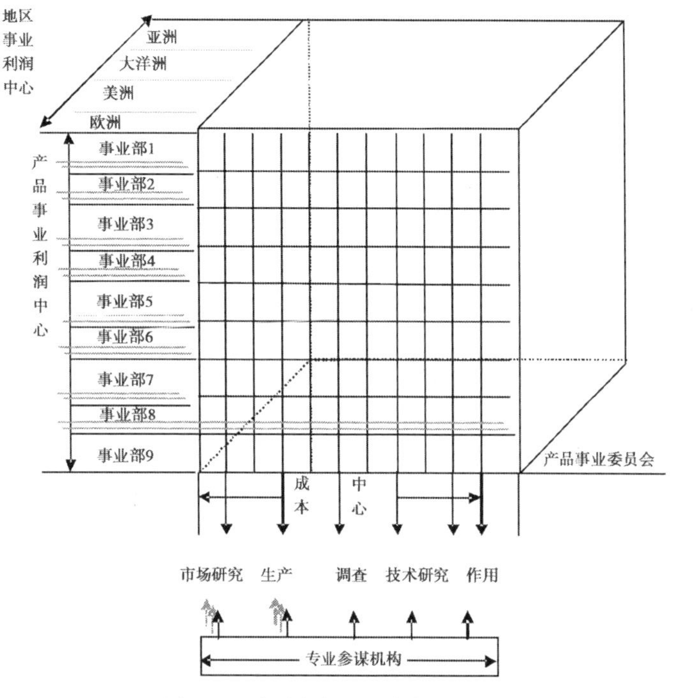

图 3-5　委员会制组织结构示意图

这种组织形式一方面使得项目系统和职能系统的工作有机地协调起来，另一方面又考虑了时间或地区的因素，能使公司在不同地区、不同时间及时、准确地开展各种业务工作，有利于形成群策群力、信息共享、共同决策的协作关系。缺点是机构庞大，开办费用和管理费用比较高，协调起来比较困难。适用于跨国公司及规模较大的跨地区公司。

2.新型组织结构的设计

(1)虚拟组织结构

虚拟结构又称为网络结构，是一种新型的组织结构，它起源于日本。在日本，一个公司与其他公司结成联盟，这些联盟通过合作协议、平分所有权等形式建立企业合作网络。虚拟结构的基本模式是在有一个新产品(服务)的概念后，利用电子商务等现代信息传输手段，将各种不涉及企业核心竞争力的业务外包，企业本身主要关注创新行为和策略调整，同时对外包的各项业务进行有效监督。如图 3-6 所示：

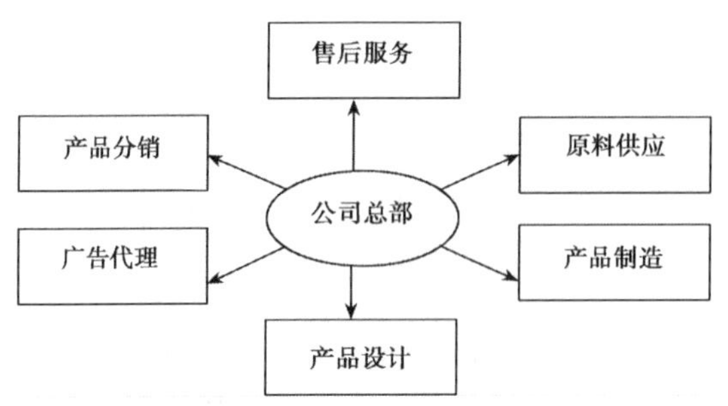

图 3-6 虚拟组织结构示意图

虚拟结构的优点在于高效率和灵活性，它能够突破时间、空间的限制，在全国乃至全世界范围内对企业内部、外部资源进行合理配置、优化组合，达到获得企业利益、提高企业核心竞争力的目的。值得注意的是，企业的虚拟结构是在信息技术高度发展的前提下产生的，它必须以高速、高质的信息传递为依托，它是信息技术发展的产物。这种结构的不足表现在公司主管对公司的主要职能活动缺乏强有力的控制。

虚拟结构适用于电子商务、咨询、营销和职务调查等工作形式。这些工作的灵活性比较大，需要突破时间和空间的限制，并且需要结合市场的变化快速地做出决策调整。

(2)无边界组织结构

通用电气公司总裁杰克·韦尔奇(Jack Welch)这样描述无边界的理念："预想中的无边界公司应该将各个职能部门之间的障碍全部消除，工程、生产、营销以及其他部门之间能够自由流通，完全透明"。无边界组织就是指打破部门间的人为障碍，鼓励不同部门的人员进行横向交流与合作，培养员工的团队精神。为了促进跨部门的合作，公司广泛采用了矩阵式组织结构和项目小组制。现在，通用电气已将无边界管理的概念扩大到公司以外，成为加强与用户、供应商、经销商，甚至同行竞争企业间联系的一种有效手段。

所谓无边界组织是指边界不由某种预先设定的结构所限定或定义的组织结构。边界通常有横向、纵向和外部边界三种。在无边界组织中，等级制度和指挥链被减少到了最低程度，取消了严格明确划分职责的部门，促进横向交流与合作。

三、组织设计

1.组织设计概述

组织设计(organizational design)是以企业组织结构安排为核心的组织整体设计工作。它以组织的目标为依据，对组织必需的各项业务活动加以分类和组合，进而设计不同的机构、部门、职务，明确其工作内容、责任、权限以及相互协作关系，规定其任职资格、规章制度和工作程序。根本任务是提供组织结构图，编制职务说明书。

组织设计的内容主要包括三部分：一是组织结构设计；二是组织关系即组织运行管理机制的设计；三是人员配置或人力资源管理设计。通俗来说，就是要把"组织的事"合理地分解成"部门的事"、"岗位的事"，把"合适的人放到适当的岗位上"，让各部门、各岗位的人结成最合理的工作关系，按照最有效的规则从事工作和活动。本部分重点介绍组织结构设计。

现代工商企业兴起之后，组织结构与组织设计一直是管理的核心内容。现代工商组织有多元化的产权结构，企业规模大，市场竞争激烈，经营活动错综复杂。任何个人都不可能独自管理一个现代企业。这样，现代工商企业的管理就必须由经理人员组成的团队来承担。由于在管理团队中，经理人员的个人利益、知识结构、经验技能、认识水准都不会完全一致，这个管理团队如何取长补短、分工协作就成为企业经营活动成功的关键因素，一些基本的原则与概念是必须遵循的。

2.组织结构设计的原则

(1)专业化与劳动分工

通过劳动分工实现专业化，提高工作熟练程度，加快经验和知识的积累，一直被视为是提高工作效率的源泉，这就是所谓的"熟能生巧"；同时，通过劳动分工使不同技能的员工从事不同岗位的工作，充分发挥每个人的相对优势，必然会提高资源配置的效率。因此，泰勒、韦伯和福特等人都将分工置于首要的地位；而且，就组织演变和管理发展的趋势而言，可以说是分工越来越细，专业化程度越来越高。

20 世纪 60 年代以来许多企业通过扩大工作活动的范围来提高劳动生产率，其具体表现是职务轮换、职务扩大化、职务丰富化等措施的出现和团队工作的流行。80 年代以来由于信息技术的发展和应用，企业流程再造更将其推向极致。

(2)职权与职责

一个职位在被赋予一定权力的同时，也必须承担相应的责任，这就是职责。职位、职权和职责三位一体、相互对等、权责一致。职权与职责对称是组织设计的基本原则，有责无权、责大于权会使管理者无法或难以有效工作，而有权无责、权大于责是滥用权力的根源。管理者在授权时，应下授职权和执行职责，而最终职责不能下授，即"职权下授，责任不下授"。

(3)管理幅度与管理层次

一个主管直接指挥和监督的下属数量被称作管理幅度；从最高主管到基层主管之间的职位等级数称为管理层次。

管理层次是由组织规模和管理幅度决定的。管理幅度的大小受到管理者本身的素质与被管理者的工作内容、相似性和业务标准化程度、能力、工作环境以及工作条件等诸多因素的影响，每个组织都必须确定合适的管理幅度。

总的说来，影响管理幅度的因素很多，很难有完全统一的标准。综合管理界的研究成果，每个组织在确定有效的管理幅度时，都要考虑工作能力、工作内容和性质、工作条件以及组织环境的稳定性等因素。

(4)统一指挥

统一指挥要遵循“统一命令”原则，即一个人只能接受统一的命令。如果需要多个领导同时指挥的话，则须事先沟通，达成一致意见之后再行下达。如果一个领导下命令时，因情况紧急来不及沟通，则应事后通报形成一致意见。

(5)部门化

部门化是在职位设计和分析的基础上，根据各个职位的工作内容、性质以及相互联系，依照一定的原则，将各个职位组合成被称为“部门”的管理单位。通过劳动分工划分工作，专业化的职位各司其职，必然要求协调，而部门化正是促进这种协调的手段。划分部门的依据通常有：人数、时间、职能、产品、区域、过程、顾客、设备和销售渠道等。

(6)集权与分权

职权的本质是决策权，集权与分权主要指的是组织的决策权在不同层级的分配。集权指决策权主要分布在较高层次的职位上；而分权是指决策权很大程度上分散到较低层次的职位上。集权与分权的互相平衡，实质是指决策权在各个层次的机构、部门、职位之间的合理分布要符合实际需要。

在组织设计中，权力的集散程度须视组织特性、环境和管理人员的水平而定，必须区别不同情况，有针对性地采取集权与分权的做法，保证决策的迅速、正确和实施。

应当说，传统的组织设计原则刚开始主要适用于从事重复、稳定的例行工作的组织，但随着研究的深化，它们的适用范围也有所调整。除上述原则外，还有些自然成立的原则也应该遵循，如目标性原则，即所有的组织设计必须为实现组织目标服务；经济性原则，即以较少的人员、层次、时间达到较好的管理效果，保证组织活动的高效益，等等。

3.组织结构设计的内容

组织是一个复杂的系统工作过程，组织结构设计是最主要的部分，组织结构设计的基本程序一般是相同的，如图 3-7 所示

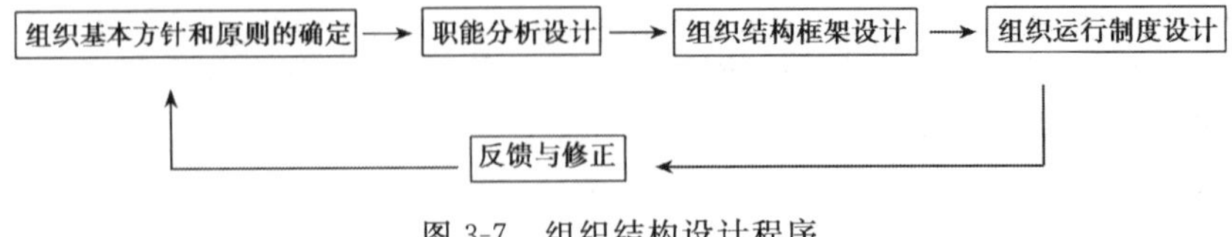

图 3-7　组织结构设计程序

遵循组织结构设计的一般程序，就要了解组织结构设计的具体内容，主要包括以下几点：

(1)职能设计

职能(competency)是指人、事物、机构所应有的作用。职能设计，一般包括对组织所承担的职务、职权、作用等内容的设计。确定企业的各项职能及其结构，是组织结构设计的首要工作。职能设计是否正确合理，将对整个企业组织能否顺利有效地运转产生重大影响。

(2)框架设计

组织结构的框架设计是整个组织结构设计的主体，内容主要有设计各个管理层次、部门、岗位及其责任、权力，具体表现为确定企业的组织系统图。

框架设计体现的是一种组织设计思路，可以采用自上而下的设计方法，也可以采用自下而上的设计方法，在此过程中要考虑管理幅度的设计和管理层次的设计，比较常用的是前一种方法。设计好的组织框架图需要反复修改，才能最终形成组织结构的整体框架。

(3)协调设计

这里主要介绍一下横向协调设计，它是指将专业化分工体系再连接成一个整体，使各部门之间建立良好的协作关系。

它主要包括两种协调方式：一是结构化的协调方式，是通过改变原有的组织结构来达到横向协调的目的；二是非结构化的协调方式，是在不改变原有组织结构的基础上进行的设计。

4.组织结构设计的技巧

(1)要有弹性

组织结构不应该是僵化、死板和墨守成规的，组织内外环境的变化，都要求对组织结构进行调整。因此，管理者应该定期对影响组织结构的因素进行调查和分析，然后根据这些因素的变化，对组织结构进行相应的调整和改进。

(2)要考虑非正式组织的影响

由于非正式组织常常与正式组织共存，因此它对员工以及组织目标的达成都会产生很大的影响。当非正式组织和正式组织的目标发生冲突时，就会出现另立山头、消极抵抗，甚至出现抵抗正式组织的行为。如果在组织结构选择中，在部门确定时能够考虑到这一点，使非正式组织的目标、需要与正式组织的目标相统一，那么非正式组织就会对正式组织目标的达成起到积极的促进作用。

(3)要避免管理者私利的影响

组织结构的选择虽然受到很多客观因素的影响，但这个过程毕竟是由人来操纵的。组织的管理者和设计者站在特定的利益场，很难战胜自己的欲望和好恶。当管理者的权力需要和控制欲极强时,他就可能置客观现实于不顾,而选择高度集中和规范的组织结构模式。由于高度集中,员工参与管理的机会较少,工作士气无法提高,导致组织效能低下。因此,作为管理者要有开阔的胸襟和高远的视野,要认识到组织结构的最终目的是组织目标的达成。如果员工缺乏工作积极性,组织生存和竞争能力太差,组织最终就会消亡,自己的一切需要也就没有了满足的途径。适度地分权和授权,提高员工对工作的满意度,有了组织的生存和发展,个人的需要才可能得到满足。

组织结构的设计是一个复杂的问题,它需要我们从多角度、多视野来考虑和分析。因此,只有保持动态的开放,随机制宜,才能保持组织的活力与生命力。

第二节　组织发展与变革

当今社会变化迅速,科技的发展、竞争的激烈化和国际化、劳资关系的新变化以及组织承担社会责任的增大,都使组织所面临的内外情境发生了很大的变化。面对这一系列的变化,组织唯有进行自我调整,才能顺应环境的变化和挑战,从而获得生存。自我调整的方法,就是组织发展与组织变革。

一、组织发展与变革概述

组织发展是国外近二三十年来,在管理心理学中发展起来的新领域。关于组织发展的含义,学术界并没有达成一致的观点。在西方,组织发展强调的是人性与民主因素,至于权力、控制、冲突和压力等观念是被相对排斥的。在我国,组织发展一般是指根据组织内外部环境的变化,运用管理科学和行为科学的知识,有计划地改善和更新组织的过程。组织发展的目的是改善人的行为、人际关系、组织文化、组织结构和组织管理方式,增强组织的生命力。

我们认为,组织发展(organization development)是指通过长期的努力来改进和更新企业组织的过程,是实现更有效和更高效管理的过程。进行组织发展,通常需要在一些专家的指导和帮助下,运用组织管理心理学和其他学科的理论与技术,实现预定的计划和目的。但组织发展并不等同于有计划的改革,改革可大可小,可针对技术、产品、某种制度或组织结构等等,并不是所有的改革都可贴上组织发展的标签。

所谓组织变革(organization change),是指为适应内外部环境的变化,对组织的元素进行调整与修正的过程。这种变革涉及组织的很多方面,包括组织功能、组织结构、领导和管理方式、技术设备、组织管理、组织成员的思想和心理上的变革,以及信息沟通和人际关系的改进等。其中,组织心理的变革是更为重要的一部分。通过组织变革,转变员工的态度,激励员工的行为动机,树立员工的集体意识和责任心、荣誉感、成就感等,对组织变革起着极大的作用。

组织发展与组织变革是两个联系紧密的概念。从内涵上讲,组织发展的内涵要远远大于组织变革,它既包括组织结构、制度上的变革,也包括对团体和个人的心理指导。但二者也有很多的联系,组织发展包含了组织变革,组织变革的目的是组织发展,组织变革是组织发展的一种手段。

对于组织发展的目标,不同的人站在不同的角度提出了不同的看法。行为学家比尔认为,组织发展的目标主要有以下三点:第一,使组织结构、活动过程、战略、人员以及组织的作风、制度能够更好地配合;第二,提出新的、创造性解决问题的方案;第三,开发组织自我更新的能力(王垒,1993)。虽然不同的学者提出的组织发展的目标存在着一些差异,但主要都强调组织的适应能力和组织中人的行为改变。因此,组织发展的目标概括起来主要有两大方面:

第一,使组织的发展与所处的环境相适应。主要是使组织成员、组织结构和组织目标之间更好地适应,最终提高组织的工作效率,实现组织的目标。

第二,组织的发展,要有助于改善组织中人的行为,这是组织发展最重要的目标。因为只有人的问题解决好,组织发展才能够取得期望的积极效果。组织发展应该提高员工工作的满意度、尊重人、关心人。具体说来,组织发展要达到对人的行为的改善,必须要达到以下几点:

(1)对人的尊重。员工都是肯负责、有良知、能够关心他人的人,因此,应该保持人的尊严,对人以礼相待。

(2)信任与支持。良好的组织应该对人充满信任、脚踏实地、开放、支持。

(3)权力平等。有效能的组织不强调层级分化的职权与控制。

(4)公开对质。有问题应该公开出来,让员工们发表意见。

(5)参与。组织变革是所有人的事,因此,变革应该征得员工的赞同。

二、组织发展的阶段和途径

在我们的社会中,存在着各种各样的组织,大的如国家政府、学校、医院和公司,小的如生产班组、球队、乐队、兴趣小组等等。这些组织也像我们个体一样,是一个有生命的机体,它自诞生之日起就有一个不断成长和成熟的发展过程。

1.组织发展的阶段

组织的生命周期是指一个组织从诞生到衰亡的生命历程。这个过程可以用下图来描述。

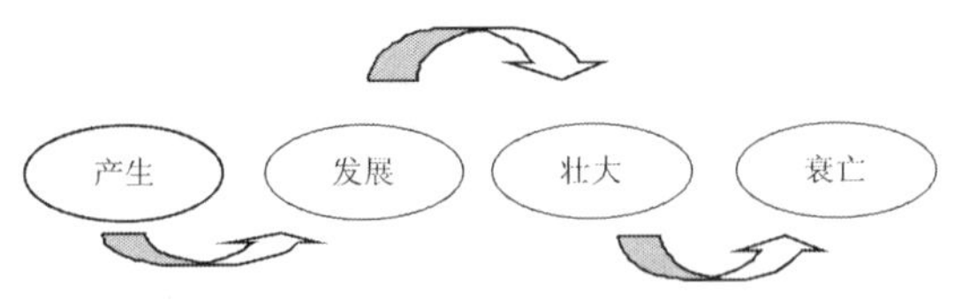

图 3-8　组织的生命周期

以上描述的只是一般过程，并不是所有的组织都会经历这四个阶段，有的企业刚产生，还没有来得及发展、壮大就夭折了。但是，企业的产生和衰亡是必不可少的。

组织的发展是一个连续的过程，为了方便研究，我们习惯将其阶段化。研究者一般把组织生命周期划分为四个主要阶段，图 3-9 所示的是这四个阶段及每一阶段上对应的管理危机。由图也可以看出，组织由小到大的成长过程并不容易，是一个不断遭遇危机、解决危机的过程。

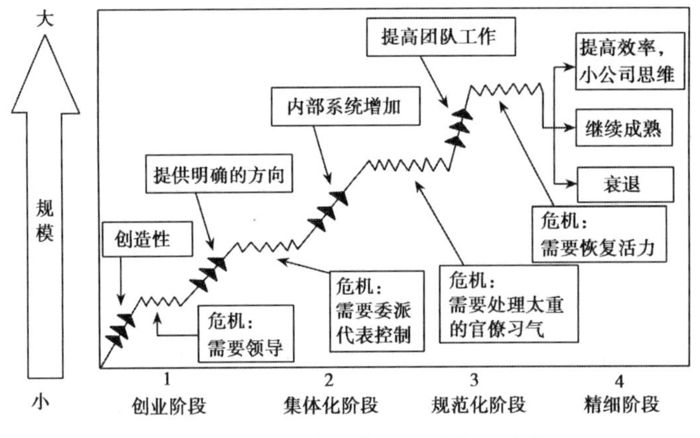

图 3-9　组织生命周期的四个主要阶段

（转引自：宝利嘉编著《500 种最有效的管理工具：战略·组织·人力资源》北京：中国经济出版社 2002(2)1,242）

也有的研究者认为，组织在成长发展过程中，通常都要经过以不同的管理作风为标志的五个明显的阶段：创业管理、个人管理、职业管理、官僚式管理和矩阵式管理。

2.组织发展的途径

组织发展大体可以分为两大类：技术与结构方面的组织发展和个人与群体方面的组织发展。下面我们先讨论技术与结构方面的组织发展问题。

(1)技术与结构方面的组织发展

①社会技术系统

社会技术系统的理论认为，组织不仅是由厂房、人力、资金和生产程序综合起来的物质组织，也是调整人的行为或由人的行为构成的人群关系系统，它重视技术系统和社会心理系统的交互影响。社会技术系统的知识主要来源于两个方面的理论和实践：一是科学管理学和工业工程学，比较注重企业的物理环境和功效；二是普通心理学和社会心理学，比较注重员工之间的关系和个人的需要。

社会技术系统的方式就是希望在改革工作环境和管理制度的同时，注意在员工之间和上下级之间建立积极合作的关系，并且满足所有成员的不同需要。

20 世纪 70 年代塔维斯托克研究所在一家纺织厂进行过一项运用社会技术系统的理论进行组织发展的研究。该厂由于安置了自动织机并使工作任务高度专门化，因而降低了产品的产量和质量。心理学家对该厂进行了一系列的改革。他们重新设计了工作任务，把不同工作从九道工序减少到三个阶段，并且使任务可以经常变换；他们还建立了半自动化生产的工作群体，负责一组织机，等等。在此以后的两年中，生产率不断上升，废品率下降，员工的工作劲头也大大提高了。

这个例子说明，在技术革新或自动化生产的同时，应重视工作群体的建设，加强任务本身的变换，可以达到显著的效果。

②工作任务设计和工作内容丰富化

工作任务设计主要开始于 20 世纪的科学管理运动。当时，泰勒和吉尔布雷斯等运用时间和动作分析技术，系统地考察了不同类型的工作，以最大限度地提高工作效益。但是，通过工作任务设计来进行组织发展的研究，还是近些年的事情。

工作任务设计不但可以提高产量和质量，而且可以增加生产的灵活性和改进员工的工作态度。研究表明，把流水装配线工作改革和设计为比较独立而又相互衔接的工作，这样不仅使生产时间减少，产品质量提高，而且增加了员工之间的社会和工作方面的交往，提高了工作积极性，增强了组织的效能。

这里需要指出的是，技术和结构方面的组织发展研究也存在一些争论，认为社会技术系统和工作设计等组织发展方式，是机械地处理社会群体和个人，把组织看成封闭系统，忽略了组织与环境之间的重要联系。

(2)个人与群体方面的组织发展

个人与群体方面的组织发展着重于组织成员和群体活动的整个过程，主要的理论依据来源于心理学和社会心理学的许多研究，以及人际关系活动。这类组织发展的基本假设是，通过一些专门的组织发展程序，提高组织成员的心理素质和人际过程质量（人际知觉、人际关系等），进而改进组织绩效。

早期采用的实验室训练法已被广泛地应用于组织发展，其中两种最主要的技术是敏感性训练（sensitivity training）和方格训练（grid training）。敏感性训练、方格训练以及调查反馈方法都代表了传统的组织发展方式。

①敏感性训练

个人与群体方面的组织发展方法中比较流行的是敏感性训练。这是通过面对面的“无结构式”的小组互动，使参加者深入地了解和认识自己及他人的情感和意见，从而增强自我意识和认知能力，提高对于人际互动的敏感性。实践证明，敏感性训练注重诚实、开放、分享、交流，可以提高群体关系意识，促进个人价值观念。敏感性训练的主要对象包括一般员工和管理人员。在敏感性训练中，参加人员可以自由地讨论感兴趣的问题，表达意见，分析行为和感情，并接受他人的反馈意见。

通常来说，干部及员工都可以参加这种训练，每次一般不超过 15 人，外加 1 名训练者（主持人）。时间一般为 3 天至两个星期，大致可以分为以下几个阶段：

第一，不规定正式的讨论议程和领导，由参加者自由讨论，相互启发，增进彼此之间的了解。

第二，训练者坦率地谈出自己的看法，并就学员行为作出反馈。但是，对参加者的反馈信息，主要是来自其他参加者在训练时的行为。

第三，注重增进人际关系，相互学习，促进新的合作行为的形成。

第四，根据实际工作中的情景和问题，巩固学习效果。

因为敏感性训练的具体办法各有不同，针对的问题也不同，因此对训练的评价并不一致。但是，敏感性训练作为管理心理学中的一种训练方法，只要指导正确，是可以解决组织与群体中人际关系方面的某些问题的。

②方格训练

方格训练是从领导行为的管理方格理论发展而来的组织发展方式。在布莱克（Blake）和莫顿（Mouton）的管理方格（详见本书第六章）中，9.9 的位置表示对人和生产都表现出最大的关心。所以，9.9 的这种管理方式成为了方格训练的一项目标。

管理方格训练与敏感性训练的不同点在于：敏感性训练是作为组织发展的一种工具或手段；而方格训练则不只是工具或手段，而且更适用于管理发展的一项全面计划。

方格训练包括六个阶段：

第一，实验室讨论会式的训练。介绍训练用的资料和几种领导作风的概念。

第二，小组发展阶段。同一部门的成员集中在一起，讨论打算如何达到方格中 9.9 的位置，并把上一阶段学到的知识运用到实际情境当中。

第三，群体间的发展阶段。这个阶段通过确定和分析群体之间的冲突和问题，开始了整个组织的发展。

第四，订立组织目标阶段。讨论和制订组织的重要目标，增加参与者的义务感。

第五，完成目标阶段。参加者设法完成所订立的目标，并一起讨论主要存在的问题。

第六，稳定效果阶段。对思想和行为方面的训练结果作出评价。

这六个阶段所需的时间，按不同实际情况而异，有的可以几个月，有的需要进行3～5年。研究表明，这种训练对于提高组织效率有显著作用，并且也得到了广泛的应用，方格训练已成为最流行的组织发展方式之一。

三、组织变革

1.组织变革的过程

组织变革是组织实现动态平衡的过程。管理心理学家研究认为，一个动态平衡和动态发展的组织必须具有足够的稳定性，以利于达到目前的目标；有足够的持续性，以保证在目标或方法上进行有序的变革；有足够的适应性，以便对外部的机会和要求以及内部的变化做出反应；有足够的革新性，以便使组织在条件适宜时主动地实行变革。因此，任何一个组织要保持生存，具有活力并适应不断变化的环境，都必须进行变革。

(1)“五步”组织变革分析

组织变革是个有计划有步骤的变革过程。卡斯特和罗森茨韦克(Fremont E. Kast & James E.Rosenzweig，1970)从系统科学的角度出发，研究了组织变革的总能力问题。他们认为，组织变革的总能力体现在组织有计划的变革过程之中，而不是具体的变革问题。所以，有计划的变革过程就成为研究组织变革应该注意的焦点问题，在这一过程中通常所实施的步骤如图 3-10 所示。

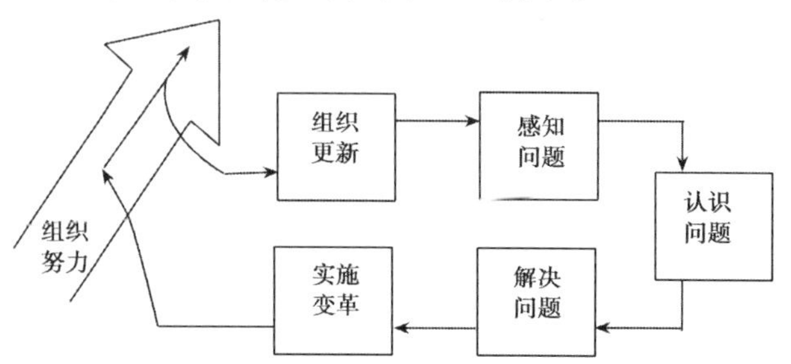

图 3-10　组织有计划的变革过程分析图

第一步，找出变革的问题。变革的问题来源于组织更新，组织更新中寻找的问题就是通过对组织本身进行反省、批评和跟踪监督的过程所暴露出来的问题。同时，变革的问题也来源于组织的外环境系统。

第二步，感知问题。即觉察问题及其程度，以及承认变革的必要性。

第三步，认识问题。这一步是要确认解决问题的目前条件和理想的期望条件，以及两者之间在各方面存在的差距，为解决问题提供科学依据。

第四步，解决问题。这一步包括制定备选方案、评价备选方案以及选择最后的行动方案。在行动方案中又包含着具体的行动计划和绩效的计量尺度，以便对变革的结果进行评价。

第五步，实施变革的行动步骤。这一步必须根据计划方案组织实施，并在实施过程中对取得的每一项成果进行评价，看其是否“合于目标”。如果发现新的问题，就会导致组织变革的另一个新循环。

(2)“三步”组织变革分析

勒温(Kurt Lewen，1890～1947)将组织变革的过程概括为“解冻、变革、再冻结”三个阶段。组织现状可以看成一种均衡状态，变革要打破原有的均衡，改变人们的习惯和传统，就要克服来自个人和群体的抵抗，这是“解冻”过程存在的必要性。解冻是鼓励人们正视现实，认识到变革的必要性，并接受变革。这一过程可以通过三种途径来实现，第一种方法是加强组织行为脱离现状的“驱动力”，即通过增加变革的压力，如把奖励与变革联系起来，通过加薪、提供购房基金等正强化手段来鼓励接受变革的人；第二种方法是减弱反抗变革的“遏制力”，消除变革的障碍，如采用单独谈话等形式，倾听并了解每位员工所关心和忧虑的事，通过有效的沟通，消除员工的疑虑，适当消除“遏制力”，另外，也可以把惩罚与不愿意变革联系起来，加速解冻的进程；第三种就是将前两种方法结合起来应用，当变革的阻力非常大时，若想变革成功，管理者必须考虑采用减小阻力和增加动力并举的方法。

变革期里实行的变革，是指变革的方向和方法，通过变革使组织成员形成新的态度和接受新的行为方式，认同与内化在变革期起很大作用。认同是成员模仿环境中新的行为模式，逐步学会新的行为；内化是在“非以新行为就不会成功”的情况下产生的。综合运用认同与内化的作用，能加速变革的进程。

一旦变革实现以后，如果想使变革真正成功，还必须在新的形势下，对变革的成果进行“再冻结”，使其长久存在下去。如果不执行这最后一步，那么变革很可能在持续很短的时间后又回复到原有的状态。

再冻结过程是指利用必要的强化方法，使已经实现的变革稳定化，使新的态度与新的行为得到维持与巩固。强化有两种方式：一种是连续性强化方式，另一种是断续性强化方式。连续性强化是在被改变的人每次接受新的行为方式时就予以强化；断续强化是按反应的次数或时间的间隔而给予强化。连续强化对于一个人迅速接受新的行为方式来说，效果较好；断续强化对于一个人巩固新的行为方式来说，效果较好。

再冻结的目的就是通过平衡驱动力和遏制力使新的均衡保持稳定,以系统的持久的力量替代暂时的力量。例如,长久性地将薪水上调或减少工作时间以加强员工对组织的信任和忠诚。为了强化新的均衡,还需要依靠一些正式的机制,对一些正式的规则和制度加以修正,假以时日,工作群体自然会形成新的规范来保持这种新的均衡。

2.组织变革的心理障碍与对策

虽然组织变革具有很重要的意义,但变革总是会引起抵抗。组织的变革会使组织中的人所处的环境发生变化,环境的变化会使人产生陌生感,对环境的把握产生无力感,因而导致人们的安全感降低。另外,变革总是会导致一部分人的利益受到损失,从而使人们对变革持一种抗拒心理。因此,了解组织变革中人们的心理障碍,并在此基础上提出相应的对策,对于组织变革的顺利进行有着很重要的作用。

(1)组织变革的心理障碍

组织变革的障碍主要有两方面的因素:员工个人的心理因素导致的障碍和来自于组织的障碍。其中,前者起着更为重要的作用。因为组织的障碍也是要作用于人、被人所认知,才能发生影响。因此,以下就重点从心理学的角度来探讨组织变革的心理障碍。

组织变革的心理障碍主要表现在以下几方面:

其一,职业定势对变革的障碍。由于员工长期处在某个岗位上,对这个岗位上的工作非常熟悉,得心应手,员工的工作效率高。而组织变革可能会使自己的工作岗位和人际环境发生变化,这都需要时间来适应,因此,员工会觉得不习惯,会担心自己的技能和知识过时而受到淘汰,心理上产生压力和负担。

其二,对利益损失的担忧所引起的障碍。变革往往会涉及利益的调整。在这个过程之中,总有一部分人的利益会受到经济上、地位上、声望上或者其他方面的损失。为避免自己的利益受到威胁,有着相同利益取向的人往往会抱成一团,强烈地抵抗变革。

其三,对变革的后果及变革者的信心不足而引起的障碍。不同的人对变革的后果和变革者的评价不同。有的员工虽然也希望通过变革来改变现状,但由于对变革的前途缺乏信心,或者对变革者本身的能力存在怀疑,因而就可能对变革持一种不合作态度。

其四,保守心理引起的障碍。变革与保守思想的冲突往往会贯穿变革的全过程。变革意味着一种挑战和打破,这对于思想保守的人来说势必是一种冲击。思想保守的人习惯于原有的秩序和章程,迷恋传统,安于现状。面对变革,他们可能会以种种理由来进行抵抗。

其五，嫉妒心理引起的障碍。有的人由于人格缺陷，对变革者可能取得的成绩心怀不满、充满敌意，于是对变革者进行语言或者行为的攻击，更有甚者，对变革者进行威胁、打击、报复，给变革者带来心理上的压力，妄图阻止变革的进行。

其六，求全责备心理所引起的障碍。变革是一种尝试。虽然变革的措施本身是有效的，但由于组织情境的不同，变革也可能会缺乏效果，甚至失败。有着求全责备心理的人，往往只看到变革中出现的问题和不足，而对变革所带来的成效则视而不见，对变革横加指责，对变革产生障碍。

这些障碍都会导致人们对变革的抗拒。一方面，抗拒是员工发泄不满的渠道，可以缓解他们的心理压力。而且，员工的抗拒可以使管理者及时了解变革的影响，采取措施来弥补变革中存在的不足。但另一方面，抗拒也确实阻碍变革的进行。员工会通过外显的或含蓄的、即时的或延后的、言语的或行动上的方式来抗拒组织的变革。外显或即时的抗拒很容易被管理者发现，并采取相应的对策，而含蓄或延后的抗拒则会因很难被发现而被延误，就可能会导致贻误时机，最终使组织丧失士气和效率。因此，组织必须采取相应的对策来消除这种障碍，从而使组织变革得以顺利实施。

(2)消除抗拒心理的对策

针对上述出现的组织变革的心理障碍，可以从以下方面来消除员工的抗拒心理：

第一，增强员工摆脱现实的驱动力。为了使员工支持变革，组织可以给员工提供一些正面的诱因，如通过增加薪水、提高福利，减少人们对经济状况的担忧等方式，让员工看到变革给自己带来的好处，从而接受组织的变革。

第二，利用群体动力来改变组织成员对变革的态度。由于群体对成员具有引导作用，因此，可以利用群体的力量来改变成员对组织变革的态度。比如，可以利用员工对群体的归属感、团体威望，或者利用团体主要成员的威信等因素来改变成员的态度。也可以采取各种手段，改变原有的群体规范，引导群体形成新群体规范，用群体规范来改变成员的态度与行为。

第三，邀请有见解的专家充当顾问。邀请外界的专家充当组织变革的顾问有两大好处：其一是可以利用专家的声望和影响力，增强员工对变革本身和变革后果的信任度和信心；其二是专家的介入可以使我们更容易跳出思维的定势，发现组织存在的问题，用他们的新思想给变革以新的启迪。

第四，减少阻碍组织变革的阻力。阻力是客观存在的，为了将阻力尽可能地减小，管理者应倾听员工的意见，了解他们的愿望，消除他们的误解和担忧，并尽量征得人们的参与。

具体说来，减少和抗拒阻力的方法有以下几点：

①教育与沟通。员工之所以会产生抗拒，可能是因为未能充分地理解变革的意义，所以，要加强与员工的沟通，树立员工的变革意识。组织可以通过在变革前进行会议动员、舆论宣传等方式，让人们对变革的目的、内容、过程、方法等有所了解，营造变革必要的舆论氛围，向人们说明变革给其自身带来的好处，减少人们对变革的阻力。为了增强说服的效果，可以使说服与奖励制度挂钩，辅以加薪、提职等激励措施，使员工为了自己的切身利益而支持变革。

②参与。一般说来，员工对于自己所制定的计划和方案有着强烈的认同感，因此，要减少员工对变革的阻力，就应该积极支持和鼓励员工参与组织目标的制定、组织计划的编定、变革方案的选择等工作，使变革的各项内容得到员工的认同、理解、支持和维护。

③润滑与支持。通过心理治疗、度假、培训进修等方式来消除员工的恐惧和不安，帮助他们适应组织的变革。

④谈判与吸收。与变革的反对者谈判，以某种有价值的东西来换取阻力的降低。

⑤更换领导者。当原来的领导者抱残守缺，或者在组织情境发生变化时仍然拒绝变革，就可以采用更换领导者的办法。但如果某些问题是由领导者无法控制的原因而造成的，更换领导者就不合适了。因此，在更换领导者时要慎重。

⑥强制执行。当变革势在必行，而以上方法又都难以奏效时，可以通过惩罚的方式来强令员工进行变革。比如通过换岗、开除、降职等方式强迫员工接受变革。强制执行的好处是简单、见效快。但往往也难以被员工所接受，可能导致受到威胁的员工以各种形式来破坏变革。因此，不到迫不得已的时候不要使用该方法。

第三节　组织文化

20 世纪 80 年代以来，组织理论发展的一个显著特点，是对组织中的人有了更为深刻的认识，把人在组织和管理中的作用，提高到了前所未有的重要地位，组织文化的兴起就是其明显的标志。组织文化在充分发挥人的作用上越来越显得不可替代。另外，它作为一种“软性”的协调力和凝合剂，和“硬性”的规章制度相比，更能够以无形的“软约束”力量构成组织有效运行的内在驱动力，在对组织中的各种要素进行有机的整合上起到积极的作用。

一、组织文化概述

【拓展阅读】

"企业文化"存在的十大理由

1. 没有文化支撑的崛起只能是短暂的崛起,没有文化底蕴的强大只能是脆弱的强大;

2. 规范企业管理的唯一切入点是从"企业文化"建设开始;

3. 聪明的企业追求文化的卓越,糊涂的企业追求技术、人才、资金;

4. 制约企业的瓶颈不是市场、规模或效益,而是与之相匹敌的企业文化建设;

5. 对于一个企业而言,员工去留的主要因素,不是待遇,而是企业的人文精神;

6. 企业在文化上的迷失造成"一盘散沙",企业家在文化上的迷失,酿制"离心离德";

7. 企业管理20%靠有形的制度,80%靠无形的文化;

8. "以追求效益为目标"是企业管理的邪说,"以追求社会价值为己任"是企业科学管理的真谛;

9. 企业管理力的关键是执行力,执行力的关键就是企业的"文化力";

10.企业存在的价值不是数量庞大的资产,而是以"企业文化"为主要内容的价值。

(资料来源:http://club.ev123.com/doc/34426_1.html)

组织是按照一定的目的和形式而建构起来的社会集合体。由于每个组织都有自己特殊的环境条件和历史传统,也就形成了自己独特的意识形态、价值取向和行为方式,于是每一种组织也就形成了自己特定的组织文化。

1.组织文化的概念

什么是组织文化?国内外学者对此众说纷纭,很不统一。由于不同学者的知识、经验不同,认识各异,对于组织文化也有不同的理解,但概括地说,至少可以分为三大类:

(1)三层次说

认为组织文化由三个层次的内容组成。第一层是文化的外显部分，以企业为例，指企业组织中的厂房、设施、机器、装备、产品、服务、厂容厂貌等外显的、组织形态的东西；第二层次，称为制度文化，指组织的规章制度、公约、纪律等制度形态的东西；第三层次为核心层，称为精神文化，指组织的价值观念、信念、理想等精神形态的东西。

(2)两元因素说

认为组织文化是由组织中物质文化与精神文化两个方面因素综合而成的。物质文化指的是有形的、可见的东西，如机器、设施、厂容厂貌、技术设计、商品包装、商标等。物质文化又称外显文化、硬文化或表层文化。精神文化指的是无形的、看不见的方面，如组织中的共同价值观、信念、传统、气氛、作风、行为准则等。精神文化又称为隐形文化、软文化或深层文化。

(3)精神文化说

认为组织文化是以价值观为核心的包括信念、作风、行为规范在内的各种精神现象。它体现在物质形态之中，并发挥其影响和制约作用，但不能把物质形态的东西包括在内。

从以上观点可以看出，国内外学者对组织文化的理解各有见地。但从中也不难看出他们的共同点，那就是他们都承认以价值观为核心的精神文化是组织文化的最主要成分。

综合前面的定义，我们认为，组织文化(organizational culture)是指在一定的历史条件下，某一组织在其发展的过程中形成的共同的价值观、行为准则等及其在规章制度、行为方式、物质设施中的外在表现。

可以说，一个组织的文化影响到的不仅仅是组织的精神面貌，它还会影响到组织的运行效率，影响到任务的完成和目标的实现。

【拓展阅读】

海尔盘活企业有三招：一是投入资金，全盘改造；二是投入资金，输入管理，扩大规模，提高水平；三是以无形资产盘活有形资产，以海尔名牌及海尔的OEC管理模式转变观念、转变机制，实现精神变物质。这第三招是一个奇招。

在兼并原青岛红星电器公司时，海尔首先派企业文化、资产管理、规划发展、资金调度和咨询认证五大中心的人员开赴红星，开始贯彻和实施“企业文化”先行的战略。随后，张瑞敏总裁亲自到红星解释“80/20”管理原则，灌输“关键的少数决定非关键多数”这个“人和责任”的理念。进而，他们从分析企业亏损引申出OEC管理方式，简称“日事日毕，日清日高”，即今天的工作必须今天完成，今天完成的事情必须比昨天有质的提高，明天的目标必须比今天更高一点。员工每人都有一张“三E卡”，每天按要求填写，收入以这张卡为依据。全新的海尔观念，使原红星员工受到强烈震撼。集团还组织员工参观海尔冰箱公司，使他们亲眼目睹了海尔科学有序的管理现场，领略到其精髓“责任到人”的含义。还是原来红星厂那些人，还是那些设备，海尔也没注入资金，只是派来几位领导，红星厂在被兼并后三个月开始扭亏为盈。

海尔文化激活“休克鱼”，由此可见组织文化的巨大威力！

（资料来源：http://kb.dsqq.cn/html/2009—07/02/content_71056833.htm）

2.组织文化的基本要素

组织文化有四大基本要素，分别是价值观、英雄人物、习俗礼仪及文化网络。其他如规章制度、组织结构、人员素质、组织目标等组织文化内容，可以认为是上述四大基本要素的不同构成。

（1）价值观

价值观是指组织内成员对某个事件或某种行为好与坏、善与恶、正确与错误、是否值得效仿的一致认识，它是组织全体成员共同拥有的基本信念和最高目标，是整个组织的基本信念和信仰。统一的价值观使组织内成员在判断自己行为时具有统一的标准，并以此来选择自己的行为。

（2）英雄人物

组织所倡导的价值观不能停留在文字口号上，需要有人去实践，需要在员工中有活生生的人物来体现，这种人物就是企业所树立的“英雄人物”。英雄人物的作用在于以一种活的样板给组织中其他员工提供可供仿效的榜样，对组织文化的形成和强化起着极为重要的作用。

（3）习俗和仪式

习俗和仪式是指在组织各种日常环境中反复出现的、人人知晓而又没有明文规定的东西，它们是有形地、程式化地表现出来并显示内聚力程度的文化因素。在组织内部，习俗礼仪的生动体现就是诸如表彰会、典礼、总结、联欢、汇演、庆祝会等活动。组织通过习俗礼仪把某些事情戏剧化和形象化，生动地宣传和体现了本企业的价值观，使人们通过生动活泼的活动来领会组织文化的内涵，使组织文化“寓教于乐”。因此，习俗和仪式不仅鼓励先进分子，而且还构成一种积极向上、不甘示弱的文化氛围，是组织渲染自身文化的一种传统，是传播和灌输文化的一种有效的形式，这将为其他组织成员提供强大的精神鼓励。

(4)文化网络

文化网络是组织内部各种正式和非正式的文化沟通手段和媒介，是文化要素的载体和传递途径。发达而健全的文化网络，能使人时刻体验到组织文化的存在，并深深感受到它的影响，不仅如此，它还是组织内部各种信息传播的工具，担负着组织内部成员思想、感情和价值观念等方面的交流。

3.组织文化的分类

组织文化在不同的外部环境和内部条件下，以及从不同的角度来看，会呈现出不同类型。

(1)查尔斯·汉迪的分类

查尔斯·汉迪(Charles Handy)对组织文化做了深入的研究，提出将组织文化划分为四种主要类型。

①权力导向型

权力导向型组织文化的主要特征是：在组织中强调以权力为中心，强调个人的力量，组织的发展取决于处于中心地位的人物。

②角色导向型

角色导向型组织文化则注重组织中的官阶和等级。这种组织文化的着重点在于程序、条例和规章，对角色的要求十分明确。

③任务导向型

任务导向型组织文化强调团体的责任，有很大程度上的灵活性和自主权，其工作环境有利于发挥创造力。

④个人导向型

个人导向型组织文化往往适用于培养个人的能力、加速个人的成长和满足个人的需要。

(2)强文化型和弱文化型

虽然所有组织中都有组织文化，但并不是所有组织文化都对员工具有同等程度的影响力。强文化型指一个组织强烈拥有并广泛共享基本价值观；弱文化型则指一个组织对什么重要和什么不重要不能达成共识，对基本价值观认识模糊。

(3)学院型、俱乐部型、棒球队型和堡垒型

美国艾莫瑞大学的杰弗里·桑南菲尔德(Jefftrey Sonnenfeld，1989)通过研究发现，不同的组织存在着组织文化的差异，并具体提出了四种组织文化类型。

①学院型

学院型公司最适合于那些想全面掌握每一种新工作的人，在这样的组织中他们能不断地成长、进步。IBM、可口可乐公司、宝洁公司、通用汽车公司都属于这种类型。

②俱乐部型

俱乐部型公司非常重视适应、忠诚和承诺。在俱乐部型公司中，资历是关键因素，年龄和经验都至关重要。典型的拥有俱乐部型组织文化的公司有：联合包裹服务公司（UPS Express）、德尔塔航空公司（Delta Air Lines）等。

③棒球队型

这种公司是冒险家和革新家的天堂。这种公司从不同年龄和经验的人中寻求有才能的人。公司根据员工产出状况付给他们报酬。在会计、法律、投资银行、咨询、广告、软件开发、生物研究等领域，这种组织文化比较普遍。

④堡垒型

棒球队型公司重视创造发明，而堡垒型公司则着眼于公司的生存。这类公司工作安全保障不足，但对于喜欢流动性挑战的人来说，它不失为一个好的选择。通常堡垒型组织包括传统的大型零售店、林业产品公司等。

许多组织不能单纯地被划分为某种组织文化类型，因为它们在不同时期和阶段具有不同类型的组织文化，或者是同时兼有以上四种的混合型组织文化。

二、组织文化塑造

企业文化的难度在于你面对的似乎是看不见摸不着的“空气”，如果没有一系列精心设计的可视化流程你将无法与“隐身”对手作战，因此，组织文化要进行塑造。并且，组织文化的塑造还需要一系列的操作方法和技巧。

1.组织文化塑造的内容

组织文化塑造的内容一般包括：组织的宗旨，组织的使命，组织愿景，组织的核心价值观，组织精神，组织的经营理念，组织的管理理念。除此之外，有些组织文化体系中还包括了如下内容：组织文化的哲学思想，组织文化战略，组织文化的基石，组织文化旗手，组织形象和标识系统，组织用人观等等。

当然，在塑造组织文化体系时，很多企业并不是把上面所列举的内容全部都包括完，而是有重点地选择一些内容来组成自己的企业文化体系。下面我们以中国移动塑造的企业文化体系为例子来进行详细的阐述和说明。

中国移动的企业文化建设，经历了一个“实践、认识、再实践、再认识”的不断进步、提升的过程。2005年，中国移动对企业成立以来的历程进行了全面回顾，深刻总结了企业发展实践中凝聚并凸显出来的文化品质和文化内涵，以继承和创新为方针，经过全集团上下反复酝酿和讨论，最终整合、提炼成中国移动追求卓越的企业文化理念体系。在此基础上，中国移动提出了“培育先进企业文化、锤炼持久核心能力、塑造卓越企业形象”三大措施，并把它作为实现“从优秀到卓越”企业文化的重要战略举措，就是要使企业文化成为推动企业发展、实现新跨越的动力源泉，凝聚企业的精神力量，建立具有中国移动特色的文化理念体系，明确中国移动人的价值观。

点评：上面的阐述包括了企业文化的战略。并通过“培育先进企业文化、锤炼持久核心能力、塑造卓越企业形象”三大措施来保证企业文化的实施战略。

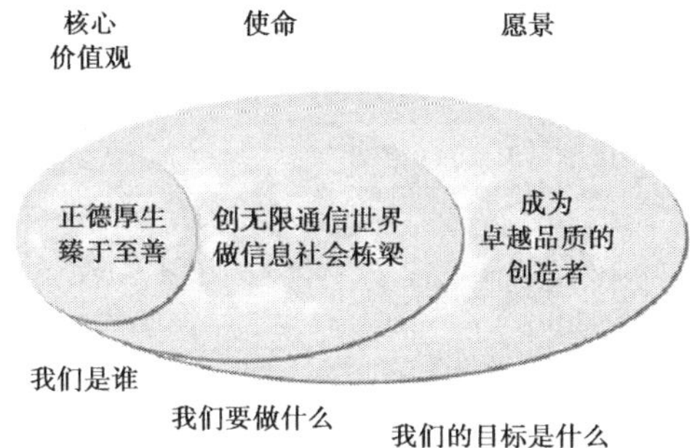

中国移动企业文化理念体系由核心价值观、使命、愿景三部分构成。

核心价值观阐述了“我们是谁，我们的信仰是什么”，反映了企业及其每一个成员共同的价值追求、价值评价标准和所崇尚的精神；使命表达了“我们的事业是什么”，其内涵表达了企业存在的根本目的和原因；愿景说明了“我们的目标是什么”，是企业在一定阶段内期望达到战略目标和发展蓝图。核心价值观是企业文化理念体系的核心，是形成使命、愿景的根本动力和精神源泉，是选择使命、愿景的决定因素；而使命、愿景是核心价值观在企业发展领域的价值追求的具体体现，是核心价值观在企业活动中的承载和表现。

中国移动企业文化理念体系的核心内涵是“责任”和“卓越”，体现了中国移动作为企业、中国移动人作为社会中的一员，将以成为“负责任”和“最优秀”的企业和个人作为自己的追求。中国移动企业文化理念体系立足于核心价值观、使命、愿景，凝结了中国移动人缔造辉煌历史的精神精髓，表达了中国移动对未来的美好憧憬和对事业的坚定信念。这一理念体系的提出，必将凝聚和激励全集团上下一心、同心同德，共同实现中国移动新的跨越！

上面的阐述不仅包括了企业文化的使命、愿景和核心价值观，而且还对三者的区别和联系进行了详细的区分，并对核心价值观进行了深入的阐释。其中，企业的价值观是企业持久和最根本的信仰，是企业及其每一个成员共同的价值追求、价值评价标准和所崇尚的精神。无论对于企业整体还是员工个体，价值观作为一把标尺，时刻衡量着企业和员工自身的存在意义和行为方式。因此，它是企业文化最核心的部分，应该给予详尽的阐释，同时又要给予精辟的提炼，便于广大员工理解和记忆。

2.组织文化塑造的方法

要塑造组织文化,除了内容外,还需要考虑通过什么样的流程和方法来进行塑造。一般来说,组织文化塑造的操作流程包括组织文化塑造的准备、组织文化诊断、组织文化战略设计以及组织文化的实施和外部推广。

(1)组织文化塑造前的准备

为了做好组织文化塑造前的准备工作,首先,要在组织内部确定企业文化建设的共识;其次,要在企业内部组建组织文化的项目小组;然后,要拟定组织文化建设的计划,企业文化项目小组成立后的第一件工作就应当是拿出一个通盘的工作计划;最后,要举办组织文化创建动员大会。

(2)组织文化诊断

组织文化建设存在的最大问题就是根本不进行诊断或者不重视诊断,这一弊端使得组织文化一开始就缺乏真正的实证基础。

(3)组织文化战略性规划

当前企业文化规划的误区在于酷爱捣鼓"口号"和着迷包装"手册",然而这些战术性的东西根本无助于改变企业的经营绩效或者竞争能力,企业文化背上"空洞无物"的黑锅正归因于此,只有对企业文化进行战略性规划才有可能真正地对经营管理产生影响。

(4)组织文化的贯彻和实施

组织文化的难度在于实施,实施的难度在于如何将价值观念传输到员工的心中,并不断强化而成行为方式。仅仅导入是不够的,还必须在企业的管理模式上加以调整使之能够对组织文化进行正强化。

(5)组织文化的外部推广

组织文化的外部推广不仅能够与内部推广形成强大的钳形攻势,而且能够使得组织文化转变为品牌文化,从而打造强势品牌。

三、组织文化落地

要在企业内部建设组织文化,首先,必须进行企业文化理念的宣传贯彻,让员工在思想观念上理解、认同并拥护组织的理念;其次,企业要把文化落实到员工的具体行为层面上,这种落实必须通过一系列的活动来进行。下面我们以中国移动重庆公司的组织文化建设和落地的具体操作来进行分析和说明。

通过有效的管理活动和管理制度塑造组织文化氛围,这是中国移动重庆公司下属各单位把企业文化建设落到实处的独特思路。其中,客户服务中心的"6+1模式"就是一个典型。客户服务中心企业文化落地模式如下:

(1)总体思路:以《企业文化落地6+1模式》固化为核心,以创建3个工具为支撑手段，塑造组织文化，实现文化力向生产力的转化，努力打造卓越团队。

(2)组织保障：企业文化宣贯核心小组下设秘书室，并设项目研究虚拟小组，通过专业人才队伍，推动企业文化落地工作。

(3)工作思路：以集团公司企业文化落地理论为指导思想，根据集团公司和重庆公司的统筹部署和安排，按照集团公司对示范点的要求执行全年工作计划。

(4)具体工作一：对如下六个方面进行固化。

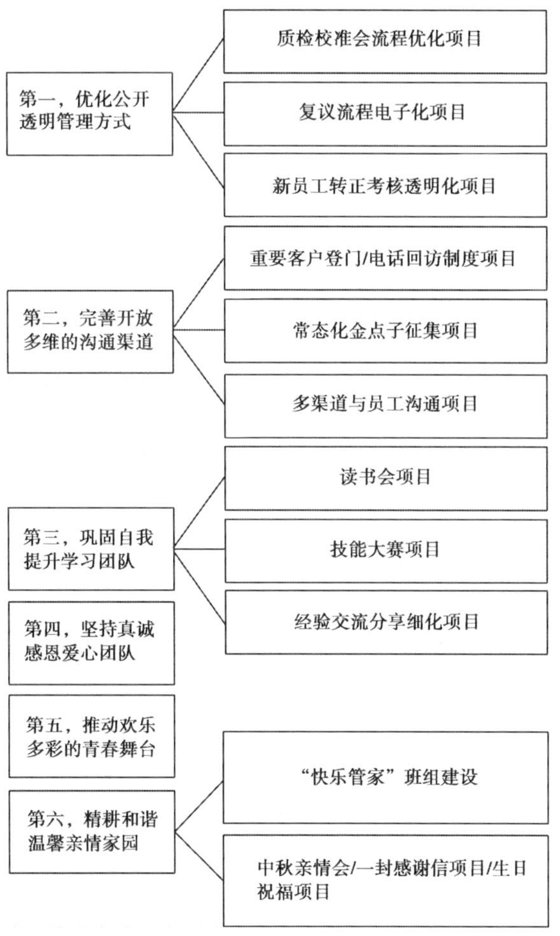

图 3-11　固化的六个方面

(5)具体工作二:3 个创建

第一,EWS(员工流失预警)——给企业的一张提醒表

员工是企业最大的财富! 从员工工作行为数据的内在信息挖掘出有流失倾向的员工,有利于对该部分员工的早期识别并及时开展预防工作,提升员工忠诚度!

第二,CTT(企业文化认识度测评)——给管理者一支企业文化晴雨表

通过对员工目前企业文化的认同程度的度量,实现管理者对当前企业文化开展效果的清楚认知,提升企业文化开展的阶段方向性!

第三,EAP(员工援助计划)——给员工一片心灵的绿洲

通过对员工心理问题的甄别和定位,辅以有针对性的引导和培训,实现对员工想法、观念和行为的正确干预,提升员工的满意度。

通过以上的案例分析发现:EWS、CTT 和 EAP 计划的实施,是组织文化落地的三条主线,也是中国移动组织文化创建实现感性思维与理性思维的结合。

总之,组织文化的落地必须要依靠各种活动为载体来实现,并且要具体落实到员工实实在在的行为中去,这也是中国移动重庆公司在进行组织文化建设的过程中总结出来的经验。

【本章小结】

本章分别从组织结构与设计、组织发展与变革以及组织文化三个方面来介绍组织的内部环境。

人类的生存、发展离不开组织。每个组织应根据自身特点,设计合理科学的组织结构,以提高组织的效率,实现组织的目标。各种组织要在瞬息万变的环境中生存下去,就必须不断地进行有效的变革,即组织需要不断地诊断并重新制定其规划,以适应变化的环境。这不仅包括组织技术和结构上的变革,而且包括组织成员思想观念上、心理上和行为上的变革。现代经济社会中,组织文化正扮演着越来越重要的角色。许多问题,归根到底是文化的问题。对于大多数企业来说,"成也文化,败也文化"。组织文化影响着组织中的一切事物,同时也受到组织中一切事物的影响。

【习题】

名词解释

组织结构　虚拟组织　无边界组织　组织设计　组织变革　组织文化

简答题

1.组织结构有哪几个模式?

2.组织结构的设计应该遵循哪些原则?

3.组织文化包含哪几个基本要素?

案例分析

科龙集团是位于广东顺德的大型企业集团，中国最大的家电企业之一。自1984年创业后的十多年里，科龙集团以务实、锐意进取的拼搏精神取得了极大成功，从一家乡镇企业发展成为大型家电企业集团。科龙集团是国内第一家同时在香港、深圳发行股票的上市公司，邓小平、江泽民等国家领导人曾亲临视察，由此可见其当年的辉煌。

随着市场形势的不断发展，科龙集团所在的家电行业逐渐呈现严重供过于求的竞争态势，竞争日趋激烈，企业遭遇极大的经营压力。在此背景下，1998年，科龙聘请以CI策划而闻名的台湾某策划专家及某大学教授为顾问，实施一项命名为"万龙耕心"的企业文化塑造工程，希望借助这一"耕心"工程能够进一步凝聚人心，提高士气，以适应家电市场日益惨烈的竞争。

下面是"万龙耕心"工程及相关的重要事件回放：

1998年8月18日，项目启动；实施了样本数为5000人的内部文化问卷调查；召开了3000人的新闻发布会；12000名员工在10面"万龙耕心"旗帜上亲笔签名；举办一场集团高层参加的，为时三天两夜的文化研讨营；形成了文辞精美的"科龙文化纲领"；"万龙耕心"文化塑造工程获得第四届中国最佳公关案例大赛金奖；

2000年，科龙公告亏损7亿元；

2001年，科龙再次公告亏损15.7亿元；

2001年底，科龙被民营企业格林柯尔收购，成为民营企业；

2002年，科龙集团在顾雏军的领导下，通过严格的成本控制实现扭亏为盈；

2003年，顾雏军通过成本+资本的运作，占据了冰箱市场的半壁江山，重塑冰箱格局。

问题1：结合本章内容分析，科龙集团企业文化的核心是什么？

问题2：从科龙集团的重要事件回放来看，企业文化和企业经营、企业管理的关系是什么？

第四章　个体心理

学习目标

1.理解气质、性格、能力的相关概念、内涵及理论；

2.掌握态度的形成与改变理论、价值观理论以及与管理相关的认知理论；

3.应用所学的有关个体心理的理论知识，分析如何做好组织管理。

【本章知识结构】

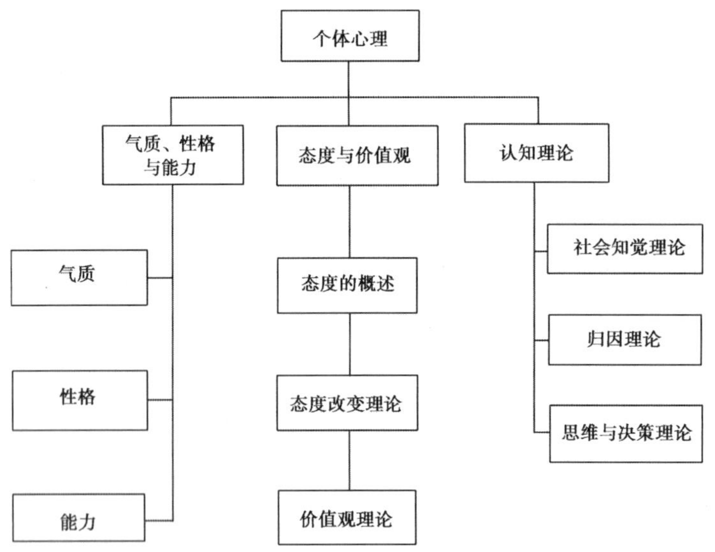

【引言】

七彩奇迹

七彩传媒广告有限公司成立短短四年时间里，迅速发展为包含十二家下属企业的集团化公司，涉足传媒、地产、科技、互联网、影视、策划、培训、建材等众多行业，创造了一个又一个在业内广为称奇的七彩奇迹……

七彩董事长邱朝敏认为，用人之道在于知人善任。知人，就是要了解人，指的是对人的考察、识别、选择；善任，就是要善于用人，指的是对人要使用得当。知人善任，就是要认真地考察员工、确切地了解员工，把每个员工都安排到适当的岗位上去，充分地让他们发挥自己的特长、施展才干。一个人做事，不可能样样都会，应该用其长而避其短。公司根据不同员工的特点安排不同的岗位，并在岗位上进行手把手培训，使得从前不受重视的年轻人，个个成为了业务好手、部门的骨干。

公司除了使个人和岗位的高度匹配外，还形成了人才的优势互补，例如，在企业的人才管理中，他们针对个体存在的种种差异，实施不同的管理，并根据团队内部知识优势和能力优势的不同，进行互补搭配，以长补短、相互协作，因此收获了良好的管理效果。

（资料来源：http://www.rlzygl.com/Person.asp）

“人性既不是固定不变的本能欲望的总和，也不是无限可塑造的社会文化的影子，人性有其固有的特质。”研究者们很早就开始了探寻人类行为动机的旅程，通过了解不同个体的差异和特点及同一个体在不同时期和不同情境下的不同心理行为表现，探索个体心理行为的差异性和共同性。针对不同个体的这些差异性和共同性采取不同的管理方式，是管理能够具体实施的重要保证。本章将从个体的气质、性格、能力、态度、价值观、认知等方面出发，对与管理相关的个体心理理论进行阐述。

第一节　气质、性格与能力

人格、能力是复杂的结构系统，而气质和性格是人格的重要成分。在日常生活和工作中，一个人所采取的行为和所持有的态度会比较多地受其本身的气质、性格和能力的影响。所以，为了对员工进行有效的选拔和管理，进一步提高组织绩效，我们有必要把握好员工的气质、性格与能力，并根据员工的不同气质特点、性格特点、能力差异采取不同的管理方法。

一、气质

1.气质的定义

所谓气质(temperament),是表现在心理活动的强度、速度、灵活性与指向性等方面的一种稳定的心理特征。气质是人一出生就固有的心理特质,其差异是先天形成的,受到神经系统活动过程的制约。

气质是个性心理特征之一,相对比较稳定,"江山易改,禀性难移"正是说明了这一点。此外,与人们的日常理解不同,气质是人的天性,并无好坏之分。例如,一个人的情绪和活动发生得快而强,表现非常明显;另一个人的情绪和活动发生得慢而弱,表现很不明显;第三个人的情绪和活动发生得快而弱,表现非常明显;第四个人的情绪与活动发生得慢而强,表现却不明显。这四个人就各有不同的气质,气质会使一个人的全部心理活动的表现都染上一种独特的色彩,从而体现出这个人的个性。

2.气质理论

人的气质是有明显差异的,这些差异属于气质类型的差异。对气质类型的划分,有不同的见解,因而形成不同的气质理论。希波克拉底(Hippocrates)是最早对气质加以分类并给予细致描述的,这种分类被后人广泛接受并认可。

希波克拉底是古希腊著名的医生,他最早提出气质的概念。他在长期的医学实践中观察到人有不同的气质。他认为气质的不同是由于人体内不同的液体决定的。他设想人体内有血液、黏液、黄胆汁、黑胆汁四种液体,并根据这些液体在混合比例中哪一种占优势,从而把人分为不同的气质类型:体内血液占优势属于多血质,黄胆汁占优势属于胆汁质,黏液占优势属于黏液质,黑胆汁占优势属于抑郁质。可见,他把人的气质分为多血质、胆汁质、黏液质、抑郁质四种类型。

根据各种气质的特点和职业要求,可以找到气质与职业之间的匹配关系,表4-1所示为四种气质类型与职业之间的匹配关系。

表4-1 四种气质类型与职业匹配

	多血质	胆汁质	黏液质	抑郁质
气质特点	活泼、好动、敏感	热情直率、急躁、外露	稳重、内向、自制力强	细致认真、情绪不外露
适合职业	政府及企事业单位管理者,公关人员,驾驶员,医生,护士,运动员,公安,服务员等	导游,推销员,勘探工作者,节目主持人,外事接待人员,演员等	外科医生,法官,财会人员,统计员,播音员等	机要员,秘书,人事,编辑,档案管理员等
不适合职业	单调或过于细致的职业	长期安坐的细致工作	对灵活性要求高的工作	热闹、复杂环境下的职业

一般来说，胆汁质和多血质类型的人更适合要求迅速、反应灵活的工作，黏液质和抑郁质的人更适合要求细致而持久的工作。由于大多数人并不是只具有单一的气质类型，在各种气质类型的相互补偿作用下，一般的实践领域中，某种气质类型对工作绩效的影响不是特别明显。但是某些职业，如宇航员、飞行员等就对气质提出了特殊要求，从事这类工作的人要有极其灵敏的反应能力、高抗压性、沉着冷静。因此在这些领域中要把气质测定作为选拔人员的指标。

二、性格

【拓展阅读】

松下为何不说“不”

日本松下电器总裁松下幸之助的领导风格以骂人出名，但是也以最会栽培人才而出名。

有一次，松下幸之助对他公司的一位部门经理说：“我每天要做很多决定，并要批准他人的很多决定。实际上只有40%的决策是我真正认同的，余下的60%是我有所保留的，或者是我觉得过得去的。”

经理觉得很惊讶，觉得假使松下不同意的事，大可一口否决就行了。

“你不可以对任何事都说不，对于那些你认为算是过得去的计划，你大可在实行过程中指导他们，使他们重新回到你所预期的轨迹。我想一个领导人有时应该接受他不喜欢的事，因为任何人都不喜欢被否定。”

信心对人的成功极为重要，懂得加强部属信心的领导，既是在给你的部属打气，更是在帮助你自己获取成功。

管理不是独裁，在从事组织管理时，重视个体差异，善于抓住个体心理相当重要。

（资料来源：《企业管理》2004年第11期）

1.性格的定义

所谓性格(character)，是一种与社会相关最密切的人格特征，在性格中包含了许多社会道德的含义。具体来说，性格是一个人比较稳定的对现实和周围世界的态度，并通过他的行为举止表现出来。

性格不是天生的，而是作为主体的人在逐渐成长的社会化过程中通过与现实客体发生相互作用而发展和形成的。一方面，人是具有主观能动性的，在性格形成的过程中，人并不是仅仅被动地接受社会环境的影响；另一方面，在同样的社会生活环境下，人们受到同样的影响，其性格中也必然有共同性的方面。

性格是个性心理特征的核心部分，气质是心理活动的动力部分，能力则是完成某项活动所必备的心理特征。一般来说，它们对现实是中性的。但是，在主体特定性格的表现中，气质和能力便具有了倾向性，并以特定的方式作用于客观现实。可见，性格对气质和能力影响很大，正是在性格基础上使主体的个性心理特征成为一个整体。

2.性格的特征

人的性格是十分复杂的，为了便于了解性格的心理结构，可以把性格分解为以下特征。

(1)性格的现实态度特征

人对现实的态度体系的个别特点是性格的重要组成部分。这方面性格特征表现在一个人对社会、集体、他人的态度；对劳动、工作、学习的态度；对自己的态度等方面。例如，对社会、集体、他人，是爱祖国、爱集体、为人正直、热情诚实，还是个人主义、自私自利、孤僻、虚伪；对劳动、工作，是勤劳、认真、细致、有创新精神，还是懒惰、马虎、粗心、墨守成规；对自己，是谦虚还是傲慢，是自信还是自卑等等。

(2)性格的意志特征

性格的意志特征是人们对自己行为的自觉调节方式和水平方面的特征。性格的意志特征表现为四个方面：一是一个人是否具有明确的行为目的并使行为受社会规范约束的意志特征，如独立性、目的性、纪律性或冲动性、盲目性、散漫性等；二是一个人对行为自觉控制水平的意志特征，如主动或被动、自制与任性等；三是一个人能否长期坚持工作的意志特征，如有无恒心、坚韧性等；四是在紧急或困难条件下表现出来的意志特征，如镇定、勇敢、果断或慌乱、怯懦、优柔寡断等。

(3)性格的情绪特征

性格的情绪特征是指在情绪活动的强度、稳定性、持久性和主导心境方面表现出的个人特点。情绪的强度表现为一个人受情绪的感染和支配的程度，以及情绪受意志控制的程度；情绪的稳定性表现为一个人情绪的起伏和波动的程度；情绪的持久性表现为一个人情绪保持时间的长短；主导心境是指不同心境在一个人身上稳定表现的程度，如有的人经常欢乐愉快，有的人经常抑郁低沉。

(4)性格的理智特征

人在认识活动中会表现出个别差异，这些个别差异即性格的理智特征。如在感知方面有主动观察型和被动感知型，前者在知觉中不易被周围刺激物所干扰，后者则容易受环境左右。在记忆、想象、思维方面，不同的人也具有不同的特点。一般认为，性格的理智特征主要有主观性和客观性、主动性和被动性、精细性和粗略性、严谨性和轻率性、独立性和易受暗示性等等。

3.**性格理论**

(1)机能类型说

英国心理学家亚历山大·贝恩(Alexander Bain,1818～1903)和法国心理学家里巴特(T.Rubot)等人按照理智、情绪、意志在性格结构中占优势的情况,把人的性格分为理智型、情绪型和意志型。属于理智型性格的人以理智来衡量一切并支配行动;属于情绪型性格的人,情绪体验深刻,举止受情绪左右;属于意志型性格的人具有较明确的目标,行动自觉主动。如果通过心理测验或其他方式发现被调查者的情绪和意志的作用是中等,而理智超过情绪和意志的作用时,这个人就被确定为理智型性格。其他类型性格的确定方法也是如此。在这种性格分类中,除了标准类型外,还有中间类型,例如理智—意志型等。

(2)向性说

瑞士心理学家荣格(Carl Jung,1920)按照个体的心理活动倾向于外部还是倾向于内部,把人们的性格分为外向型和内向型两类。属于外向型性格的人,心理活动倾向于外部,经常对外部事物表示关心,这种人开朗活泼,情感外露,不拘小节,独立性强,遇事当机立断,比较善于交际;属于内向型性格的人与此相反,心理活动倾向于内部,一般表现为沉静,凡事谨慎,深思熟虑,反应缓慢,顾虑较多,交际面窄,适应新环境比较困难。这种分类在现实中经常为人们所采用,但实际上绝对外向和绝对内向的人是很少的,绝大多数人不是纯属于外向型或内向型,而是属于中间型性格。

(3)独立—顺从说

美国心理学家威特金(H.A.Witkin,1916～1979)等人按照一个人独立性的程度,把人的性格分为独立型和顺从型两类。属于独立型性格的人,善于独立地发现问题和解决问题,凡事有自己的主见,不易受外界因素干扰,在紧急情况下不慌张,易于发挥自己的力量,甚至喜欢把自己的意志和意见强加于别人;属于顺从型性格的人则独立性差,容易受外界因素的干扰和他人的暗示,常常不加批判地接受别人的意见,依照别人的意见办事,在紧急情况下常表现得惊惶失措。

4.**职业性格测试**

(1)PDP 性格测试系统

PDP(professional dynamitic program)测试系统是对人的行为风格的一种测试,所谓行为风格是指一个人天赋中最擅长的做事风格。它是目前国际上流行的性格测试,有着较大的使用范围和较高的准确率。

PDP 通过问卷测试的形式将人们的性格大致分为老虎型、孔雀型、猫头鹰型、无尾熊型和变色龙型等几种。这五种类型的人在实际工作中的风格、适合领域各有不同,在同一个组织中如何进行配合也颇有讲究,具体情况如表 4-2 所示。

表 4-2　PDP 五种性格特征类型特点

类型	领导风格	适合领域	组织搭配
老虎型	倾向以权威作风来进行决策，要求部属高度服从	最适合开创性与改革性的工作，在开拓市场的时代或需要执行改革的环境中，最容易有出色的表现	适合当组织的一把手
孔雀型	乐观、和善、真诚，在任何团体内，都是人缘最好的人和最受欢迎的人，是最能吹起领导号角的人物	以团队合作为主的工作环境中；在推动新思维、执行某种新使命或推广某项宣传等任务的工作中；以及在开发市场或创建产业的工作环境中，最能发挥其所长，也适合做人事工作	可以当组织的一把手，也可以和老虎型搭配作为二把手，但不适合有个老虎型的下属
无尾熊型	强调无为而治，与人为善，能与周围的人和睦相处，不树敌，具有高度的耐性	适宜当安定内部的管理工作，在需要专业精密技巧的领域，或在气氛和谐且不赶时间表等环境中，最能发挥所长，有能力为企业赚取长远的利益，或为公司打好永续经营的基础	当企业的产品稳居市场时，无尾熊型的企业领导人是极佳的总舵手或者可以做老虎型领导的助手
猫头鹰型	行事讲究制度化，事事求依据和规律，行事决策风格是以数据和规则为其主导思想，其直觉能力和应变能力都偏低，尊重传统、重视架构	极为适合事务机构行事方式，是企业安定力量的来源；不宜担任需要创建或创新能力的任务	适合当架构稳定和制度健全的组织的各级领导人
变色龙型	是支配型、表达型、耐心型、精确型四种特质的综合体，没有突出的个性，擅长整合内外信息，兼容并蓄，不会与人为敌，以中庸之道处世，善变、缺乏立场和原则	适合处理冲突的环境，能密切地融合于各种环境中，可以为企业进行对内对外的各种交涉，只要任务确实和目标清楚，他们都能恰如其分地完成其任务。	各种组织都可以

（资料来源：http://www.docin.com/p—48076794.html）

(2)MBTI 性格评估测试

MBTI(myers—Briggs type Indicator)是一种自我报告式的性格评估测试，用以衡量和描述人们在获取信息、作出决策、对待生活等方面的心理活动规律和性格类型。由美国心理学家伊莎贝尔·迈尔斯(Isabel Myers)和凯瑟琳·布里格斯(Katharine Briggs)母女,依据荣格(Carl Jung,1920)的心理类型理论和她们对于人类性格差异的长期观察和研究而著成。

该理论认为,人的心理可以从四个基本的维度去确定,每个维度由对立的两极构成。这四个维度是:外倾—内倾(extraversion-introversion,简称 E—I),感觉—直觉(sensing-intuition,简称 S—I),思维—情感(thinking-feeling,简称 T—F),判断—感知(judging-perceiving,简称 J—P),具体见表 4-3。

表 4-3 MBTI 四个维度及其含义

<table>
<tr><th>维度</th><th>对立两级</th><th>对立极的解释</th></tr>
<tr><td rowspan="2">心理能量指向</td><td>外倾(E)</td><td>能量主要指向外部世界的人或物,主要从外部搜集信息</td></tr>
<tr><td>内倾(I)</td><td>能量主要指向内部世界的经验和观念,主要从内部搜集信息</td></tr>
<tr><td rowspan="2">感知信息方式</td><td>感觉(S)</td><td>主要注意并加工通过五官感知的事物和有效经验</td></tr>
<tr><td>直觉(I)</td><td>主要注意于抽象的以及全局的模式和内在联系,对事物的感知似乎是通过突然的发现或预感而得来的</td></tr>
<tr><td rowspan="2">判断决策方式</td><td>思维(T)</td><td>基于客观公正的逻辑分析做出判断</td></tr>
<tr><td>情感(F)</td><td>基于与人相关以及与个人价值观取向相关的因素做出判断</td></tr>
<tr><td rowspan="2">生活态度取向</td><td>判断(J)</td><td>在处理与外部世界的关系时,喜欢通过判断过程(T 或 F)尽快地处理信息做出决定,以处理信息为主导</td></tr>
<tr><td>感知(P)</td><td>在处理与外部世界的关系时,喜欢通过感知过程(S 或 I)更多地获取信息而不做出决定,以感知信息为主导</td></tr>
</table>

对于一个个体而言,在每对维度中偏向于一极。这四个维度的有机组合,构成 16 种个性类型。由于个性类型的不同,决定了在同样环境中人们感受事物的方式、感受到的内容和做出决定的方式、决定的内容也不同。如 INTJ 型,这种人是幻想者,他们有创造性思想,并有极大的内驱力达成目的;他们的特点是怀疑、挑剔、独立、决断,甚至常常有些顽固。ESTJ 型人为组织者,他们务实、真实,具决断力,具有从事商业或技术工作的天生头脑,擅长组织和管理活动。ENTP 型人则为抽象思考者,他们敏捷、聪明、擅长处理多样事务,这种人在解决挑战性任务方面富有策略,但厌烦处理常规工作。

此理论配套有 MBTI 人格类型量表。在国外,MBTI 因其独到的理论根基,严格的操作规程和极强的实用性被广泛应用于团队建设、生涯设计、教育学习以及个体与家庭治疗等领域,经过了长达 50 多年的研究和发展,MBTI 已经成为了当今全球最为著名和权威的性格测试。

(3)人职匹配测试

个体的个性总是存在着差异，如果个体能够清楚地认识到自己的个性特点，明白地知道自己在个性方面的优势和劣势，就可以在设计自己的职业生涯时避免盲目性和盲从性。同样，如果管理者清楚地了解他们的下属有关这方面的完备信息的话，就可以顺利地做到人岗匹配，使人尽其才，从而提高员工的工作绩效和工作满意度，降低组织人力成本和人力资源损失。

霍兰德(John L.Holland,1973)对个性与工作适应性问题进行了深入研究，提出了个性与工作匹配理论。该理论认为，一个人的个性跟他所从事的行业是否匹配，决定着他的工作满意度和离职倾向。该理论提出了六种个性类型，并分析了与每种类型相匹配的职业，具体见表4-4。

表4-4 霍兰德个性类型与职业搭配表

个性类型	偏好	个性特征	职业范例
现实型	技术活动、体力活动	腼腆、真诚、持久、稳定、顺从、实际	机械操作工人、装配工人、农场主
研究型	需要组织和理解的脑力活动	探索、自主、善于分析、有创造性	生物学家、经济学家、数学家、新闻记者
艺术型	需要创造性表达的模糊且无秩序的活动	不实际、杂乱、理想、情绪化、富于想象	画家、音乐家、作家、装潢设计者
社会型	能帮助和提高别人的活动	喜欢交际、友好、合作、理解	社会工作者、教师、临床心理学家
组织型	影响他人，获取权利	自信、进取、精力充沛、盛气凌人	法官、小型商场经理、公共关系专家
传统型	规范有序、任务明确的活动，照章办事	顺从、高效、实际、缺乏想象力和灵活性	会计、出纳、档案管理员、部门经理

以上六种个性类型并非各自独立，每个人的个性都是这六种类型的不同组合，只是起主导作用的类型不同而已。占主导作用的类型决定了职业个性取向，并在很大程度上影响到工作效绩。霍兰德根据个性与工作匹配理论编制了一套《职业倾向量表》，该量表能帮助被测者发现和确定自己的职业兴趣和能力专长，从而科学地做出求职择业的决策。

(4)九型人格理论

九型人格(Enneagram)是关于人的性格类型的一种假设观点，是从实践中总结出来的，在全球500强企业的管理阶层中多有应用。九型人格的英文单词Enneagram源于希腊文，意思是指一个有九个点或九条线的图。九型人格学说认为，尽管人们行为上的表现林林总总，但若按照这些行为背后的出发点，即基本欲望和基本恐惧，千差万别的人都可以划分为九种类型，具体见图4-1。

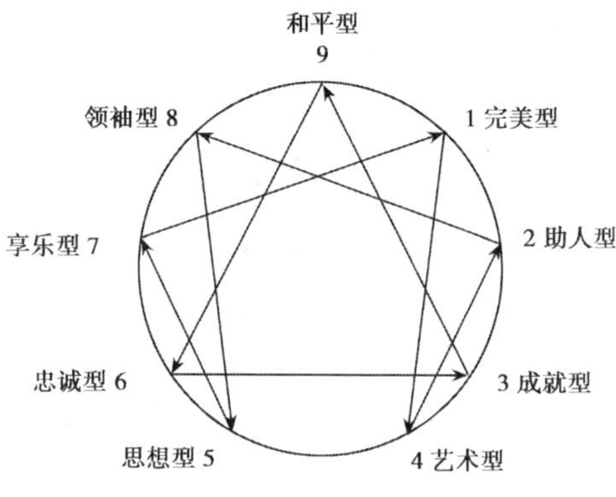

图4-1　九型性格的基本架构

九种性格由不同的潜意识动机和偏好构成，它们导致了不同的思维感觉和行为模式，这些模式对人的成长可能有益，也可能有阻碍。下面就九种人格及其管理做简要的阐述。

完美型(perfectionist)的人追求不断进步以达到完美，注重原则性和道德规范，不易妥协，时时刻刻反省自己是否犯错，也会纠正别人的错，经常说“应该”及“不应该”。这种类型的人做事认真负责，工作勤奋，适合做质检、财务和审计等工作。

助人型(helper)的人追求不断帮助人，渴望别人的爱或良好关系，甘愿迁就他人。这种类型的人在工作中对同事处处表现出关怀与支持，与人相处得很好，善于洞察别人的才干和潜能，但不善于自己做决策，原则性不够。他们适合做客户服务、后勤服务等工作。

成就型(achiever)的人追求成果，重视成功，目标感强，好胜心强。在企业里，这种人能活跃气氛，但由于不具备超强影响力和意志力，不适合做公司或部门经理。

艺术型(artist)的人不断追求创新以达到独特。这种类型的人天生不喜欢枯燥、单调的工作，喜欢有变化和创新的工作，适合于做企划或研发设计工作。

思想型(thinker)的人追求不断学习以获得知识，喜欢思考分析，探索真理，对物质生活要求不高，喜欢精神生活，不善表达内心感受。这类人在企业适合做管理和研究工作。

忠诚型(Loyalist)的人做事小心谨慎，不轻易相信别人，为别人做事尽心尽力，团体意识很强，喜欢群体生活。这种类型的人做事忠心尽责，防范意识强，但害怕挑战和做错决定，所以适合于担任助理、秘书、保镖等工作。

享乐型(enthusiast)的人以追求快乐为主要目标。这种类型的人，游戏人生，喜新厌旧，不喜欢被束缚，精力充沛，适合做销售人员或娱乐类人员。

领袖型(leader)的人追求不断掌控以获得权力的满足，是典型的实干家。这类人目标明确，相信自己并努力达到目标，原则性强，争强好胜，敢说敢做，适合担任企业经理等管理职位。

和平型(peacemaker)的人追求持久的和谐以达到天下太平。这类人听话，能与团队和谐共处，善于息事宁人，适合于担任人事、调研、仲裁等工作。

九型人格理论所描述的九种人格类型，没有好坏之分，只不过不同类型的人对现实世界反应的方式有可能有差异。它是一个复杂的人格类型理论，但却简明易懂，其最重要的作用是让我们具有知己知彼的能力，一是自我了解，知道我们有哪些地方可以改善；二是了解别人，知道如何更有效地与他人沟通。

三、能力

1.能力的概念

能力(ability)是人们顺利完成某种活动所必备的个性心理特征。任何一种活动都要求参与者具备一定的能力，而且能力直接影响着活动的效率。例如，搞外交工作，要具有灵活而敏捷的思维、较好的语言表达、较强的记忆等能力；从事管理工作，要具备一定的组织、交际、宣传说服等能力。

能力和知识是有区别的。知识是人类经验的总结和概括；能力是一个人比较稳定的个性心理特征，它表现在人们掌握知识和技能的难易、快慢、深浅、巩固程度以及应用知识解决实际问题等方面。一般来说，能力的形成和发展远较知识的获得要慢。

一般能力是在很多基本活动中表现出来的能力，它适用于广泛的活动范围。在西方心理学中把一般能力称为“智力”。特殊能力是表现在某些专业活动中的能力，它只适用于某种狭窄的活动范围。

2.能力差异

能力是个性心理特征之一，不同的人在能力方面是存在差异的，其差异一般表现在以下几个方面。

(1)能力类型的差异

由于能力类型存在差异，因而人们在实践活动中处理和解决问题的方式方法常常各不相同，虽然完成的是相同的任务，但往往是通过不同能力的综合来实现的。例如，两个管理者都很好地完成了管理工作，都表现出了良好的组织能力，但甲可能是通过综合个人的技术能力、人际交往能力和演说能力从而较好地实施了管理，乙可能是通过综合调查的能力、分析的能力和正确决策的能力从而圆满地完成了管理任务。

(2)能力水平的差异

能力水平的差异是指人与人之间各种能力的发展程度不同,所具有的水平也不同。在心理学的研究中,有人把能力水平的差异分为能力低下、一般、才能、天才四个等级。

(3)能力表现的差异

人们的能力表现在时间上是存在差异的。有些人在童年时期就表现出某些方面的优异能力,即所谓的"早熟"。造成这种现象的原因是多方面的,可能是由于这些人在早期没有学习或表现自己能力的机会;也可能是早期智力平常,但经过长期的勤奋努力,能力有了明显的提高。另外,人们能力表现的方式也存在着差异。一般来说,外向型的人所具有的能力较易被人发现,内向型的人所具有的能力则较难被人发现。

3.成功智力理论与创造性理论

智力(intelligence),是个体完成一切活动都必须拥有的共同能力,如观察力、记忆力、抽象概括力、想象力、创造力、操作力等等。下面重点介绍智力研究领域的热点问题:成功智力理论和创造性理论。

(1)成功智力理论

斯腾伯格(R.J.Sternberg,1996)认为,成功意味着个体在现实生活中达成自己的目标。成功智力(successful intelligence)是指用以达成人生之主要目标的智力,它能导致个体以目标为导向并采取相应的行动,是对个体的现实生活真正起到举足轻重影响的智力。

斯腾伯格对成功智力的结构进行了分析,他认为,成功智力包括以下三个方面:

分析性智力(analytical intelligence),是有意识地规定心理活动的方向,以发现一个问题的有效解决方法的智力。它涉及解决问题和判定思维成果的质量,强调比较、判断、评估等分析思维能力。

创造性智力(creative intelligence),是找对问题的智力,即一开始就形成好的问题和想法的智力,是一种能超越已知给定的内容、产生新颖有趣结果的能力。它涉及发现、创造、想象和假设等创造性思维的能力。

实践性智力(practical intelligence),是解决实际工作中的问题的智力,即将思想及分析结果以一种行之有效的方法来加以实施的智力。它涉及使用、运用及应用知识的能力。

斯腾伯格的成功智力理论的内涵有三个基本方面:

①成功智力的新内涵:成功智力是在个体生活的社会文化背景之下,依据个人

的标准，在生活中获得成功的能力。个体达到成功的能力依赖于利用自身的长处，纠正、弥补自己的不足。

②个体通过达到智力的平衡去适应、塑造和选择环境。成功智力是一个有机整体，用分析性智力发现好的解决办法，用创造性智力找对问题，用实践性智力来解决实际问题，只有这三方面协调、平衡时才最为有效。

③成功通过分析性、创新性和实践性三个方面的智力及良好的人格平衡来实现。斯腾伯格认为，人格在个体成功中具有重要的意义和特殊的作用，它对智力活动不仅有支持、导向和激励作用，而且具有调控作用，只有智力因素与人格因素平衡发展，个体才能获得成功。

总之，斯腾伯格的成功智力理论，既充分反映了前人和他人智力理论的闪光之处，又克服了其不足之处，同时又把现代认知理论的新进展同化于其中，其内容十分丰富，是一种全新的智力理论。

(2)创造性理论

马斯洛(Abraham H.Maslow，1908～1970)的“创造性理论”是当代创造性理论研究中的三个重要理论之一。他的创造性理论中的许多经典学说为培养创造性人才提供了新的启示。

根据创造性的形成过程，马斯洛区分了三种不同的创造性：始发创造性，就是创造性的灵感阶段，强调人的无意识本性的自由表现和自由发挥作用；次级创造性，是在始发创造性的基础上，运用理性、逻辑、控制和秩序等形成的，具有理性特征，世界生产成果的一大部分，如桥梁、房屋、新的技术产品等都是次级创造性的结果；整合创造性，是指能以良好融合或交替的方式，自如而完美地运用上述两种创造性。

马斯洛认为，个性发展是创造性人才成长的“源泉”，而个性的发展必须建立在全面发展基础之上，只有这样，个性培养才有自己的坚实基础，个性形成才可能得到可靠保障。人的创造性并不体现在其已完成的创造性活动结果上，而是体现于他们的即席演出和灵感。不管一项工作多么平凡，只要你能在这项工作中体现出你的价值与意义，给人一种美的体验或者享受，就是具有创造性。

马斯洛认为人的创造性是人性中固有的、与生俱来的本质特征。他把创造性看成是一种特殊的洞察力，这种特殊的洞察力可以使人在习以为常的环境中看见新颖的、未加工的、具体的、个别的东西，让人生活在一个鲜活、真实、丰富的自然世界中。

综上所述，可以看出，马斯洛的自我实现者的创造性是在整体论基础上的创造性，不是强调人的工具性思维、能力等的创造性，也不是解决问题或者是制造产品的能力。

第二节　态度与价值观

态度(attitude)是对某一对象所持有的评价和行为倾向,态度作为一种内在心理倾向,反映了一个人对某些事物的感受,这种感受具有一定的倾向性。而价值观影响着一个人的态度和行为,是了解员工的态度和动机的基础。

在日常生活中,常常可以听到这些说法:“我找工作,首先看能否有提高的机会”,“这个领导太专制了,我无法忍受”,这些看似漫不经心的态度,实际上反映了人作为组织成员的价值观念,这不仅对人的行为有潜移默化的影响,而且影响着人在工作经历中的整体感受。因此,价值观对组织行为的研究和管理有重要的意义。

一、态度的概述

1.态度的定义与辨析

态度(attitude),是个体指向一定对象,有一定观念基础的评价性持久反应倾向。是指对人、客体、事物所持的肯定或否定的评价,反映了对人、客体、事物的感受。

态度包括三个维度,分别是认知、情感和行为,也称作态度的ABC三成分。

认知成分(cognitive),是指人们对一定态度对象或态度客体的知识、观念、意向或概念,以及在此基础上形成的具有倾向性的思维方式,它是态度其他成分的基础。

情感成分(affective),是指个人对于一定态度对象的情绪和情感上的体验,如喜欢或厌恶、敬爱与轻视等,它是态度的核心成分。

行为成分(behavioral)是指个人对外界的人或物所持有的心理准备状态和反应或行动倾向。

2.态度的形成

态度是在人与后天社会环境相互作用的过程中逐步形成的,受主客观两方面因素的影响。主观因素,如个体的个性、经验、需要和愿望与态度的形成有直接关系;客观因素,如家庭、学校、群体和社会文化都制约着态度的形成。态度在不断变化的主客观因素的影响下,并不是一成不变的,也会发生变化。态度的形成或改变原有态度形成新态度经历了由简单到复杂、由动摇到稳定、由表面到深化的过程。凯尔曼(H.C.Kelman,1961)把这个过程按递进关系依次概括为服从、同化和内化。据此,我们认为态度的形成要经历三个阶段:模仿与服从阶段、同化阶段和内化阶段。

表 4-5　态度形成的三个阶段

阶段	定义	管理实例
模仿与服从阶段	①人具有模仿和认同他人的倾向，尤其是倾向于认同他所崇拜的对象，人在模仿中通过认知不同的对象而习得不同的态度，并作为形成自己态度的开始。 ②服从是人们为了满足自己的需求愿望或避免惩罚而表现出来的表面的顺从，是指个体按照社会要求、群体规范以及别人的意志而表现出来的一种心理反应和行为表现。	员工对公司的规定“厂内不准抽烟”的态度，当员工意识到违反规定会受到罚款 50 元的惩罚，他表现出被迫的顺从，而不是心甘情愿的。
同化阶段	同化也叫认同，表现为不是被迫而是自愿接受他人的观念、信念，使自己的态度与他人的态度保持一致。	企业的教育、宣传，员工意识到厂内抽烟可能产生的隐患，他会认同“厂内不准抽烟”这个规定，在有无监督的情况下，都会自觉地不在厂内抽烟。
内化阶段	内化是真正从内心深处相信并接受他人的观点、信念，而将之彻底地转化为自己的态度。	“厂内不准抽烟”的规定，如果内化成为员工态度体系中的一部分，他会把“厂内不准抽烟”作为自己的行为准则而严加遵守。

3.**态度的改变**

分析了态度形成的基本过程，我们了解到态度转变的可能性。你能够改变令人不喜欢的员工的态度吗？回答是可能的，它取决于谁来改变员工的态度、员工的态度强度、态度转变的幅度和试图转变员工态度的技巧。以下我们将讨论影响态度转变的一些条件。这些条件是：

(1)态度转变幅度大小

态度变化难易要视其转变幅度的大小而决定。这说明，要转变一个人的态度取决于他原来的态度和需要转变的新态度之间差距的大小。

如果态度改变的幅度不大，那么态度容易发生变化。如果要让一名员工接受与他现在所持有的态度差异很大的态度，则需要做出很大的努力，甚至会使他更加坚持原来的态度。如果态度已经内化成个体持久的信念，改变就更困难。另外如果员工还没有对某一态度作出明确公开表态，改变这种态度相对容易，反之由于公开表示，则难以改变，因为改变态度，即需要一个人承认他原有态度的不正确。能否转变态度，还要看个体是否迫切要求改变现状，即改变态度后个人能获得多少切身利益，如员工提升学历是必要条件,员工对于学习的态度就必须转变。

(2)在积极参加活动中转变态度

自我知觉理论认为,当问一个人关于某事物的态度时,个体首先回忆他们与这种事物有关的行为,然后根据行为体验来推断对该事物的态度。如当问及某销售人员对公司销售超额奖励政策的态度时,他可能会想"通过我的销售努力,我获得了很多",所以他会对此持肯定态度。可见,自我知觉理论认为态度是在事实发生之后,要改变态度首先必须改变行为。

因此,要改变个体的态度,首先要改变个体的有关行为,必须引导个体积极参与有关活动,在活动中转变原先态度,形成新的态度。如一个人由于他不常参加集体活动,对集体活动的态度不够积极,与其口头劝说,不如请他参加集体活动,这样更容易发生态度的转变。积极参与活动、扮演特定的角色对态度转变的积极作用,在现实生活中也经常可以观察到,例如,让违章司机探望交通肇事的受害者,或让他们"当一天交警",对他们形成严格遵从交通规则的态度和习惯大有益处。让员工"当一天经理",让领导"当一天工人",对领导和员工之间换位思考、移情体验、相互理解、相互支持、相互信任会很有帮助。

(3)群体规范与态度的转变

人们都处在一定的群体中,群体的准则、规范、舆论和人际关系,往往会形成一种无形的压力,有效地影响和改变着一个人的态度,如一个纪律松懈的青年进入一个规章制度严格的公司,可能会逐渐改变其对于纪律和自由的态度。

另外,群体的影响不仅是一种强制性的约束力,而且还具有榜样示范作用。从众心理使群体成员不由自主地模仿多数人,也容易改变个体态度的强度和方向。心理学家勒温通过实验也得出结论,通过群体规定的方式改变个人的态度要比通过单独改变个人态度效果更好,并且更容易、更迅速、更持久。

(4)宣传与态度转变

宣传在此指某人或某团体通过口头劝说、教育及运用展览、录像、电影、文艺表演等载体,来改变人们对某个对象的态度的基本手段。宣传者的威信、个性和宣传能力不同,对于态度转变的作用和影响则不同。可信性意味着声望、信誉、可靠、能力和客观。因为被宣传者对宣传信息的真伪和价值判断没有以信息本身为依据,而是以宣传者的可信性作为依据,所以对于你所宣传的问题,如果员工认为你是专家,有经验,而且公正无偏见,那么他可能因为信任你而改变态度。宣传者的说服力、表达能力、良好的仪表、风度也是影响宣传效果的重要因素,如果你清楚明了、有说服力、信心十足地表达你的想法时,更有可能成功地改变一个人的态度。

二、态度改变理论

态度形成后会持续很长一段时间，但并非不可改变。了解和掌握态度改变的规律，对于组织及其领导者、管理者、员工都有重要意义。下面介绍几种态度改变的理论。

1.费斯廷格的认知失调理论

认知失调理论(cognitive dissonance theory)是费斯廷格(L.Festinger,1957)提出来的。该理论的基本单位是认知因素。认知因素是指任何一种知识的形式，包含知觉、看法、观念、信念、价值观以及与认知有关的环境等，以上各种认知因素就组成了个体的整个认知结构。

当认知因素之间产生矛盾或失调时，个体就会产生心理上的不快感、压抑感或紧张感，这时会产生一种驱力使个体设法减轻或解除不协调的状态。认知因素之间失调的强度越大，想要减轻或解除不协调的状态的驱力也就越大。

费斯廷格认为减轻或解除失调状态的方法有以下三种：

(1)改变某种认知因素，使其与其他认知因素之间由失调关系趋于协调。以“抽烟”和“致癌”的不协调关系为例，可以用“抽烟致癌的说法是没有根据的”的理由来进行协调。

(2)强调某种认知因素的重要性，使双方趋于协调。上面例子中，如果个体要坚持抽烟，他会说：“我喜欢抽烟，可以少抽点，抽好烟就不那么容易致癌了。”

(3)增加新的认知因素。如果两个认知因素不一致，可以通过增加更多一致性的认知因素来减少失调。如上例中，坚持“我喜欢抽烟”认知因素的个体则可以增加认知因素“抽烟让我放松和减压，有利于我的心理健康”等，使不协调的程度降低。

在企业管理中，可以通过以上三种方法来改变员工的某些态度，以达到他们认知的普遍协调。

【拓展阅读】

费斯廷格的不充分合理化实验

实验任务：让被试做1小时枯燥无味的绕线工作，在其离开工作室时，实验者请他告诉在外面等候参加实验的“被试”(其实是实验助手)绕线工作很有趣，很吸引人；为此，说谎的被试得到一笔酬金。然后实验者再请他填写一张问卷，以了解他对绕线工作的真实态度。结果发现，得报酬多的被试对绕线工作仍持较低的态度评价；得报酬少的被试提高了对绕线工作的评价，变得喜欢这个工作了。

费斯廷格的解释是：当被试对别人说绕线工作很有趣时，心口不一致便出现了。他头脑中有了两个认知因素："我本不喜欢绕线工作"和"我对别人说这话有趣"，两者是相互认知失调的。为了消除心理上的失调感，他们便要把自己的行为合理化。费斯廷格认为，得钱多的(20 美元)被试会用这笔不小的酬金为自己的行为辩解，认为自己对别人说绕线有趣是因为有明显的外部好处，这样说是值得的，心口不一所带来的失调感就削弱了。可是对得钱少的(1 美元)被试来说，用这种理由为自己的行为开脱就较困难。由于失调感所带来的心理压力，他会再审视两个相互矛盾的认知因素。其中第 1 个被试是对自己内部态度的认识，相对来说要较容易改变，第 2 个被试是对自己行为的认知，做出的事不易收回，所以被试便不自觉地提高了对绕线工作的态度评价。新的认知因素"我比较喜欢绕线工作"与"我对别人说绕线工作很有趣"就相互协调了。结果，得报酬少的人比得报酬多的人更喜欢绕线工作。这种情况被称为在不充分的合理化条件下因认知失调引起的态度改变。

(资料来源：www.chinabaike.com)

2.海德的平衡理论

海德(F. Heider，1958)提出的改变态度的"平衡理论"，认为人们的认知结构系统中存在着使"不平衡结构趋向于转变成平衡结构"的压力。

海德认为认知的对象(包括人、物、事及概念等)以分离或联结整体的方式为我们所认知。其中构成一个整体的两个对象的关系称为单元关系，可由类似、接近、相属而形成。对每种认知对象的喜欢或厌恶、赞成或反对的感情与评价称之为感情关系。他认为，个体对单元中的两个对象的态度一般是属于同一方向的。当个体对一个单元内两对象看法一致时，其认知体系呈现平衡状态；当个体对单元中的两个对象的态度趋于相反方向时，便会产生不平衡的状态，进而引起内心的不愉快和紧张感，促使个体采取解除紧张的方法，即改变态度。

海德提出了 P—O—X 模型来解释其态度改变理论。他认为，一个人(P)对某一现象(X)的态度，常受他人(O)对该现象的态度所影响。P(主体的人)、O(客体的人)、X(客体事物)三者之间的关系存在两种情况：平衡状态和不平衡状态。下面将 P—O—X 模型列成图解形式，以符号"＋"表示正的关系，以符号"－"表示负的关系，可以推出 8 种模式状态，其中 4 种是平衡的结构，4 种是不平衡的结构。

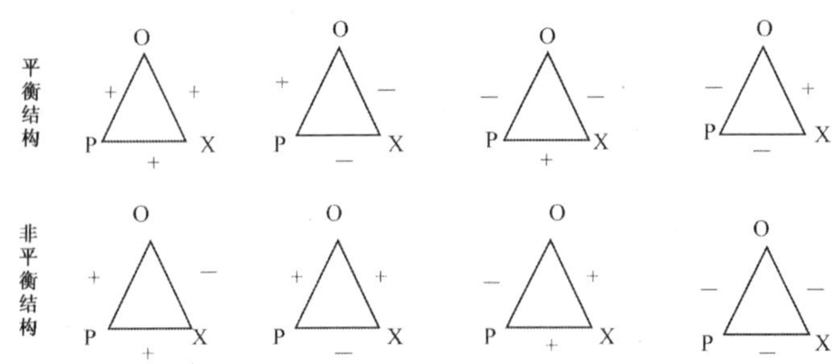

图 4-2　海德的态度平衡结构图

判断三角关系是平衡的，还是不平衡的，其根据为：平衡的结构必须三角形三边符号相乘为正；不平衡的结构必须三角形三边符号相乘为负。达到平衡的方法很多，平衡理论常运用“最小努力原则”（即使自己改变最小）来预计不平衡所产生的效应，使个体尽可能少地改变情感关系以恢复平衡结构。

此理论以简练的语言来描述认知的平衡概念，使它成为解释态度改变的重要理论之一。在企业管理中，可以采取一定的措施来改变员工对某人或某些实施方案的态度，尽力使员工的心理达到平衡，从而以积极的工作态度投入生产中，提高生产效率。

海德的平衡理论和费斯廷格的认知失调理论的基本假设是一致的。但是，费斯廷格强调个体通过自我调节达到认知平衡，而海德强调人际关系对认知平衡的影响。

3.勒温的参与改变态度理论

勒温（K. Lewin）于 20 世纪 40 年代提出的参与改变态度理论认为，一个人是否参与态度的形成过程会在改变态度时取得不同的成效。

勒温认为，改变态度的方法，不能离开群体的规范和价值。个体态度的改变依赖于他参与群体活动的方式，个体在群体中的活动性质（包括主动型和被动型）能决定他的态度，也会改变他的态度。勒温通过实验证明，就某一对象中，改变主动型人的态度要比改变被动型的容易得多，效果也比较明显。

【拓展阅读】

不同的活动方式对美国的家庭主妇改变吃杂碎（动物内脏）的态度的影响

实验方法：把被试者分成两组，一组为控制组，一组为实验组。

控制组：采取演讲的方式，亲自讲解动物内脏的营养价值、烹调方法、口味等，要求大家改变对杂碎的厌恶态度，把杂碎作为日常食品，并且赠送每人一份烹调内脏的食谱。

实验组:勒温组织她们开展讨论,共同议论杂碎的营养价值、烹调方法和口味等,并且分析使用杂碎做菜可能遇到的困难,如丈夫不喜欢吃的问题、清洁的问题等,最后由营养学家指导每个人亲自烹调。

实验结果:控制组有3%的人采用杂碎做菜;实验组有32%的人采用杂碎做菜。

结果解释:实验组的被试者是主动参与群体活动的,他们在讨论中自己提出某些难题,又亲自解决它,因而态度的改变非常明显,速度也比较快;而控制组的被试者由于是被动地参与群体活动,很少把演讲的内容与自己相联系,因而,其态度也就难以改变。

基于这一实验,勒温提出了他的"参与改变态度理论",认为个体态度的改变依赖于其在群体中参与活动的方式。后来,这个理论在管理中得到广泛的应用,也取得了一定的成效。

(资料来源 http://www.docin.com/p-8616410.html)

由勒温的参与改变态度理论我们可以看到,在企业管理中,如果想改变员工的态度、提高工作效率,就要努力让员工积极参与某些活动。

4.沟通改变态度理论

沟通改变态度理论强调人容易受到周围环境和一些媒介(如报纸、杂志、网络、电视等)的影响。心理学家认为,沟通可以显著地改变对某些事物和人的态度看法。沟通对态度改变的影响,依赖于沟通者、沟通过程和沟通对象三个因素。

(1)沟通者

沟通者是信息的来源。有效的沟通者需要具有良好的沟通能力,具备优良的情感意志、品德和知识。

(2)沟通过程

要能根据沟通的对象和内容及客观环境设计出工作程序,一切按计划行事并注意安排好时间地点。另外沟通过程中要注意:沟通者以及沟通信息要引人注意,沟通者要充分了解对象的需要和动机,信息内容要以对象惯用的言语来传达。

(3)沟通对象

接受者是否了解信息,其个性(如自尊心、灵活性和刻板性等)是否适合于接受这些信息。

通过沟通改变态度理论可以看出,在企业管理中,管理者可以通过与某些员工的对话来改变其态度,尽可能使其与管理者达成共识,进而在员工中产生更大的影响,方便管理。

心理学家墨菲(Murphy)用实验室研究证明了沟通对态度形成与改变的影响。

实验方法:把被试者分成两组,一组为控制组,一组为实验组。首先,用量表对每个被试进行态度测量,证实两组被试对种族歧视的态度是基本相同的。然后对两组被试分别进行实验处理。

实验组:看宣传黑人成就的电影、电视或画报,如放映黑人在世界运动会上取得成绩的电影,放映黑人在科学技术上取得成就的电影等。

控制组:不做任何处理。

实验结果:实验组对黑人的态度有明显的改变,控制组对黑人的态度则没有变化。

除了上述四种主要的态度改变理论外,还有许多其他关于态度改变的理论,它们各有千秋,但总的目的都是通过一定的方法来影响别人,促使人们态度的改变。

三、价值观理论

价值观(values)代表了人们最基本的信念,反映出个体关于正确和错误、好与坏、可取和不可取的看法或观念。价值观是比态度更广泛、更抽象的内在倾向,它没有直接的对象和行为动力意义,它对行为的作用,是通过影响态度来实现的。各种价值观导致了人们面对同一事物时的态度不同,进而产生很多不同的行为价值观理论,下面重点介绍几个比较典型的理论。

1.奥尔波特的价值观理论

美国心理学家奥尔波特(Gordon Allport,1897～1967)和他的助手曾对人的价值观进行了研究,他们把人的价值观分为六种:

经济型:经济型的人以谋求利益为人生的最高价值,强调有效和实用。

理论型:理论型的人以知识真理和探求事物的本质为人生的最大价值,强调以批判和理性的方法寻找真理。

审美型:审美型的人以感受事物的美为最大价值,强调外形和谐匀称。

社会型:社会型的人以帮助别人和人际协调为最大价值,强调对人的热爱。

政治型:政治型的人以掌握权力和利用别人为最大价值,强调拥有权力和影响力。

宗教型:宗教型的人以超脱的生活和满意的体验为人生最大价值,关心对宇宙整体的理解和体验的融合。

奥尔波特的调查发现,这六种价值观在美国社会中起中心作用,并以第一种和第五种居多。此外,不同职业的人对这六种价值观的重视程度不同,形成了不同的优先顺序,反映了不同的价值体系,如表4-6所示。

表 4-6　三种职业的人对价值观重要性的排序

排序	牧师	采购代理商	工业工程师
1	宗教	经济	理性
2	社会	理性	政治
3	唯美	政治	经济
4	政治	宗教	唯美
5	理性	唯美	宗教
6	经济	社会	社会

2.罗克奇的价值观理论

米尔顿·罗克奇(Milton Rokeach)于 1973 年编制了罗克奇价值观调查问卷(Rokeach values survey,RVS),包括了两种价值观类型,每种类型有 18 个具体项目。

一种为终极价值观(terminal values),指一种期望存在的终极状态,是一个人希望通过一生来实现的最根本目标。例如振奋的生活、平等、幸福、快乐、真挚的友谊、睿智、自由等。

另一种为工具价值观(instrumental values),指的是个体更喜欢的行为模式或实现终极目标的手段。例如勤奋工作、勇敢、智慧、胸襟开阔、独立、礼貌等。

表 4-7 列出了每一种价值观类型的内容。

表 4-7　罗克奇价值观分类及具体内容

终极价值观	工具价值观
舒适的生活(顺利的生活)	雄心勃勃(辛勤工作、奋发向上)
振奋的生活(刺激的、积极的生活)	心胸开阔(头脑开放)
成就感(不断的贡献)	能干(有能力、有效率)
和平的世界(没有冲突和战争)	欢乐(轻松、愉快)
美好的世界(艺术与自然之美)	清洁(卫生、整洁)
平等(手足之情、机会均等)	使人鼓舞(坚持自己的信念)
家庭安全(照顾自己所爱的人)	宽容(愿意谅解他人)
自由(独立、自由选择)	助人为乐(为他人的幸福安康着想)
幸福(满足)	正直(真挚、诚实)
内在和谐(没有内在冲突)	富于想象(勇敢、有创造性)
成熟的爱(性和精神上的亲密)	独立(自力更生、自给自足)
国家的安全(免受攻击)	富有知识(智慧、善思考的)
快乐(享受的、闲暇的生活)	符合逻辑(理性的、稳定性的)
救世(得救的、永恒的生活)	博爱(充满感情的、温柔的)
自尊(自敬)	顺从(有责任感的、可敬的)
社会承认(尊重、赞赏)	礼貌(彬彬有礼的、有修养的)
真挚的友谊(亲密关系)	负责(可靠的、值得信赖的)
睿智(对生活有成熟的理解)	自控(自律、自我约束)

通过实证研究发现，不同人群在罗克奇的价值观上存在较大差异。职业相同或工作类别相同的人（如公司管理者、工会成员、父母、学生）倾向于拥有相似的价值观，这一点与奥尔波特的发现一致。如表 4-8 所示。

表 4-8　公司经营者、工会成员和社区工作者的价值观排列（仅列出最高的 5 项）

公司经营者		工会成员		社区工作者	
终极价值观	工具价值观	终极价值观	工具价值观	终极价值观	工具价值观
自尊	诚实	家庭安全	负责	平等	诚实
家庭安全	负责	负责	诚实	和平的世界	乐于助人
自由	能干	快乐	使人鼓舞	家庭安全	使人鼓舞
成就感	雄心勃勃	自尊	独立	自尊	负责
快乐	独立	成熟的爱	能干	自由	能干

从表中可以看出，社区工作者的价值偏好与其他两类人群存在很大差异。例如，他们将平等放在终极价值观的首位，并将乐于助人放在工具价值观的第二位，而在另外两类人群中这两种价值取向都不在靠前的位置。这个差异很重要，它正说明了经营者、工会成员和社区工作者对于公司有着不同的兴趣。

有关学者总结已有的关于工作价值观的研究，按照年代的不同将占主流地位的价值观进行总结，如表 4-9、表 4-10 所示。

表 4-9　当今美国劳动力市场的主要价值观（Stephen P.Rubins，2005）

人群	参加工作时间	现大约年龄	主要价值观
退伍军人	20 世纪 50 年代或 60 年代	60 岁以上	努力工作、保守、遵从、忠于组织
婴儿潮一代	1965～1985 年	40～60 岁	成功、成就、雄心、藐视权威、对职业忠诚
X 世代	1985～2000 年	25～40 岁	工作与生活之间的平衡、团队取向、不喜欢规则、对关系忠诚
下一世代	2000 年至今	不足 25 岁	自信、财政上的成功、自我依赖但团队取向、对自我和关系忠诚

表 4-10　中国劳动力价值观

阶段	参加工作时间	现在大概年龄	占主导地位的价值观
崇拜主义	解放初期	60～75 岁	忠诚、爱国、热情、服从、崇拜、勤劳刻苦、诚实、节省
文化革命主义	文革时期	45～60 岁	猜疑、知识系统不够、批判、明哲保身、好斗、压抑
文化精英主义	80 年代	30～45 岁	好学、忠诚、诚实、传统、成功、负责、健康
物质主义	90 年代	＜30 岁	灵活、组织忠诚度减弱、享受、竞争、思考、好学、成就、独立

由此可见，社会文化模式具有极大的感染力和影响力，良好的社会文化模式，可

以在“润物细无声”中给人以道德的熏陶，会形成一种强势促使人们按照社会上流行的行为方式行事，还会在一定的范围内形成一种舆论氛围，给不愿按照这种方式行事的人施加有形无形的压力，在潜移默化中成为一种社会秩序和为社会大多数人认同的自律准则，规范着人们的行为和价值取向。而一种不良的模式如果在较长的时期内流行，就会形成不成文的惯例、一种积习、一种行为模式，使人不得不按此行事，它对人们的思想和行为往往比正面的教育、报刊的宣传更具影响力。不同社会文化下价值观存在着差异，对这些差异的理解，有助于管理者对来自不同国家员工的行为进行解释和预测。

价值观影响员工当前及将来的行为，价值观及其变化有助于塑造组织的未来。在同一个客观条件下，对于同一个事物，组织成员的价值观是不会完全相同的，这就会导致员工行为的不一致。如对同一个规章制度，如果两个人的价值观相反，那么他们将会采取完全相反的行为：认为这个规章制度是合理的人就会认真贯彻执行，认为这个规章制度是错误的人就会拒不执行。这种截然相反的行为，将对组织目标的实现起着完全不同的作用，特别是在全球化的时代，组织活动的范围扩大，不同国籍、文化背景的人们一起工作，必然出现员工、顾客价值观多元化的问题。为了保证组织的效率和效能，提高凝聚力，组织目标的选择和组织活动的开展，都必须考虑到有关各种人员和群体的价值观。只有在平衡各方面价值观的基础上才能选择出合理的组织目标，保证组织活动的有效性。

第三节　认知理论

除个体的个性心理和管理密切相关外，个体的心理过程，特别是认知过程和管理也密切相关，个体的认知过程决定了个体做事的水平、效率，也决定了对人际的认识，因此，在管理中也具有非常重要的作用。本节将重点介绍个体的社会知觉、归因、决策等个体的高级认知活动。

一、社会知觉理论

1.概述

社会知觉(social perception)是指个体对社会环境中有关个人、团体及组织特性的知觉。一般来说，社会知觉是指对人的知觉，知觉过程是主体对个体(或群体)的心理活动、行为动机和人格特征进行推测和判断的过程。该过程不仅受直接印象的影响(如被知觉者的外貌、言谈举止等外部行为)，还受知觉者本身个性、价值观、态度、心境、经验等影响。社会知觉主要可以分为以下四种类型：对他人的知觉、人际知觉、角色知觉和自我知觉。

对他人的知觉(person perception)是指通过对他人外部特征的知觉，借以了解其动机、感情、意图、性格等心理活动和个性心理特征的过程。

人际知觉(interpersonal perception)是指对人与人之间关系的知觉，包括自己与他人关系和他人与他人关系的知觉。人际知觉是对人际关系状况的一种主观判断，有明显的感情因素。人际知觉是社会认知的最核心部分，是对他人知觉的延伸，是知觉者和被知觉者情感相互交流的过程，可能最终建立良好的人际关系或者背道而驰。

角色知觉(role perception)是指对某个人在社会或者组织活动中所扮演的角色及其角色行为的知觉。角色是处于一定社会地位、身份、职业、职务、职位的个体，依据社会规范和标准，所表现出来的与环境相适应的行为方式，它反映一个人在社会系统中的地位以及相应的权力、义务、权利和职责。角色知觉包括三方面内容：关于角色规范的知觉、对他人所扮演的社会角色的知觉和关于角色扮演是否适当的判断。角色知觉决定角色行为，在人际交往中，我们应该把握好各种角色知觉，掌握好相应角色的行为标准，形成角色意识，使人的行为合乎规范。

自我知觉(self-perception)是指个体通过对自己行为的观察而对自己心理与行为状态的知觉。相对于对他人的知觉，自我知觉的主体和客体是同一的。一般来说，自我知觉的信息要多一些，但主体自身的经验、情绪、观念和人格等心理因素制约着自我知觉，使之带有浓厚的主观性，甚至导致自我知觉的偏颇，也就是缺乏自知之明，有时也会出现“旁观者清，当局者迷”的情况。

2.社会知觉偏差

在现实生活中，人们往往由于受到客观条件的限制而不能全面看待问题，往往受到各种偏见的影响而造成歪曲的社会知觉，对别人的行为做出错误的归因判断。常见的社会知觉偏见主要有以下几种。

(1)第一印象

第一印象(primary impression)也称首因效应，是指人与人第一次交往中给人留下的印象，在对方头脑中形成并占据着主导地位。第一印象作用很强，持续时间也长，一旦形成很难消退。如果一个人在初次见面时给人留下了良好的印象，就会影响人们对他以后一系列行为的解释，反之也是一样的。

作为管理者，既要重视第一印象，又要尽量避免因为第一印象造成的认识上和用人上的错误。

(2)刻板印象

刻板印象(stereotype)指的是人们对某一类人或事物产生的比较固定、概括而笼统的看法，又称定型作用。

个体在处理有关他人的信息时，并非全部加以处理，而只是从发生的事件中挑出对形成印象所必需的信息。年龄、性别、职业、民族等相似的特性被概括地反映到人们的认知当中，并被固定化形成内化的心理图式，个体会在认识他人时下意识地根据图式对其进行归类，并根据已有的关于这类人的固定形象，作为判断其个性的依据。

要想成为一名优秀的管理者，必须时刻提醒自己，要洞悉事物的本质。要与群体中的其他成员广泛接触，加强沟通，由此来验证原来的知觉中是否有与现实相悖的信息，不断修正自己的判断；用发展的眼光看待每一个员工，辩证地对待已经形成的刻板印象。

(3)晕轮效应

晕轮效应(the halo effect)，顾名思义，日月的光辉向周围弥散形成光环，又称"光环效应"、"成见效应"、"光晕现象"，指在人际相互作用过程中形成的一种夸大的社会印象。

晕轮效应的实质在于个人表现突出的特质掩盖了其他特质，左右了对其整体的判断，往往是由于在掌握知觉对象信息很少的情况下做出总体判断的结果，由此我们可知晕轮效应是主观推断泛化、定势的结果。研究发现，当某种特质在行为上的含义模糊不清或具有道德寓意或知觉者对其不熟悉时，最容易出现晕轮效应。了解和研究晕轮效应，有助于克服自己看待别人时的偏见，也有助于了解其他人产生这种偏见的根源，对于指导组织管理有特殊意义。

(4)投射作用

投射作用(projection effect)又称外射作用，是指个体把别人想成和自己一样，认为他人或周围事物也有同自己一样的特质和心理。如"以小人之心度君子之腹"、"我见青山多妩媚，青山见我亦多情"等就是投射作用的写照。

中国民间一个流传很广的小故事，可以让我们更好地理解投射作用。宋代著名学者苏东坡和佛印和尚是好朋友。一天，苏东坡去拜访佛印，与佛印相对而坐。苏东坡对佛印开玩笑说："我见你是一堆狗屎。"而佛印则微笑着说："我看你是一尊金佛。"苏东坡觉得自己占了便宜，很得意。回家以后，苏东坡很得意地向妹妹提起这件事。苏小妹说："哥哥你错了。佛家说佛心自现，你看别人是什么，就表示你自己是什么。"

投射作用是客观存在的，通常又是无意识的。和晕轮效应不同之处在于，晕轮效应是因被知觉对象的个别特质左右了判断，而投射作用是知觉者的主观特征支配了判断。但两者的结果都会导致歪曲知觉。

二、归因理论

归因(attribution)是一种社会判断过程,是根据所获取的各种信息对他人的外在行为表现进行分析,从而推论其原因的过程。归因理论是关于人们如何解释自己或他人的行为,以及这种解释如何影响他们的情绪、动机和行为的心理学理论。归因理论的研究主要包括三个方面:心理活动的归因、行为的归因、对人们未来行为的预测。主要的归因理论有以下两种:

1.海德的朴素归因理论

美国心理学家海德(F.Heider,1958)最早提出归因理论。他认为日常生活中每个人都有一系列有关人的行为及行为原因的观念或理论。人们会利用这套理论对各种行为做出相应解释,并预见他人的行为,以达到对环境的有效控制。海德发现,印象的形成不仅取决于人们所知觉到的表面行为方面的信息,更取决于人们对隐含在这些表面行为后面的行为原因的知觉。一个人的行为必有其原因,并把行为的原因分为两种:内部因素和外部因素。内部因素即个人因素,主要包括个人能力、努力等;外部因素即环境因素,主要包括他人、工作本身的难易度、运气等。海德对行为原因的划分方法是开创性的,为归因理论奠定了基础并引发了后续的一系列研究。

2.韦纳的归因理论

韦纳(B.Weiner,1974)研究了成就情境中的归因问题,并提出了成功与失败的归因理论。他经过大量的实证调查,发现大多数人在进行成败归因时最可能归结为四种原因:能力、努力、工作难度和运气。

韦纳认为,可从内外因、稳定性、可控性三个维度对成败进行归因,并依照这三个维度对上述决定成败的四种原因进行了划分,见表4-11。

表4-11　成功与失败的归因分类

	内外维度	稳定性维度	可控性维度
努力	内因	不稳定	可控
能力	内因	稳定	可控
工作难度	外因	稳定	不可控
运气	外因	不稳定	不可控

后来,韦纳用实验方法验证了人们在不同归因风格下的情绪反应和动机状态,如把成功归于内在因素(能力、努力)使人感到自豪和满意;把失败归于内在因素,使人感到内疚和无助等等。具体见表4-12。

表 4-12　成功与失败的归因效果

	稳定		不稳定	
	内因	外因	内因	外因
成功	使人感到自豪、满意，提高了以后工作的积极性	使人产生惊奇和感激，提高了以后工作的积极性	使人感到自豪、满意，工作积极性提高	使人产生惊奇和感激，工作积极性降低
失败	使人产生内疚、无助感，丧失今后工作的积极性	可能降低个体的自信心、成就动机、努力程度和持续性	提高今后努力的程度，增强今后工作的积极性	不影响工作积极性，可能增强今后的努力与持续性行为

总之，韦纳等人认为，人们对工作、学习中的成功与失败的解释会对以后的行为产生重大的影响。如果把失败归因为缺乏能力，因为能力是稳定性原因，所以在以后的工作学习中还会期望失败；如果把失败归因为运气不佳，因为运气是不稳定性原因，所以在以后的工作学习中就不大可能期望失败。

三、思维与决策理论

决策是对于问题（problem）的反应，由于事件的当前状态与期望状态之间存在着差距，因而要求个体考虑几种不同的活动进程。大多数问题并非明确地标上“问题”的标签呈现在我们面前。某一个销售经理认为在她的管辖区内本季度销售数字下降了2%是个非常严重问题，需要她在这方面采取及时行动；而同一公司中另一区域的管理者面对同样2%的销售下降则可能感到十分满意。可见，对问题存在和决策需要的认识是一个知觉问题。另外，任何一个决策都需要对信息进行解释与评估。我们的资料一般都来源于多种渠道，需要对它们进行过滤、加工解释。比如，哪些资料与决策有关，哪些资料与决策无关？决策者的认知将回答这些问题。决策者需要开发各种备选方案，并评估每一方案的优点和缺点。决策者的知觉过程会对最终结果有着巨大影响。

1.最优决策模型：“最佳”与“满意”

（1）理性假设

决策的理性假设模型来源于古典经济学理论，它认为决策者是完全理性的，决策者认真分析问题并有明确的、具体的目标。而且，决策制定过程的步骤会始终如一地导向选择使目标最大化的方案。理性模型假设决策者都具备下面的一些行为：

①问题清楚。在理性决策中，问题是清楚的、无歧义的。决策者被假定为拥有与决策情境有关的完整信息。

②目标导向。在理性决策中，没有目标的冲突。无论决策是购买一辆新车、选择所读的一所大学、为一种新产品制定恰当的价格，还是挑选合适的应聘者以填补一个工作空缺，决策者都有唯一的、明确的、试图实现的目标。

③已知的选择。理性决策假设决策者是富于创造性的，他们能够确定所有相关的标准，并能列出所有可行的方案。而且，决策者还能意识到每一方案所有的可能结果。

④明确的偏好。理性决策假设标准和方案能按其重要性进行排序。

⑤一贯的偏好。除了有一个明确的目标和偏好外，它假设具体的决策标准是一贯的，这些标准的权重是不随时间而变化的。

⑥没有时间和成本的约束。理性决策者能获得有关标准和方案的全部信息，因为它假设没有时间和成本的限制。

⑦最大报偿。理性决策者总是选择那些能产生最大经济报偿的方案。这些理性假设可应用于任何决策。在组织的管理决策制定中，理性管理决策假设决策制定是为了取得最佳的组织经济利益，即决策者被认为是取得组织利益最大化，而不是他个人的利益最大化。

在理性模型中，决策者追求最优化，也就是说，从各种可能中选择出最佳方案。就理性模型的假设来说，它是不现实的，事实上存在着时间的约束、人类知识和信息处理能力的限制。此外，管理者的偏好和需要也是经常变化的。因此，理性模型只是管理者在决策过程中所追求的理想模式。它总结了如何确定制定决策的方法，但是没有反映管理决策的现实。

(2)有限理性假设

西蒙(Herbert A. Simon，1916～2001)认为，决策者的理性实际上是有限的，为了用一个更加现实的模型来替代理性决策模型，他提出了有限理性模型。有限理性模型有 4 个假设：

①在备选方案中进行选择的时候，管理者选择最满意的方案。满意的标准可以是足够的利润或者市场份额，以及公平的价格等等。

②管理者认识到，他们对世界的理解是简单的。他们对这样的简化表示满意，因为他们相信真实世界绝大部分是空洞的。

③由于他们使用满意的原则而不是使用最大化的原则，因此管理者可以愉快地做出决策，而不需要判断所有的选择方案。

④他们认为世界是空洞的，因此管理者依靠经验或直观推断来做决策，这样不会对他们的思维能力要求过高。

有限理性是把问题的本质特征抽象为简单的模型，而不是直接处理全部复杂性的决策行为。然后，在组织的信息处理限制和约束下，管理者努力在简单的模型参数下采取理性行动，其结果是一个满意(satisfying)的决策而不是一个最大化的决策。

2.**偏爱模型**

偏爱模型是美国麻省理工学院企业研究所学生在研究人们如何决定工作的选择时发现的另一种应付复杂决策问题的方法。它也是试图把决策过程加以简化，但不同的是，它既不理性也不客观。

人们在采用偏爱模型时，对于发现需要解决的问题，首先在头脑中产生出自己所偏爱的解决方案，但他们没有意识到自己的这一偏爱，故而并不终止搜寻其他方案，但这时的搜索已在偏见控制之下。人们再找出几个方案，把它们同偏爱方案进行比较，但比较的准则却是先定的支持偏爱方案的。于是，其他方案都成了偏爱方案的陪衬，产生出这样的假象：越比较越发现偏爱方案"合理"，最终还是导致选择所偏爱的方案。换句话说，决策者在宣布或承认他们的决定之前，实际上早已选定了方案，并且终止了其他新方案的搜索。

3.**直觉模型**

对直觉的界定有很多方式，一些人认为它是超感能力或第六感的一种，另一些人认为它是某些人与生俱来的个性特质。在这里我们将直觉决策(intuitive decision making)定义为从经验中提取精华的无意识过程，是与理性分析相辅相成的。在决策开始使用直觉时，决策者试图回避对问题的系统分析；在决策过程结尾运用直觉时，决策者依赖于对备选方案开发与评估时进行的理性分析。

研究者确定了管理者最有可能使用直觉决策的 8 种情况：不确定性水平很高时；几乎没有先例存在时；难以科学地预测变量时；事实有限时；事实不足以明确指明前进道路时；分析性资料用途不大时；当需要从几个可行方案中选择一个，而每一个方案的评价都不错时；时间有限，但又有压力要作出正确决策时。

由于理性分析被看做更符合社会期望，人们常常把直觉能力隐藏起来。一位首席执行官曾经说过："有时人们必须为自己的关键决策穿上'数据的外衣'以使它容易被接受或符合别人的口味，不过这一修饰常常发生在决策事实之后。"

由此可见，人的决策易受到知觉特点、思维方式、习惯行为作风的影响，是自身多方面心理品质作用下的结果。因此，矫正决策偏差，实现最佳选择，就必须在组织管理中运用心理学知识，从人的内在本质认识行为、控制行为。

【本章小结】

探索个体心理行为的差异性和共同性，并针对这些差异性和共同性采取不同的管理方式，是有效管理的重要保证。本章主要从个体的气质、性格、能力、态度、价值观、认知等方面出发，对与管理相关的个体心理理论进行了阐述。

首先，介绍的是气质、性格与能力的个体差异性与共同性及其相关理论。

其次，介绍了态度与价值观的相关内容。态度和价值观是研究组织行为的核心基础。态度反映了一个人对某些事物的感受，价值观是了解员工的态度和动机的基础。

最后，本章介绍了一些与管理相关的认知理论，主要包括社会知觉理论、归因理论、成功智力与创造性理论、思维与决策理论。个体的认知过程决定了个体做事的水平、效率，也决定了对人际的认识，因此，在管理中也具有非常重要的作用。

作为组织的管理者，只有在了解这些关于个体的个性心理及认知过程的理论之后，才能更好地掌握个体心理规律，做出有效的管理。

【习题】

名词解释

气质　性格　能力　态度　工具价值观　社会知觉　有限理性假设

简答题

1. 简述个体能力差异的几个表现。
2. 试述海德态度改变的“平衡理论”。
3. 试述斯腾伯格的成功智力理论。

案例分析

阳光公司销售主管出缺，王民、李晓、张峰都有意争取这一职位。但是他们心里有数：争夺得不激烈，显不出各自的实力，争夺得太剧烈，导致决策者论关系。从实力来说，三位都差不多，可以说难分上下。主管却只有一个，争来争去只会是一胜两败。而三人都无意跳槽，不需要孤注一掷，所以他们不约而同采取不争而争的策略。

不久，王民获得提拔，其余二人落选。老板为安抚民心，分别与二人谈话。说：原本要晋升你的，不料有一些流言，才临时改变，希望不要灰心，只要好好工作，以后机会还有很多，不会忘记你的。

李晓微笑着回答：升不上没关系，我会好好工作，以后还请多多提拔。张峰则很愤慨：升不上没关系，我会好好工作。不过平白遭流言，我实在不甘心，希望能够查清楚。

问题1：李晓、张峰的回答体现了各自怎样的特点？

问题2：如果你是他们的上司，以后出现机会时，你会提拔谁？简要叙述你的理由。

第五章 群体心理

学习目标

1.理解群体人际关系的一般问题，掌握并能应用人际关系的基本理论；
2.理解群体的概念，掌握群体动力学理论，并能有效运用；
3.了解沟通的类别及过程，掌握冲突的过程及处理理论。

【本章知识结构】

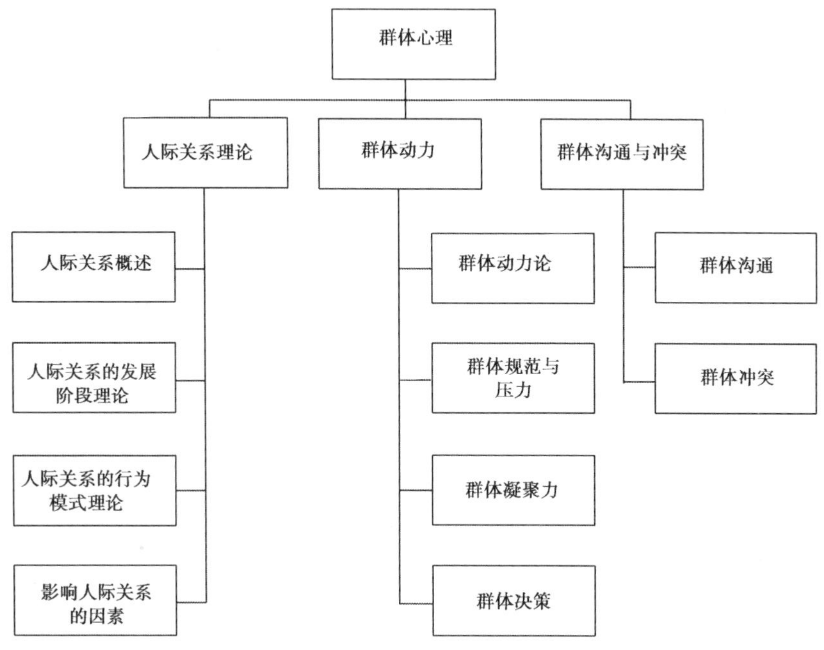

【引言】

达纳的记录

美国达纳公司主要生产螺旋桨叶片和齿轮箱之类的普通产品，这些产品多数是满足汽车和拖拉机行业普通二级市场的需要。1973 年，麦斐逊接任公司总经理，他做的第一件事就是废除原来厚达 22 英寸半的政策指南，代之而用的是只有一页篇幅的宗旨陈述，其大意是：

(1)面对面的交流是联系员工，保持信任和激发热情的最有效手段，关键是要让员工知道并参与讨论企业的全部经营状况；我们有义务向希望提高技术水平、扩展业务能力生产人员提供培训和发展的机会；

(2)向员工提供职业保险至为重要；

(3)制订各种对设想、建议和艰苦工作加以鼓励的计划，设立奖励基金。

麦斐逊很快把公司班子从 500 人裁减到 100 人，机构层次也从 11 个减到 5 个，大约 90 人以下的工厂经理都成了“商店经理”。麦斐逊说：“我的意思是放手让员工们去做。”

他指出：“任何一项具体工作的专家就是干这项工作的人，不相信这一点，我们就会一直压制这些人对企业做出贡献及其个人发展的潜力。可以设想，在一个制造部门，还有谁能比机床工人，材料管理员和维修人员更懂得如何操作机床、如何使其产出最大化、如何改进质量、如何使原材料流量最优化并有效地使用呢？没有。”

达纳公司从不强人所难。在这里，人们受到的压力是同事间的压力。大约 100 名经理人员每年要举行两次为期 5 天的经验交流会，同事间的压力就是前进的动力。

麦斐逊掌管达纳公司的几年里，该公司的雇员人均销售额在并无大规模资本开支的情况下增长三倍。达纳一跃成为《幸福》杂志按投资总收益排列的 500 家公司中的第二位，这对于一个身处一个如此乏味的行业的大企业来说，的确是一个非凡的记录。

（资料来源：http://www.doc88.com/p-4990355243.html）

在本案例中，达纳公司通过麦斐逊的改革，使企业得到了很好的发展，不仅在竞争中站稳脚跟，并且不断地发展和壮大，取得了非凡的成绩。我们不难发现：企业要生存，要发展，必须加强对人才的管理，不仅要有一流的企业领导，还要有积极进取锐意创新的员工。麦斐逊的改革主要集中在对员工的管理上，通过增强群体凝聚力，提高群体士气来实现对企业的整体提升。

群体是指为了实现某个特定的目标，两个或两个以上相互作用、相互依赖的个体所组成的集合体。群体具有如下的特征：群体成员之间有频繁的相互作用，群体成员彼此都认同自己是群体中的一员，成员之间有共同的目标，具有共同遵守的规范，每个成员在群体中都具有一定的角色。

群体心理可以从静态、动态和动力三个方面来进行分析讨论，群体的静态心理主要是群体中的人际关系，而群体的动态心理主要是群体的沟通、冲突等。本章将对这些内容分别展开论述。

第一节　人际关系理论

马克思认为“人的本质是一切社会关系的总和”。由此可见，人具有重要的社会属性，人的社会属性决定了人际关系在我们的生活中具有举足轻重的作用。建立和谐、齐心协力的人际关系是组织与群体的目标，也是组织与群体提高效率、有效运行的基础。

一、人际关系概述

1.人际关系的定义

人际关系可以从广义和狭义的角度来进行定义。

从广义上看，人际关系(interpersonal relationship)是指人与人的关系，包括社会中所有的人与人之间的关系，以及人与人之间关系的一切方面，比如朋友关系、夫妻关系、亲子关系、同伴关系、师生关系、同事关系等等。作为人际关系主体的人，既可以是个人，也可以是群体。同样，作为人际关系的对象，也可以是个人或群体。

从狭义上看，人际关系是人与人之间通过交往与相互作用而形成的直接的心理关系。它反映了个人或群体满足其社会需要的心理状态，它的发展变化决定于双方社会需要满足的程度。人际关系主要包含三种成分，一是认知成分，反映个体对人际关系状况的认知和理解，是人际知觉的结果，是理性条件；二是情感成分，是对交往的评价态度，是关系双方在情感上满意的程度和亲疏关系，是人际关系的基础；三是行为成分，是双方实际交往的外在表现和结果，即能表现个性的一切外在行为。

2.人际关系的类型

人际关系的类型和形式比较复杂，可以从不同的角度对人际关系进行不同的分类。

(1)从人际关系的内容来划分，可以把人际关系划分为经济关系、政治关系、法律关系、道德关系、信仰关系、文化关系等；从人际关系的状态来看，可以把人际关系划分为正常关系、竞争关系、协作关系、障碍与冲突关系以及封闭状态关系；从人际关系所产生的效应来看，可以分为三种，分别是有益的人际关系、有害的人际关系和中性的人际关系；按照人际关系的情感，可以分为公事性的人际关系和私人性的人际关系；另外，按照人际关系的媒介还可以把人际关系划分为四种，即业缘关系、血缘关系、地缘关系和趣缘关系。

(2)从人与人心理联结的不同性质上看，人际关系可以分为三大类：

以感情为基础的人际关系。其特征是存在于人与人之间的心理性联结依据感情。它又可以分为两种：一种为亲情关系，指亲子间与手足间的人际关系；另一种是友爱关系，指朋友间的友谊与爱人间的爱情关系。

以利害为基础的人际关系。其特征是存在于人与人之间的心理性联结依据当事人经济的、社会的、权力的、政治的等各方面的利害得失为转移。社会上一切“交易”式的活动都是以利害关系为基础的。

缺乏任何基础的陌路关系，此种人际关系存在于路人之间，彼此间不存有心理性联结。

(3)从人际关系与心理健康的关系来看，人际关系大致可以分为人际相处和人际交往两个方面。而从人际交往的不同角度来分类，如以交往频率、交往媒介、交往的复杂程度等，又可以把人际关系划分为不同的类型。其中，交往频率高，关系密切的可称之为首属关系；交往频率低，关系疏远的可称之为次属关系。

除以上的划分外，还有学者将人际关系划分为两大类：家庭人际关系与社会人际关系。前者是特殊的人际关系，可分为夫妻关系与亲子关系；后者为一般的人际关系，又可分为朋友关系、邻里关系等。

二、人际关系的发展阶段理论

人际关系的发展总是一个由浅及深的过程，在不同的发展阶段有着不同的特点。了解这些特点，有助于我们认清自己在人际关系发展过程中的位置，加强自己的人际交往技巧。

(1)注意阶段

只有当其中一方或双方都注意到对方的存在时，人际关系才真正开始。在众多的人群中，我们只注意到其中的某几个或某一个人而忽略其他人，是选择性注意的结果，并根据这些观察决定是否要与之交往。

(2)探索阶段

根据注意阶段的观察结果，个体如果决定继续交往就进入探索阶段。在该阶段，个体努力寻找共同的兴趣爱好，通过表达自己的观点、态度和价值观，观察对方的反应来进行探索。

(3)加强阶段

这个阶段，开始进入感情的进一步探索。双方愿意花费更多的时间在一起，开始互相信任、相互坦白;开别人不能理解的玩笑;相互有昵称等。在该阶段,首次出现自我坦露,这就意味着一定的风险,关系既可能进一步加深,也可能受到伤害。

(4)融合阶段

该阶段,双方的个性开始融合,不仅能相互理解、包容,还能相互预测对方的反应及行为。只有关系比较亲密的个体,才能达到此阶段,例如恋人、知心朋友。

(5)盟约阶段

这是人际关系建立的最后一个阶段。在该阶段,双方通过建立盟约来达成协议,任何一个人想脱离这种关系都比较困难。例如夫妻关系。

这五个阶段,并不是一成不变也不是截然分开的,可以存在停顿、交叉和重叠。由于在第三阶段首次出现自我暴露,这时期的人可能比较敏感。

三、人际关系的行为模式理论

所谓行为模式,是指对大量实际行为进行抽象化的理论概括,代表一类框架或标准。人际关系的行为模式,也就是人际交往中的行为标准。受文化及环境的影响,人际关系的行为模式是多种多样的。但是,人们之间的相互关系总还是遵循一定的规律。一般而言,一方的积极行为也会引起另一方的积极行为,一方的消极行为会引起对方的消极行为。人际关系行为模式的研究主要有如下几种理论和观点:

1.李瑞的人际关系行为模式理论

李瑞从几千份人际心理调查报告中归纳出8类带有共性的人际关系行为模式,它们分别是:

由一方的管理、指挥、指导、劝告、教育等行为而导致另一方的尊敬和服从等反应;由一方的同情、帮助、支持等行为而导致另一方的信任和接受等反应;由一方的同意、友好、合作等行为导致另一方的协助和温和等反应;由一方的尊敬、赞扬、信任、求援等行为而导致另一方的劝告、帮助等反应;由一方的害羞、礼貌、敏感、服从等行为导致另一方的骄傲、控制等反应;由一方的反抗、疲倦、怀疑、异议等行为导致另一方的惩罚或拒绝等反应;由一方的攻击、惩罚、敌意等行为导致另一方的敌对和反抗等反应;由一方的激烈、拒绝、夸大、炫耀等行为而导致另一方的不信任和鄙视等反应。

当然,人际关系心理受许多社会因素的制约,单纯的行为模式是很少发生的。但是根据以上模式理论,我们可以预测自己的行为会引起对方什么样的反应,从而达到通过调节自己的行为,以达到控制他人的行为的目的。

2.霍尼的人际关系行为模式理论

美国社会心理学家霍尼(L.P.Horney)根据个体对他人的态度将人际关系心理的行为模式分为谦让型、进取型和分离型三类。

谦让型，其特征为“朝向他人”，即在相互交往的过程中以忍让、帮助、给予对方为特征。这种类型的人无论与何人交往，都首先想到“他喜欢我吗?”，遇事为他人着想，考虑问题全面细致，具有团结、协作、友谊的人际关系。

进取型，也称竞争型，其特征为“对抗他人”，即在相互交往中表现为敌对、封锁、相互利用等特征。这种类型的人无论与何人交往，总想窥探对方力量的大小，对自己是否有利，以期胜过或压倒对手，人际关系较为紧张。

分离型，其特征为“疏离他人”，即相互交往中，以疏远他人，与世无争为特征。这种类型的人无论遇到何人，总想保持一定的距离，以躲避他人的影响与干扰，群体人际关系较为冷漠、疏离。

根据以上理论，可以看出主动与他人交往，主动表示友爱、谦让、进取等特点有利于建立良好的人际关系。

3.报酬代价模型

虽然人们都有需要他人和愿意交往的倾向，但为什么人们对交往对象作了此种选择，而非彼种选择？人们建立某种人际关系的动机又是什么？根据社会心理学家的观点，分析人际关系中双方得到的报酬和付出的代价，更能说明人际关系的本质。

报酬—代价关系理论认为，人际关系首先是建立在自我利益基础上的，即人们在交往中总是要选择最能使自己获利的人。当然，为了得到利益又必须给予对方所需要的东西。在人际互动模式中，这种“代价付出”与“获得报酬”要比个人的人格特征更为重要。当双方在“代价—报酬”上是对称的(对称的获利或对称的吃亏)，人际关系可能会越来越巩固；假如双方在“代价—报酬”上是不对称的，比如认为自己比对方付出得多，而获报酬比对方少，双方的关系将趋于破裂。

人们通常认为人际关系的报酬方面是：陪伴、自信、情感支持、交换信息、物质或任务上的帮助、自尊及接受对方的价值观；在为对方付出的代价方面有：花费时间、增加责任、影响情绪、失去独立性及对其他人际关系的否定等。有学者认为，当人际关系进一步深入发展以后，双方会从对自己报酬、收益的关注，转化为对双方报酬和收益的关注，即出现“我们感”，从自我利益发展为更高水平的共同利益。

四、影响人际关系的因素

在群体中，人与人之间总会建立各种各样的关系。然而，虽然同处于一个群体之中，人与人之间关系的密切程度却各不相同。人际关系的建立受各种因素的影响。人际关系可以分为人际交往和人际相处，而且在一般情况下，人际相处还难于人际交往。因此，为了更详细地说明人际关系的影响因素，我们将对人际交往和人际相处的影响因素分别进行叙述。

1.影响人际交往的因素

社会心理学的研究发现,影响人际相处的因素主要有以下几个方面:

(1)接近性

人与人之间在地理位置上越接近,越容易形成彼此之间的密切关系。例如,在同一车床上劳动的工人,在同一办公室工作的人员以及邻居等,比较容易形成人际之间的密切关系。

美国社会心理学家费斯廷格等人曾对住在同一楼房里的家庭彼此成为亲密朋友的情况进行了研究。研究表明,交往的频率与距离的远近之间成反比例的关系。应当指出,物理距离并不是形成人际关系的主要因素,它只是影响人际关系的各种因素之一。在其他条件相同的情况下才会表现出物理距离的作用。在企业管理中应当考虑这个因素对形成人们之间关系的影响。

(2)相似性

在个人特性诸如态度、信念、价值观、年龄、性别等方面,双方若能意识到彼此的相似性,则容易相互吸引。双方越相似则越能相互吸引,产生亲密感。在相似性因素中,态度是最主要的因素。纽科姆(Theodore Mead Newcomb)的研究表明:在双方交往的后期,彼此间的态度和价值观越相似,相互之间吸引力越大。

(3)个人吸引力

个人吸引力包含许多方面,诸如外貌、仪表、才能、品行、性格等等。外表的吸引力,在初次见面时,由于第一印象作用而占有重要地位。但是在深入交往以后,其作用越来越小,人们更重视的是内在品质的吸引力。

人在能力、特长、品行方面的表现更能决定是否受人喜欢,这些方面比外貌的作用要大得多。一般说,一个人才能出众或有某方面的专长,对别人就有一种吸引力,使人产生一种敬佩感,喜欢与之接近。不过,有时非常完美的人并不一定都令人喜欢。阿伦森(Elliot Aronson)等人通过实验说明,一些小缺点或错误,会使异常聪明能干的人更受人喜欢,而使一个中庸之才的吸引力降低。如果一个人表现得完美无缺,倒会使人感到高不可攀。人们难免有失误或这样那样的缺点,有小缺点的才能超群者往往最受人喜欢,这确是符合逻辑的社会心理现象。

开朗的性格也是人际吸引的一个因素。一个热情的人比冷淡的人有吸引力;一个人如果能对别人表现出的热情做出同样的反应,也会具有吸引力。

一个关于陌生人首次聚会时的人际吸引研究表明,人们首先发现个人的内在特质,如幽默、涵养、礼貌等是主要的吸引力因素;其次是外表的特点,如体形、服装等也是吸引力的依据;第三是个人表现出的特殊行为,如新奇且令人喜爱的动作等,也能增加吸引力;最后是地位和角色引起的爱慕和尊敬,从而产生对他人的吸引。

2.**影响人际相处的因素**

社会心理学的研究发现,影响人际交往的因素主要有以下几个方面:

(1)交往的频率

交往的频率是指人们互相接触次数的多少。一般来说,人们彼此之间交往的频率越高,越容易形成较密切的关系。因为交往的次数越多,越容易形成共同的经验,有共同的话题和共同的感受。尤其对于素不相识的人来说,地理距离和交往的频率在形成人际关系的初期起着重要的作用。

但是,西方社会心理学的研究过于夸大了交往频率对于形成人际关系的作用,认为交往频率在某种程度上起决定作用,把研究的重点放在计算交往的次数上,而忽略了人们之间交往的内容,这种观点是片面的。实际上,人们彼此之间交往的内容常常比交往的频率有更重要的意义。

(2)态度的相似性

人与人之间若对某种事物有相同或相似的态度,有共同的理想、信念和价值观,就容易产生共鸣,形成密切的关系。俗话说:"物以类聚,人以群分",如果追究"人以群分"的原因,就会看到这往往是由于他们对某些事物有相同的看法和相同的态度。因此,态度的相似性是建立人际关系的一个重要因素。

(3)需要的互补性

不只是具有态度相似性的人们之间会形成友好的关系,而且需要、性格等完全相反的人之间也会形成友谊关系。在现实生活中往往会看到这样的情况,脾气暴躁的人和脾气随和的人会友好相处;独断专行的人和优柔寡断的人会成为好朋友;活泼健谈的人和沉默寡言的人会结成亲密的伙伴。这是由于双方在气质、性格上都各有优点和缺点,彼此之间可以取长补短,互相满足对方的需要。由此可见,需要的互补性也是形成人们之间良好关系的一个重要因素。

第二节　群体动力

群体动力学,也称"团体动力学",这个概念最早是由勒温提出来的。群体动力学就是在群体中,只要有别人在场,一个人的思想行为就同他单独一个人时有所不同,会受到其他人的影响。

一、群体动力论

1944 年,勒温(Kurt Lewin)首先用"群体动力学"这个术语来表示群体中人与人之间相互接触、相互影响所形成的社会秩序,并于同年在麻省理工学院建立了群体动力学研究中心。

群体动力论事实上涉及群体行为的各个方面，其主要内容如下：

(1)群体动力学所研究的群体指非正式组织。同正式组织一样，群体有三个要素：活动、相互影响和情绪(见图 5-1)。群体同正式组织互相影响并共同接受“投入”、提供“产出”，这三项要素中，“活动”指人们在工作和日常生活中的一切行为；“相互影响”指人在组织中相互发生作用的行为；“情绪”是人们内在的、看不见的心理活动，如态度、情感、意见、信念，但可从人的“活动”和“相互影响”中推知。活动、相互影响和情绪不是各自孤立的，而是密切相关的，其中一项变动，就会使其他要素发生改变。群体中各成员的活动、相互影响和情绪的综合就构成群体行为。

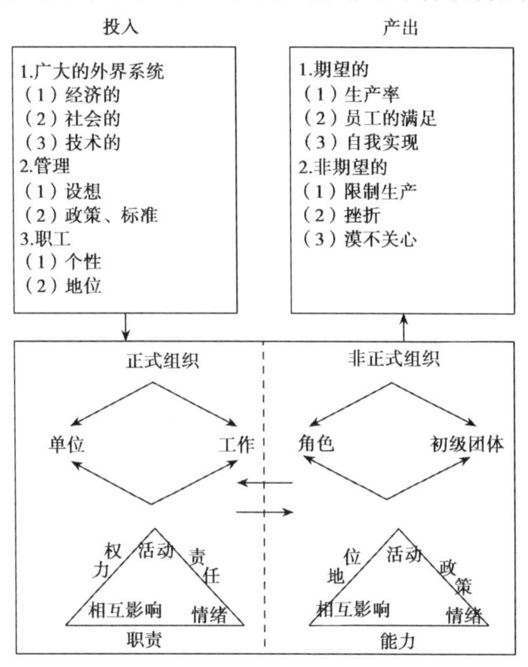

图 5-1　基于群体动力学的组织关系模式

(2)群体是处于均衡状态的各种力的一种“力场”，叫做“生活场所”或“自由运动场所”。力场涉及群体成员在其中活动的环境，还涉及群体成员的个性、感情及其相互之间的看法。

人的心理和行为决定于内在需要和周围环境的相互作用。当人的需要没有得到满足时，就会产生内部力场的张力，而周围环境因素起着导火线的作用。人的行为方向取决于内部力场与情境力场(环境因素)的相互作用，而以内部力场的张力为主。群体成员在向目标运动时，可以看成是力图从某种紧张状态中解脱出来。同样，群体的活动方向也取决于内部力场与情境力场的相互作用。正是“力场”中各种力的平衡，使得群体处于一种均衡状态。事实上，一个群体永远不会处于“稳固的”均衡状态，而是处于不断地相互适应的过程。

(3)群体的目标。除了正式组织的目标以外，群体(非正式组织)还必须有它自己的目标以维持群体的存在，使群体持续地发挥作用。连续地过度追求正式组织的工作目标可能有损于群体行动的内聚性和效率。所以，领导者必须为促进一定程度的群体和谐而提供相当的时间和手段。

此外，有效的群体必须觉察并处理人与人之间现存的和潜在的分裂和冲突，而不是掩盖或压制它们。在群体内把感情上的压力发泄出来，有利于正式组织工作目标的实现。研究结果还表明，群体成员之间推心置腹的交谈和行为，有助于各个成员发挥创造性，使情绪更加稳定，减少对立情绪，并增强自制力。如果一个人对同伴不信任，会把一些重要的情况隐瞒不讲，使得别人得不到正确的认识。对具有不同水平相互信赖程度的群体的行为进行对比研究后发现，相互信赖水平高的群体，在意见和感情的交流方面要好得多，问题明朗化，能找到各种解决办法，群体成员的满足度、激励深度和凝聚力都较高。

群体动力论也为群体行为的研究，如行为规范、结构等问题的研究奠定了基础。为什么有些群体比另一些群体更容易成功？群体成员的能力，群体的规模，冲突的水平，群体成员为了遵循群体规范而承受的压力等因素被证明是极其重要的。

二、群体规范与压力

1.群体规范

美国心理学家谢里夫(M.Sherif)最早对群体规范的形成进行了研究。所谓群体规范(group norm)指的是群体所建立的、每个成员所必须遵守的行为准则。常言说“无规矩不成方圆”，只有群体中的个体相互协调，在观念和行动上一致才能保证群体利益的最大化，而群体正是通过规范来达到这样的目的。但是，群体规范并不是对群体成员的各种行为都进行约束，它只涉及对群体利益有影响的行为。

1935年，谢里夫(M. Sherif)为了研究群体对个体的影响进行了一项实验。在实验中，首先让被试先一个个单独坐在暗室里，距被试不远的地方有一个固定的亮点，让被试注视这个亮点，几分钟后让被试判断亮点移动的距离。实际上，亮点并没有移动，这只是一种典型的视错觉现象，任何人都会觉得亮点在移动，实验重复几次，待被试的答案基本稳定后，发现被试的答案各不相同。接着让所有被试一起做这个实验，并且所有人都能听到其他人的答案，还可以进行相互讨论，实验重复进行几次之后，所有被试的答案趋于一致。最后，主试再让被试单独进行该实验，结果发现大家的答案仍然趋于一致，这就是说群体形成了规范，造成了对成员的压力，制约了成员的行为。

群体规范可以分为如下的种类：

正式的规范和非正式的规范。正式的规范就是明文规定的规范，一般存在于正式群体之中；非正式的规范主要是成员之间的约定俗成。例如国家的法律法规，学校的规章制度等都属于正式的规范，而兴趣小组的约定则是非正式规范。

社会规范和反社会规范。群体内的规范大多数都是与社会主体规范相一致的，例如诚信、守时、清正廉明等等，称为社会规范；而那些与社会主体规范相悖的，例如犯罪团伙中的协议，称为反社会规范。

正面的规范和负面的规范。正面的规范与群体的目标一致，负面的规范与群体的目标相反。

群体规范是一切社会群体得以存在的前提，是维持群体的支柱。群体规范可以作为群体成员的评价准则。我们可以根据这些标准来判断每个人在该标准上做得好与坏。当然，群体规范对群体成员还具有约束作用，这种约束作用主要表现在社会舆论上。

2.群体压力与从众

在群体中，当个体的意见与群体产生分歧时，会感受到来自群体的压力。当群体的压力过大时，就会迫使个体违背自己的意愿而做出完全相反的行为，群体心理学中把这种个体因群体压力而改变自己行为的现象叫做“从众”(conformity)。美国心理学家阿希(Solomon Eliot Asch)曾于19世纪50年代做过著名的从众实验(Asch conformity experiment)。

【拓展阅读】

美国心理学家阿希证明了在群体压力下会产生顺从行为。他把7～9个被试编为一组，分为若干组。其中，每组之中只有一位是真正的被试，其他人都是主试安排的假被试。接着，阿希让被试看两张图片，如图所示，让被试判断三条直线哪一条与另外一张图片上的直线相等。通常情况下，被试都能判断出直线B与另外一张卡片上的直线X相等，错误率小于1%。接着，主试改变了实验情景，他让每组的假被试都大声地报出一致的错误答案，例如：都回答线段A，让真正的被试最后一个作答。有趣的现象发生了，27%的真正被试改变了自己原来的判断。

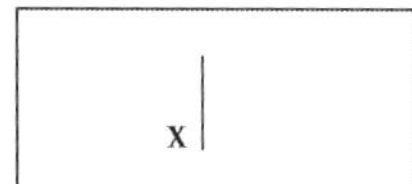

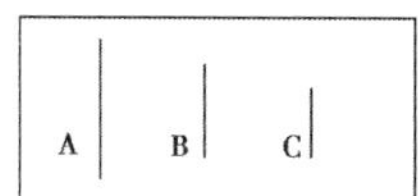

图5-2　阿希的实验卡片

(资料来源：http://soft.psych.gov.cn/2009/hnjt/article/print.asp? id=78)

(1)从众的原因

下面主要从个体与群体两方面来分析从众原因：

群体因素主要包括群体的规模、氛围及凝聚力。一般认为，群体的规模越大，越容易产生从众。但研究证明，4～8人组成的群体最容易产生从众；对于群体的氛围而言，若群体的氛围长期以来一直是高度同一，不允许异样的声音出现，则较易产生从众；若群体鼓励不同的声音，则从众现象发生的频率较低。此外，群体的凝聚力越大，则群体的压力越大，越容易产生从众。

个体因素主要包括自尊心水平、年龄、特长、地位等。一般认为，自尊心水平高的人比较不容易从众，自尊心水平低的人比较容易产生从众；年龄较大者一般不太容易从众，年龄较小者容易从众；个体在自己比较擅长的领域不太容易产生从众；地位高的个体不太容易产生从众，而地位较低的个体较易产生从众。

(2)从众的分类

一般来说，可以把从众分为：

真从众。其特征为不仅表面上从众，内心也接受。这种情况的发生往往是他人所提出的意见或建议正合本人心意，或者自己原无固定意向，或者是“跟多数人在一起不会错”的随大流思想。真从众的个体往往缺乏自己的主见，但也不乏心悦诚服者。

假从众。其特征为仅仅表面上从众，内心还保留自己原来的看法。假从众的个体往往比较有主见，但又碍于情面或者免受群体的指责和惩罚不得不改变自己的做法。

还有一种情况是表面不从众，其实内心已经接受了群体的观点。这种个体一般自尊心比较强，虽然同意对方的观点，但碍于面子，仍继续坚持自己的观点。

3.**群体规范功能**

一般来说，群体规范具有以下四方面的功能：

(1)群体支柱的功能

群体规范是一切社会群体得以维持、巩固和发展的支柱。群体规范越能被群体成员一致接受，则群体成员之间的关系越密切，群体也越团结。

(2)评价准则的功能

群体规范是群体成员的行动准则，因此，群体成员要以群体规范来评价自己和其他成员的行为。

(3)对群体成员的约束功能

群体规范的约束作用主要表现在群体舆论中。这种群体舆论是大多数成员对某种行为的共同评论意见。当某些成员的行为举止与群体规范相矛盾时，多数成员会根据群体规范对这种行为作出一致的判断或批评。这种带有情绪色彩的共同意见，对个人行为具有约束作用，使其不至于违反群体规范。

(4)行为矫正功能

群体成员如果违反了规范，就会受到群体舆论的压力，迫使他改变行为与群体成员保持一致，因而群体规范具有行为矫正的功能。

作为管理者，应强化那些符合组织目标的规范，而削弱那些不符合组织目标的规范。

三、群体凝聚力

1.群体凝聚力概述

群体对其成员的吸引力以及群体成员彼此之间的吸引力就是群体凝聚力(group cohesiveness)。群体凝聚力是整体与个体，个体与个体之间相互关系的反映，它对群体任务的完成具有重要意义。

凝聚力的高低是可以测量的，比较常用的是社会测量法。社会测量法是美国心理学家莫里诺(J.L. Moreno)于1934年提出的一种研究方法，主要用于研究群体(特别是小群体)之间的人际关系和人际相互作用模式。

其基本假设是：群体中存在一定程度的相互作用，这种相互作用使得群体成员在不同程度的人际情感基础上形成一种非正式组织，这种亲密(或疏远)的人际关系会显著地影响群体士气。其基本原理是：群体成员之间的相互选择实际上反映了他们之间的心理关系，即肯定选择代表肯定、喜欢，否定选择意味着否定、不喜欢。

【拓展阅读】

社会测量法的程序

测量标准的选择

这是进行测量的首要步骤，社会测量标准指的是受测者做出选择的标准。例如："在班集体中，你最喜欢哪个人？"选择标准时要考虑三个问题：标准的性质、标准的数目、允许被试每条标准选择对象的数目。

施测

施测时，要有明确的指导语，说明施测的目的，向被试保证答案都不公开，以保证被试放心作答。

结果分析

主要有三种方法：矩阵法、图解分析法、指数法。矩阵法是把被试的选择用一个n×n(n为被试数目)的矩阵表示出来，如表5-1所示。图解分析法是把被试的选择用图表示出来，如图5-3所示。

表 5-1　四人小组的社会测量矩阵

选择者	被选择者			
	A	B	C	D
A	0	1	0	1
B	0	0	1	1
C	0	1	0	1
D	0	1	1	0
合计	0	3	2	3

注释:1 表示被选择,0 表示没被选择

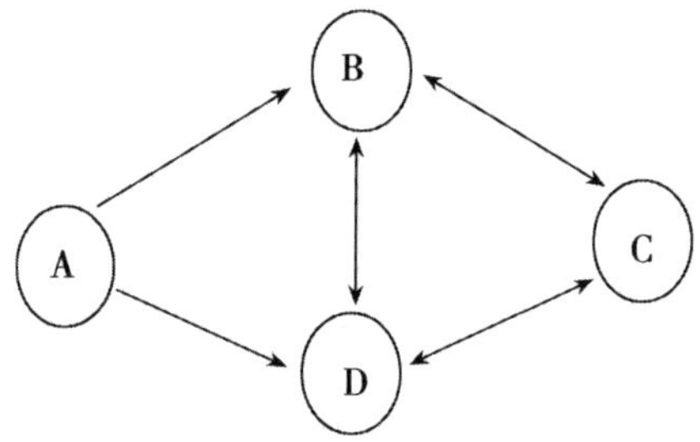

图 5-3　四人小组的社会测量图解(箭头指向表示选择对象)

指数法采用如下公式进行计算:

群体凝聚力＝群体之间相互选择的数目/群体之间可能相互选择的数目

如果采用表 5-1 或图 5-3 的数据,可以看出群体之间相互选择的数目为 3,可能相互选择的数目为 6,因而群体的凝聚力指数为 0.5。

(资料来源:wiki.mbalib.com)

2.**群体凝聚力与生产率**

心理学家沙赫特的实验研究表明:群体的凝聚力越强,群体成员就越容易遵守群体的规范与目标。如果凝聚力很低,群体趋向于努力工作、争取高产,则生产率就会更高;如果凝聚力很高,群体趋向于背离争取高产的目标,则生产率就会更低。由此可见,要提高群体的生产率,就要实时地引导群体,克服组织中的消极因素,促成他们形成努力工作的群体氛围。

社会心理学家沙赫特等研究了群体凝聚力对生产率的影响。实验在严格的控制条件下进行，包括 1 个对照组和 4 个实验组（如表 5-2 所示），考察了群体凝聚力和对群体成员的诱导对生产率的影响。其中，群体凝聚力和对群体成员的诱导为自变量，生产率为因变量。诱导主要是以群体其他成员的名义给被试写积极或消极的纸条，积极的纸条要求增加生产，消极的纸条要求降低完成生产任务的速度。实验的任务是制作棋盘。

表 5-2　沙赫特的四个实验组

高凝聚力、积极诱导	低凝聚力、积极诱导
高凝聚力、消极诱导	低凝聚力、消极诱导

实验分两个阶段，前 16 分钟被试只接受中性的字条，也就是被试没有接受诱导。后 16 分钟每组被试都收到 6 次诱导的字条，实验结果如图所示：

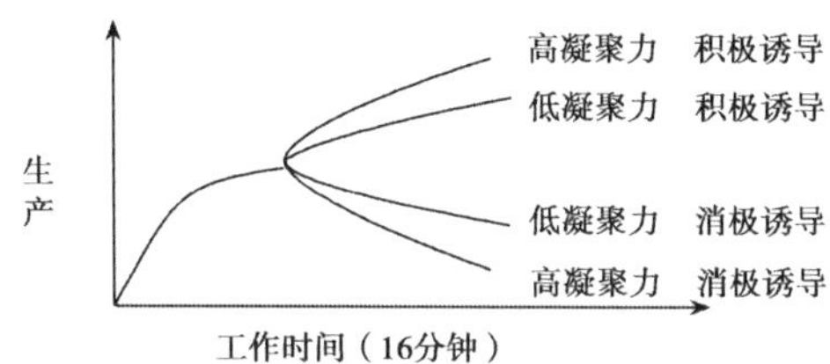

图 5-4　沙赫特实验凝聚力与生产率关系的结果

3.群体凝聚力的影响因素

群体凝聚力对于群体来说具有重要意义，研究群体凝聚力的影响因素将有利于对群体的管理。影响群体凝聚力的因素有很多，这里介绍一些主要的影响因素。

(1)群体的领导方式

群体的领导方式对群体的凝聚力有重要影响。勒温的经典实验证明，在民主、专制、放任自流三种不同的领导方式下，各小组的工作绩效与群体气氛各不相同；民主型领导方式的群体中，群体成员的关系更为亲密，思想更为活跃，凝聚力更高。

(2)群体的构成

同质性越强的群体，群体凝聚力越高。因为越是同质的群体，群体成员的相似性越大，就有越多的共同爱好、越多的话题可以交流，群体成员的关系越亲密，则群体的凝聚力越高。

(3)群体的规模

群体的规模越大，群体成员之间互动交流的难度就越大，意见就越难统一，冲突和矛盾也会越来越多，成员的满意度趋于下降。此外，群体规模的扩大还会导致群体内部出现小集团，这些都将造成群体凝聚力的下降。

(4)群体的成功经验

若一个群体经常取得成功，则群体成员将会因自己是群体的一员而产生自豪感，群体的凝聚力也会增加。

(5)外部群体的竞争

在与外部群体竞争的过程中，群体成员通力协作，加强了彼此间的交流与协作，这将会加强群体的凝聚力。如工厂里会举行各种形式的竞技赛。

(6)群体内部的奖励方式

研究表明，个人奖励与群体奖励相结合的奖励方式有助于增强群体凝聚力，但前提是群体成员的目标结构一致。如果成员之间的任务毫无相关，反倒会降低群体的凝聚力。

四、群体决策

1.群体决策的概念

所谓群体决策(group decision)就是指对于群体中的重大问题，群体领导者组织集体讨论，做出最佳选择与决定的过程。群体决策涉及两方面的因素，包括被选择的对象和群体决策的参与者，也就是说至少要有两个以上的被选择对象和两个以上的决策参与者才能形成群体决策。

群体决策是不是一定比个体决策好呢？这里我们不能简单地回答“是”或“不是”。群体决策与个体决策各有优势，都不是在所有的环境中都能适用的，如表5-3所示：

表5-3　群体决策与个体决策相比的优缺点

优点	更高的决策质量	决策成员具有不同的知识、背景、经验，能够为决策群体提供大量的信息，便于每个成员进行全方位、多层次的考虑；不同的人有不同的想法与解决策略，与个体决策相比，群体决策有更多的解决方案，便于从中选择最佳方案。
	更大的决策接受度	群体决策最终做出的选择，因为是群体成员一起做的决定，因此，决策的接受度更大一些。群体决策让更多的人参与其中，可以提高参与者的积极性，增加决策的接受程度。
	更大的合法性	群体决策征求成员意见，集体做决定，更具有民主性，增强了其合法性；个体决定，没有征求他人的意见，往往被认为是独断专横，是个人权利使然。

续表

缺点	决策速度慢	群体决策需要召集群体会议，群体成员要发表各自的建议，当意见发生冲突时，群体成员各持己见，到最终决策还需要一段时间。
	从众	为了被群体所接受，或不愿得罪他人，特别是当成员面对的是专家或领导时，群体成员可能会出现从众现象。
	责任分散	群体决策是由所有成员所做出的，最终的结果到底谁来承担是不清楚的。这就造成了责任分散，导致决策失败时，出现无人负责的局面。
	少数人控制	群体中的领导者，或少数占有资源、权威、手段的人员会驾驭群体中的其他成员，使得自己的决策对最终决策产生主要影响。

2.群体决策偏差

在现实生活中，受多种因素的影响，群体决策过程处理不当会产生多种偏差。这里介绍对群体决策影响较大的两种偏差：小集团意识和极端性转移。

(1)小集团意识(group thinking)

小集团意识又叫群体思维，是由美国心理学家杰尼斯(I.Janis)发现的。小集团意识是“参与一个统一群体中的人们的一种思想作风，在这个群体中认为追求思想一致比现实地评价各种方案更为重要”。群体成员更看重统一、和谐的群体气氛，往往就丧失了理智分析各种可能的方案，降低了群体决策的质量，甚至导致决策失败。小集团意识的主要表现有：

①决策时，群体成员无视客观实际与主观假设的差异，而把自己的假设合理化。

②如果群体成员不接受领导或大多数人的决定，就会受到来自群体的压力。在这种群体中，会造成一批俯首帖耳的顺从者。

③盲目乐观。这种群体往往过高估计自己成功的概率，过低估计失败的概率，认为自己无所不能，结果却往往适得其反。

④群体成员中那些有不同意见的个体为了避免被嘲笑和排斥，往往选择保持沉默。这种群体几乎总是把保持沉默看成一致同意。

总之，小集团意识虽然会加强群体凝聚力，但同时也会因为不能充分听取群体成员的意见，导致群体决策质量的降低。这就提示我们，要注意这种现象并采取适当措施来克服这种现象。

(2)极端性转移(extremity-shift)

极端性转移又称为冒险性转移，它是指群体决策时比个体决策更容易出现冒险或极端倾向，也有可能出现保守倾向。但大多数情况下，群体更倾向于冒险。

事实上，极端性转移可以看成是小集团意识的一种特殊形态。群体决策是倾向于极端还是保守在很大程度上取决于决策过程中占主导地位的观点。一般而言，产生极端性转移的主要原因有以下几点：

①责任扩散

风险越大，失败的概率越高，则相应要承担的责任也就越大。责任往往引起人的情绪的反应，因此，个体倾向于保守。但对于群体而言，决策后的后果可以由全体成员共同承担，这就减轻了个人的心理负担。

②群体的同质性

群体的同质性越高，则群体之间的冲突就越少，意见就越统一，越容易发生极端性转移。

③文化背景的影响

一个群体决策的极端性转移受其文化氛围的影响。若群体文化鼓励冒险，则群体决策就更易出现冒险性；若群体文化倾向于保守，则群体决策也倾向于保守。

④关键人物的影响

群体中的少数关键人物或领导往往会影响群体的决策。这些关键人物的个人倾向将会影响群体中的其他成员，进而导致决策转移。

群体决策中可能会有冒险转移现象，但不能认为群体决策向冒险方向转移是必然规律。实际上，如果群体成员有较高的水平，团结一致，掌握充分的信息等，一般会作出适当的决策。应当特别指出的是，近些年来组织行为学的研究发现，群体决策也有向保守方向转移的倾向，尽管这方面的研究资料尚不多见。因此，有人提出，要用两极化倾向的概念代替冒险转移，因为在某些情况下，群体决策也倾向于保守。

第三节　群体沟通与冲突

在组织生活中存在着各种不同层次的工作交往，人际的、群体的和跨组织的。它们彼此之间存在着相互依赖关系，这种关系既可能导致合作，也可能导致意见分歧、争论、对抗。在组织管理心理学中，后者被称为“冲突”。合作和冲突都需要沟通，沟通在群体人际关系的形成、发展中具有重要的作用。可以说，没有人际沟通，就没有群体中人际关系的深层次发展。

一、群体沟通

信息沟通是人际交往过程中举足轻重的环节。沟通，可以促进个体之间感情的交流；沟通，可以帮助群体做出最佳决策；沟通，可以保证群体的正常运行。组织或群体中的沟通是组织管理心理学研究的重要课题。

1.沟通的定义

群体沟通(group communication)也叫人际沟通，是指个体通过一定的语言、文字或动作、表情等表达手段，将某种思想或信息传达给其他个体的过程。应当指出的是，首先，人与人之间的沟通媒介主要是语言；其次，人际沟通的实质是信息或观念的传递和理解的过程，若信息或观念没有传递到接受者或没有被理解，沟通就没有实现；再次，个体与个体沟通的过程除了信息的交流之外，还包括态度、情感等的交流；最后，人际沟通的目的是为了增进了解、促进合作。

2.人际沟通的分类

人际沟通可以依据不同的标准来分类：

(1)正式沟通与非正式沟通

根据组织管理系统和沟通体制的规范程度，可以把人际沟通分为正式沟通和非正式沟通。

正式沟通是通过组织明文规定的管理渠道进行信息的传递与交流。例如上级的指示逐级下达，定期开例会报告情况等都属于正式沟通。正式沟通往往很大程度上受到组织结构的影响，管理沟通的流程与正式沟通有密切关系。

非正式沟通是在正式渠道之外进行的沟通，例如单位领导与领导或员工的私下沟通等，小道消息是典型的非正式沟通。

(2)向上沟通、向下沟通与平行沟通

根据沟通的方向性，可以将沟通分为向上沟通、向下沟通和平行沟通。

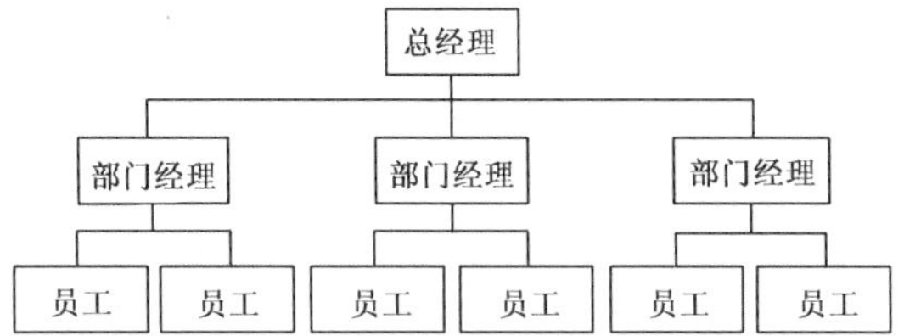

图 5-5　向上沟通、向下沟通、平行沟通示意图

向上沟通是指由下级向上级逐级反映的过程。如图 5-5 中，由员工到总经理之间的沟通途径就是向上沟通。这种沟通也是群体或组织中常用的一种重要的沟通渠道。作为管理者，应鼓励下级积极向上级反映情况，这样才能保证上层及时了解群体的全体情况，做出符合实际的决策。

向下沟通是上级把目标、任务等向下级逐级下达的过程。在图 5-5 中，由总经理到员工的信息沟通过程就是向下沟通。只有员工透彻地理解了上级的指示，才能正确地执行操作。

平行沟通是在等级相同的人员或群体之间进行的沟通。在图 5-5 中，部门经理与部门经理之间或员工与员工之间的沟通称为平行沟通。保证平行群体之间沟通渠道的顺畅是减少各部门摩擦的有效途径。

(3)单向沟通与双向沟通

根据信息的发出者与接收者的角色是否变换的特点,可以把沟通分为单向沟通与双向沟通。

单向沟通中,信息的发出者与接受者的角色不发生变化。例如演讲、报告等都属于单向沟通。单向沟通主要具有如下特点:单向沟通的速度比双向沟通快;不易受干扰,具有条理性。

双向沟通中,信息的发出者与接收者的角色发生变化。例如讨论会、协商等都属于双向沟通。双向沟通具有如下特点:准确性高,在你问我答的过程中,能使问题更加清楚、明朗;因为随时面临着他人的提问,信息的传送者感到较大的心理压力;信息的接收者有较高的自我效能感。

表 5-4 单向和双向沟通比较

因素	结果
时间	双向沟通比单向沟通需要更多的时间。
信息和理解的准确程度	在双向沟通中,接收者理解信息和发送者意图的准确程度较高。
接收者和发送者的置信程度	在双向沟通中,接收者和发送者都比较相信自己对信息的理解。
满意	接收者比较满意双向沟通,发送者比较满意单向沟通。
噪音	由于无关信息较易进入沟通过程,双向沟通的噪音比单向沟通要大得多。

(4)书面沟通、口头沟通与电子沟通

根据沟通的方法,可以把沟通分为书面沟通、口头沟通和电子沟通。

书面沟通指的是通过文件、通知、刊物等形式进行的沟通。口头沟通指的是以口头语言,例如报告、会议、传达等形式进行的沟通。电子沟通指的是通过网络,例如手机通讯、电子邮件、各种信息网络传递等方式进行的沟通。对以上三种沟通方式进行比较可以发现:

书面沟通比较正式,具有永久保存性,可以重复进行使用,但不能传递情绪、态度等,而且不够灵活。

口头沟通比较灵活,速度快,可以双方交流,及时反馈,还可以传递感情色彩等信息,并且容易传递;但口头沟通容易添加或过滤掉某些信息,使信息发生歪曲。

电子沟通是比较新兴的沟通方式,具有传递速度快、效率高的特点,并且可以不受地理位置等客观条件的限制;但是很难得到及时反馈,同时也受硬件条件的限制。

3.群体沟通的过程

信息的沟通是一个过程,缺失其中的任何一个环节,都将导致沟通的失败。一般来讲,信息的沟通要经历五个基本环节。

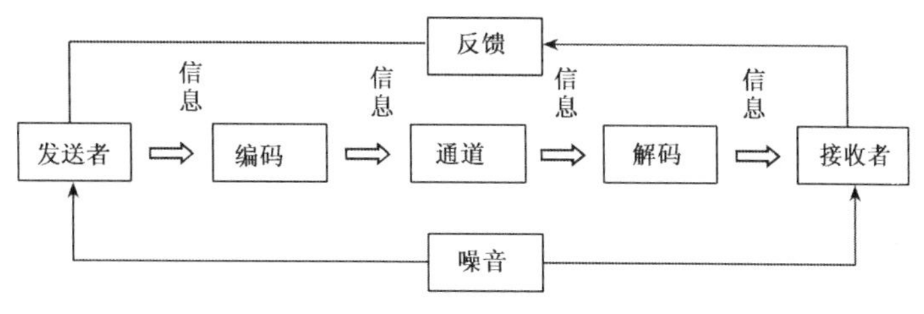

图 5-6　沟通过程的流程图

(1)发送者

发送者是信息产生的源泉。他将“是什么”、“为什么”、“怎么样”等问题发送给信息接收者。其中,发送者的动机、态度等将对沟通效果产生重要影响。

(2)编码

编码就是将人头脑中的想法、观念等转变为别人可以理解的符号或语言。信息发送者的知识和技能在编码的过程中起着重要作用,它决定了信息接收者能否正确领会信息的真正含义。

(3)通道

通道是信息传递的媒介。它由信息发送者根据情况的紧急程度、沟通的效果等因素决定采用何种方式。例如想进一步交流,信息发送者就会采用面谈的方式等,而书面交流此时就会显得不灵活。

(4)解码

解码是信息接收者对收到的信息根据自己的已有经验进行解释的过程。接收者理解的信息可能与发送者欲发送的内容一致,也可能出现偏差,这与接收者自身的知识、经验有关。

(5)接收者

接收者是沟通的对象。

(6)反馈

反馈是接收者与发送者之间的互动。发送者发送的信息是否被接收者收到了?接收者是否准确理解了接收到的信息?这都需要反馈,反馈保证了信息沟通的质量。

(7)噪音

噪音指的是阻碍信息的接收、理解与正确解释的因素,包括外部环境、主体的状态、文化环境等。例如外部环境的嘈杂导致接收者没有正确听到信息,同一个词语在不同地域或文化中有不同的含义等都将造成信息的错误理解或歪曲。

从沟通的整个程序可以看出,在设计沟通方案时,要充分考虑信息的发送者、编码、通道、解码、接收者、反馈、噪音等各个方面,这样才能保证沟通取得良好效果。

4.人际沟通的网络结构

沟通的网络结构是指群体中成员之间联系的一种结构化形式。它决定着信息交流的取向和质量,同时,不仅可以反映一个群体的结构,也可以表明群体中的权威系统。群体中正式的人际沟通的网络结构主要有五种:链型、环型、轮型、全通道型和Y型。非正式的沟通结构主要有集束式、偶然式、流言式、单线式。各种类型的网络结构集中化程度不同,信息交流的自由度也不一样。

(1)正式的沟通网络结构

①链型结构

在链型结构(图5-7)中,信息由上至下或由下至上单方向逐级传递。处于两端位置的人只能与一个邻居交流,最为不利;群体中间位置的成员可以与两个人交换信息。链型沟通网络自由化程度较低,沟通范围较小,集中化程度也较低。

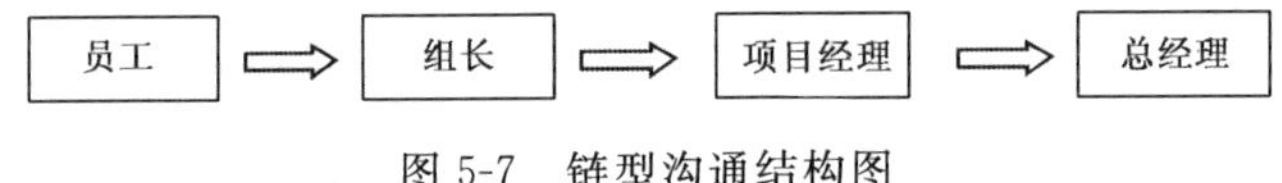

图5-7　链型沟通结构图

②环型结构

在环型网络(图5-8)中,全体成员是平等的,每个人只能与两个邻居交流。这种结构的反馈过程非常明显,不管主管或成员处于什么位置,发生的信息总要反馈到他所处的位置。环型结构的集中化程度最低,自由度最高,员工处于相互协商的状态。

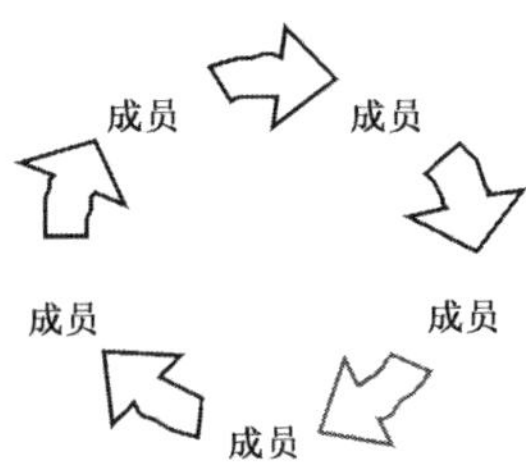

图5-8　环型沟通结构图

③轮型结构

轮型网络(图5-9)具有严格的集权与控制。处于中间地位的人能与其他成员自由交流,其他成员只能与他交流。处于领导位置的主管,为了全面了解情况,倾向于采用这种方式。这种结构的集中化程度最高,交流的自由度最小。

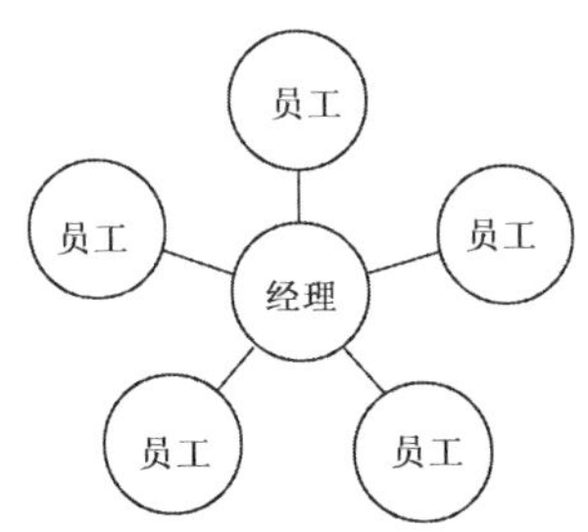

图 5-9　轮型沟通结构图

④全通道型结构

在全通道型结构(图 5-10)中,任何两个成员之间都可以进行直接的沟通,成员之间处于平等的地位,中心人物作用不明显。这种网络沟通速度最快,是企业内部当前最推崇的沟通方式。

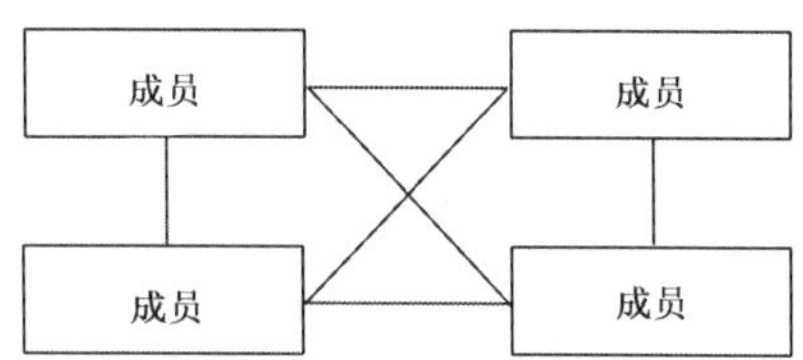

图 5-10　全通道型沟通结构图

⑤Y 型结构

Y 型(图 5-11)代表了 4 个沟通层次的垂直沟通,有两个最高层次的成员对下一层次进行沟通;或者将网络颠倒过来,有两个下属向上级主管报告。Y 型网络由于主管所处位置的不同,还会派生出另外一些结构,不过分析方法是一样的。Y 型结构的集中化程度较高。

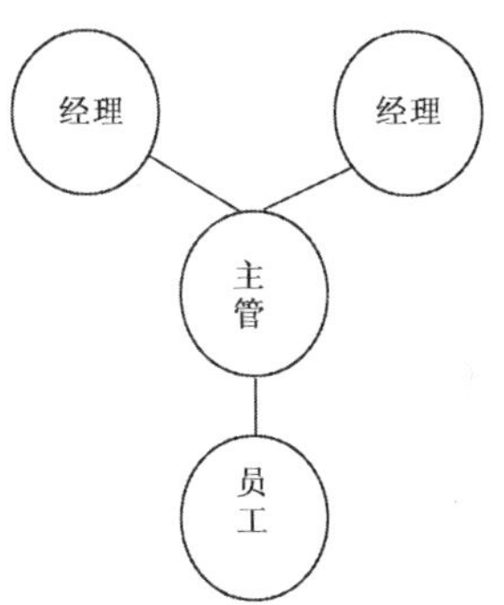

图 5-11　Y 型沟通结构图

沟通网络的有效性取决于沟通的目标。如果强调信息传递的速度，那么轮型和全通道型最快；如果强调信息的准确性，那么链型和轮型较好。轮型最容易产生一位领导或权威，而环型和全通道型最能增加成员的满足感。

(2)非正式的沟通网络结构

群体中除了正式的沟通渠道外，还存在着非正式沟通。戴维斯(K.Davis)采用对一个公司中的管理人员顺藤摸瓜的方法追索小道消息，发现非正式沟通的网络结构有：

①集束式

集束式沟通方式是个体把小道消息有选择地告诉自己周围的朋友或相关的人。这是传播小道消息的最普遍途径。

②流言式

流言式沟通方式是个体(信息源)主动地把小道消息传递给他人。

③偶然式

偶然式沟通方式是个体按偶然的聚会把小道消息传递给其他人。

④单线式

单线式沟通方式是通过一连串的人来传播消息。如你传给我，我传给他。

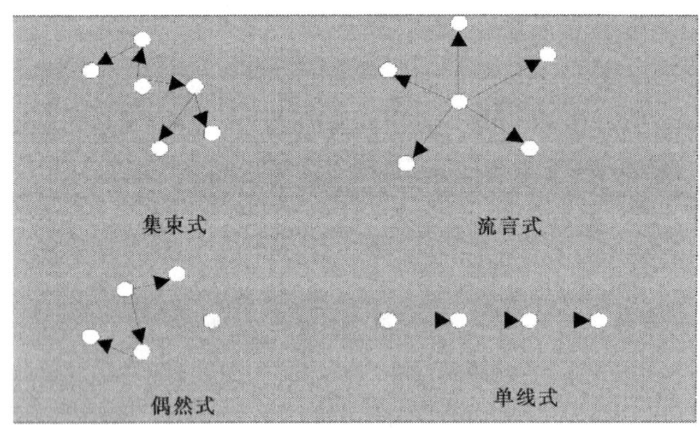

图 5-12　非正式沟通的网络结构图

群体中的小道消息会给群体的发展带来不利影响，但并不是说小道消息一无是处，有时它也能对正式沟通渠道起到补充作用。保证正式沟通渠道的畅通能改善小道消息的产生与传播。

二、群体冲突

每个人都是一个独特的个体，有不同的生活经验与阅历，这就导致了每个人的价值观、个性等不会完全吻合，因此群体中的冲突在所难免。群体冲突对于群体而言，既有消极作用，也有积极效应。在群体管理中，我们应当避免其消极作用，积极发挥其积极效应。

1.群体冲突的定义

群体冲突(group conflict)指的是在群体中或群体间，两种或两种以上的目标互不相容或互相排斥的过程。人们习惯上把矛盾称之为冲突，实际上，矛盾不一定是冲突，只有发展到一定水平的矛盾才能称之为冲突。冲突一旦出现，就总伴随着某种情绪状态，如紧张、焦躁等，尤其是当问题特别重要时，这种情绪状态就会更持久、更深刻。

2.群体冲突的类型

(1)个体的心理冲突

个体的冲突理论中比较有影响力的是著名心理学家勒温(Lewin)的冲突理论。勒温根据相互接近与回避的不同组合，划分为四种不同的冲突类型。

①接近—接近型冲突

当两种或两种以上目标同时吸引着人们，但只能选择其中一种时，所出现的冲突就叫做接近—接近型冲突。“鱼和熊掌不可兼得”反映的就是这个道理。

②回避—回避型冲突

当两种或两种以上目标都是人们力图回避的，而个体又只能回避其中一种时，所出现的冲突就叫回避—回避型冲突。例如个体生病时，既不想难受，又不想去看医生。回避型冲突常常由于人们接受其中一种选择而使问题得到解决。

③接近—回避型冲突

同一事物对人们既有吸引力又有排斥力时，所产生的冲突就叫接近—回避型冲突。这种冲突包含激烈的心理斗争。例如喜欢玩游戏的学生，既想玩游戏，又觉得玩游戏耽误时间，影响学习，这时就陷入接近—回避型冲突。

④多重接近—回避型冲突

当人们面临两个或两个以上目标，而每个目标均具有吸引和排斥两方面的作用，这种情形下所产生的冲突就叫多重接近—回避型冲突。在这种冲突中，个体无法简单地选择其中一个目标，而回避另外一个目标。

现实生活中，人内心冲突的基本模式并非如此单一，但了解基本模式，有助于进一步理解更复杂的冲突类型。

(2)群体内的冲突

群体中，两个或两个以上人员交往时，由于工作上的目标、价值观的不同，会产生个体与个体之间的冲突。在企业中，员工之间在工作过程中发生冲突的主要原因有：

①信息不畅。这是由于人们信息沟通渠道的不同，彼此之间沟通不畅所导致的冲突。例如，一个企业在制订生产计划时，计划科长和营销科长发生了冲突。计划科长坚决主张多生产本厂的传统产品，营销科长主张多生产新产品。究其原因，是计划科长的信息来源于上级计划，而营销科长的信息来源于市场调查，这就是由于信息来源的不同而造成的冲突。

②认知差异。个体在知识、经验、态度等方面存在差异，则对同一个问题会有不同的观点。这种冲突在企业中相当普遍，例如在讨论企业的发展策略、用人等方面都会由于不同的认识而导致冲突。

③利害冲突。个体在处理问题时，往往会首先考虑自身的利益。若每个个体都只考虑自身的利益就会引起冲突。例如职称晋升、评优、发福利等方面经常会引发员工之间的冲突。

④个性差异。这是指个体在气质、性格、能力或行为习惯等方面的差异而造成的人际冲突。如有人喜欢安静，有人喜欢热闹或有人暴躁、自私等都会导致冲突。

(3)群体间的冲突

谢里夫(Sherif · Muzafer)研究了群体与群体竞争条件下发生冲突的情况，发现群体间冲突对群体内关系的影响主要有以下几个方面：

第一，群体间冲突可以使群体内部成员之间更加团结，凝聚力更高，摩擦减少。

第二，群体变成以工作和完成任务为主的群体。

第三，领导方式由民主型转变为专制型，群体成员对领导的服从变成心甘情愿。

而群体间冲突对群体间关系的影响则主要有以下两个方面：

第一，一个群体会对另一群体产生偏见，只看得到对方的缺点和自己的优点，而看不到对方的优点与自己的缺点。

第二，每一群体都会把对方视为自己的对立面，并且对对方的敌意逐渐增加。

3.群体冲突的过程

(1)潜在对立阶段

潜在对立阶段又称为冲突的潜伏期。任何冲突都不是凭空产生的，都有其潜在原因。研究表明，产生冲突的潜在条件包括三个方面：沟通因素、结构因素及个人因素。

①沟通因素

许多冲突的发生都是因为沟通不好从而造成误解，最终导致不良结果的产生。研究表明，太少或太多的沟通都会导致冲突的产生。

②结构

这里所说的结构包括多层含义，例如群体的规模、管理模式、领导风格等。群体的规模越大，越容易引起冲突；领导风格专制或粗暴，也会引起下级的不满，从而导致冲突；管理模式不清晰等也会造成冲突。

③个人因素

个人因素包括个体的性格、态度、价值观等方面，都是导致冲突产生的原因。

(2)认知与个体介入阶段

认知与个性化实质上是指对冲突的觉察和对冲突的感受。随着阶段一的各种潜在条件的具备、表达恶化、引起挫折并被人知觉。当然只是知觉也还不能表示个人已介入其中，还需要有情绪的卷入，人们确实体验到焦虑、紧张甚至挫折感。一般来说，觉察到的冲突可以分为三个方面：

①目标冲突

目标冲突是指双方希望达到的目标各不相同，并且一方的目标会阻碍另一方目标的实现，这往往表现为利益的冲突。例如在绩效考核中，双方都想拿第一。

②判断冲突

判断冲突指的是在正确与错误的判断上意见不一致。虽然双方的目标是一致的，但在达成目标的方法上产生分歧。例如两位经理都想把业绩提高，但对提高业绩的方法持不同意见。

③规范冲突

规范冲突指的是双方在规范的标准上产生分歧。例如对上班迟到的惩罚这个问题，一个认为不应该严厉惩罚，一个认为应该严厉惩罚。

觉察到冲突后，个体会采取行动来解决冲突。如果双方通过沟通，消除了误解，冲突便会消除；如果沟通无效，冲突会进一步升级，那么就会发展到行为阶段。

(3)行为阶段

当一个人采取行动以阻挠他人时，便进入了冲突的第三个阶段——行为阶段。在该阶段中，冲突采取了外显的对抗形式。外在冲突可以有各种形式，从最温和的、间接的言语对抗，到直接的攻击甚至失去控制的抗争或暴力。此时，完全按照一方的意向已不可能解决问题，双方的外显行为往往要偏离原来的意向。

(4)结果阶段

冲突的结果有积极和消极之分。甚至是，对抗性的冲突会导致双方更强大或其中一方更强大，生存能力更强。

【拓展阅读】

鲶鱼效应

挪威人喜欢吃沙丁鱼，尤其是活鱼。市场上活沙丁鱼的价格要比死鱼高许多。所以渔民总是千方百计地想法让沙丁鱼活着回到渔港。可是虽然经过种种努力，绝大部分沙丁鱼还是在中途因窒息而死亡。但却有一条渔船总能让大部分沙丁鱼活着回到渔港。船长严格保守着秘密。直到船长去世，谜底才揭开。原来是船长在装满沙丁鱼的鱼槽里放进了一条以沙丁鱼为主要食物的鲶鱼。原来鲶鱼进入鱼槽，使沙丁鱼感到威胁而紧张起来，加速游动，于是沙丁鱼便活着到了港口。这就是著名的“鲶鱼效应”。

它给我们的启示是：在适度的紧张中才能更好地发挥能力。因此，管理者要给员工创造一个适度的紧张氛围，并引导员工在紧张中学会适应。在企业管理中，我们应巧用鲶鱼效应。比如：班组长任命都需要竞争上岗。经常在班内表扬那些热心班组管理、班组事务，表现较优异的员工，并表示要根据其表现可以将其吸收到班组长的行列中。要想做班组长，必须各方面做得比别人更好。这样，让原有的班组长也产生危机感，工作也会更有干劲。

（资料来源：http://hi.baidu.com/dtcg/blog/item/）

①积极的结果

第一，从冲突的强度水平来看，较低强度或中等水平的冲突往往会产生积极的结果。

第二，从与组织绩效的关系来看，在提高组织目标基础上的冲突有利于达成积极的结果，因为在冲突爆发的过程中，双方经过激烈的争论，使问题更明朗化。

②消极的结果

第一，从冲突的强度来看，较高强度的冲突容易产生消极效果。

第二，从与组织绩效的关系来看，脱离组织绩效的冲突会导致消极作用，如群体的凝聚力下降、群体绩效下降。

表 5-5 冲突的结果比较

比较因素		结果
冲突强度	较低或中等水平	积极
	较高水平	消极
与组织绩效的关系	提高组织绩效	积极
	脱离组织绩效	消极

4.**冲突的处理**

行为学家托马斯(Kenneth L. Thomas)和其同事克尔曼(Ralph H. Kilman)提出了冲突处理的两维模式理论,以沟通者潜在意向为基础,认为冲突发生后,参与者有两种可能的策略可供选择:关心自己和关心他人。其中,“关心自己”为纵坐标,表示在追求个人利益过程中的武断程度;“关心他人”为横坐标,表示在追求个人利益过程中与他人合作的程度。于是,就出现了五种不同的冲突处理的策略:强制、合作、妥协、顺应和回避。

①回避策略,指既不合作又不武断的策略。

②强制策略,指高度武断且不合作的策略。

③顺应策略,指高度合作而武断程度较低的策略。

④合作策略,指高度合作且武断程度较高的策略。

⑤妥协策略,指合作性和武断程度均处于中间态的策略。

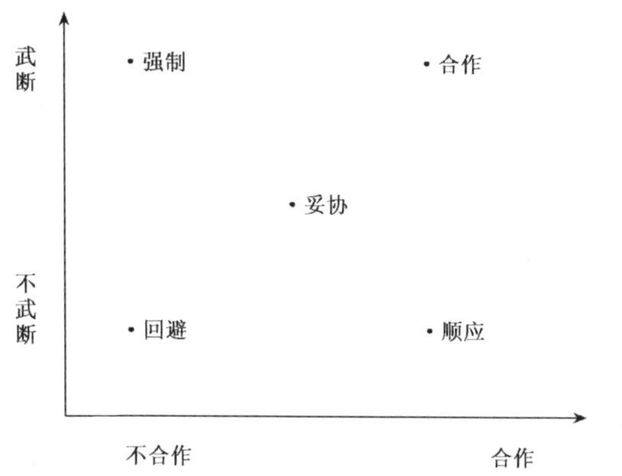

图 5-13　托马斯的人际冲突处理模式

表 5-6　托马斯的处理冲突的策略

强制	·反对那些采取不正当竞争行为的人们时 ·面对非常重要的问题,必须采取特殊行为 ·必须采取快捷、果断行为的紧急情况时 ·涉及违反企业规章制度,需要严肃处理的时候
回避	·当问题看上去是其他问题的附带问题时 ·当管理者认为没有希望满足员工的利害关系时 ·使人们冷静下来并回收观点时 ·收集信息比制定一个直接的决策更重要时 ·问题很琐碎或有更重要的问题需要立刻去解决的时候 ·潜在的损失远远超过解决的益处时 ·当其他人可以更有效地处理这一冲突时

续表

妥协	·势均力敌的双方坚持他们的目标时 ·对复杂的问题达成暂时的和解时 ·在合作或抗争不成功的情况下作为一种弥补 ·当目标很明确,但又不值得使用独断的方法去努力使其实现的时候 ·在时间紧迫的情况下达到暂时缓和的解决方法
顺应	·当和谐与稳定特别重要时 ·当员工不及对方或已经输了的时候,为使损失最小 ·使员工从错误中学习从而提高今后的工作质量 ·当管理者发现自己是错的时候 ·当结局对对方比对自己更有利时,满足对方保持合作 ·为以后的争端建立社会信誉
合作	·解决有关冲突方面的感情问题时 ·用不同的观点把人们的思想有机结合起来 ·通过达成一种共识而获得相互信任 ·当员工的目的是学习的时候 ·当冲突各方都认为妥协对双方的目标实现都非常重要时,可采取合作法寻找一种彻底的解决方法

托马斯的冲突处理模型,是较为科学的处理冲突的方法,但是没有哪种处理方法能适用于所有的冲突,管理者要学会具体问题具体分析,结合各自环境等不同因素加以分析解决。

【本章小结】

当今世界,随着科技与经济的发展,劳动分工的细化,每个个体的生存和发展与群体的关系越来越密切,个体的力量越来越微弱。我们只有学会了在群体中如何与他人相处,才能进一步发展自己。本章从群体心理的静态、动态和动力三个方面着手分析讨论。首先从静态的群体心理,即人际关系理论进行了人际关系的一般概念、发展阶段、行为模式和影响因素四个方面的介绍;在人际关系的基础上,又介绍了群体的动力;但是在群体运行的过程中,难免会出现各种冲突,而沟通是解决冲突的有效途径,因此本章的第三部分针对群体的沟通与冲突,也就是动态的群体心理进行了论述。

企业或组织的健康发展离不开群体的有效运行。对于组织而言,如果群体目标能与组织目标一致则能促进组织的有效运行;相反,如果群体目标与组织目标相悖,则会阻碍组织的发展。因此,掌握群体心理的相关知识对于管理者来说是非常必要的。

【习题】

名词解释

行为模式　群体三要素　从众　群体凝聚力　小集团意识　极端转移

简答题

1. 试述人际关系的发展阶段理论。

2. 什么是群体规范，群体规范的作用有哪些？

3. 概述托马斯的人际关系冲突处理二维模式及其基本内容。

案例分析

杰克兄弟的名字对于许多成年人来说没有任何意义。但是，最近一次针对美国在校学生的民意测验结果表明，美国学生对杰克兄弟的熟悉程度甚于米老鼠。Nington 公司售出的 4000 多万张超级杰克兄弟的软件，成为长期最畅销的电子游戏系列。Nington 公司如何占领了电子游戏市场？其成功的秘诀就是在员工中产生高度凝聚力，并获得了高生产率与高利润的回报。

在 Nington 公司的研究与开发中心，一群不修边幅的年轻工程师们聚集在屏幕前，全神贯注地反复试验、操作研发中的电子游戏软件。有时，研究与开发中心的主任还将其 200 名员工分成竞争小组，相互竞赛。其结果是：工程师们学到了更多的诸如游戏是如何运行的、什么设计是有效的、什么设计是需要改进的等方面的知识。他们热爱自己的工作，那些不愿意因下班而中断工作的员工们得到的加班费相当丰厚。

（资料来源：www.9158w.com）

问题 1：根据以上案例，分析 Nington 公司提高员工凝聚力的方法。

问题 2：结合本章内容，讨论并总结提高企业凝聚力的可行途径。

第六章　领导心理

学习目标

1.理解领导特质理论、行为方式理论及权变理论；

2.掌握胜任特征模型建构的流程；

3.运用领导的相关理论来分析解决相关问题。

【本章知识结构】

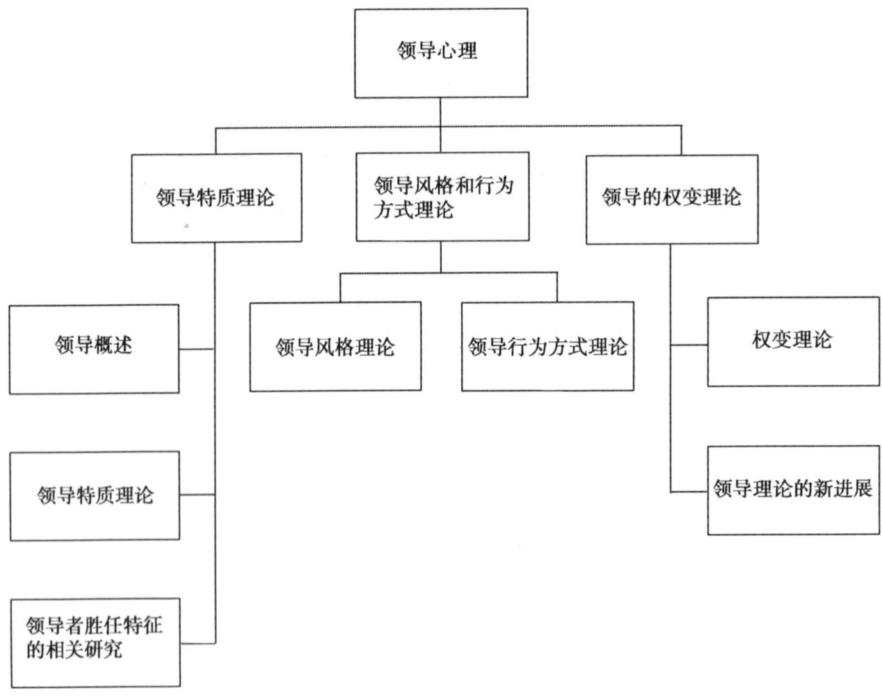

【引言】

与罗纳德·海菲兹对话

领导力大师、教师、医生、音乐家，这就是罗纳德·海菲兹(Ronald Heifetz)。作为领导力大师，海菲兹算不上著作等身，他只出版过两本书。然而，他“十年磨一剑”的第一本书《没有容易答案的领导力》在1994年一出版就“霜寒十四州”，奠定了自己的大师地位。在1999年，美国一家商业杂志这样写道：“很难想象讨论‘未来的领导者’而不去请教罗纳德·海菲兹——领导力领域的世界顶尖权威之一。”一个医生、音乐家，怎样成为了领导力大师？在海菲兹哈佛大学的办公室里，我们的对话就从这里开始。

①领导力的定义

领导力是活动而非人格特质，是重要的思想。

②权威不是领导

许多实际权力，不管是用以管理还是领导，来自非正式权威。不是来自于职位规定或者宪法的正式权力，而是通过你能从别人眼中所激发的尊重、信任、钦佩或者恐惧来说服的权力。

③管理不是领导

管理和领导通过以下两个区别更容易为人理解：一、领导和权威的区别，帮助我们区分作为活动的领导和作为职位、组织角色的权威；二、技术性工作和适应性工作的区别，帮助我们区分正常的行政职能，或者说管理职能，以及让人们应对实验和学习的挑战。

④鼓舞不是领导

只有动员人们在自己面对的问题上取得进展才叫领导力。如果你做的只是把人们从问题上引开，即使那使你大受欢迎，但那不是领导力，那是骗术。

⑤领导力的验证

如果你把领导力只是定位于实现一个目标，而非解决一个问题，那么对领导力的验证就变了。你真的必须问：人们面临的真实问题解决了吗？而不是不管是否有价值，你实现了某个目标了吗？

(资料来源：世界经理人杂志刘澜 2008—05—13)

罗纳德·海菲兹的对话，纠正了对领导的某些偏差理解，使我们了解到作为一个领导者应具备的素质。人们对领导问题做了大量的研究，也提出了非常多的领导理论。随着组织行为学理论的发展，领导的内涵和理论也经历了不同的发展阶段，这也是我们这一章所要讨论的内容。

第一节　领导特质理论

“蛇无头不行，鸟无头不飞”，这句常言就是说领导者处在首脑位置，在组织行为中有着非常重要的作用。领导是组织的工作核心，研究领导特质对于深入探讨组织管理心理学具有重要意义。

一、领导概述

“领导”一词在现实生活中有多方面的含义。领导作为动词，是一个动态过程，领导职能是与人的因素密切关联的，因而在领导工作职能开展的过程中，虽然管理心理学、组织行为学方面的知识必不可少，但领导行为过程往往具有更大的艺术性。作为名词，领导指的是领导者(Leader)，是实施领导行为的主体。领导者有两种类型：一种是居于领导职位的人，另一种是并不处于正式的领导职位但对他人产生了影响力的人。前一种是指组织中所有被称为“上级”的人，包括全部的直线管理人员以及配有下属的职能机构的负责人。这些人是组织正式任命的，拥有合法的权力(即职权)对被领导者进行指挥命令和奖励处罚；后一种领导者是指从群体里自然产生出来的，并不拥有正式的职位和职权，但却能对他人的活动产生实质性影响。这种领导者具有卓越的领导才能，并不是所有处于组织领导职位的人都具备这方面的领导才能。

在本书中，我们将领导定义为指导和影响个体、组织并在一定条件下实现组织目标的过程。领导的定义包含以下三方面含义：

第一，领导过程中一定存在领导者与被领导者，否则就不成为领导。

第二，领导者有领导权力与期望行为，比被领导者具有更大的权力、责任与影响。

第三，领导的过程就是领导者指引和影响被领导者实现组织目标的过程，也是交互影响的过程。

二、领导特质理论

【拓展阅读】

好领导为何做出坏决策?

日常的工作生活当中,我们每天都在做决定。然而,令人气馁的是,尽管许多重要决策的拍板人头脑聪慧、富有责任感,而且他们通常拥有最充分的信息,意愿也很良好,但他们做出的决策有时仍然大错特错。这是为什么?

我们做决定时,主要依靠两个硬件流程——模式识别和情感标签。

大脑首先利用模式识别流程来判断正在发生什么,然而模式识别也可能对我们产生误导。在应对看似熟悉的情况时,大脑会让我们误以为自己对局面有充分的了解,尽管事实上并非如此。卡特里娜飓风来袭期间,负责监测灾情的准将马修·布罗德里克没有及时汇报早期收到的溃堤信息,造成了救援迟缓,铸成大错的原因就在于他过往的经验让他认为早期的信息都是不准确的。

模式识别之后,大脑会根据存储在记忆里的思维和经验做出反应。这种情感信息告诉我们,要不要对某事加以关注,还告诉我们应考虑采取何种行动。与模式识别一样,情感标签在大多数时候都能帮助我们做出明智的决断,但它也同样能误导我们。

(资料来源:www.sino-manager.com)

特质理论主要研究领导者个体的基本素质,以预测具备什么样特质的人适合当领导者。根据对领导特质来源的不同解释,可以把特质理论分为传统特质理论和现代特质理论。

1.传统特质理论

传统的特质理论认为,领导特质是天生的,生来不具备这种特质的人就不适合当领导。

吉赛利(Edwin E.Ghiselli)认为,存在八种个性特征和五种激励特征与有效的领导有着密切的联系。八种个性特征为:才智、首创精神、督察能力、自信心、决断力、适应性、性别及成熟程度;五种激励特征为:对工作稳定的需求、对金钱奖励的需求、对指挥别人权力的需求、对自我实现的需求及对事业成就的需求。

吉伯(C.A.Gibb)提出天才领导者应该具有的七种特质,分别为善于言辞、外表英俊、高超智力、充满自信、心理健康、支配趋向、外向敏感。

斯托格蒂尔(R.M.Stogdill)认为身材、面貌、智力、自信心、交际能力、意志力、管理能力与活泼精神等16种特质也是领导者的必备特质。

这些特质理论，虽然在某种程度上指出了领导者应具备的特质，但却引起了很多异议：第一，研究者们提出的领导者特质范围广、种类多，而且各种特质间相关不大，有的甚至还存在矛盾；第二，特质理论忽视了下属及环境因素的作用；第三，在现实社会中，许多具有天才领导特质的人并不是领导者；第四，以往研究中对领导者成功或失败的特质差异只有量的分析，没有质的分析；第五，把领导者应具备的特质归结为天赋，带有唯心主义的色彩。

2.现代特质理论

现代许多管理学家与心理学家认为，领导是一种动态过程，领导者的性格与品质并非天生，而是在实践中形成的，是可以训练和培养的。由于不同国家、不同地区、不同领域对领导者的要求各不相同，各国学者分别根据本国的具体条件，对领导者应该具备的特质进行了研究，并各自提出了合格领导者应具备的特质条件。其中日本、美国的研究较有代表性：

日本企业界要求领导者应该具备10项品德和10项能力。10项品德是使命感、责任感、信赖性、积极性、忠诚老实、进取心、忍耐性、公平、热情、勇气。10项能力是思维决策能力、规划能力、判断能力、创造能力、洞察能力、劝说能力、对人理解能力、解决问题能力、培养下级的能力、调动积极性的能力。

美国学者提出企业家应具备以下10个条件：合作精神、决策能力、组织能力、精于授权、善于应变、勇于负责、敢于创新、敢担风险、尊重他人、品德超人。

20世纪初以来，特质理论的研究虽然在发展，但总体来说，这些理论较多是属于描述的性质，而较少是分析的性质，并且缺少实验的证明。总之，领导的特质理论对于管理干部或领导者的选拔和培养，在理论和实践两方面的指导意义还不充分，还需进一步的深入研究。

三、领导胜任特征理论

谈到领导力，许多领导力研究者支持这样一个观点：领导力需要特定的胜任特征。那么到底什么是胜任特征呢？

1.胜任特征的基本概念

"胜任特征"这一概念最早出现在司法领域。后来，临床心理学用它来界定个体的心理能量、意识的标准以及在"日常生活"中从事多种活动的能力。职业咨询工作人员用胜任特征来界定与特定职业相关的知识、技能和能力。

总体而言，胜任特征(competency)是指能将某一工作中有卓越成就者与表现平平者区分开来的个人的潜在特征，它可以是动机、特质、自我形象、态度、价值观、某领域的知识、认知或行为技能等能被可靠测量并且能明显区分绩效优秀个体与绩效一般个体的特征。这一概念包括三个重要方面:深层次特征、引起或预测优劣绩效的因果关联和参照效标。

(1)深层次特征

深层次特征是人格中较深层和持久的部分,它显示出了一个人的行为和思维方式,具有跨情境和跨时间的稳定性,并且能够预测人的行为。如果把胜任特征比作在水上漂浮的冰山,那么水上部分就代表表层的胜任特征,如知识、技能等;水下部分就代表胜任特征的深层部分,如自我概念、社会角色、个人特质以及动机等。胜任特征的深层结构可以较好地对优秀者和一般者进行区分。例如,在社会角色方面,优秀的领导者对待下属的行为表现是与下属沟通探讨,并启发下属遇到问题应该怎样做,而一般水平的领导者则是利用自己的权威或身份,命令下属怎样做。

(2)因果关联

因果关联指的是胜任特征能够引起或预测行为或绩效。也就是说,只有能够引起或预测某岗位的工作行为或绩效的深层次特征才能作为该岗位的胜任特征。如上文提到的自我概念、社会角色、个人特质以及动机等深层次的特征能够预测行为反应方式,行为反应方式能够影响工作绩效等。

(3)参照效标

参照效标指衡量某种特征是否能够作为预测实际工作中工作表现优劣的效度标准,它可以说是胜任特征中最关键的方面。如果某特征不能预测出有实际意义的差异,如工作绩效的差异,那么就不能称这种特征为胜任特征。最常用的胜任特征的要素指标有两个:其一为优秀者绩效;其二为合格者绩效,即最低可接受的水平。

2.胜任特征模型的建构

胜任特征模型的建构,是人力资源管理和开发的逻辑起点,是工作分析、人员招聘、选拔、培训与开发以及绩效管理等一系列人力资源管理工作的重要基础。胜任特征模型(competency model)是担任某一特定任务角色所需要具备的胜任特征的总和。一个完整的胜任特征模型包括三个要素:胜任特征名称、胜任特征的描述和行为指标等级的操作性说明。

胜任特征的建构,一般包含五个基本步骤:确定绩效指标及标准、确定效标样本、收集样本关于胜任特征的数据资料、分析数据并建立胜任特征模型、胜任特征模型的验证。

(1)确定绩效指标及标准

理想的绩效标准应该是硬指标,如销售量、客户满意度等。在确定绩效指标的过程中应当遵循以下几个原则:

①针对性原则。在选择确定绩效指标时,应该从实际情况出发,使其具有较强的针对性。

②科学性原则。绩效指标的确定，应采用科学的调查方法，借用先进的测量工具，通过数据资料的收集、整理分析，保证指标能够系统、全面、正确地反映和体现岗位工作的性质和特点的要求。

③明确性原则。每个指标要有明确的内容、定义和说明，力求直观、精炼、通俗。

(2)确定效标样本

根据确定的绩效指标和标准，选择优秀组和普通组，也就是表现优秀的和表现一般的样本组。如果需要确立合格水平的胜任特征标准，也可以抽取绩效差的样本。

(3)收集数据资料

收集数据的方法主要有行为事件访谈法、专家小组、360度评价、问卷调查、胜任特征数据库专家系统和直接观察。目前使用最广泛的方法是行为事件访谈法。

(4)分析数据建立模型

通过对数据进行分析，鉴别出能够区分优秀者和普通者的胜任特征。

(5)模型验证

验证胜任特征模型的方法主要有三种：

①选取第二个效标样本，再次收集数据，分析已经建立的胜任特征模型能否将第二个效标样本的优秀组和普通组区分开来，即考察交叉效度。

②根据胜任特征编制测评工具，然后用来评价第二个效标样本在已经建立的胜任特征模型中的关键胜任特征，检验优秀者与普通者在结果上是否存在显著差异，即考察构想效度。

③运用胜任特征模型进行培训，追踪调查接受培训的人员在以后的工作中是否有更出色的表现，即考察预测效度。

三、领导者胜任特征的相关研究

组织的发展离不开优秀的管理者，管理者的胜任特征分析一直是人力资源管理与管理心理学研究与应用关注的焦点之一。因为只有具备与组织战略目标及岗位要求相匹配的胜任特征，才能高效地发挥管理才能，实现组织的长远目标。

胜任特征的概念最早是由美国心理学家麦克兰德(McClelland，1917～1998)提出的，现在被广泛应用于政府、企业等领域，取得了很好的效果。对胜任特征的研究是建立选拔和培养优秀管理者的科学体系的基础，可以为管理者的鉴别、培训和评价提供具体的建议和指导。下面我们分别对政府和企业的管理者胜任特征的研究做一下回顾。

1.政府管理者胜任特征的相关研究

从20世纪70年代起，一场“新公共管理运动”席卷了包括英国、美国、德国、荷兰、比利时、加拿大在内的一些欧美国家。这场大规模的改良运动目的是“使公共部门内僵化的管理方式转变为灵活的、目标导向的管理方式”。在此基础上，美国经过多年的研究总结得出了一套成熟的基于胜任特征的公共管理模式。美国政府针对不同类型的官员制定了相应的胜任特征培养模型。其中，美国公务人员管理局于1985年发布了一套专门针对大量的专业管理人员，内容包括三个水平，共涉及28项胜任特征的管理绩效模型，一直沿用至今。

20世纪80年代中期开始，国内学者的研究领域从领导行为出发，逐渐步入了对管理者胜任特征的研究。早期研究者发现，个人品质、人际关怀和任务达成是中国领导者最为重要的三项胜任特征。在中国文化背景下，对领导者的个人品德(character and morals)也非常关注。

2.企业管理者胜任特征研究

研究者指出，全球化的企业管理者胜任特征模型概括为七个维度：环境洞察力、良好的工作态度、领导能力、交流能力、创新能力、变革能力以及团队精神与追随执行能力。这七个维度所包含的50项胜任特征得到了众多学者的研究证实。

近年来，中国学者对管理者胜任特征也作了许多研究，探讨了企业管理人员的胜任特征结构及其相关因素，为管理者的选拔以及培训与开发提供了一定的依据。

中国管理者的胜任特征由管理素质和管理技能两个维度构成，管理素质维度包括价值取向、诚信正直、责任意识、权力取向等，而管理技能维度则包括协调监控能力、战略决策能力、激励指挥能力和开拓创新能力。管理胜任特征在职位层次和性别上存在显著差异；管理胜任特征指标对工作绩效的预测效应不同，关系胜任特征是人际促进和工作贡献的有效预测指标，问题解决特征主要对任务绩效和人际促进有预测力，而诚信责任特征则更多地影响管理者的工作贡献。

3.政府与企业管理者胜任特征的比较

在回顾政府与企业管理者胜任特征研究的基础上，我们发现，政府管理者胜任特征主要包括：品行端正、坚持原则、热情敬业、知识学习、人际关系、组织协调、应变能力、合作沟通、思路清晰、民主宽容、绩效导向、开拓创新、廉洁守法、克己奉公、指挥控制；企业管理者胜任特征主要包括：自信、知识学习、客户导向、个人魅力、领导指挥、绩效导向、诚信正直、人际关系、信息寻求、积极主动、战略决策、开拓创新、组织协调、激励控制、捕捉机遇。政府管理者与企业管理者胜任特征之间存在相同因素，也存在不同因素。

政府具有公共服务性、合理利用公共资源、提供公共产品、维护公共利益的特点；企业具有明显的竞争性、追求利益最大化的特点。由此可见，政府和企业作为不同的组织形式在各组织要素上，如组织文化、组织结构、组织目标等有着显著的不同，这就决定了政府和企业管理者胜任特征存在着差异。

总而言之，有研究者指出，领导特质理论不是研究领导的好方法。原因有三点：

第一,各研究者所列领导特性包罗万象,说法不一,有的互相矛盾,某一研究结果认为某一性格与改进效率有积极联系,而在另一项成果中认为其联系是消极的或根本无联系;第二,这些研究大都是描述性的,并没有说明领导者应在多大程度上具有某种品质;第三,并非一切领导者都具有所有这些品质,而许多非领导者则可能具有大部分或全部这样的品质。

但特质理论并非一无是处,一些研究表明,某些个人品质与领导有效性之间确实存在着相互联系。另外,特质理论系统地分析了领导者所应具有的能力、品德和为人处世的方式,向领导者提出了要求和希望,对于培养、选择和考核领导者是非常有帮助的。

第二节　领导风格和行为方式理论

一、领导风格理论

领导风格理论研究的主要内容是领导者工作风格的类型以及不同的工作风格对员工的影响,研究的目的是寻求最佳的领导风格。

1.早期的领导风格研究

风格理论的创始人勒温(Kurt Lewin,1890～1947)等人发现,团体中领导者们通常使用不同的领导风格,这些不同的领导风格对团体成员的工作绩效和工作满意度有着不同的影响。勒温等研究者力图科学地识别出最有效的领导风格,他们以"权力"为基础,把领导者在领导过程中表现出来的极端的工作风格分为三种类型,即专制型、民主型和放任型。这三种领导风格的特征如表 6-1 所示:

表 6-1　三种领导风格的特征

	专制型	民主型	放任型
权力分配	集中于领导者	权力在团体之中	分散于每个员工
决策方式	领导者独断专行	团队参与决策	员工决策
对待下属方式	领导者介入具体工作,对员工在工作中的组合进行干预,让下属知道工作的最终目标	员工可自由选择与谁共同工作,任务分工由团体决定,下属了解整体目标	为员工提供必要信息和材料,回答员工提出的问题
影响力	权力性影响	非权力性影响	缺乏影响力

续表

对员工的评价和反馈方式	根据个人情感进行评价采用惩罚性的反馈方式	根据客观事实评价，将反馈作为对员工训练的机会	不对员工工作进行评价和反馈

勒温认为，在实际工作中，三种极端的工作风格并不常见，大多领导人所采用的风格往往是处于两种极端类型之间的混合体，如图 6-1 所示。

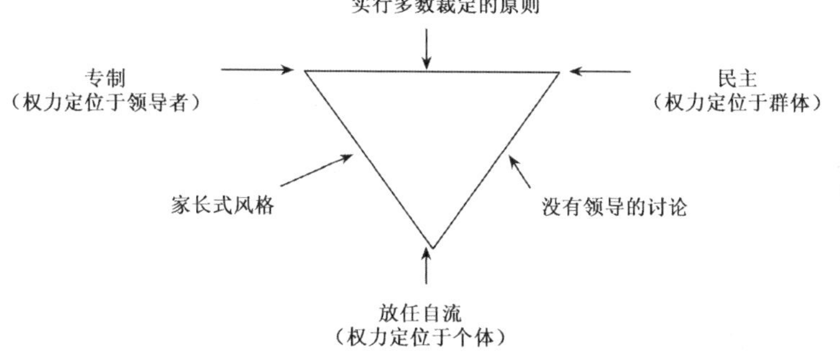

图 6-1　领导风格类型及其混合型

勒温就领导风格对群体成员的影响进行了实验研究。通过研究，他提出不同的领导风格会对群体行为产生不同的影响。民主型的领导风格效果最佳，专制型的领导风格效果次之，放任自流的领导风格效果最差。

2.利克特的领导系统图

继勒温等人之后，许多心理学家进行了风格研究。其中密执安大学的利克特(R.Likert，1903～1981)通过长期研究之后，于 1961 年在《管理新模式》一文中，把领导风格方式分为四类：

(1)极端专制领导：权力集中在最高一级，下级无任何发言权与自由，上下级间存在不信任气氛，组织目标难以实现，此种方式效果最差。

(2)仁慈式专制领导：权利虽控制在最高一级，但授予中下层部分权利，下层自由非常少，奖惩并用，上下虽有沟通，但表面、肤浅；下级工作主动性差，效率有限。

(3)民主协商式领导：重要问题决定权仍在最高一级，中下级对次要问题有决定权，上下级联系较深，在执行决策时，能获得一定的相互支持。

(4)民主参与式领导：让员工参与管理，上下级关系平等，有问题民主协商，参与讨论，领导最后决策，按分工授权，下级也有一定决策权；上下级沟通充分，相互信任，都有积极性。

利克特认为，只有靠民主的领导，从内心调动员工的积极性，才能发挥员工的潜力。

3.**戈尔曼的六种领导风格**

丹尼尔·戈尔曼(Daniel Goleman)在情商研究的基础上提出了六种领导风格，分别为远见型领导风格、关系型领导风格、民主型领导风格、教练型领导风格、示范型领导风格和命令型领导风格。下面我们来逐一进行介绍：

(1)远见型领导风格

远见型领导风格能提升企业工作氛围的各个方面，它要求领导者确定一个宏伟的蓝图，并组织调动团队成员为一个共同的组织目标而共同努力。同时，领导者会为组织成员留下充分的空间，让下属选择具体采用什么样的方法和手段来完成任务，并给予创新、体验和一定的冒险自由，从而使企业保持一定的灵活性。

也就是说，在确定完成工作和任务的计划、方法和途径上，员工都有相当的自我选择空间。缺点是这种类型的领导可能会让人觉得不可靠近，从而导致失败。同时，如果管理者过于想成为权威，必然会削弱一个高绩效团队所需要的人人平等精神。

远见型领导风格的情商基础包括：自信、影响力、组织意识、移情能力等。这种领导风格几乎适用于所有的商业情形，但在个别情况下不宜使用，比如与领导者在一起工作的是一个由专家组成的团队或一些比他更有经验的同事。

(2)关系型领导风格

关系型领导风格以人为中心，领导者十分关注员工的需求是否得到满足，他们会努力搞好与同事和下属员工的关系，并强调对员工进行赞扬，期望在组织中营造一种“乡村俱乐部式”的和谐氛围。但是，他们对工作业绩和成果的关注并不足够，可能使不好的业绩得不到及时的改正，员工经常面临无人指导的困境。

关系型领导风格的情商基础包括：社会意识能力和关系管理能力，包括沟通力、影响力、管理冲突、移情能力和建立人际网络等。在下列情况下尤其应该使用，如需要努力建立和谐的团队氛围、增强团队士气、改善员工之间的交流以及恢复大家之间的信任等。但它不宜单独使用，因为这种领导风格强调对员工的表扬，所以它可能会给那些绩效较差的员工提供错误的导向。

(3)民主型领导风格

民主型领导方式的中心在于通过组织成员的共同参与而达成一致。在这种领导风格下，领导者将下属视为与己平等的人，给予他们足够的尊重，善于倾听别人的意见；重要决策主要由组织成员集体讨论、共同决定，领导者主要采取鼓励与协助的态度，并要求下属员工积极参与决策；即使是由领导者单独决策，他也会把别人的意见考虑进去。

民主型领导风格的情商基础包括：沟通力、合作意识、团队精神、组织意识等。

适用于当领导者对组织发展的方向不明确，需要听取员工的意见时。由于它会导致无休止的会议，很难达成一致意见，因此，在危急时刻不能使用。

(4)教练型领导风格

教练型领导者通过积极培养和发展人才来增强组织能力。他们会帮助下属员工确定自己的优点、缺点、职业方向，并且将这些与员工的个人志向和职业发展联系起来，并为员工的长期学习和发展积极创造机会和环境。

教练型领导往往比较擅长为下属员工分配工作和任务，并将他们的工作和学习有效地结合起来。缺点是如果员工不愿意学习或不愿意改变自己的工作方式，那么这种方式就没有任何意义。同时，如果领导缺少帮助员工的经验，那么这种方式也必然失败。

教练型领导风格的情商基础包括：自我意识、组织意识、移情能力等。当下属员工都做好准备时，这种领导风格最有效，如当员工明确了自己的弱点并且希望得到提高时，或者员工意识到需要培养新的能力进行自我提升时。但不适用当员工拒绝学习或改变的情形。

(5)示范型领导风格

示范型领导者期望通过自己的示范效应带动组织中其他成员改善绩效，他们往往会追求完美，树立极高的绩效标准并且会带头做出榜样。示范型领导者在工作时总是强迫自己又快又好，而且以自己的标准要求周围的每一个人，要求他们的表现都像自己一样。

但是有时候结果会事与愿违，许多时候员工不仅难以按照领导者的要求完成任务，反而给他们造成极大的心理压力，甚至使他们产生即将“被压垮”、“崩溃”的感觉，最后导致工作灵活性和员工责任感下降。但是这种方式并不总是起负面作用。它在所有员工自我激励、高度竞争及需要较少指导或协助的情况下能起到良好的作用。

示范型领导风格的情商基础包括：自我控制、责任心、成就导向、开创精神等。适用于当一个组织的所有员工都具有很强的能力并且能够进行自我激励，几乎不需要指导和协调时。但它不宜单独使用，因为这种风格的领导者追求完美的倾向会给员工造成极大的心理压力。

(6)命令型领导风格

这种领导风格以领导者为中心，领导者往往单独做出决策，工作内容、资源的分配及组合也大多由领导者决定；而且，领导者往往要求下属员工立即服从，快速行动。这种领导风格在企业处于转型期或危急关头时，往往可以起到意想不到的作用。缺点是它会降低工作的灵活性和员工的满意感。

命令型领导风格的情商基础包括：自我控制、成就动机、开创精神等。这种风格需要谨慎使用，如一个组织处于转型期或危急关头时。在危机过去之后，如果还继续使用这种方式会导致员工士气下降，最终产生毁灭性的影响。

国外的研究表明，领导者的情商对工作业绩和公司经营成果的影响巨大，而且，主管人员的职位越高，情商对绩效的影响越大，作用也越大。

当然，这只是对领导者的简单分类，纯粹的远见型、关系型、民主型、教练型、示范型或命令型的领导者并不多见，大多数的领导者都是几种领导风格的综合体，在不同的场合、不同的情境，对于不同的管理对象，好的领导者可能会采用不同的领导风格。

例如，民主型的领导风格深受员工欢迎，而且领导者也能通过民主领导的方式从员工中获得许多新的思想和方法；但这种领导风格也有负面作用，它往往会导致无休止的会议和讨论，而且也很难使员工真正达成一致意见，所以在危机时刻或需要快速决策的时候，民主型的领导风格并不适用。当团队需要重新从一个起点开始、树立一个远景目标或者需要一个明确的指导方向时，远见型的领导风格是非常有效的；然而，如果远见型领导者的周围是一群有经验的专家，领导者个人的权威性并不足够时，这种领导方式的效果又会大打折扣。

戈尔曼指出，能够掌握并灵活运用四种或者更多领导风格，特别是远见型、关系型、民主型、教练型领导风格的领导者更能营造出和谐的工作氛围并取得令人满意的绩效。

单一领导风格的领导者并不多见，而且也不是最好的。卓越的领导者应该能在不同的场合、不同的情境，针对不同的管理对象灵活运用多种领导风格。

二、领导行为方式理论

行为理论研究始于 20 世纪 40 年代，学者们在调查研究中发现领导者在领导过程中的领导行为与领导效率之间有密切的关系。基于此，为了寻求最佳的领导行为，研究者对此进行了大量的研究，并提出了一系列领导行为理论。

领导行为理论认为，领导者最重要的方面不是领导者个人素质，而是在各种不同环境中领导人做些什么。领导行为理论的提出为领导者培训提供了广阔的天地，通过对具体行为的培训，可获得大量的有效领导者。下面介绍几种典型的研究。

1.密西根大学的领导行为研究

密西根大学调查研究中心对领导行为进行了大量的研究，在此基础上，他们将领导行为划分为两个维度，即员工导向（employee orientation）和生产导向（production orientation）。

员工导向的领导重视人际关系，他们总会考虑到下属的需要，并承认人与人之间的不同，认为每个员工都重要，鼓励建立一种相互信任、尊重下级意见、体贴下级情绪的工作气氛。

生产导向的领导更强调工作的技术或任务事项，主要关心群体任务的完成情况，并把员工看做是达成目标的手段，领导者积极地介入员工的活动。

该结论肯定了员工导向的领导行为的有效性。他们认为，员工导向的领导行为与群体的高生产率和高工作满意度成正相关；而生产导向的领导行为与群体低生产率和低工作满意度联系在一起。

2.领导行为四分图理论

美国俄亥俄州立大学的研究者们，在对一千多种领导行为进行因素分析的基础上，归纳出了两大维度的因素：一是关心组织，指领导者更愿意界定和建构自己与下属的角色，以达成组织目标，它包括组织设计、明确工作关系和工作目标；二是关心人，指领导者尊重和关心下属的看法和情感，更愿意建立相互信任的工作关系。他们认为关心组织和关心人不一定相悖或此消彼长，两个维度是可以组合成四种领导模型的，这就是著名的“领导行为四分图”模型，如图 6-2 所示。

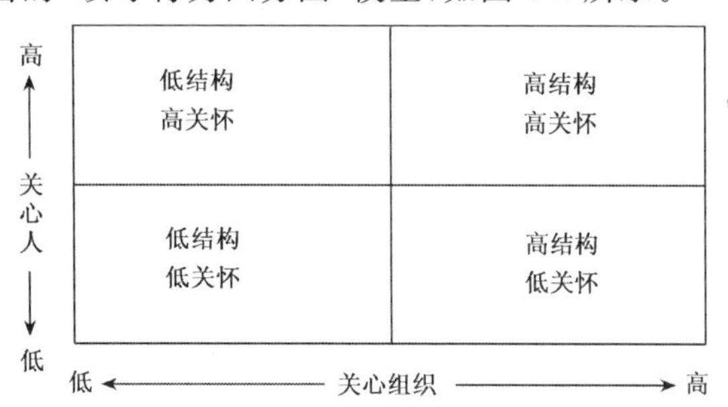

图 6-2　领导行为四分图

研究者认为，领导者采用高关心组织、高关心人的领导行为效果最好；采用对人、对组织的关心都低的领导行为效果最差。实际上，以上四种类型中，哪一种效果好，还不能一概而论，应根据具体情况而定。实践中，往往是两种领导行为的具体结合。

3.管理方格理论

管理方格理论是研究企业的领导方式及其有效性的理论，是由美国德克萨斯大学教授罗伯特·布莱克（R.R.Bblake）和简·莫顿（J.S.Mouton）在 1964 年出版的《管理方格》一书中提出的。这种理论提出了关心人和关心生产的领导两个维度，每个维度按得分高低可分为 9 个等级，分别用横纵坐标表示，绘制出了如下的管理方格图，如图 6-3 所示。

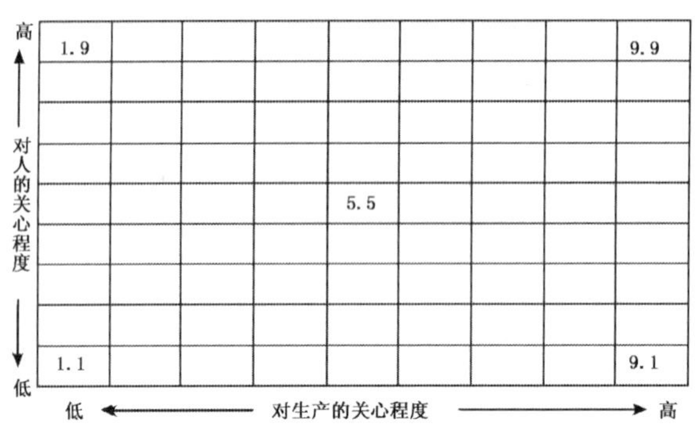

图 6-3　领导方格图

该模型图的横坐标表示领导人对生产(工作)的关心程度,纵坐标表示领导人对人的关心程度,每一个小方格代表一种领导类型,共有 81 种。评价领导人时,就按这两个方面的行为寻找交叉点。这个交叉点便是他的领导行为类型。例如,某领导人关心人的程度高达 9,而关心工作的程度很低,只有 1,这样两者交叉点就是 1.9,他就是 1.9 型的领导人。

布莱克与莫顿找出了五种典型的领导行为类型,并分别命名。

"1.1"型领导行为,又称"贫乏型"管理,意即领导者既不关心人,也不关心生产,对工作无所用心,是虚弱的领导者的作为。

"9.1"型领导行为,又称"任务型"管理,意即领导者只注重生产任务的完成与否,不关心人,不注意提高员工的士气和积极性。

"1.9"型领导行为,又称"乡村俱乐部型"管理,意即领导者只注重关心、体谅员工,努力形成融洽、友善的气氛,但管理松懈,无法完成生产任务。

"9.9"型领导风格,又称"战斗集体型"管理,意即领导者既注重抓生产,使生产任务完成得好,又关心、体贴员工,协调好人际关系,使士气旺盛。

"5.5"型领导风格,又称"中庸型"管理,意即领导者对生产、对人的关心都不算高,但也不太低,能在关心生产与关心人两方面保持均衡,使员工产生一定的满意度,生产任务也基本上能完成。

布莱克和莫顿认为,在五种典型的领导行为中,最佳的领导行为是"9.9"型,其次是"9.1"型,"5.5"型居中,"1.9"型较差,"1.1"型最差。

管理方格图是管理学界影响很大的一种领导理论模式,它有助于领导者检查、鉴别、评定并改进自己的领导行为,提高领导效率。但这种理论模式乃至整个领导行为理论,同领导风格理论一样,没有考虑到被领导者的特质与素质,脱离领导者所处的具体的环境条件,孤立地研究并寻求领导者最佳的领导行为,是很难找到科学的答案的。

4.PM **理论和** CPM **理论**

(1)PM 理论

PM 理论由日本大阪大学心理学教授三隅二不二于 1964 年创立。所谓 PM 是指团体机能的概念，任何一个团体都具有两种机能：一种是指团体的目标达成机能，即工作绩效，简称 P(performance)；另一种是指维持强化团体的机能，即团体维系，简称 M(maintenance)。PM 理论将领导行为方式分为两类：一类是以执行任务为主的领导方式(performancc-directed)，简称为 P 型；另一类是以维持团体关系为主的领导方式(maintenance-directed)，简称为 M 型。

P 类型的行为特征，是将组织中的每一个成员的注意力引向目标，使问题明确化，拟定工作程序，运用专门知识评定工作成果等。

M 类型的行为特征，是维持和睦的人际关系，调解成员之间的纠纷，为少数派提供发言的机会，促进成员的自觉性与自主性，增进成员之间的相互了解与交流。

三隅二不二将领导的行为方式分成四种类型，即绩效强、维持强(PM)，绩效强、维持弱(Pm)，绩效弱、维持强(pM)，绩效弱、维持弱(pm)。以 P 为横坐标，M 为纵坐标，即可在的统计分析基础上得出某一领导的得分，画出该领导的坐标点，以评价其类型，见图 6-4。

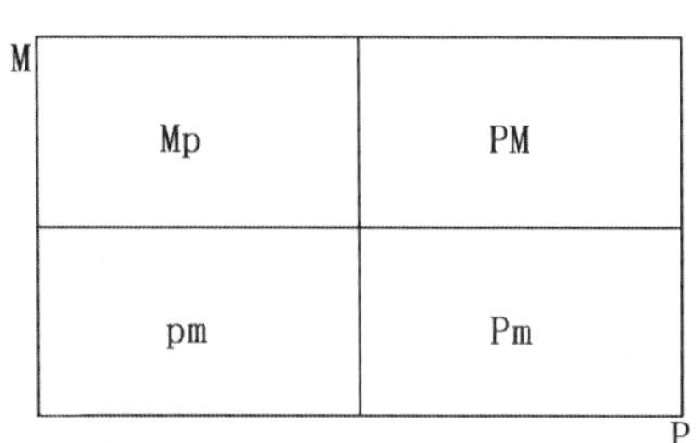

图 6-4　PM 领导类型

具体评价方法是：根据在 PM 量表上的 P、M 分数进行统计分析，把每个人的得分与该单位的平均分数加以比较，得到某个人的领导类型处在四个区域中的哪个区域。这就是说，只有存在与平均分相比较之后才能确定某个人属于哪种类型。例如：某单位的 P、M 的平均分分别都为 30，而某个人的 P、M 得分点分别为 38，则他的领导类型落在 PM 区域内，属于 PM 型。如果该领导者的得分不变，但该单位 P 的平均值较高，为 39，则领导者的领导类型反落在 Mp 的区域内。这样，他的领导类型就属于 Mp 型。

同时他还采用了自评和他评相对照的方法，在一定程度上可校正自己评价不符合实际的偏差。在某种意义上说,这种差别也反映了一个领导者是否有自知之明。

通过15年对十多种职业15万人次的测量,结果显示,在四种领导风格中,PM型最佳,pm型最差,Pm、Mp型居中。

(2)CPM理论

中国科学院心理研究所502课题组在徐联仓研究员的领导下,于1981年引进PM分析法,制定了一套适合中国国情的企业领导行为调查表。他们在研究我国的领导行为时发现,仅仅考虑P、M两个因素是不够的,还必须考虑到领导者的"品德"。因为中国人总是从"德"和"才"两个方面来对人进行评价的,强调"德才兼备,以德为先"。

因此,为了使领导行为评价适合于中国国情和民族文化,徐联仓、凌文辁在PM理论基础上,提出了CPM理论。该理论认为,领导行为应包括工作绩效P(Performance)、群体维系M(maintenance)和个人品德C(character and Moral)。C因素起着一种模范表率作用,通过角色认同和内化作用,可以激发被领导者的内在工作动机,使其努力地去实现组织目标。可以认为,C机能对P、M机能起着一种增幅放大的作用,C、P、M三者的机能,如图6-5所示。

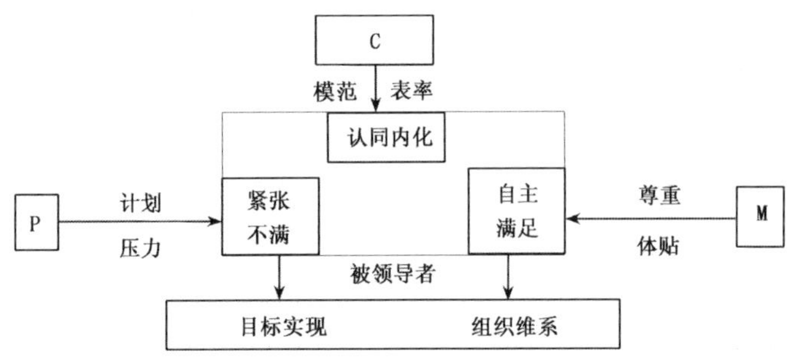

图6-5 CPM理论模式图

第三节 领导的权变理论

一、权变理论

上文介绍的领导理论多侧重于研究领导者的特质、风格和行为,对领导者所处的具体环境考虑得较少。基于此种原因,近年来不少学者开始研究被领导者的特征、环境因素、领导者与被领导者的关系对领导效率的影响,并提出了领导的权变理论。下面介绍几种具有代表性的权变理论。

1.领导行为连续模式

加利福尼亚大学教授、行为科学家坦南鲍姆(R.Tannenbaum)和施米特(W.H.Schmidt)于1958年提出了“专制—民主连续统一体”模型。他们认为,在这两种极端的领导方式之间存在着许多种领导行为方式,它们构成一个“连续体”,如下图6-6所示。

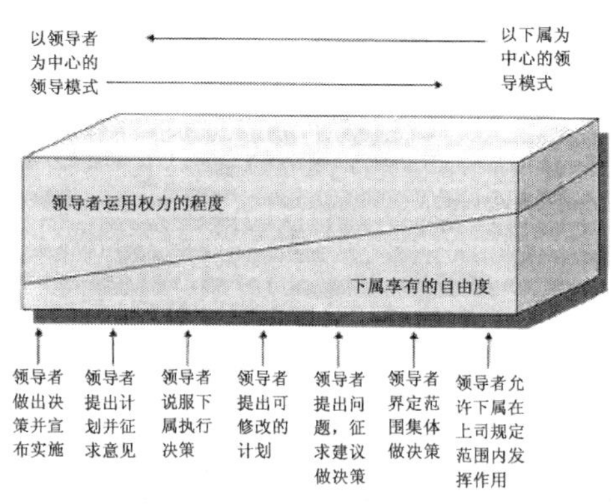

图6-6　领导行为连续体

坦南鲍姆和施米特认为,领导者应该根据具体的情况,如工作性质、工作时间、领导者自身能力等条件,适当地选择连续图中的某种领导行为,才能达到有效的领导。

2.费德勒的领导权变模型

费德勒(F.Fiedler)经过15年的调查研究,把人格测验与情境分类结合起来,于1962年提出了“有效领导的权变模式(contingency model of leadership effectiveness)”。他认为任何领导方式均可能有效,关键是要与环境情境相适应。而个人的领导风格是一种内在倾向,属于个性的一部分,要改变它并非不可能,但至少也是长期而艰巨的过程。所以领导者应首先摸清自己及下属的领导风格,并争取把自己和下属委派到最适合各自风格的情境中去,以达到最佳的领导效能;要不就努力使自己适应具体的情境,即要改变自己的一贯风格。他提出影响领导行为效果的情境因素有3个:

(1)领导者与被领导者间的关系,即一个组织中的成员对其领导者信任、喜爱或愿意追随的程度。领导者与被领导者间关系密切、互相信任、尊重,领导者的权力和影响力就大。

(2)任务结构是否明确,即对工作明确规定的程度,这是判断领导情景性质的次重要因素。若目标明确,职责分明,有现成程序和规则可依循以完成任务,即为结构性高。

(3)职位权力,即组织赋予领导正式地位所拥有的权力和取得各方面支持的程度。这是确定领导情景性质最不重要的因素(相对于前面两个因素而言)。

费德勒根据这3个主要因素分析了领导者有利的环境因素和不利的环境因素,将这三种情境因素组合成8种具体的领导情境,如表6-2所示。

表6-2 费德勒模型八种情境类型

情境有利程度	有利情境			中间状态			不利情境	
领导方式编号	1	2	3	4	5	6	7	8
领导方式	任务型			以人为主		无资料	未发现	任务型
上下级关系	好	好	好	好	差	差	差	差
任务是否明确	明确		不明确		明确		不明确	
职位权力	强	弱	强	弱	强	弱	强	弱

由上表可见,不同的情境适合于不同的领导风格。在情境有利(从情境1至3)或情境不利(情境8)时,重任务的领导风格较有效;在情境有利性中等(情境4至7)时,重关系的领导风格较有效。因此,费德勒主张应根据不同的情境选择不同的领导方式,采取不同的领导行为。

根据费德勒的权变领导理论,要提高领导效率,可以从决定领导效率的两个方面着手:

(1)改变领导风格,即改变领导者的个性和领导方式。

(2)改变领导情境,即改变领导者同下属的关系,如改变下属的组成,使下属在经历、文化水平、技术专长等方面同领导者更适应;改变任务结构性的高低,如详细规定工作的内容或只作一般指示;改变领导者的职权,如由更高级领导授予领导者更大的权力等。

3.领导生命周期理论

心理学家卡曼(Karman)将工作与关系两个领导行为维度与下属的成熟度结合起来,于1966年提出了领导生命周期理论(life cycle theory of leadership),赫赛(Paul.Hersey)和布兰查德(Kenneth. H.Blanchard)于1976年发展了该理论,称为"情境领导理论"(situational leadership theory)。

领导生命周期理论认为,有效的领导行为应该把工作行为、关系行为、被领导者的成熟度结合起来加以考虑。这里成熟度是指被领导者的年龄、成就动机、承担责任的意愿和能力、工作经验、受教育程度等,其中心理成熟尤为重要。随着组织成员由不成熟趋于成熟,领导行为亦应随之变化,如图6-7所示。

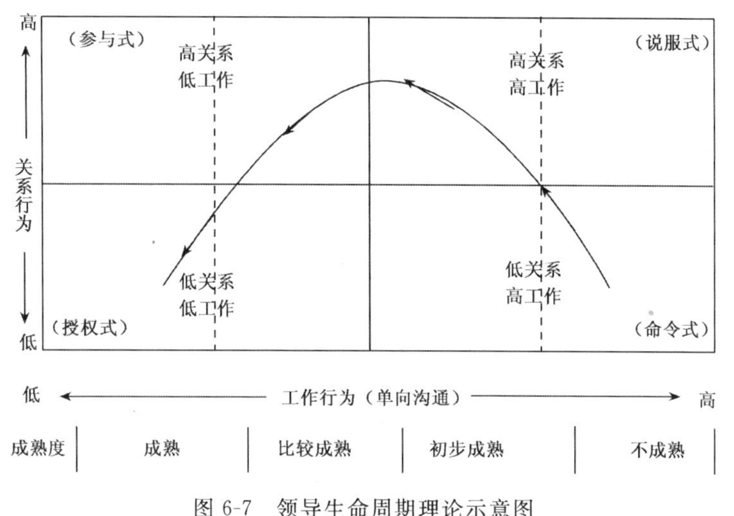

图 6-7　领导生命周期理论示意图

图中横坐标代表以工作为主的工作行为；纵坐标代表以员工为主的关系行为；同时引进了第三个因素：成熟度。工作行为表示领导用单向沟通方式来指示下属人员干什么，在何时，在何处，用什么方法去完成所交给的任务。关系行为表示领导用双向沟通方式指导下属，并照顾员工的福利。

生命周期论认为，“高工作、高关系”的领导不一定经常有效；同样，“低工作、低关系”的领导也不一定经常无效，要根据下属的成熟度而定。随着下属由不成熟走向成熟，领导行为应按照下列顺序逐步推移：高工作、低关系→高工作、高关系→高关系、低工作→低工作、低关系。

举例来说，对刚入职的新员工，以采取“低关系、高工作”的方式为佳；对受过较好教育与业务训练、心理成熟度高的人，如从事科学工作的专家、从事教育工作的教授，有效的领导方式一般是“低工作、低关系”。

总之，对不同成熟度的下属，应采取不同的领导方式，才能获得最为有效的领导。在管理工作中要创造条件，让被管理者在工作过程中更快地趋向成熟，把使用与培养结合起来，注重人力资源开发。

4.**路径—目标理论**

罗伯特·豪斯（Robert J. House）认为：领导者的工作是帮助下属达到他们的目标，并提供必要的指导和支持，以确保各自的目标与群体或组织的总目标一致。

豪斯通过实验和研究，认为高工作和高关系的组合，不一定是最有效的领导方式，还应该补充考虑环境因素。当工作任务模糊不清，员工无所适从时，他们希望有“高工作”的领导，帮助他们把工作做出明确规定和安排；当工作内容已经明确或进行的都是例行性工作，这时只希望“高关系”的领导，主要是使员工得到需要的满足。

这个模式是要使领导者通过明确工作的意义、方向、内容，既说明达到工作目标的“路径”，“扫清障碍”，并以体贴精神使员工在通路上“容易通过”。具体地说，如果下级对他的工作思想上认识不清，领导者应说明达到工作目标的路径；如果下级对“路径”已经清楚，领导者应该有更多的体贴精神，使员工得到更多的满足，使之更快通过“路径”，达到目标。

从此理论来看，领导者的行为是否能为下级所接受，取决于他们的行为能否满足下级的愿望。因此，领导者行为的激励作用表现在：使下属需要的满足与其工作绩效相联系；提供有效绩效所必需的辅导、指导、支持和奖励。基于此，豪斯提出了四种领导方式，供领导者在不同环境下选择使用。

(1)四种领导方式

①指令型领导方式。领导者发布指令，明确告知下属期望他做什么、怎么做，以及何时完成，在完成任务的过程中给予下属必要的指导，但决策完全由领导做出，下属不参与。

②支持型领导方式。对下属十分友善关心，从各方面予以支持，但不太注意通过工作使人满意。

③参与型领导方式。领导做决策时注意征求下属意见，认真考虑和接受下属的建议。

④成就型领导方式。领导给下级提出挑战性的目标，希望下属最大限度发挥潜力，并相信他们能够达到目标。

豪斯认为，在选择领导方式时应考虑以下五方面的因素：

(2)五方面因素

①下级的特点。若下级有能力完成任务，需要荣誉与交往，则应选择支持型领导；能力差或有困难，就选择指令型领导方式。

②任务性质。目标是否明确、程序是否有条理等；是常规、例行任务还是多变任务。

③职权大小。组织中职权关系越明确，越官僚化，则支持型领导效果好。

④工作班组特点。如组内的合作是否良好并附有经验，沟通网络是否流畅等。

⑤组织环境。如企业文化是否倡导民主、支持参与等。

5.领导参与模型

这一模型理论是弗鲁姆(V.H.Vroom)和耶顿(P.W.Yetton)于1973年提出的。该理论模型把领导行为与参与决策联系起来，认为有效的领导应根据不同情境，让员工不同程度地参与决策，领导者应根据不同情境来选择最为合适的领导风格。该理论认为有5种领导方式或领导风格，这些领导方式是以下级参与决策的程度来决定的，参与程度逐渐由低向高。

(1)五种领导方式

①领导者运用手头现有资料，自己解决问题，做出决策。

②从下级得到必需的情报资料，然后自己做出决策，提出解决问题的方案。

③以个别接触方式，让下级知道问题，取得他们的意见或建议之后，由领导做出决策。决策可以反映、也可以不反映下级的意见。

④让下级集体了解问题，集体提意见或建议，随后由领导做出决策。

⑤让下级集体知道问题，并一起提出和评价可供选择的方案，争取获得解决问题的一致意见。

该理论模型还认为，合适的领导方式，不论是参与程度如何，都取决于 8 个情境因素的结合：决策质量的重要性；领导者做出高质量决策所能掌握资料和技能的程度；为提出高质量的决策，下属作为一个集体所掌握必要资料的程度；问题的明确程度；下属接受决策对贯彻执行决策的关系程度；领导者的决策为下属接受的可能性；下属对叙述问题中所明确的组织目标所表现的积极性，准备采用的方案可能引起下属之间发生矛盾的程度。

总之，领导者应根据问题的性质、决策的时间要求、掌握信息资料的情况、需要员工合作的程度等条件来决定选用 5 种领导方式的哪一种。弗鲁姆和耶顿还提出了选择领导方式的七条原则。

(2)七条原则

①信息原则。如果决策的质量是重要的，而领导者又没有足够的信息或单独解决问题的专业知识，那么就排除第一种专制决策的领导方式，而征求下属的意见。

②目标合适原则。如果决策的质量是重要的，而下属又不具备为组织做出合适决策的能力，那么就排除第五种高参与决策的领导风格的可能。

③非结构性原则。如果决策的质量是重要的，而领导者又缺乏充分的信息和专业知识，并且问题又是非结构性的，那么就应排除第一、二、三种专制领导的风格，而让下属公开讨论以提出问题答案。

④接受性原则。如果决策的接受性是很重要的，那么就应排除第一、二种专制的领导风格。

⑤冲突原则。如果下属不赞成过于正确的决策，可以通过第三、四种领导方式消除冲突。

⑥合理原则。如果决策的质量并不重要，而决策的接受性却很重要，最好采用第五种领导方式。

⑦接受最优的原则。如果接受性是重要的，那么要激励下属实现组织的目标，为了最优的解决问题，采用高参与决策的领导方式最好。

上述七个原则中，前三条是决策质量原则，后四条是决策的接受性原则。

“领导—参与”模式，对培训领导者与管理人员如何选择领导风格，使其能及时并高质量地做出决策，是重大的突破。

二、领导理论的新进展

20 世纪 80 年代以前，领导理论研究主要考虑的是领导行为的有效性，领导风格与领导行为如何随着工作情境而应变的规律等。但 20 世纪 80 年代开始，越来越多的研究者开始从领导者与下级的关系、领导者的认知规律及是否具有远见卓识的角度研究领导行为，提出了各种不同的观点，使领导理论研究的范围变得更加宽广。下面简单介绍一些领导理论的新观点。

1.领导归因理论

领导归因理论（attribution theory of leadership）是由米契尔（Terence R. Mitchell）于 1979 年首先提出的一种领导理论。这种理论指出：“领导者对引起员工绩效原因的解释会影响领导对员工的判断。”而领导者对员工绩效做出的反应同时受领导者的归因和员工行为所影响。领导者通过观察员工每天的工作，收集员工及其行为方面的信息，在此基础之上，领导者对员工的行为进行归因并采取相应的措施。

（1）领导者的归因

领导者的归因受到在三个行为维度上信息加工方式的影响：

①非凡性：指与绩效相关的行为只发生在该任务上的程度，即该特别任务的结果是否不寻常。

②一致性：指任务相关的行为与下属的其他行为相类似的程度。

③同一性：指在类似的情境中，其他的员工或团队有类似表现的程度。

对这三方面的考虑，可使领导者判断是内部还是外部的因素导致了员工的行为，即对员工的行为进行归因。

（2）员工的归因

员工可能会把他们的绩效归因于领导者，从而导致对他们的领导者形成积极的或消极的态度。员工对领导者影响自己绩效的思考会影响到他们对领导者有效性的知觉。

在归因过程中，领导者对下级行为的归因可能有偏见，这将影响领导者对待下级的方式。同样，领导者对下级行为归因的公正和准确也将影响下级对领导者遵从、合作和执行领导者指示的意愿。

因此，领导归因理论的主要贡献在于提醒领导者要对下级的行为做出准确“诊断”，并“对症下药”，才能达到有效治理的目的。

2.领导魅力理论

魅力型领导理论(charismatic Leadership Theory)是指领导者利用其自身的魅力鼓励追随者并做出重大组织变革的一种领导理论。

20世纪初,德国社会学家韦伯(Max Weber,1864～1920)就提出了领导者的"超凡魅力"概念。从20世纪70年代后期开始,一些学者对这一概念作了重新解释和定义,进行了深入的研究,充实了新的内容。

豪斯(Robert House)于1977年指出,魅力型领导者有三种个人特征,即高度自信、支配他人的倾向和对自己信念的坚定不移。随后,本尼斯(W. Bennis)在研究了90名美国最有成就的领导者之后,发现魅力型领导者有4种共同的能力:有远大目标和理想;能向下级清晰地表达这种目标和理想,并使之认同;对理想的贯彻始终和执著追求;知道自己的力量并善于利用这种力量。

但对魅力型领导理论做出最新最全面研究的是麦克基尔大学的康格(J.A.Conger)与卡纳果(R.N.Kanungo)。他们在1987年概括出魅力型领导者区别于无魅力领导者的下述特征:

一是变革的代言人。魅力型领导者被认为是改革创新的代表人物,他们反对现状并努力改变现状。

二是远见。魅力型领导者认为未来一定会比现状更美好,往往设置与现状距离很远的目标前景。

三是自信。魅力型领导者对自己的判断力和能力充满自信。

四是清楚表达目标的能力。魅力型领导者能深入浅出、言简意赅地向下级说明自己的理想和远大目标,并使之认同,从而成为一种激励力量。

五是不循规蹈矩的行为。魅力型领导者往往采取一些新奇、反传统、反常规的行为,当他们成功时,会引起下级的惊讶和崇敬。

六是对环境的敏感性。魅力型领导者对环境的变化非常敏感,并采取果断措施改变现状。

七是权力的运用。魅力型领导者经常依靠专长权力和参照权力,而不仅只用合法权力。

魅力型领导理论从20世纪80年代起,日益受到研究者的重视。这是因为随着经济全球化的发展,市场竞争日趋激烈,各类组织,尤其是企业组织迫切需要魅力型领导者的改革和创新精神,以应对环境的挑战。

但一些学者的研究也指出,魅力型领导者也可能有消极方面的影响。如果魅力型领导者过分强调自己个人需要高于一切,要求下级绝对服从,或利用其高超的说服能力误导或操纵下级,则可能产生不良结果。

3.**交易型领导理论**

交易型领导(transactional leadership)是指领导者以奖惩为基础的交换方式来激励和领导员工,以换取自己所期望的绩效。交易型领导者倾向于采用"胡萝卜加大棒"的方法,为成员确定具体目标、实现目标的具体方式及实现目标将会得到的报酬。交易型领导有两个主要成分通常被看做有助于员工实现绩效目标:

(1)偶然的奖赏

领导者把实现目标、获得报酬、澄清期望、交换承诺、提供资源、进行资源谈判、成功的绩效等与提供的奖赏联系起来,即根据员工的努力程度和绩效水平进行奖惩。

(2)例外管理

例外管理是指领导者仅在员工工作出现失误时才进行干预。例外管理有积极和消极之分。对例外情况的积极管理是指领导者监控员工的绩效,一旦有错误或偏差发生,便及时采取纠正措施;对例外情况的消极管理是指当问题变得严重时,领导者进行干预,但等到失误引起其注意时才会采取措施,即没有完成预定任务后才出面惩罚。

4.**转换型领导理论**

转换型领导者是指能够预期未来的趋势,激发下属成员把组织利益置于个人利益之上、对下级有巨大影响力的领导者。在组织的各个阶层上都可能存在着转换型的领导者。这种领导者能使下属成员成长为领导者,把组织或团队建设成为一个受到挑战并得到回报的学习型组织。

转换型领导模式建立在交易型、魅力型领导模式及领导归因模式的基础上并做了拓展。对一个领导者而言,这个模式实施起来明显是最全面以及最富有挑战性的。转换型的领导者通过激发动机、挖掘心智潜力、施加理想化的影响和规划人生发展等,以形成一种团队的合力,创造良好的条件与机遇,实现目标,达到个人与团队双赢的结果。

转变型领导者一般能达到较高的组织绩效,其下级的工作满意度较高、下级的离职率较低。其主要原因在于:这种领导者会使下级认为,把精力集中于工作团体比只注意个人兴趣更有价值;能提高下级对工作结果重要性的认识;能够鼓励下级对工作挑战性、工作责任感的重视。

5.**超越型领导理论**

曼兹(C.C.Manz)和西姆斯(H.P.Sims)于1991年首先提出超越型领导(super-leadership)的概念。他们认为,超越型领导者会帮助下级发现、利用和最大限度地发挥自己的能力。这种领导方式的关键是要求下级进行自我领导,把下级培养成自我领导者。这里自我领导是指一种为达到自我激励和自我定向而对自己施加的影响。

超越型领导者培养下级的自我领导是通过行为训练和认知训练两种途径来实

现的。行为训练即训练下级自我设置目标，对行为进行内在强化，自我安排职务，同时进行自我批评和表扬。认知训练即把自然奖励置于工作任务之中，使工作本身成为一种自身的爱好，从中体验到胜任感、自我控制感和使命感，并通过控制自己的信念、想象等建立积极的思维模式。超越型领导者本人能为下级做出自我领导的榜样，通过令人信服的榜样显示自我领导，鼓励下级按这种方式进行演练，形成自我领导行为和创新的思维模式。

但从管理现状来看，超越型的领导理论仅仅是个理想境界，可以在一些效益好、科技水平高、员工素质高的企业内试行，尚不能推广。

6.战略领导理论

战略领导(strategic leadership)是战略管理与组织行为管理交叉研究的领域，主要研究高级主管(个人或团队)的行为过程特征对战略选择和组织绩效的关键影响。战略领导有一个明显的特征，即它关注组织整体的进化，包括组织不断变化的目标及能力。战略领导关注的是对组织负有全面责任的人，不仅仅是指组织中头衔比较高的人，还要包括高层管理团队中对组织有重要影响的人。

公司高级主管的人格特征与战略选择的关系是战略领导理论研究的热点问题。根据寻求挑战和控制需要两个维度，可以把战略领导分为四种类型，每种领导类型及其与各种战略力量的关系见表 6-3。

表 6-3　领导类型与各种战略力量的关系

领导者类型	战略	文化	结构
寻求挑战者	高风险战略 产品创新 坚持核心业务	强文化 亚文化少	少数人集中决策
现状保护者	低风险战略 创新少 关注效率	强文化 不容易多样性	少数人集中决策
参与创新者	高风险战略 产品创新 欢迎新思想	主文化易变 亚文化多 很能容忍多样性	分权决策 授权与参与
过程管理者	低风险战略 创新少 关注效率	强调不变 容忍多样性	分权决策 参与

【本章小结】

领导是管理的一个重要职能，也是管理学中最吸引人和最容易引起争议的内容之一，对于领导的定义也是众说纷纭。本章从动态的角度，解释了领导是领导者指引和影响个体与组织在一定条件下实现某种目标的过程。分别介绍了领导特质理论、领导风格和行为方式理论和领导权变理论。

领导特质理论主要研究领导者的个体基本素质，以预测具备什么样个体特质的人适合当领导者。传统的特质理论认为，领导特质是天生的，生来不具备这种特质的人就不适合当领导；现代特质理论认为，领导者的性格与品质并非天生，而是在实践中形成的，是可以训练和培养的。

领导风格理论研究的内容是各种领导风格类型及这些类型对员工绩效的影响，研究的目的是为了寻求更优质的领导风格使其与工作效率相匹配。领导行为方式理论认为，领导者最重要的方面不是领导者个人素质，而是在各种不同环境中领导人做些什么。

领导权变理论是近年来许多学者研究的内容，开始关注被领导者的特征、环境因素、领导者与被领导者的关系对领导效率的影响，为实现卓越领导提供了更广阔的依据。

【习题】

名词解释

胜任特征模型　教练型领导风格　管理方格理论　领导生命周期理论　战略领导

简答题

1. 试述胜任特征模型构建的过程。
2. 阐述魅力型领导理论的代表人物和他们的基本观点。
3. 概述领导类型与战略的关系。

案例分析

根据调令，钟迪前往B公司担任人力资源部经理。在交接班时，前任经理特意对领导班子中的一位副手的情况作了详细介绍，说这位副手个性强，不好合作，凡事都要听他的，有时经理决定了的事，如果他不同意，经理的决策就很有可能得不到有效的实施。前任经理还对钟迪说，要不是知道他知道自己要调离，那一定会建议上级想办法把这位副手撤掉。前任经理的介绍在钟迪的心理上造成了很大的阴影。

后来，钟迪正式接任工作，在与这位副手的接触中，发现这位副手确实很有个性，如：自尊心很强，人很正直，对工作很有主见，也敢于负责，好胜心强，总希望自己分管的工作做得比别人好。

问题1：根据以上案例，分析这位副手属于哪种领导类型？

问题2：对于这位副手，应该怎样做才能既调动其积极性，又能实现有效的领导，以保证组织整体目标的实现？

第七章　人格与管理

学习目标

1.掌握价值观对组织中个体行为以及对组织的影响；
2.掌握工作满意度、工作卷入和组织承诺的相关内容；
3.理解各种动机激励理论。

【本章知识结构】

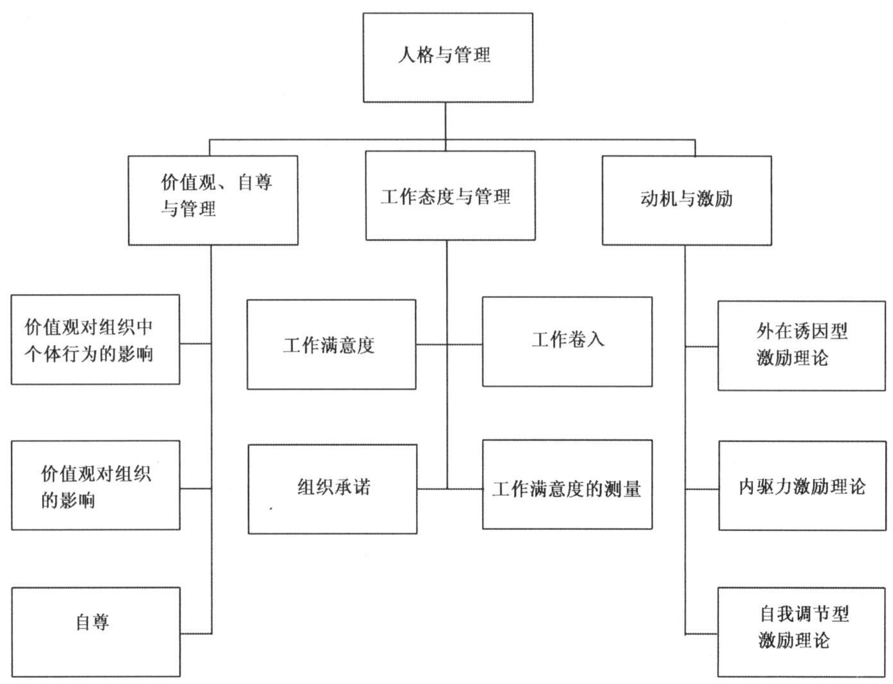

【引言】

很多人都梦想进入世界500强企业，把成为其中的一员作为一种成功的标志和对自身的一种肯定。那么如何才能做到这一点呢？让我们首先来了解一下部分知名企业的用人标准吧。

壳牌招聘人才主要是着眼于未来的需要，所以十分看重人的发展潜质。壳牌把发展潜质定义为“CAR”，即：分析力(Capacity)：能够迅速分析数据，在信息不完整和不清晰的情况下能确定主要议题，分析外部环境的约束，分析潜在影响和联系，在复杂的环境中和局势不明的情况下能提出创造性的解决方案；成就力(Achievement)：给自己和他人设立有挑战性的目标，出成果，百折不挠，能够权衡轻重缓急和不断变化的要求，有勇气处理不熟悉的问题；关系力(Relation)：尊重不同背景的人提出的意见并主动寻求这种意见，表现诚实和正直，有能力感染和激励他人，坦率、直接和清晰地沟通，建立富有成效的工作关系。

诺基亚的企业文化的核心是“以人为本”。在人才的判断上，企业通过硬件和软件两个方面来体现这一文化。硬件系统包括专业水平，业务水平和技术背景，软件系统包括沟通能力、创新能力以及灵活性等。摩托罗拉强调人才的5个E，即Envision(远见卓识)、Energy(活力)、Execution(行动力)、Edge(果断)、Ethics(道德)。

以上这些用人标准都体现了企业对员工动机、价值观、气质、性格、态度等方面的要求，而这些方面都属于人格范畴。由此可见，人格与管理之间有着密切的联系。

(资料来源：wiki.mbalib.com)

人格本身便是一种有价值的力量。作为组织的管理者，只有依靠其人格所产生的威望才能更好地、潜移默化地影响员工。基于对这点的认识，不少国内外学者认为，管理者应该加强对员工人格管理的探索，尤其要重视对企业经营者、高层管理者的人格管理的探索。

第一节　价值观、自尊与管理

从社会历史来看，诸如和平、自由、民主、权益、尊严、荣誉、诚实、正直、道义、公正、平等、合作、快乐等价值观经过千百年历练，被证明是合理而有用的，在文明中沉淀下来，代代相传，相对稳定。

个体自出生起，就生活在现实社会中，接受文化的洗礼，在社会规范的影响、塑造下建构起自己的行为风格。人的价值观也是相对稳定的。这源于人追求规律、简明的本性，以便对行为进行概括，不致陷于变化无常的盲从，使行为更符合社会的要求、更有效。当然，价值观并非绝对不变。当人们处在某种环境，其行为必须符合新的情境要求时，旧的价值观可能就不再适合，需要加以修正。价值观影响个人行为、群体行为和整个组织的行为，进而影响组织的效率和效能。

一、价值观对组织中个体行为的影响

价值观对人的行为的影响主要表现在以下几个方面：第一，影响对其他个人及群体的态度从而影响到人与人的关系；第二，影响个人所选择的决策和解决问题的方法；第三，影响对个人所面临的形势和问题的态度；第四，影响确定什么是和什么不是的道德行为标准；第五，影响个人接受或抵制组织目标和组织压力的程度；第六，影响对个人及组织的成功和成就的看法；第七，影响对个人目标和组织目标的选择；第八，影响对管理和控制组织中人力资源手段的选择。

在同一个客观条件下，对于同一个事物，组织成员的价值观是不会完全相同的，这就会导致员工行为的不一致。如对同一个规章制度，如果两个人的价值观相反，那么他们将会采取完全相反的行为。认为这个规章制度是合理的人就会认真贯彻执行；认为这个规章制度是错误的人就会拒不执行。而这种截然相反的行为，将对组织目标的实现起着完全不同的作用。

二、价值观对组织的影响

世界著名企业成功的经验之一，就是有自己明确的价值观，有共同的信念。IBM公司的总裁小托马斯·沃森（Thomas Waston）在他1963年出版的《企业与信念》一书中论述了企业核心价值观的作用，他把这种核心价值观称为“信念”。小托马斯认为：“任何企业想要存在下去并不断取得成功，就必须有一套可靠的信念，并把这套信念作为政策和行动的前提”。

1.基于组织文化的价值观

美国密西根大学的莱克（Jeffrey K.Liker）教授对丰田进行了近20年的研究。在对丰田管理模式的关键要素进行深入剖析之后，莱克教授认为，在丰田成功模式的核心内容中，有相当大的成分是源于丰田管理层朴实的农民价值观、优秀农民的文化基因。被誉为“丰田复兴之祖”的丰田第三任总经理石田退三提炼出的“丰田经营成功的七条原则”之一便是“农民精神”，将农民的淳朴、勤劳、积极向上、不惜体力、不辞辛苦、认真好学等特点视为丰田最大的优点。丰田模式的核心是人财，人财的基点是员工的知识和智慧，知识和智慧的源头是“地头力”，地头力则是对“现场”的反应。要实现员工知识和智慧的价值，关键是创造释放地头力的“场”，创建这个“场”的条件有两个：一个是尊重员工，相信员工的价值是多元的，愿意向员工赋权，让每一个员工走进现场，成为问题的解决者；另一个则是将“现场”向员工敞开，建立一种对现场的敬畏感，“答案永远在现场”。丰田的创始人哲学“人人都能成功”、“现地现物”就分别指向这两点。丰田释放员工知识和智慧的核心是构建地头力的场。

“地头力”这个农业用语成了丰田核心之核心，丰田精髓性的特色理念也指向农业文化传统，如“行动优先”、“渴望试验”、“明天要比今天更好”等等。丰田的成功，是小农传统创造性转化的结果，是小农思想内在价值最有力的证明，对中国企业管理模式的创新极具借鉴意义。它启示中国企业完成一种转变，即从无意识传承到积极地释放知识和智慧。

在组织管理中，要致力于组织文化建设，根据组织的使命、任务，树立明确的组织价值观，并努力使组织的所有员工接受并赞赏，以提高组织的凝聚力。管理者必须重视价值观的变化及其对组织行为的影响，进行人事甄选时，要重视价值观的考察，尽量避免任用那些个人价值观与组织价值观相悖的人，以免造成未来的冲突，同时使组织工作适应人们普遍存在的价值观，还要注意树立和培植新的价值观。

2.跨文化管理中的价值观冲突问题

个人主义和集体主义之间存在不同价值观的冲突，这种不同价值观所带来的冲突与紧张，在跨文化管理上称为价值两难。不同文化在面对上述价值两难时都充满强烈的意识形态色彩。要成功整合这些价值冲突是非常困难的事情，因为它与人的思维方式和行为方式直接相关。任何一个企业的组织管理者在经营管理过程中都要参考下面7个方面的价值选择来考虑处理跨文化价值观冲突问题：

①制定规则与发现例外(普遍主义/特殊主义)。

②分析研究结构与结构整合。所有企业必须能分解其所生产的产品或服务，以便能分析其中任何可能的缺点，并进行改善。同时，企业也必须能不断重组产品的零部件，以便更新产品的整体设计。

③人与组织的管理(个人主义/集体主义)。企业一方面要为成员提供照顾、关心、信息和支持，另一方面还要确保成员完成企业整体的目标。这取决于对个人主义和集体主义之间的抉择及程度。

④外部世界的内部化。企业如何调解内部导向与外部导向这两种相反力量，以及能否将外部世界内部化，以便果断而明智地行动是决定企业特性的重要因素。

⑤增值过程的快速同步处理能力(依序处理/同时处理)。企业真正的挑战是如何协调许多必须快速完成的工作。企业如果要抢先占领市场满足顾客的需求，就必须兼顾依序处理与同步处理两种作业方式。对财富创造过程而言，增值过程的快速同步处理能力显然更重要。

⑥成就者的认定(赢得地位/赋予地位)。企业要有效运作，就必须将地位、职位和权责授予为企业尽心尽力并且工作上有所成就的人。企业创造价值的能力取决于其对成就的定义。例如，他们比较赏识赢得地位，而不是重视赋予的地位。

⑦提供成员均等的表现机会(平等/层级)。企业必须提供所有成员表现的机会，否则员工的创意与建议会受到压抑，同时企业也没有利用好这些资源。企业的

特性取决于成员表现机会是否均等，以及负责评判部属表现的管理层级体系的决策特点。

三、自尊

【拓展阅读】

《给加西亚的信》

"如果你以积极性发挥你的思想，并且相信成功是你的权利的话，你的信心就会使你成就所有你所订定的明确目标。但是，如果你接受了消极心态，并且满脑子想的都是恐惧和挫折的话，那么你所得到的也都只是恐惧和失败而已。"

现代领导者自卑的两大表现：

独断。对下级提出的准确建议，给予反驳、否决、打击；抢先发言；总认为自己意见是正确的，不愿听取他人意见；喜欢能力差顺从型的人；强烈的官僚作风，让下属处处感觉到他是领导；谈话时，总把自己的观点强加给他人。

虚荣。在某些场合，即使自己说错了话，也容不得下属当众反驳；决策失误，找各种理由为自己开脱或证明自己正确；对某些工作，自己不清楚，也要指手画脚；说话的语气带有威胁性，不敢面对失败；经常在别人面前说领导多么赏识他；不敢暴露自己的弱点，伪装自己。

人们喜爱或不喜爱自己的程度各有不同，这一特质称为自尊(self-esteem)。有关自尊的研究为组织行为的研究提供了一些很有趣的证据。比如，自尊与成功预期成正相关。自尊心强的人相信自己拥有工作成功所必需的大多数能力，与自尊心弱的人相比，自尊心强的人不太喜欢选择那些传统性的工作。

对于企业来说，建立高效率和高自尊的文化，吸引并留住员工是非常必要的。迪帕克·赛西(Deepak Sethi)总结出建立高效率和高自尊的文化，必须贯彻以下7条原则：(1)尊敬：企业应该让各个层次的、来自不同背景的员工，都感到他们的独特贡献得到了承认，并且对企业的成功是至关重要的；(2)责任与资源：让员工承担独立的、明确的责任；(3)承担风险：那些自尊心强的员工，往往比那些自尊心强的人，更可能成为理智的冒险者。这就需要企业能够鼓励冒险并理智地对待错误，培养员工自尊并激发其革新的欲望；(4)奖励与承认：当员工出色地完成一项工作后，能够及时地给予承认；(5)关系：以尊敬和宽容为前提的私人关系，能够使企业各成员间相互信任，在理解别人动机的同时，还能够更好地判断自己所承担的责任和权力，并帮助自己找到对企业和自己都满意的位置；(6)榜样：一个高效、自尊的员工，将用他们的行为来证明这个企业所信奉的价值观，员工往往更加注意管理者所做的而不是所说的。榜样是传达价值观和理想行为最有力的方式；(7)更新：未来的组织将需要这样一种文化：学习是持续的；意识性、贡献性和自尊三者将相互促进，并刺激企业的发展，这就是更新的意义。

第二节　工作态度与管理

态度(attitude)，是个体指向一定对象，有一定观念基础的评价性持久反应倾向，是指对人、客体、事物所持的肯定或否定的评价，反映了对人、客体、事物的感受。一般较多提到的、与工作有关系的态度主要有三种，分别是工作满意度、工作卷入和组织承诺。这三种工作态度也是目前组织行为学和管理心理学研究中的热点。

一、工作满意度(job satisfaction)

工作满意度，指个体对他所从事的工作满意与否的总体态度。研究者们对工作满意度和组织绩效之间的关系非常感兴趣，而这也是最受争议和矛盾最多的问题。一般而言，大多数管理者都认为员工的工作满意度越高，其工作业绩就越好。然而，越来越多的研究表明，工作满意度和工作业绩之间并没有显著的因果关系。在现实的工作中，可以很容易发现对工作不满但业绩不错的员工。

将组织作为一个整体来看，工作满意度和组织绩效存在这样的关系：员工满意度高的组织，其组织绩效也更高。工作满意度能影响员工的组织公民行为，具有高满意水平的员工更愿意主动承担自己职责之外的组织责任，更乐于帮助他人，对组织的心态更为积极。近年来的研究证据表明，工作满意度对组织公民行为的影响是通过公平感发生作用的，如果控制了公正这一因素，工作满意度与组织公民行为之间无相关。影响员工工作满意度的主要因素如图 7-1 所示：

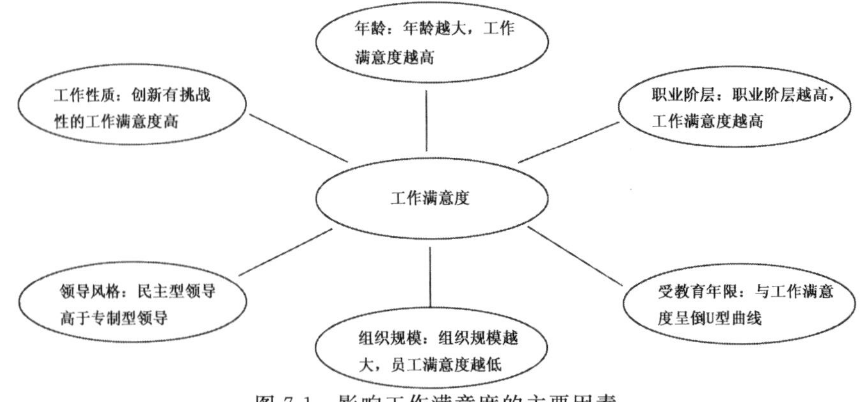

图 7-1　影响工作满意度的主要因素

“工作满意度调查”是很多企业人力资源管理工作的重要组成部分，也是很多企业用来衡量人力资源部工作成绩的重要绩效指标。通过对工作满意度的年度调查，企业期望找到以下问题的答案：企业中的员工对他们所服务的企业与从事的工作是否感到满意？员工最满意的是什么地方？最不满意的是什么地方？与往年相比较，员工的满意度是上升了还是下降了？主要的变化在哪里？与其他的同类企业相比较，员工对本企业的满意度相对较高还是较低？

在获得了这样的信息以后，那些负责任的企业就会据此列出企业在人力资源管理方面需要改进之处，放到企业的行动计划当中，希望通过诸如提高工资，改善福利，提供更多的培训等等措施来提升员工的满意度。这些企业为什么会这样做呢？究其根本，是管理者认为员工满意度对企业的发展是至关重要的，只要员工的满意度不断提高，他们就会更加努力地学习与工作，并最终为企业的持续发展做出更多贡献——即通过满意度的提升来提高员工的生产效率。

然而，这却是一个错误的假设，因为提升工作满意度并不一定能够提升员工的生产效率。

首先，员工的满意程度与员工的工作效率是没有非常直接的联系的。为什么会这样说呢？因为员工的满意程度总是与工作环境、学习机会、发展机会、福利、薪酬待遇等等联系起来的，而所有这些内容与工作效率的联系是非常弱的，甚至有些内容是没有什么联系的。举例来说：在舒适办公环境中工作的员工并不一定就比在相对较差环境中工作的员工更加积极努力地工作，因为舒适的环境可能会让人更加倾向于享乐而不是拼命；再比如说，同样一个人在同样一个岗位上，并不会因为给他更多的工资而持续努力地工作，一段时间后他对增加的工资就会没有任何感觉了。工作效率应该是和工作流程的设计、绩效考核与淘汰的机制、技术与设备的先进程度、员工的自身基本素质直接联系起来的。所以，如果企业期望的只是工作效率提升的话，那么一个好的淘汰机制可能会比一个好的工资方案发挥更大的作用。

其次，员工的满意度都是相对的，是随着员工心理状态的变化而变化的。今年大家的满意度普遍不高，企业做了很多的努力来提升员工的满意度，但也许到了明年大家的满意度更加下降了，为什么呢？因为标准变了。在员工的工资是 2000 块钱的时候会觉得涨了 1000 块钱工资很激动人心，但是当真的变成了 3000 块工资后，大家反而觉得 5000 块才会满意，因为基础变了。

所以，如果企业错误地运用工作满意度调查的话，可能会带来两种不好的结果：

①在调查后努力来提升员工满意度，可能不会带来所期望的生产效率提升。

②在做了满意度调查后没有采取任何行动，则会导致其信誉度下降。

那么,企业的工作满意度调查是不是还有必要呢?如果有必要的话,我们应该怎么运用呢?

工作满意度调查是必要的,但它的作用应该是用来预防企业想留住的员工流失。基于这个目的,我们可以得到两个重要的推论:

③如果企业的员工没有流失的风险,则不需要进行满意度的调查或进行任何与提升满意度有关的活动。

④如果这个员工是企业不想保留的员工,那么其满意与否并不重要。

基于这样两个推论,员工的满意度调查应该运用的方法是:

首先,明确哪些员工是我们想保留的员工。目前几乎所有的企业都处在人力资源高度流动的竞争环境中,但并不是所有的人都是希望保留的员工。通常来说,需要高度关注的员工包括:在核心部门与核心岗位工作的员工;表现相对出色的员工;具备人力资源市场上稀缺能力的员工。这些员工是企业应该密切关注和花精力去挽留的。

其次,在进行工作满意度调查的时候,企业不能仅按照传统的分部门或者分级别进行统计,还要按照企业员工被保留的价值进行分类统计和分析,真正去了解那些期望保留的员工的需求和不满意的地方是什么,然后尽力去满足他们的要求,确保他们不会转投竞争对手的怀抱。

最后,对于广大的普通员工来说,满意度调查至少可以让管理层了解员工的普遍心理是什么,但调查结果不应该成为企业决策的唯一依据。其实更加重要的是企业需要想清楚其满意度调查是为了什么目的,如果是为了提高工作积极性和效率的话,那么这个调查结果不需花费太多精力关注。如果是为了让所有的员工更加快乐地工作,那么这个调查的结果还是很有意义的参考依据。

二、工作卷入(job involvement)

工作卷入是指一个人从心理上对其工作的认同程度以及认为其绩效水平对自我价值的重要程度。工作卷入程度高的员工对他们所做的工作有着强烈的认同感,并且真的很在意自己的那份工作。已有的研究结果表明,工作卷入度越高,员工缺勤率和离职率越低。相比缺勤率,工作卷入可以解释16%的流动率变异,能更稳定地预测流动率。

【拓展阅读】

GOOGLE 福利阴谋

如果问Google的工程师:你们平时是怎么工作的? 99.9%以上的人会极其严肃地给出一个听起来并不太严肃的答案——边玩边工作啊。不过,“玩”字在Google的确是无处不在。在工作区,员工们可以发挥自己的想象力自由地布置,而且布置的经费是由企业提供的,Google还会为最有创意的员工颁奖。于是,在Google的办公室里你能看到堆满玩具的“反斗城”,也能看到芭比娃娃的“粉红闺房”,甚至还有漫游太空的“银色空间站”,走在气球、玩具、海报、各种小玩意儿的空隙间,一不小心还会遇上某位刚从帐篷里爬出来、睡眼惺忪的工程师。当改装的办公室不能再给人新鲜感时,办公楼和办公设备成了下一个“玩乐对象”。美国总部的大楼被清一色地冠以数学符号的称谓:二号楼的名字是无理数“e”,三号楼则叫圆周率“π”。美国人爱数学,中国人则显然更浪漫。在Google中国企业,会议室叫“花果山”、“雷音寺”,打印机则被工程师们依次用国字号名酒编了号:“茅台”、“大曲”、“二锅头”、“高粱”……走出花样百出的工作区,大楼每层的休息室是员工最爱待的地方。在超过100平方米的巨大房间里,除了飞镖盘、乐高积木、跳舞毯、桌上足球、台球,还有无线手柄的PS2游戏机。没心情工作? 你可以随时到这里“钓灵感”。玩得累了,你还能在靠墙的零食架上找到几乎所有的主流零食,当然,这也是贴心的雇主为你准备的。

美世咨询研究员史蒂夫认为:“Google正在利用各种令人眼花缭乱的生活上的福利来同其他企业抢优秀人才。他们向最想吸引的技术人才发出这样的信号:来我们企业,努力工作,我们会尽力处理好你的日常事务。而这些把私生活与工作混为一谈的举措正逐渐让越来越多的人感到反感。“这样做实际是在侵犯他们的私人空间。”美国《财富》杂志编辑钱德勒说,“事实上像‘上班时间可以玩桌上足球’这样的福利既迎合了员工被尊重、甚至被奉迎的虚荣,又不会有任何损失工作效率的风险,因为雇主心里很清楚,以员工的工作量,他们根本就没有时间去玩桌上足球。雇主安排这些福利的潜台词是:除了睡觉的时间,其实你都可以在企业待着。颈椎酸了订个推拿,眼睛乏了去跑会儿步,嘴巴干了去饮料柜。既然不必出企业,不必再到外面的世界晃悠,那么省下来的时间干什么呢? 工作!”

(资料来源:www.smartshe.com)

个体—环境匹配论是一个日益受到人们关注的理论,其在工作卷入的研究中得到了广泛的研究支持与应用。个体特征和环境特征都是工作卷入的前提条件,只有两者很好的匹配才能更好地提高工作卷入。个体特征、情境特征、管理和监督行为都与工作卷入显著相关。与需求一致的工作卷入和高水平的身心健康呈正相关,与需求不一致的工作卷入则呈负相关。对工作或经济环境的预测程度也能影响工作卷入。个体—环境模型能够部分预测工作卷入,个体的价值观与组织的价值观的一致性能影响工作卷入,并且发展中国家的人力资源管理政策与员工的个体倾向是否匹配也能影响工作卷入。个体—环境相匹配与个体的工作专注情况、工作满意度、组织承诺和职业成就呈正相关,与离职倾向呈负相关。

三、组织承诺(organizational commitment)

组织承诺是指员工对于特定组织及其目标的认同,并且希望能够保持组织成员身份的一种心态。组织承诺的具体表现方式有:希望加入某个组织;愿意保留某个组织的成员身份;认同组织的价值观并接受组织目标;愿意为组织的利益做出自己的贡献。

加拿大学者 Allen 和 Meyer 等在 1990 年提出了组织承诺的三个维度:情感承诺、持续承诺和规范承诺。具体如表 7-1 所示:

表 7-1 组织承诺的三个维度

维度	具体定义	作用时间
情感承诺	员工对组织在感情上有所依赖和认同,工作投入、努力和对组织的忠诚不是因为物质利益,而是来源于对组织的深厚情感	持久
持续承诺	员工为了避免因为离开组织所造成的有价值的附属利益(奖金福利等)的损失而不得不继续留在该组织的一种承诺,这来源于员工对离职所造成损失的认知	暂时
规范承诺	员工由于受到长久的社会责任感的影响而留在组织中,这来源于员工对组织的义务感	

中国文化重视经验中的情感体验部分,也就是说中国人重感情,因此在实际的中国企业或组织中情感承诺就显得尤为重要。管理者要注重对员工的情感承诺的培养,使组织的价值观、目标等内化在员工的思维中,使员工本身的价值观和个人目标与组织保持一致,最终达到员工从内心对组织的认同,建立起深厚感情。情感承诺是较为稳定和长久的。

与情感承诺相比,在实践中组织管理者面对的更普遍的问题是持续承诺。比如,通过向员工赠送奖励或低价出售企业股权、推迟奖金福利的发放、设立忠诚奖等方式来降低员工离职率。这些措施的确会起到短期内降低离职率的作用，但有研究表明，有着高持续承诺的员工往往工作绩效较低。此外，一旦外部出现更好的交易条件，高持续承诺的员工更易选择跳槽，持续承诺只是暂时的。

既然组织承诺是如此重要，那么如何来建立组织承诺呢？可用的措施很多，以下列举比较重要的几点：

公正与支持：组织应该重视员工的需要，并为其提供良好的发展条件和福利待遇；积极肯定员工的成就，帮助其进行自我实现；公平分配，公正管理。在这样的组织中，情感承诺更高，员工的忠诚度更高。

①工作安全：组织应给员工提供足够的工作安全，使员工感觉到一种长久和相互的雇佣关系，而不必时时面临解雇的威胁。

②组织理解：组织应重视和做好沟通工作，营造出和谐、宽容、积极的组织氛围，使员工能够加深对组织的了解，员工之间有较多的互动和良好的人际关系，这样可以提高员工的情感承诺。

③员工参与：组织应适当地让员工参与一些组织工作的管理，让员工感到自己是组织的一部分，增强其对组织的归属感和认同感，继而提高员工的忠诚度。

④信任：组织要重视对员工的信任，因为信任是一种相互的行为，组织要想获得员工的信任，必须先表现出对员工的信任，信任意味着对他人或群体的真诚。

提到组织承诺，特别是情感承诺，我们将介绍一个相关的概念：心理契约(psychological contract)，是人们所持有的对与另一方达成交换协议的个体信念。在企业组织中就是指雇主与雇员关系中，组织与雇员事先约定好的、内隐的、没说出来的却对对方所怀有的各种期望，包括员工对所赋予权力的期望以及作为对雇主回报的责任的信仰，具有主观性、不确定性、双向性和动态性。

	具体明确的	不具体明确的
短时的	交易型	变动型
长时的	平衡型	关系型

图 7-2　心理契约的四个维度

心理契约可以弥补成文契约所起不到的作用，它体现了承诺，包含了信任，减少双方的不安全感；心理契约体现了组织与成员之间的心理期望，是组织成员之间为人处世的规则；心理契约的建立和维持，有助于组织冲突的缓解与协调，提高工作效率，也是一定时期中所形成的价值观的体现。

根据绩效要求和时间结构两个维度将心理契约划分为四种类型：交易型、变动型、平衡型、关系型。其中时间结构维度指雇佣关系的持久性程度，绩效要求维度指绩效要求作为雇佣条件的具体程度（图 7-2，表 7-2）。

表 7-2　不同类型心理契约的表现特点

类型	表现特点	实例
交易型	低工作模糊性；高流动率；低组织承诺；低身份感	临时工
变动型	高工作不确定性；高不稳定性；高流动率；	组织裁员或并购时的员工
平衡型	高组织承诺；高身份感；不断开发；相互支持；动态性	高参与组织中的员工
关系型	高组织承诺；高感情投入；高身份感；稳定性	家族企业中的成员

当个体知觉到他的组织不能完成或拒绝其一项或多项责任时，心理契约就被破坏了。对心理契约的轻微破坏不会引起明显的、强烈的反应，然而，打破的话就可能导致员工业绩下滑、怠工、缺勤或者辞职。对契约的破坏可引起员工如图 7-3 所示的一系列的变化：

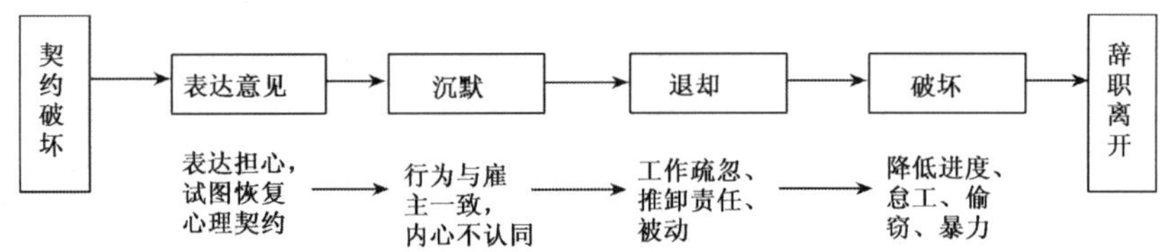

图 7-3　员工心理契约遭破坏后的行为变化

目前对心理契约的讨论主要关注的是员工的方面，同时需要注意员工之间的个体差异，如气质、性格、归因方式等都会造成心理契约的差异。此外，心理契约受到不同文化和不同年代的影响。比如美国的员工有较低的权利距离，更愿意参与组织决策，而中国地区的员工则更愿意接受上级的领导。年长的员工和年轻的员工的心理契约也不相同。正是由于存在个体差异，给管理者有效的管理多样的个体心理契约提出了挑战。

四、工作满意度的测量

如今，在组织中应用最广泛的对态度的调查主要集中在工作满意度上，因为对工作满意度的测量可以发现组织中的潜在问题，使管理者及时做出反应，以便做好沟通、降低缺勤率和离职率等。下面就介绍一些常用的工作满意度量表：

1.工作描述指数量表（job description index）

这是最常用的工作满意度量表，由史密斯（P.C.Smith，1969）编制。量表要求描述总共五方面的内容，即工作、上司、报酬、晋升及同事。每项内容有若干问题，用

"是"与"否"进行回答。

2.明尼苏达满意问卷(minnesota satisfaction questionnaire,MSQ)

明尼苏达满意问卷的简式共有 20 个题目,涉及一般满足、内在满足、外在满足部分,包括对报酬、晋升机会、同事等的满意度和认识等。每个题目的满意度被分为五个等级,累加结果并与常模进行比较。此量表的复杂式为 100 个题目。

3.面孔量表(Kunin's Faces Scale)

该量表是库宁(T.Kunin,1955)创造的一种满意度评价方法,也从五方面进行评价,只不过答题不用文字,要求在一系列不同情绪的面孔上进行选择。

4.洛克的工作满意度量表

洛克(Locker)提出的工作满意度量表包含 9 个分量表,共 36 个问题,每个分量表对应 4 个问题,每个问题分 6 级回答。表 7-3 是洛克提出的对影响工作满意度有重要作用的 9 个维度及其描述:

表 7-3 对工作满意度起作用的 9 个维度

类别	维度	维度说明
一、事件或条件		
工作	工作本身	内在兴趣、多样化、挑战性、学习机会、成功机会、对流程的控制
奖励	报酬	数量、公平性、依据合理性等
	晋升	机会、公平性、依据合理性等
	认可	表扬、赞誉、批评等
工作背景	工作条件	时间长短、休息多少、设备、空间宽敞、气温、通风、厂址、福利、医疗和生活保险、假期等
二、人物		
自己	自己	价值观、技能和能力
单位内其他人	领导	管理风格、管理技能、行政技能等
	同事	权力、友好态度、合作互助、技术能力等
单位外其他人	顾客	技术能力、友好态度等
	家人	支持、对职务的理解、对时间的要求
	其他	按职位划定,如学生、家长、选民等

采用量表评价工作满意度,具有简明、高效、适用性强、信息量大等特点,但也存在一定的局限性。我们要考虑到人们会不自觉的扭曲对自己不利的信息,同时也不是每一个人对量表的理解都一致。

第三节　动机与激励

在组织中，有效地组织并充分利用人力、物力和财力资源是管理的重要职能，其中又以人力资源的管理最为重要。在人力资源中，最关键和最困难的问题就是怎样激励人，可见激励在管理中占有重要地位。本节将根据个体动机激励着力点的不同，分别对外在诱因型激励理论、内驱力型激励理论和自我调节型激励理论三大类激励理论进行阐述。

一、外在诱因型激励理论

外在诱因型激励理论是指在激励的过程中，着重强调外在诱因的关键性作用的激励理论。这类激励理论的共同特点是：给予个体外部的诱导、奖赏和惩罚等刺激，并通过操纵这些外在的诱发因素，促使个体的动机受到激发和维持。这种诱导、奖赏和惩罚等刺激不仅是针对事后的结果，也包括了事前的引导和诱发。外在诱因型激励理论主要包括强化激励理论、目标激励理论和双因素理论等。

1.强化激励理论

强化激励理论是由著名的心理学家斯金纳(B.F.Skinner)提出来的。他提出了有别于华生和巴甫洛夫理论的另一种行为主义理论，称之为操作性强化理论。

斯金纳把行为分成两类：一类是应答性行为，这是由已知的刺激引起的反应，如学生听到上课铃声后迅速安静坐好的行为；另一类是操作性行为，是有机体自身发出的反应，与任何已知刺激物无关，如书写、讨论、演讲等。这种操作性行为的形成过程就是学习，其关键是强化的作用。斯金纳认为，人类行为主要是由操作性反射构成的操作性行为，操作性行为是作用于环境而产生结果的行为。

斯金纳进一步提出了强化理论，认为强化就是通过“强化物”增强某种行为的过程，而强化物就是增加反应可能性的任何刺激。该理论认为人的行为是其所受刺激的函数。如果这种刺激对他有利，则这种行为就会重复出现；若对他不利，则这种行为就会减弱直至消失。因此，管理者要采取各种强化方式，以使人们的行为符合组织的目标。

根据强化的性质和目的，强化可以分为正强化和负强化两大类型。

(1)正强化

所谓正强化，就是奖励那些符合组织目标的行为，以使这些行为得到进一步加强，从而有利于组织目标的实现。正强化的刺激物不仅包含奖金等物质奖励，还包含表扬、提升、改善工作关系等精神奖励。

为了使强化达到预期的效果，还必须注意实施不同的强化方式。一种正强化的方式是进行连续的、固定的正强化，譬如对每一次符合组织目标的行为都给予强化，或每隔固定的时间给予一定数量的强化。尽管这种强化有立竿见影的效果，但久而久之，人们就会对这种正强化有越来越高的期望，或者认为这种正强化是理所应当的。管理者要不断加强这种正强化，否则其作用会减弱甚至不再起到激励行为的作用。另一种正强化的方式是间断的、时间和数量都不固定的正强化，管理者根据组织的需要和个人行为在工作中的反映，不定期、不定量地实施强化，使每次强化都能起到较大的效果。实践证明，后一种正强化更有利于组织目标的实现。

(2)负强化

所谓负强化，就是对于符合组织目标的行为撤销或减弱原来存在的消极刺激或者条件以使这些行为发生的频率提高。

实际上，不进行正强化也是一种负强化，譬如，过去对某种行为进行正强化，现在组织不再需要这种行为，但基于这种行为并不妨碍组织目标的实现，这时就可以取消正强化，使行为减少或者不再重复出现。同样，负强化也包含着减少奖酬或罚款、批评、降级等。实施负强化的方式与正强化有所差异，应以连续负强化为主，即对每一次不符合组织要求的行为都应及时予以负强化，消除人们的侥幸心理，减少直至消除这种行为重复出现的可能性。

2.目标激励理论

目标激励是目标管理(management by objectives)的重要内容，是由美国管理心理学家彼得·德鲁克(Peter.F.Ducker，1954)根据目标设置理论而提出的。综合来说，目标激励理论认为个体共同参与制定具体、可行、能够客观衡量的目标并实施，是目标激励的关键。

总体来说，目标激励理论有如下几个基本观点：

(1)明确的、具体的目标能提高员工的工作绩效

目标的设置具体明确要比笼统的模糊不清的目标效果更好，具体的目标规定了员工努力的方向和强度。如，一个销售人员在一个月内要销售5000件产品，要比只有笼统目标“尽最大努力”的销售员做得更好。也就是说，目标的具体性本身就是一种内部激励因素。

(2)目标越具挑战性，绩效水平越高

如果能力和目标的可接受性这些因素不变，目标越困难，绩效水平越高。即困难、压力越大，则动力越强。

(3)绩效反馈能带来更高的绩效

如果在朝向目标努力的过程中能得到及时的反馈，人们会做得更好，因为反馈能帮助人们了解他们已做的和要做的之间的差距，也就是说反馈引导行为。

(4)参与设置自己的目标可以提高目标的可接受性

在某些情况下,参与式的目标设置能带来更高绩效,在另一些情况下,上级指定目标时绩效更高,也就是参与目标不一定比指定目标更有效。但是,参与的一个主要优势在于提高了目标本身作为工作努力方向的可接受性。这是由于人们一般更为看重自己的劳动成果的心理趋向使然。如果人们参与目标设置,即使是一个困难的目标相对来说也更容易被员工接受。因此,尽管参与目标不一定比指定目标更有效,但参与使目标更容易被员工接受。

3.双因素理论

之所以把双因素理论放在外在诱因激励理论这个框架下,是因为该理论主要强调的是诱发员工动机有两类因素,一类是保健因素,一类是激励因素,强调的是诱发动机的条件。当然,强调诱发条件的时候,该理论也特别强调员工内在的需求,特别是激励因素中,该理论强调的是个人能力提升等内部的需要问题。但我们这里对激励理论的划分只是为了叙述的方便,划分只是相对的而不是绝对的。

双因素理论是非常重要的激励理论之一,但理解起来比较困难,为了便于理解,我们先来看下面的两个小案例,并请读者比较一下:

案例一:以前某企业都会在饮水房里放置一些纸杯子,供那些没有带杯子的员工免费使用。然而某一天企业开会决定节省各项开支,于是就把免费提供纸杯这一项目取消了。企业的这一行为激起了员工很大的不满,认为企业不关心他们。

案例二:某企业发现员工的生产效率和积极性不高,离职率却比较高,于是便在年底的工作满意度调查上加大了投入力度,想借此找到原因。然而统计结果发现:该企业员工对企业的各项制度和配置均没有明显的不满意,此时企业的高层困惑了……

上述的事件或多或少地在我们身边不断地发生着,尤其是案例二中该企业高层的困惑也是现实中很多企业管理者的困惑。既然员工"没有明显的不满意",那么为何他们的工作没有积极性呢?为什么要离职呢?案例一中的"不满意",案例二中的"满意",这两个概念是否是同一连续体的两端?赫茨伯格的双因素理论正好可以解决这些问题。

20世纪50年代末期,赫茨伯格研究了哪些事情使人们在工作中得到快乐和满足,哪些事情造成不愉快和不满足。结果发现:存在两种性质不同的因素,即:使员工感到满意的都是属于工作本身或工作内容方面的;使职工感到不满的,都是属于工作环境或工作关系方面的。他把前者叫做激励因素,后者叫做保健因素。

保健因素包括企业政策、管理措施、监督、人际关系、物质工作条件、工资、福利等。当这些因素恶化到人们认为可以接受的水平以下时,就会产生对工作的不满意,但是,当人们认为这些因素很好时,它只是消除了不满意,并不会导致满意。因此,赫茨伯格认为,传统的满意与不满意的观点是不正确的。满意的对立面应当是没有满意,不满意的对立面应该是没有不满意。在图7-4中,(a)图为传统观点;(b)

图为赫茨伯格的观点。

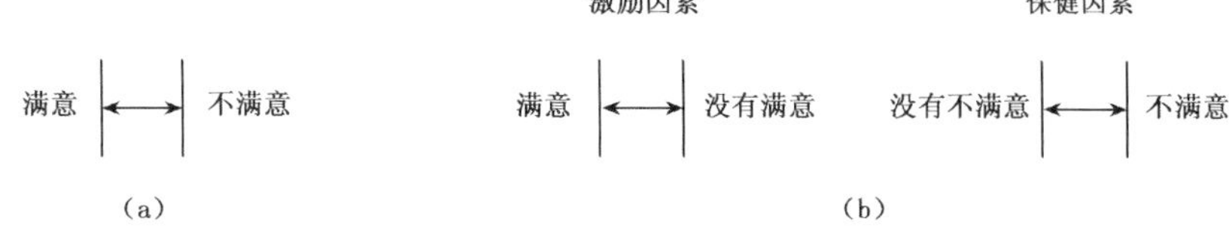

图 7-4　传统观点与赫茨伯格观点的比较

在满意和不满意中，那些能带来积极态度、满意和激励作用的因素就叫做“激励因素”，包括成就、赏识、挑战性的工作、增加的工作责任，以及成长和发展的机会。如果这些因素具备了，就能对人们产生更大的激励。赫茨伯格认为传统的激励条件，如工资刺激、人际关系的改善等，虽然能消除不满意，防止产生问题，但这些传统的“激励因素”即使达到最佳程度，也不会产生积极的激励。按照赫茨伯格的意见，管理者应该认识到保健因素是必需的，但不能产生更积极的激励效果，只有“激励因素”才能使人们更好工作，并做出工作成绩。

二、内驱力激励理论

相对外在诱因激励理论来说，内驱力激励理论更强调在激励过程中个体内在驱动力所起的关键作用。内驱力激励理论主要包括马斯洛的“需要层次理论”、奥尔德弗的“ERG 理论”、麦克利兰的“成就需要理论”、弗鲁姆的期望理论等。

1.需要层次理论

美国心理学家马斯洛(Abraham H. Maslow)于 1943 年在《人类动机的理论》一书中提出了需要层次理论，他将人类的需要分为 5 个层次，即：生理需要、安全需要、归属与爱的需要、自尊的需要和自我实现的需要。具体如下所示：

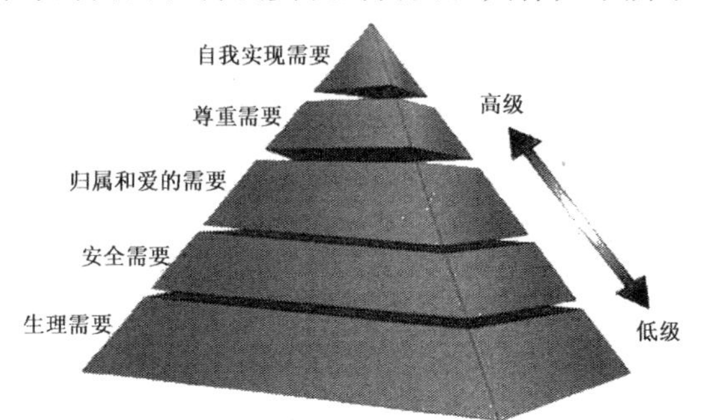

图 7-5　马斯洛需要层次理论图

(图片来源：http://www.bijifenxi.com/bbs/archiver/tid-2494.html)

该理论认为，这五种需要是以一种渐进的层次表达出来的，也就是说必须满足

低层次的需要,然后个体才会关注更高一层次的需要。这一理论对现代企业管理的启示有如下几点:

首先,依据马斯洛的需要理论,人的生理需要和安全需要是最低层次的"匮乏性的基本的需要",也就是说只有满足这两种需要,员工才能有更高层次的需要。这就要求企业必须为员工提供一份稳定的、足够的薪酬,因为这些薪酬不仅满足了员工及其家庭生存的基本需要,同时一份稳定的工作和收入也会有助于巩固员工的安全感。

其次,管理者不要总是固执地认为,员工所关心和追求的仅仅是金钱及物质待遇,钱给得越多他们干活越卖力。随着现代社会物质财富日益丰富,人类素质不断提高,人类的需要层次也逐渐向归属和爱的、尊重的、自我实现的高级需要演进;同时随着社会的进步,人类需要层次的高端化和"空洞化"越来越明显。

最后,实践表明,高层管理人员和基本管理人员相比,前者更需要去满足他们的较高层次的需求,因为高层管理人员面临挑战性的工作,在工作中他们能够自我实现;相反,基本管理人员更多地从事常规的工作,满足较高层需求就相对困难一些。这就需要在企业管理中,在进行任务设置的时候要有意识地进行必要的内容调整。

2."ERG"激励理论

ERG 理论是美国耶鲁大学教授克雷顿·奥尔德弗(Clayton. Alderfer)于 20 世纪 70 年代提出的一种新的人本主义需要理论。

他把人类的需要层次整合为三种需要,即生存需要(existence)、相互关系需要(relatedness)和成长需要(growth)。因为这三种需要的英文首写字母分别为 E、R 和 G,所以该理论被称之为"ERG"理论。

(1)生存需要

生存需要是指全部的生理需要和物质需要,主要包括衣、食、住、行、组织中的报酬、工作时对工作环境和条件的要求等。总的来说,这里的生存需要与马斯洛需要层次理论里的生理需要、部分安全需要相对应。一般来讲,这种需要是通过金钱来满足的。

(2)相互关系需要

这里是指人与人之间的关系、联系的欲望。也可以说是人们对于保持重要的人际关系的需要。这种需要的满足是在与其他个体的相互作用中达成的。这里的相互关系需要与马斯洛需要层次理论中的部分安全需要、全部友爱和归属需要以及部分尊重需要相对应。

(3)成长需要

成长需要是指一种得到提高和发展的内在欲望和要求。当个体的生存需要和相互关系需要得到满足后,就会产生成长的需要。这里的成长需要不仅包括充分发挥个人的潜能,有所作为和成就,而且还包括开发新能力的需要。一般认为,这一需要与马斯洛需要层次理论中的部分尊重需要和自我实现需要相对应。

近些年来，有西方学者提出，奥尔德弗的 ERG 理论在需要的分类上并不比马斯洛的理论更完善，对需要的解释也并未超出马斯洛需要理论的范围，这就是该理论的局限之处。综合来说，如果认为马斯洛的需要层次理论是带有普遍意义的一般规律，那么，ERG 理论则偏重于带有特殊性的个体差异，这表现在 ERG 理论对不同需要之间联系的限制较少。

3.阿特金森—麦克利兰成就动机理论

成就动机理论最早是由美国哈佛大学教授戴维·麦克利兰(David C.McClelland)在 20 世纪 50 年代提出的。阿特金森(J.W.Atkinson)于 1963 年将成就动机理论进一步深化，提出了具有广泛影响的成就动机模型，最终形成了“阿特金森—麦克利兰成就动机理论”。

(1)麦克利兰成就动机理论

麦克利兰认为，个体在较高层次上存在三种需要，即权力需要、亲和需要和成就需要。权力需要是指影响和控制别人的一种愿望或驱动力；亲和需要是指寻求被他人喜爱和接纳的一种愿望和需要；成就需要是指个体追求成功的一种欲望。麦克利兰认为，不同的人对成就、权力和亲和的需要程度不同，层次排列不同；个体行为主要取决于那些被环境激活起来的需要。经过大量广泛的研究，他得出如下结论：

①具有高成就需要的人更喜欢具有个人责任，能够获得工作反馈和适度冒险性的环境。如图 7-6 所示，当具备了这些特征，高成就者的工作积极性会很高。

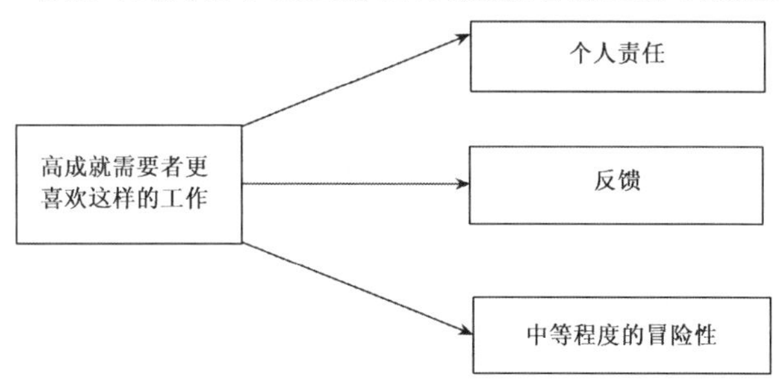

图 7-6　高成就者与工作的匹配

②高成就需要的人不一定就是一个优秀的管理者。尤其是在一个大组织中，高成就需要者感兴趣的是他个人如何做好，而不是如何影响其他人做好。

③亲和与权力需要与管理者的成功有密切关系。这种观点认为一个人在组织中的地位越高，权力动机就越强。因此，权力和较高的职位是高权力需要者的激励因素。

④可以通过培训激发员工的成就需要。培训人员指导个人根据成就、胜利和成

功来思考问题，并以高成就者的方式行动；设计具有个人责任、反馈和适度的冒险性的环境；提供取得成就的榜样，刺激人们取得成功的愿望和行为。

(2)阿特金森成就动机理论

阿特金森的成就动机理论认为，动机水平依赖于一个人对目的的评价以及达到目的的可能性的评估。个人的成就动机可以分成两部分：其一是力求成功的意向；其二是避免失败的意向。也就是说，成就动机涉及对成功的期望和对失败的担心两者之间的情绪冲突。值得注意的是，这是一个可以用数量化形式来表示的理论。

阿特金森成就动机的理论构架如表7-4所示：

表7-4 阿特金森成就动机的理论构架

动机种类	决定因素	公式	说明
追求成功	①对成就的需要(成功的动机)Ms； ②在该项任务上将会成功的可能性Ps； ③成功的诱因值Is	$T_s=M_s\times P_s\times I_s$ Ps值在0至1之间。$Ps=1$，表示确信会取得成功；$Ps=0.5$，表示估计成功的可能性是50%；$Ps=0$，表示确信必然失败。$Is=1-Ps$	一个困难任务取得成功以后所体验到的自豪比一个容易任务成功后体验到的自豪感更强
避免失败	①避免失败的动机Ma_f，也就是因失败而体验到的羞愧感的能量； ②失败的可能性P_f； ③失败的消极诱因值I_f	$Ta_f=Ma_f\times P_f\times I_f$ (其他同上)	一种容易的任务失败后所体验到的羞愧感比一种困难任务失败后的羞愧感要强
成就动机	追求成功的动机与避免失败的动机	$T_a=(M_s\times P_s\times I_s)-(Ma_f\times P_f\times I_f)$ 作为结果的成就动机由力求成功的倾向的强度减去避免失败的倾向的强度	若一个人在一种特定情境中获得成功的需要大于避免失败的需要，则他就敢于冒风险去尝试并追求成功

根据这一理论，如果一个人获取成就的动机大于避免失败的动机，他为了要探索一个问题，在遇到一定量的失败之后，反而会提高他去解决这一问题的愿望；而且另一方面，如果获得成功太容易的话，反而会减低这个人的动机。研究表明，这种人最有可能选择成功概率约50%的任务，因为这种选择能给他们提供最大的现实挑战。

相反，如果一个人对失败的担心大于获取成就的动机，那么，也有可能由于失败而灰心丧气。这种人在选择任务时，倾向于选择非常容易或非常困难的任务，选择容易的任务可使他们免遭失败；而选择的任务极其困难，那么即使失败，也可找到适当的借口，从而可减少失败感。

4.**期望理论**

期望理论(expectancy theory)是由美国心理学家弗鲁姆(V.H.Vroom，1964)提出来的。他认为，人总是渴求满足一定的需要并设法达到一定的目标，这个目标在尚未实现时，表现为一种期望，此时，目标反过来对个人的动机又是一种激发的力量，而这个激发力量的大小，取决于目标价值(效价)和期望概率(期望值)的乘积。用公式表示如下：

$$M=f(V\times E)$$

其中，M表示激发力量，是指调动一个人的积极性，激发人内部潜力的强度。V表示目标价值(效价)，是指达到目标对于满足他个人需要的价值，效价越高，激励力量就越大。E是期望值，是人们根据过去经验判断自己达到某种目标的可能性大小，即能够达到目标的概率。目标价值大小直接反映人的需要动机强弱，期望概率反映个体实现需要和动机的信心强弱。这个公式说明：假如一个人把某种目标的价值看得很大，估计能实现的概率也很高，那么此时这个目标激发动机的力量越强烈。

怎样使激发力量达到最高值，弗鲁姆提出了人的期望模式：

个人努力→个人成绩(绩效)→组织奖励(报酬)→个人需要

此期望模式中的四个因素需要兼顾如下三个方面的关系：

(1)努力和绩效的关系

这两者的关系取决于个体对目标的期望值。期望值又取决于目标是否适合个体的认识、态度、信仰等个性倾向以及个体的社会地位、别人对他的期望等社会因素。

(2)绩效与奖励关系

人们总是期望在达到预期成绩后，能够得到适当的合理奖励，如奖金、晋升、提级、表扬等。组织的目标，如果没有相应的有效的物质和精神奖励来强化，时间一长，积极性就会消失。

(3)奖励和个人需要关系

奖励需要匹配各种人的不同需要，要充分考虑效价。要采取多种形式的奖励，满足各种需要，最大限度地挖掘人的潜力，最有效地提高工作效率。

期望理论的出现促进了对个人行为和动机更深刻、更全面的理解，同时也为描述人类行为提供了新的有力的工具。

三、自我调节型激励理论

自我调节型激励理论侧重于研究人们从产生动机到实施行为的心理过程中，个体的自我调节和自我控制作用。本部分将重点阐述亚当斯的公平理论和班杜拉的自我效能感理论等。

1.亚当斯的公平理论

亚当斯(J.S.Adams)于1965年正式提出了公平理论，该理论侧重于研究工资报酬分配的合理性、公平性及其对职工生产积极性的影响。亚当斯认为，人的工作积极性不仅与个人实际报酬多少有关，而且与人们对报酬的分配是否感到公平更为密切。

亚当斯的公平理论用公式可以表示为：

$$Op/Ip=Oo/Io$$

其中Op代表了一个人对他自己所获报酬的感觉；Ip代表了一个人对自己所作贡献的感觉；Oo代表了一个人对他人所获报酬的感觉；Io代表了一个人对他人所作贡献的感觉。组织中，员工对自己是否受到公平合理的对待是十分敏感的，他们有时更关注的不是他们所获得报酬的绝对值，而是与他人所获报酬进行比较后的相对值。具体来说，有以下3种情况：

①Op / Ip＝Oo / Io报酬相当，双方感觉都公平(自己满意)；

②Op / Ip＞Oo / Io自己的报酬过高，自己感觉多得(自己满意)；

③Op / Ip＜Oo / Io自己的报酬过低，自己感觉不公平(自己不满意)。

同样，在上述三种情况之下，员工所表现出来的激励状态是不一样的。

第一种情况即双方比值相等的情况下，员工会觉得公平，此时应该说员工所处的是一个相对稳定的激励状态；第二种情况之下，员工自己感觉报酬过多，自己多得了，此时员工会觉得很满意，并且受到了激励；第三种情况之下，员工感觉不公平，此时员工可能出现如下的情况：心理挫折和失衡、改变投入、要求改变产出、改变对自身的看法、改变对他人的看法、重新选择比较对象和离开现在的工作环境等。

2.自我效能感理论

自我效能感是由美国著名心理学家班杜拉(Bandura，1977)在《思想和行为的社会基础》一书中提出来的概念，其在以后的著作中逐步形成了“自我效能感理论”的框架体系。

班杜拉认为，自我效能是指个体对达成特定组织目标所需行为过程的能力的信念。他认为自我效能并非一个人的真实能力，而是个体对自己行为能力的评估和信心。

班杜拉认为个体的行为受行为的结果因素与先行因素的影响，行为的结果因素就是通常所认为的强化。但班杜拉强调，行为的出现不是由于随后的强化，而是由于人认识了行为与强化之间的依赖关系后对下一步强化的预期。正是这种预期对行为出现的概率起到了关键性的作用。

在研究中，班杜拉进一步把预期分为结果预期和效能预期。

结果预期是指个体对自己某种行为会导致某一结果的推测，如果个体预测到某一特定行为将会导致特定的结果，那么这一行为就可能被激活和被选择。例如，企业员工感到如果自己本月认真工作就可能得到企业规定的绩效奖金，因此，他就会在本月里努力工作。

效能预期是指个体对自己能否进行某种行为的实际能力的评价，也就是指个体是否确信自己能够成功地完成带来某一结果的行为。当个体确信自己有能力进行某一活动，他就会产生高度的自我效能感，并会去努力地进行那一活动。例如，企业员工不仅知道本月度通过努力工作可以得到高绩效，而且他还需要对自己能否完成相应的工作要求，获得这份奖金的能力进行评估，如果这份奖金所要求的绩效是相当高的，而自己又不能达到这个要求，那么他也很难去努力工作的。

【本章小结】

本章通过价值观、自尊、工作态度、动机等人格成分来有侧重地分析了人格与管理的联系及其目前研究中的热点问题。本章对这些成分的概念、分类、理论进行了简单介绍，重点强调了其与管理的联系，以及在实际的管理应用中应注意的问题。希望通过对人格的学习理解，能够促使管理者进行更加有效地管理实践。

【习题】

名词解释

工作满意度　组织承诺　心理契约　外在诱因型激励理论　负强化　双因素理论　期望理论

简答题

1. 简述自尊文化建立需遵循的原则。
2. 概述期望理论中需兼顾的四种关系。
3. 举例说明自我效能感在管理中的应用。

案例分析

A企业是某国际大型印刷企业集团在深圳的一个分支机构。A企业2001年3月份招聘到的15名新员工在2001年8月份就有10名离开了A企业。为什么具有竞争优势和发展潜力的企业却面对这样尴尬的局面呢？

据从 A 企业出走的员工王奔说，他们开始被通知进行面试的时候都很激动，通过面试后，又顺利办完有关手续，刚刚投入到工作岗位的时候特别兴奋，都在想自己将怎样在 A 企业发展自己。可是两个星期过去了，企业许诺的相关培训却没有进行，只是让他和其他几个新员工随机性地安排到几个企业老员工办公桌旁边，让他们自己先熟悉环境。然而每位老员工又都有自己每天的工作，他们中大部分人自然也没有热情和时间去指导或帮助这些新员工。

三个多月过去了，王奔和其他新员工一样每天都在猜测明天就应该有正式的工作或指导老师了。可是第四个月眼看也将过去，企业毫无意识到这些新员工的情绪和做出相应反映。实在忍无可忍了，王奔就去主动找企业主管询问有关情况却遭到了奚落，而当初招聘他们进来的副总经理给出的解释是："当时我们招聘你们进来的时候是为了成立一个新部门。但现在深圳这边的情况要受企业总部的管理，由于目前有关培训你们的专用软件和配套硬件还没有马上到位，所以只有让你们先耐心等待一下！说不定，下个月的某个时候你们就可以正常上班了！"听完企业副总经理的解释后，这些员工都很气愤，感觉到好像是被企业给欺骗了。充分衡量之下，王奔等 10 名新员工没有给企业打任何招呼，仅仅给负责人力资源管理的副总经理写了一封信就走人了。

（资料来源：http://hr.cqjob.com）

问题 1：根据以上案例，分析企业的哪些行为破坏了王奔等新员工的心理契约？

问题 2：结合心理契约破坏的原因，分析企业应采取怎样的措施来减小多名新员工出走带来的负面效应。

第八章　认知与管理

学习目标

1.了解管理实践中存在的社会知觉偏差及其解决方法；
2.掌握员工行为改变与塑造的方法；
3.掌握管理中决策分析技术的基本操作。

【本章知识结构】

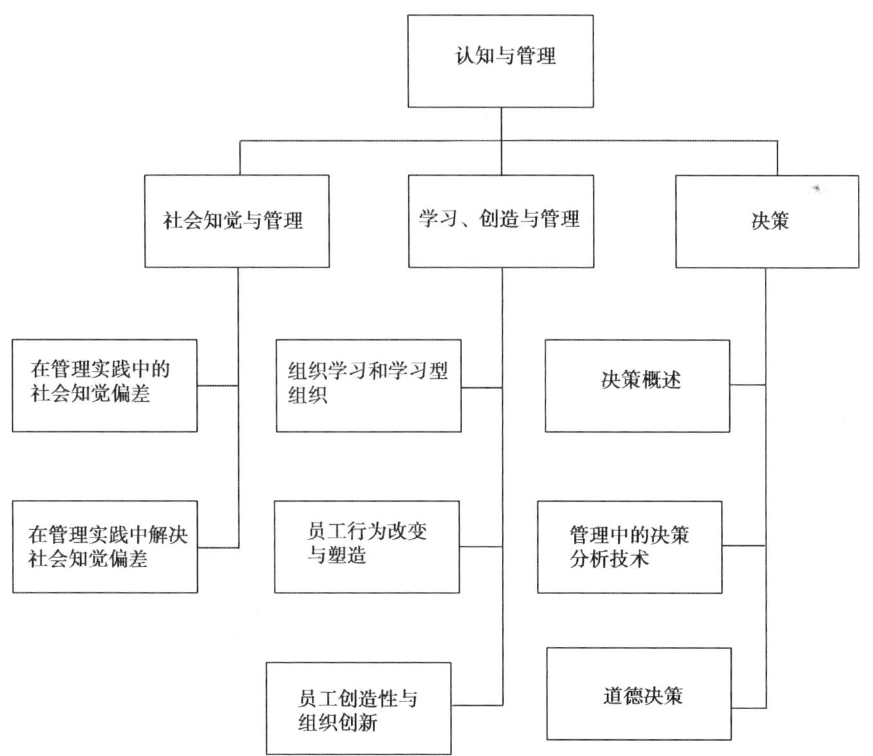

【引言】

托德·科斯坦萨专心致志地审阅办公桌上的两本人事档案。作为公司的信贷经理,他需要招聘一名检查员和一名账户经理。检查员的工作主要是检查贷款申请表上的信息是否准确。而账户经理需要审批大笔信贷,此职位要求统管所有账户,确保每个账户按时支付发票,对每个账户在财务上能处理的信贷金额进行调控。由于账户经理对账户评价所做的判断对于信贷部的成功至关重要,因此,此职位对于公司来说是至关重要的。仅从人力资源部对两位推荐候选人的结果来看,两位候选人似乎都不太令人乐观。

卡尔·沃雷尔先生是检验员的最佳人选,但他考试分数一般,面试表现不错,仅此而已。切丽尔·卡特勒尔女士是可能成为账户经理人选中最好的,但她以往的经验有限,并且面试情况差,只是考试成绩还可以。不过她曾得到过前任雇主非常有利的评价。

在最后一次审阅了候选人的证件之后,科斯坦萨决定雇佣沃雷尔为检验员。他的理由是这个职位对他的部门的成功并不起关键作用。而对于卡特勒尔则表示暂不雇用,而要再进行一次招聘,以找到一个更胜任的人选。他的理由是尽管卡特勒尔相关的资格并不亚于沃雷尔,但她在账户经理职位上的失败的严重后果则会大大超过沃雷尔作为检验员可能遇到的失败。科斯坦萨清楚等待他的是什么。人力资源部很想知道他为什么决定雇佣那位男性而不雇佣这位女性。科斯坦萨对于人们会对他的决定做何反应感到担忧。他把这个问题看做是两种不同工作的问题,而不是男女性别的问题。但他也知道并非每个人都会以他的眼光去看待事物。

(资料来源:Hellriegel 等著.岳进等译.《组织行为学》.中国社会科学出版社,2001 年版)

托德·科斯坦萨为别人如何看待他的决定与行为以及会对他的决定的原因作出何种解释而担心是有道理的。他也知道没有两个人会以完全同样的方法去看待问题。因此,从非常真实的意义上来说,人们生活在他们自己的知觉(认知)世界里。由此看来,认清雇员与管理者的认知世界对管理活动是很重要的。对社会知觉的了解和把握将有助于管理者正确处理管理过程中的问题。

第一节　社会知觉与管理

对人的知觉与对无生命物体的知觉是不同的,对无生命物体的知觉是对其具体特征的知觉,对人的知觉不仅涉及人的外在特征,更以人的行为为主要内容。而要认识人的行为，根本的一点就是要了解行为的原因。本节我们主要介绍知觉与归因在管理中的运用。

一、管理实践中存在的社会知觉偏差

组织中的人们常常进行相互评价。管理者必须评价下属的工作绩效；我们也要评价自己的同事在工作中付出了多大努力；对一个加盟某部门的新来者来说，他会立刻受到该部门其他员工的评价。在很多情况下，这些评价为组织带来了很重要的影响。下面我们简要看看有关这方面的几个非常明显的应用。

1.聘用面试

对任何组织来说，在招聘时，一种主要的方式是面试。可以这样说，几乎没有人是未经面试而被聘用的。但研究证据表明面试考官常常会作出不正确的知觉判断。另外，面试考官之间评价的一致性常常很低，也就是说，不同面试考官看到的是同一候选人的不同方面，因而对同一人得出了不同的结论。

一般对于面试考官来说，最初得出的印象会很快占据统治地位，因此在面试一开始所暴露出来的消极信息会比较晚的时候暴露出来的同样信息影响更大。研究表明，面试开始四五分钟之后，绝大多数面试考官的决策几乎不再发生变化。因此面试早期出现的信息远远比晚期出现的占有更大权重。而“优秀的候选人”可能更多是因为他没有令人不满意的特点，而不是因为他具有令人赞赏的特点。

由于面试中常常没有稳定性的结构，面试考官在候选人身上所寻的信息往往也是各不相同的，因而对同一候选人判断的差异也会非常大。足以可见，知觉因素会影响到聘用决策，并最终影响到整个组织的劳动力质量。

2.绩效评估

大量证据表明，人们试图证实对自己所能实现期望的知觉，即使这些知觉是错误的也会如此。如果管理者对员工的期望很高，他们就不太可能令管理者失望。同样，如果管理者预期员工只能完成最低水平的工作，他们则倾向于表现出这种行为以符合这种低期望。于是，期望变成现实。

员工的未来和对他的评估密切相关。绩效评估体现了对员工工作的评价，尽管它可以是客观的（比如，根据销售额对推销员进行评估），但很多这方面的工作是以主观方式进行评估的。主观性的测量更易于实施，并给管理者提供了更大的决定权，而且，很多工作本身也不适合客观测量。主观性测量是一种主观的判断，即评估者对员工的工作形成一个总体印象。在评估员工时，管理者所使用的主观指标以及评估者认为哪些特点或行为是“好”或“差”，都会明显影响到评估结果。

（1）员工努力

个体在组织中的未来常常不仅取决于工作绩效本身。在很多组织中，员工的努力水平也是一项重要因素。对个体努力水平的评价是一种主观判断,它很容易受到知觉的歪曲和偏见的影响。一些研究者认为:“更多的员工是因为态度不良和纪律不佳而不是因为缺乏能力而被解聘的”,对员工努力的评估可能会成为影响企业员工未来的主要因素。

(2)员工忠诚

管理者对员工所做的另一个重要判断是他们对组织是否忠诚。在一些组织中,如果有消息表明一名员工在了解公司之外的其他聘用机会,该员工可能会被标上不忠诚的标签,并失去所有的未来发展机会。大多数组织对员工忠诚的评价是高度主观性的,在这名决策者眼里的忠诚,在另一名决策者眼中可能是过分屈从。比如,对高层管理决策提出质疑的员工可能被一些人视为关心和关注组织发展。再比如,向组织外的权威机构报告雇用者的不道德行径的个体,一般来说和他们对组织的忠诚无关,但常常被管理层视为对组织不忠诚。

(3)单一标准

一般来说,员工的工作是由多种任务组成的,如果用单一标准来衡量工作绩效,评估结果就有很大的局限性。如果对员工的绩效评估实行单一标准,而实际上员工要成功地完成工作任务,需要在多个标准上取得好成绩,这样会使员工只重视单一标准,而忽视工作中其他方面的任务。

(4)宽厚错误

每个评估者都有自己的价值系统,在评估过程中发挥着标准的作用。相对于员工所表现出来的真实或实际的绩效,有些评估者评分过高,有些则过低。前者被称为积极的宽厚错误(leniency error),后者则称为消极的宽厚错误。如果评估者在评估过程中犯了积极宽厚错误,会导致员工的绩效高于其实际水平,评估结果夸大,这一问题在美国的组织中普遍存在。消极的宽厚错误则低估员工的绩效,使其得到的绩效低于实际绩效水平。

如果组织中全体员工都由同一个人进行评估,虽然评估中有错误因素,但对每个人都是如此,相对来说问题不大。但如果具有不同宽厚倾向的人对员工进行评估,就会产生很多问题。例如,假如两位员工为不同的主管做同样的工作,他们取得了绝对相同的工作绩效,其中一位的主管持积极的宽厚倾向,而另一位的主管则持消极的宽厚倾向,这样他们俩的绩效评估结果可能会截然不同。

(5)晕轮错误

在本书第4章已经指出,晕轮效应是指评估者对员工个人一种特质的评估影响到对该员工其他特质的评估。例如,如果一个员工比较可靠,那么,我们可能偏颇地认为他在别的方面也很出色。

(6)相似性错误

如果评估者对其他人进行评估时，特别注意别人是否具有他自己所具有的某些特点，那么他就犯了相似性错误(similarity error)。假如一个评估者认为自己进取心很强，在评估他人时，他就可能寻找进取心的特点。那些表现出这种特点的人就会受益，而其他人则会吃亏。同样的，如果一个评估者评估组织中所有的人，这个错误的作用会弱化。然而，当多个评估者都使用他们的相似性标准时，交叉评估的信度就要大打折扣。

(7)低区分度

无论评估者评估的是谁，所用的特质是什么，评估的模式很可能是一样的。有可能出现这种情况，评估者客观、准确的评估能力会受到社会区分度(即评定行为风格)的阻碍。一般认为，评估者可分两类：高区分度者，能应用评定量表中的各个分数级别进行评估；低区分度者，评估者只应用量表中有限范围的等级。低区分度者倾向于忽视或缩小差别，他们看到的同一性比实际情况更高；相反，高区分度者则善于最大限度地利用可得到的信息，从而能比低区分度者更好地定义差别和冲突。这个发现告诉我们，有必要对低区分度者的评估工作进行仔细审查，那些在低区分度者手下工作的人，其绩效评估结果很有可能十分相似，而实际上他们的工作绩效差别很大。

(8)实际非绩效标准

实践中常有这样的情况：在对员工的工作情况作出了判断之后，再进行正式的绩效评估。人们很少认识到，正式的决定经常在获得客观信息来支持这些决定之前就做出来了。例如，如果评估者认为评估不应该以绩效为基础，而应该以资历为基础，他就可能无意识地调整每一项绩效评估结果，以便与员工的资历排位相一致。在这种例子中，评估者提高或降低绩效评估分数，以便与已经使用的非绩效标准保持一致。

3.归因偏差

在现实生活中，人们由于受到主客观条件的限制，往往在归因判断过程中不可避免地产生失真和各种偏差，对自己或他人的行为做出不符合实际的归因分析。了解这些偏差对于做好管理具有现实的意义。常见的偏差主要有以下几种：

(1)防御性归因偏差

一般情况下，为保持自尊心，知觉者往往倾向于把自己的成功归因于个人因素，把失败推诿给环境承担；而对其他人，则把成功归于外部因素，把失败归于个人因素。这类偏见就叫做防御性归因偏见。由于这种偏见的影响，人们总是以宽宏大度的态度对待自己以及与自己亲近的人。圣贤们一再教导人们要“责己严，待人宽”，就是为了克服此种偏见。

另外，知觉者在对他人的行为进行归因时，还要考虑他人行为是否与自己发生利害关系。如,当他人的失败使自己的利益受到损害时,人们对他人的失败行为归因为能力差等个人因素。

(2)责任归因中的偏见

人们往往有让无辜的受害者对自己的受害负一定责任的倾向,因而当有人受害时,人们对受害者的责难多于同情。比如,漂亮女性受到侮辱,人们会责备她打扮太过分,太招蜂惹蝶;买了假货上当受骗以后,人们就会责备他太不小心。

这种归因偏差在现实生活中经常出现。人们倾向于采取这种态度,主要是因为人类具有必须对一切事物能加以控制的意识,为维护这种意识,就对遭殃的人加以责备,以从反面提醒自己。

(3)对没有社会意义的现象进行拟人化的归因

乌鸦在自家屋顶上叫、出门遇见黑猫,在许多人看来都是不吉利的预兆;而出门看见喜鹊叫枝头,则认为是好兆头。对某些自然现象加以拟人化的归因也是人们比较普遍具有的社会心理现象,然而把这种偶然的巧合视为必然的因果关系,则实在是一种偏见。如果我们对他人的行为或自己的行为也作拟人化归因,其结果就可想而知了。

(4)思维定势导致的归因偏差

每个人根据自己的知识和过去的经验,会形成这样或那样的思维定势。不管遇到什么问题、什么情况,都按固定的思维方式去分析,往往会导致归因偏差。比如,由于知觉的选择性,人们对鲜明、突出的信息容易感知,而对一般的、平淡的信息则容易忽略。另外,人们在知觉时,倾向于已经形成的印象和信念,即使后来的证据与之相矛盾,也不会轻易改变。这样就容易按照头脑中已有的认识去推断他人行为的原因,由此造成归因偏差。

(5)归因依据错误导致的偏差

归因依据错误是造成归因失误的经常性原因。比如,在人事管理中,管理者由于工作不深入,或偏听偏信,未能掌握行为原因的真实依据,从而错怪下属,这种情况是常有的。因此,知觉者在对人的行为归因时,要尽可能多掌握一些依据材料,要去伪存真,以避免归因偏差的发生。

二、在管理实践中解决社会知觉偏差

就管理者而言,他们的社会知觉类型及特点会对其管理工作产生直接影响,组织可采取以下措施来解决上述问题。

1.采用多种标准

既然在大多数工作中成功的绩效需要完成多种任务,那么就应对所有这些任务加以识别和评估。工作越复杂,所要识别和评估的标准就应该越多。但是,并不是对每一件事情都要进行评估，只需要评估那些能够决定绩效高低的关键活动就够了。

2.重视行为而非特质

管理者对忠诚感、主动性这类特质评价很高，但没有充分证据证明，在各种不同的工作中，某些特质一定能够导致高绩效。

特质评估的另一缺点在于判断本身。什么是“忠诚”？什么样的员工“可靠”？不同的人可能会有不同的看法。因此，不同的评估者的特质概念不同，就会使绩效评估的评估者之间的一致性受到影响。

①工作日记法

记录每个员工特定关键行为的日记会使评估更准确。例如，工作日记法能减少评估中的宽厚错误和晕轮错误，因为这种方法鼓励评估者把注意力集中在与绩效有关的行为上，而不是员工特质上。

②使用多个评估者

评估者数量增大，获得更准确信息的可能性也会增加。如果评估者误差遵循正态曲线，那么增加评估者数量会使大多数人的评估趋中。这种方法常用在跳水、体操之类的体育比赛中。许多评估者判断一个动作，去掉最高分和最低分，最后得分由剩下的几个分数相加而得。多个评估者的逻辑也适用于组织环境。

如果一位员工有10个主管，9个认为他很出色，1个认为他能力很差，那么我们可以对较差的评估打个折扣。因此，让员工经常在组织内部流动，以获得多种评估，或者使用多个评估者(如360度评价)，就更容易得到有效而可靠的评估结果。

③有选择地评估

评估者只应在自己熟悉的领域发挥评估作用。如果评估者能在合适的岗位上评价那些自己熟悉的维度，就会提高评估者间的一致性，提高评估过程的有效性。评估者与被评估者的组织距离越近越好。评估者与被评估者之间的层次越多，评估者观察被评估者行为的机会就越少，不准确的可能性就越大。

把这些概念应用于实践中，就要求员工的直接上司、同事、下属或这些人的组合一起参与评估，评估那些他们最有资格判断的因素。

④培训评估者

如果找不到优秀的评估者，那么可以造就他们。大量事实证明，对评估者进行专门培训，可以使他们的评估结果更精确。

让管理者参加研讨会，进行观察和行为评定的实践，可以大大减少甚至消除晕轮或宽厚错误。这种研讨会一般开1～3天，但这并不意味着一定要对评估者进行长时间的专门训练。评估者听过5分钟解释性的培训报告之后，晕轮和宽厚错误马上就大大减少了。然而，培训的效果随着时间的推移会逐渐衰退，这就告诉我们，有必要定期进行培训。

第二节　学习、创造与管理

“学到老，活到老”，即生命不息，学习就不会真正停止。学习是人类和其他动物最重要的一种活动，也是有机体适应环境的一个必要条件。目前我们生活在高度发展的复杂的环境中，只有通过不断学习、不断改进、不断调节自己的行为，才能与企业的不断发展保持平衡。

一、组织学习和学习型组织

自从20世纪80年代彼得·圣吉提出学习型组织的“圣吉模型”、“五项修炼”后，在管理界就掀起了一股研究探讨组织学习和创建学习型组织的热潮。许多优秀的企业都在积极创建学习型组织。

1.组织学习的内涵

组织学习的概念是在20世纪60年代由詹姆斯(James)较早提出的。分析发现，组织学习主要可以从认知和行为两方面变化的角度来进行阐释，认知角度关注的是知识的获得、理解的加深等；行为角度关注的是组织行为的改变。之后也有很多学者对组织学习进行了定义，本书中我们认为，组织学习(organizational learning)是指组织中的个体从过去的知识、行为和经验中不断获取知识，并在组织中传递和创新，以增强组织自身能力，改善组织的行为或绩效的过程。一般来说，组织学习必须具备以下三个条件：

①组织学习不同于集体活动，它不是个体学习活动的简单累加。组织学习的概念是由个体学习的概念衍生而来的，但是又与传统的“学习”观念不同，即组织学习并不等同于个体学习的累加。

②组织学习是有目的的行为，而非随意的、自发的，与组织的运作和发展息息相关。

③组织学习必须能对组织行为或绩效的改善产生影响。

总之，组织学习的目标是建立一种可以从自己和别人的经验中学习的机制，并能产生、储存和搜索新的知识，使得创造出的新知识、新理念能够在组织中得到共享，为组织目标的顺利实现奠定基础。

2.学习型组织的内涵

通过进行组织学习，企业的最终目的是建立学习型组织。管理专家指出：“未来时代最成功的公司，将是那些基于学习型组织而建的公司。”1990年，麻省理工学院斯隆管理学院彼得·圣吉提出了学习型组织的概念。他认为,学习型组织是指具有如下特征的组织:组织结构扁平化,组织交流信息化,组织开放化,员工与管理者关系由从属关系转为伙伴关系,组织能够不断调整内部架构关系等特征。

实际上,学习型组织(learning organization)是指通过培养弥漫于整个组织的学习气氛、充分发挥员工的创造性思维能力而建立起来的一种有机的、高度柔性的、扁平的、符合人性的、能持续发展的组织。在这样的组织中,大家得以不断突破自己的能力上限,创造积极向上的氛围,培养全新、前瞻而开阔的思考方式,全力实现共同的抱负。

与组织学习相对应,学习型组织也包含三个要点:

①感知环境的变化。感知是学习的开始,组织要能够敏锐地觉察到内外环境的变化。

②有意识的集体学习。前面讲到,组织学习是一种有意识、有目的的集体学习,学习型组织的学习状态也必然遵循这一规律。

③将所学知识加以运用。学习本身不是目的,目的是能学以致用,从而提高整个组织的素质,在不断提升中获得组织的全面发展。

由此,我们可以了解学习型组织的核心和实质在于拥有强大的组织学习能力,能够在组织与环境相互作用的过程中快速学习成长,完善组织的运作方式,从而获取组织的成功。

3.组织学习和学习型组织的关系

组织学习和学习型组织两个概念是有区别也有联系的。

从总的规范来看,组织学习是描述性的,是描述某种类型的一种发生在组织中的活动;而学习型组织是学习发生在组织里并且推动组织前进,学习必须在组织或组织间由个体学习向团体学习转化,必须导致行为的变化。假如它不导致行为的变化,真正的转化就没有发生。

从目标来看,组织学习强调的是人力资源的管理、训练、知识和技能的获得;而学习型组织强调的是组织学习力,目的是为所有的员工努力创造一个保证和支持学习的工作环境和组织学习文化。

从内容特征来看,组织学习是一个活动过程;而学习型组织是一种组织形式,表示着一种组织理念。

从学习的主体来看,组织学习是以团队学习为基础的;而学习型组织是个人、团队和组织的全员学习。组织学习是一个组织成为学习型组织的必要条件,而不是充分条件。

4.建立学习型组织的方法

“学习型组织”有六大特点:(1)精简:员工有很强的工作能力;(2)扁平化:尽量

减少中间管理层;(3)有弹性:有很强的适应能力;(4)不断自我创造;(5)善于学习;(6)自主管理。根据这些特点,彼得·圣吉将心理学、教育学、系统科学的理论应用于企业管理之中,开发出建立"学习型组织"的一整套方法。它包括相互关联的五项技术,即五项修炼:自我超越、改善心智模式、建立共同愿景、团队学习和系统思考。

(1)自我超越:是学习型组织中所有其他修炼的基础,它主要是训练个人能以专注、真诚、主动、宽容及开放的心灵学习来成长,使人有理想、耐心与毅力,从而培养个人生命的创造力和成熟的人格。

(2)改善心智模式:就是要组织中的员工时时以开放与求真的态度将自己心里的想法、假设摊出来,认真而坦白地检验它的正确性,进而改善它们。

(3)建立共同愿景:学习必须要有方向和动机,共同的愿景能够提供真正值得长期献身的目标及不断学习创造的动力。

(4)团体学习:它必须植根于自我超越、改善心智模式和建立共同愿景等修炼的基础上,组织员工才能以开放、真诚、整体为重的态度来不断相互练习深度思考与求真的对话技术。

(5)系统思考:是学习型组织中整体动态搭配能力的核心。它训练我们如何扩大思考的时间范围,将问题放回它所处的系统中来思考,以了解问题所在系统的全貌。此外,它还提供一些思考方法与工具,以了解系统之所以产生变化其背后的整体互动关系。

通用电气公司的CEO韦尔奇提出的建设学习型组织的方式则是:在组织中取消界限,以保证信息分享的开放性;强调学习,加大用于员工学习的投入,鼓励员工挖掘各方面的最好的思想,奖励促进组织学习的行为;不惩罚错误或失败,以期望人们不断地学习。这些都是行之有效的经验。

哈佛商学院教授戴维·加文认为,企业在真正成为学习型组织之前,必须搞清楚"3M",即,要懂得什么是学习型组织(meaning);必须重视管理,建立一系列明确可行的指导原则(management);必须确立良好的评估工具(measurement),以便对组织的学习速度和水平作出正确评估。在此基础上,加文从五个方面对学习型组织进行描述:系统化地解决问题、采用新方法进行实验、从过去的经验中学习、从他人最好的实践中学习、在组织中迅速有效地传递知识。并且,他强调全面评估的重要性。

二、员工行为的改变与塑造

学习理论与行为塑造法对组织管理有很大应用价值,许多组织、企业结合自己的需要制定了多种方法塑造员工行为。

1.全勤奖取代病假照付制

许多组织企业限定每年或每月内的病假日数，在员工病假时照发工资，并且把它作为员工福利的一部分。但采用这种方法的公司缺勤率比不采用此法的公司高一倍，即使员工并未真的生病，他们也会请完规定天数的病假，或是赋闲在家，或是干脆出门旅游。一项针对员工缺勤率而展开的调查统计发现，有病假工资制度的组织比没有这种制度的组织的缺勤率要高出2倍。该事实表明病假制度降低了出勤率，起了负面强化作用。

为了避免这类现象的发生，组织可以进行负面强化到正面强化的转换，通过奖励员工上班的方式来减少不必要的缺勤现象。目前很多组织实施了所谓的"健康工资制度"，即对那些连续一个月没有缺勤的员工提供奖励，而因病请假所得到的工资则会少于正常的工资额。对"健康工资制度"进行评估后发现，该制度节省了组织的开支，降低了缺勤率，提高了生产率，还增加了员工的工作满意度。

2.抽彩降低缺勤率

在采用全勤奖取代病假照付制的同时，管理人员还可以考虑使用"抽彩法"来奖励全勤的员工，降低员工缺勤率。

该方法并不复杂，在每月结束时，由组织的相关人员整理出所有的全勤员工的名单，并将全勤员工的姓名写在一张张的小纸片上，将这些纸片统统放到抽彩的筒中。奖项的设置可以根据公司的具体情况来进行。凡全勤者均有机会得到这份额外的奖励，而缺勤者则与奖励无缘。

虽然员工的全勤记录并不保证他获得奖励，但是毫无疑问，员工的这种全勤记录提高了他获奖的可能性。抽彩法作为一种不定率制强化手段在降低缺勤率、有效管理员工方面是卓有成效的。

3.惩罚

在组织管理中，领导多是奖惩并用。在大力倡导"以人为本，有效激励"的今天，我们仍不能忽略惩罚的功用，关键是要善用惩罚。

对于员工的各种不良行为，如旷工、违反规章、不服从管理、损坏公物、不完成工作任务等，可采取各种惩罚。惩罚应及时，应同错误性质相关联，指出为什么给予惩罚，即要说明究竟错在什么地方，要做到对事不对人。

长期以来，惩罚在组织管理中的地位和作用一直是一个引人争论的话题。在实际工作中，许多管理人员喜欢运用惩罚，是因为惩罚容易在短期内很快奏效，可以立即矫正员工的不良行为，确保组织正常有效的运行。但是，惩罚只能压制一时，不能保证今后不再重犯。此外，惩罚还会产生副作用，造成恐惧心理，伤害感情，损害上下级关系。

因此，在具体执行惩罚时，管理人员必须首先认识到惩罚是一种教育手段，合理的惩罚教育才能取得较好的教育效果。其次,还必须始终坚持公平性原则和适度性原则,面对因懒散、失职或渎职所造成的不良后果,管理人员要控制反感和恼火的情绪,保持理智冷静的态度,做出合情合理的判断和决策,使错、罚相当。

4.设置榜样

班杜拉的社会学习理论说明了观察学习的原理。利用这一原理,可为员工树立榜样,以公司中优秀员工为模范人物,使员工掌握榜样员工的想法、做事方式和行为方式的特点。

榜样作用还可运用到组织培训员工的方法之中。比如为学习者提供明确的榜样供效仿,抓住他们的注意力,激发动机,消除不当行为,提供正面强化,促进学习效果。

由于员工的职级、能力不同,榜样的设置要符合其最近发展区的要求,即向该榜样学习既不是高不可攀,可望而不可即;又不是轻而易举,起不到榜样的作用。

组织中的人是从自己的行动后果中学习的。因此,管理者在应用积极和消极后果时必须小心谨慎,确保它们与将要奖励或惩罚的行为是吻合的。策略性地利用培训和教育机会、职工优先认股权以及表扬、奖励等成功的组织奖励机制是很有益的。在塑造员工行为时,管理者还应该明智地使用惩罚并考虑使用积极后果的消退来作为惩罚的替代选择。管理者们可以作为职工替代性学习道德行为和高质量绩效的积极的角色榜样。

三、员工创造性和组织创新

1.员工创造性的培养与激发

(1)激发、培养创造者的兴趣

在创造过程中,兴趣具有巨大的推动力,能激发人的想象力和创造性。因此,作为企业管理者都应着力激发下属的创造兴趣。

①鼓励和支持员工创新行为。员工在创造过程中,必然会有失败或受挫折的时候,批评、打击会让创造者受到更大的挫折,对其创造的内部动机可能有很大的影响;反之,鼓励和支持则能重新鼓舞创造者的热情,激发其高创造动机。

②奖励失败。创造性活动是一项高风险活动,任务过程中创造程度越高,风险也越高,一些根本性创新的任务往往初期都以失败而告终。奖励失败,等于是将个人风险转移到了组织,实际上是一种激励内部动机的有效方法。

③使创造者卷入任务中。要通过多种多样的形式使创造者充分认识所接触的创造领域的重要性,设法使他们“卷入”任务之中,才能使其从创造中体会快乐。如果让员工在参加有关自己专业领域内活动的同时,体验到内在的兴奋和愉悦,员工的内部动机和创造性将提高。

(2)激发创造者的成就动机

激发成就动机是激发创造的内在动机的渠道之一。研究已经证明,成就动机高的人,对胜任和成功有强烈的要求,他们追求卓越、争取成功,热衷于接受挑战,常为自己设定有一定难度而又不是高不可攀的目标,并去努力实现;敢于冒险,又能以现实的态度对待风险而不存侥幸心理,善于分析和估计问题;在完成任务中敢于创新,即使遇到挫折和失败也会加倍努力,直至成功。管理人员可以为创造者提供具有挑战性的工作,满足他们自我实现需求。

(3)营造宽松自由的环境

当主管支持时,他们会表现出关心员工的感情和需要,鼓励他们畅所欲言,提供正面的信息反馈,促使员工进行技能的开发。这些行动可以提高员工在工作中的决定感和主动性,使他们思考、形成和最终贡献更多的创造性结果。同时管理者不应该是控制性的,他们不应该严密地监视员工的行为,不应该在员工不参与的情况下做出决策,一般不应该强迫员工以某种方式去思考、感觉和行为。

研究表明,外部限制会降低创造性。人的创造力的表现和发展要求相应的宽松环境。一个人的创造力只有在他感受到"心理安全"和"心理自由"的条件下才能获得最大限度的发挥。人在轻松自由的心理状态下就可能有丰富的自由想象力和创造性思维的灵感,相反,在苦闷、压抑、紧张、厌烦的心理状态下很难有所创造。

2.组织创新

任何组织机构,在经过合理的设计并实施后,并不是一成不变的。它们如生物的机体一样,必须随着外部环境和内部条件的变化而不断地进行调整,才能顺利地成长、发展,避免老化和死亡。

企业管理创新的关键是组织创新,组织创新是在外部环境日益复杂、资源日趋短缺的背景下,企业为了获得更多有限资源来实现生存和可持续发展的战略目标,对组织内部各个系统进行创新的一种过程。在这个过程中,企业与环境、企业与社会的和谐发展作为组织创新的重要内容被提上日程。

组织创新可以分成两大类,一类是以组织中的人和文化为中心的创新;另一类是以组织结构变革和战略为发展重点的创新。以组织中的人和文化为中心的组织创新的重点在于对组织内部激励机制的创新,核心在于人员激励,借以改变人员的态度及人员之间的工作关系的性质,开发、共享和利用员工知识,从而达到改进组织绩效的目的。现代组织创新主要是希望创造新的组织共同愿景,是针对各个员工的认知而改变,相较于普通的组织发展来得更加激进,其中一个主要的方法就是营造一个有自我分析和自我学习机制的组织。

以组织结构和战略为中心的创新,为组织创新行为的产生提供了机制和方向上的保障,从而有利于组织面向市场的需求。现代组织理论认为,以组织结构和战略为中心的创新比较全面，并关系到整个组织，是一种整体的创新，通常不能依靠单一技巧来完成。适应性的组织设计需要考虑改变组织结构，打破条框的限制。如组织结构扁平化，可使得组织员工与外部环境和市场更加靠近，通过市场直接激发员工的创新意识，向员工授权，增强信息交流等。

组织创新不论是在内容上、过程上，还是结构上，都表现出一些重要的特点：

(1)组织创新表现为组织功能的完善、内部结构和关系的不断优化。组织是一个动态的开放功能系统，其创新在于组织从战略到结构，再到文化的全面更新，意味着不仅要打破原有的组织结构形式，并根据条件的变化对组织的目标加以变革、对组织员工之间的职责权利予以重新构置，还要对员工的观念、行为予以更新，从而使组织资源和能力获得放大效应。

(2)构成组织创新活动的要素包括创新的动机、战略、结构、文化、工具及其实施创新行为的速度等。组织创新活动对组织战略目标、组织文化、内部资源以及外部可利用资源的依赖性很大。

(3)组织创新不单局限于本身，更是各种社会组织之间的关系创新的实现。

(4)组织创新的目标在于组织在与环境的互动中得以持续发展。面向知识经济时代，组织创新不仅要提高组织效率、降低成本，更要培植、发展组织的核心能力，以及在核心能力基础上具备足够的创造性、柔性以及适应性，从而实现组织的可持续发展。

因此，针对组织各种外部因素的改变，如科技、经济、劳动市场、社会和法律的变化等，组织都必须进行相应的创新来适应新形势，例如，调整战略部署、改善人力资源管理、更改工作方法等。在组织创新的管理过程中，人是最根本的因素，包括发起创新的高层管理人员，执行创新的员工，以及其他受影响的组织员工。

第三节　决策

决策是人类社会自古就有的活动，决策科学化是在20世纪初开始形成的。随着决策理论与方法研究的深入与发展，决策渗透到社会经济、生活的各个领域，尤其应用在企业经营活动中，从而也就出现了经营管理决策。决策是管理的核心内容，关系到管理的绩效，是管理者的主要职责。

一、决策概述

1.决策定义

决策(decision making)，就是做出决定或选择。学术界关于决策概念的定义有

上百种,但迄今为止仍未形成统一的看法,通过对这些定义的归纳,我们发现主要有以下两种理解:

一是广义的理解,把决策看作是一个包括提出问题、确立目标、设计和选择方案的过程。

二是狭义的理解,把决策看作是从几种备选的行动方案中做出最终抉择,是决策者的拍板定案;最狭义的理解认为决策是对不确定条件下发生的偶发事件所做的处理决定。这类事件既无先例,又没有可遵循的规律,做出选择要冒一定的风险,也就是说,只有冒一定的风险的选择才是决策。

【拓展阅读】

赫伯特·亚历山大·西蒙(Herbert Alexander Simon,1916.6.15-2001.2.9),组织决策管理大师,美国心理学家,卡内基梅隆大学知名教授。西蒙是现今很多重要学术领域的创始人之一,如人工智能、信息处理、决策制定、问题解决、注意力经济、组织行为学、复杂系统等。他创造了术语"有限理性"(bounded rationality)和"满意度"(satisfying),也是第一个分析复杂性架构(architecture of complexity)的人。

西蒙因其贡献和影响在晚年获得了很多顶级荣誉,如:1975 年的图灵奖、1978 年的诺贝尔经济奖、1986 年的美国国家科学奖章和 1993 年美国心理协会的终身成就奖。西蒙有句名言:"管理就是决策"。

(资料来源:http://www.docin.com/p-70515302.html)

以上对决策概念的解释是从不同的角度做出的,要正确理解决策概念,应把握以下几层意思:

(1)决策要有明确的目标

决策是为了解决某一问题,或是为了达到一定目标,确定目标是决策过程的第一步。决策所要解决的问题必须十分明确,所要达到的目标必须十分具体。没有明确的目标,决策将是盲目的。

(2)决策要有两个以上备选方案

决策实质上是选择行动方案的过程。如果只有一个备选方案,就不存在决策的问题。所以,至少要有两个或两个以上方案,人们才能从中进行比较、选择,最后选择一个满意方案为行动方案。

(3)选择后的行动方案必须付诸实施

如果选择后的方案束之高阁,不付诸实施,做了决策也等于没有决策。决策不仅是一个认识过程，也是一个行动的过程。

【拓展阅读】

决策中的代表性偏差

代表性经验判断指人们凭经验已经掌握了一些事物的"代表性特征"，当人们要判断某一事物是否出现时，只需要看这一事物的"代表性特征"是否出现。这样，以两类事件是否具有相似性或代表性特征为依据，通过事件A的相关数据与信息评估事件B。

在做出决策的时候，我们往往会搜索同类事件出现的结果，并以此作为推理的主要依据。一般情况下，这是一个有用的分析方法。但是在寻找规律或结果的概率分布过程中，当代表性使得你忽视其他类型的相关信息时，它就会让你误入歧途，从而得到错误的信息，并导致决策的错误。这就是决策中的代表性偏差。

代表性偏差的主要表现是在搜集信息时忽略样本的大小。统计学原理告诉我们，在分析事件特征或规律时，统计样本的大小具有重要而关键的意义。统计分析过程中，样本的数量愈接近真实的数量，统计的结果也就愈可信。也就是说，样本越大，其真实性越大；样本越小，其真实性越小。

扩展阅读：

1.《别做正常的傻瓜》

2.《生活中的博弈论》

（资料来源：http://www.chinavalue.net/ 宋振杰）

2.决策与预测辨析

决策与预测的联系是：预测是为决策服务的，贯穿于决策的全过程；二者的区别是：预测侧重于对客观事物的科学分析，决策侧重于对有利时机和目标的科学选择。预测是决策科学化的前提，决策是预测的服务对象和实现机会。

二、管理中的决策分析技术

1.常用的决策分析技术

（1）确定型情况下的决策分析

确定型决策问题的主要特征有四个方面：只有一个状态；有一个（决策者希望达到的）明确的目标；存在着可供决策者选择的两个或两个以上的方案；不同方案在该状态下的收益值是清楚的。

确定型决策分析技术包括用微分法求极大值和用数学规划等。

(2)风险型情况下的决策分析

这类决策问题与确定型决策只在第一点特征上有所区别:风险型情况下,未来可能状态不止一种,究竟出现哪种状态,不能事先肯定,只知道各种状态出现的可能性大小(如概率、频率、比例或权等)。

常用的风险型决策分析技术有期望值法和决策树法。

期望值法是根据各可行方案在各自然状态下收益值的概率平均值的大小,决定各方案的取舍。以期望值为标准的决策方法一般适用于几种情况:概率的出现具有明显的客观性质,而且比较稳定;决策不是解决一次性问题,而是解决多次重复的问题;决策的结果不会对决策者带来严重的后果。

决策树法有利于决策人员将决策问题形象化,可把各种可以更换的方案、可能出现的状态、可能性大小及产生的后果等,简单地绘制在一张图上,以便计算、研究与分析,同时还可以随时补充不确定型情况下的决策分析。

(3)不确定型情况下的决策分析

这类决策问题与风险型决策只在第一点特征上有所区别:风险型情况下,知道各种状态出现的可能性大小(如概率、频率、比例或权等)。不确定型情况下,各状态出现的可能性的大小不确知。

常用的不确定型决策分析方法有:

赫维兹准则(乐观准则或 max-max 准则):比较乐观的决策者愿意争取一切机会获得最好结果。决策步骤是从每个方案中选一个最大收益值,再从这些最大收益值中选一个最大值,该最大值对应的方案便是入选方案。

瓦尔德准则(悲观准则或 max-min 准则):比较悲观的决策者总是小心谨慎,从最坏结果着想。决策步骤是先从各方案中选一个最小收益值,再从这些最小收益值中选出一个最大收益值,其对应方案便是最优方案。这是在各种最不利的情况下又从中找出一个最有利的方案。

拉普拉斯准则(等可能性准则):决策者对于状态信息毫无所知,所以对它们一视同仁,即认为它们出现的可能性大小相等。于是这样就可按风险型情况下的方法进行决策。

2.决策树

决策树法作为一种决策技术,已被广泛地应用于企业的投资决策之中,它是随机决策模型中最常见、最普及的一种决策模式和方法,该方法有效地控制了决策带来的风险。

(1)定义及适应条件

所谓决策树法(decision tree),就是运用树状图表示各决策的期望值,通过计算，最终优选出效益最大、成本最小的决策方法。

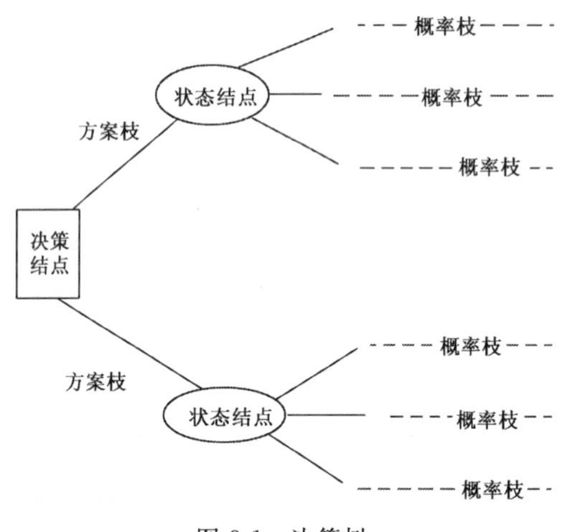

图 8-1　决策树

决策树法属于风险型决策方法，不同于确定型决策方法，适用的条件也不同。应用决策树决策方法必须具备以下条件：具有决策者期望达到的明确目标；存在决策者可以选择的两个以上的可行备选方案；存在着决策者无法控制的两种以上的自然状态（如气候变化、市场行情、经济发展动向等）；不同行动方案在不同自然状态下的收益值或损失值（简称损益值）可以计算出来；决策者能估计出不同的自然状态发生概率。

决策树一般都是自上而下生成的。每个决策或事件（即自然状态）都可能引出两个或多个事件，导致不同的结果，把这种决策分支画成图形很像一棵树的枝干，故称决策树。决策树就是将决策过程各个阶段之间的结构绘制成一张箭线图。

决策树的构成有四个要素：决策结点、方案枝、状态结点、概率枝。方块形结点称为决策结点，由结点引出若干条细枝，每条细枝代表一个方案，称为方案枝；圆形结点称为状态结点，由状态结点引出若干条细枝，表示不同的自然状态，称为概率枝。每条概率枝代表一种自然状态。在每条细枝上标明客观状态的内容和其出现概率。在概率枝的最末梢标明该方案在该自然状态下所达到的结果（收益值或损失值）。这样树形图由左向右，由简到繁展开，组成一个树状网络图。

(2)决策树法的决策程序

①绘制树状图，根据已知条件排列出各个方案和每一方案的各种自然状态。

②将各状态概率及损益值标于概率枝上。

③计算各个方案期望值并将其标于该方案对应的状态结点上。

④进行剪枝，比较各个方案的期望值，并标于方案枝上，将期望值小的方案剪

掉，所剩的最后方案为最佳方案。

(3)决策树法的应用实例

决策树法在企业决策中有着广泛的应用。下面我们举例说明其应用。

南方医院供应公司是一家制造医护人员工装大褂的公司。该公司正在考虑扩大生产能力。它可以有以下几个选择：1.什么也不做；2.建一个小厂；3.建一个中型厂；4.建一个大厂。新增加的设备将生产一种新型的大褂，目前该产品的潜力或市场还是未知数。如果建一个大厂且市场较好就可实现＄100,000的利润。如果市场不好则会导致＄90,000的损失。但是，如果市场较好，建中型厂将会获得＄60,000，小型厂将会获得＄40,000；市场不好则建中型厂将会损失＄10,000，小型厂将会损失＄5,000。当然，还有一个选择就是什么也不干。最近的市场研究表明市场好的概率是0.4，也就是说市场不好的概率是0.6。见下图：

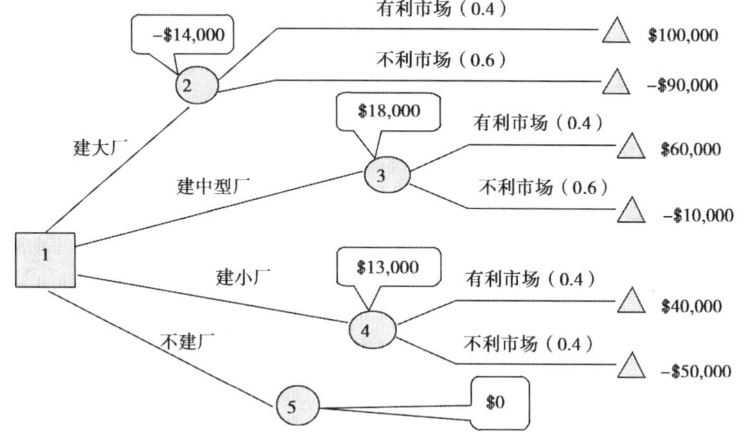

在这些数据的基础上，能产生最大的预期货币价值(EMV)的选择就可找到。

EMV(建大厂)＝(0.4)×(＄100,000)＋(0.6)×(－＄90,000)＝－＄14,000

EMV(中型厂)＝(0.4)×(＄60,000)＋(0.6)×(－＄10,000)＝＋＄18,000

EMV(建小厂)＝(0.4)×(＄40,000)＋(0.6)×(－＄5,000)＝＋＄13,000

EMV(不建厂)＝＄0

根据EMV标准，南方公司应该建一个中型厂。

三、道德决策

1.道德决策标准

在进行道德选择时，个体可以使用3种不同的标准。

第一种是功利主义标准，即决策完全是根据结果或结局而进行的。功利主义(utilitarianism)的目标是最大限度地提供最佳效益。这种观点是企业决策的主流，它与绩效、生产率、高利润等目标相一致。

第二种道德标准注重的是人权，它要求决策者的行为要符合基本的对自由和权利的规定。在决策中对人权的重视意味着尊重和保护个体的基础权利，如隐私权、言论自由权等等。当组织中的告密者在言论自由的权利下，向政府或新闻界报告自己组织中的不道德或违法活动时，这一标准的使用保护了告密者。

第三种标准注重的是公正。它要求个体公正无偏地执行规则，平等分配企业的效益和损失。工会员工一般偏爱这种观点。根据这种标准，对从事同一具体工作的人应公平地付给其同样的工资，而不管他们之间工作绩效的差异，在解雇决策中把任职时间作为主要决定因素。

三种标准各有其优缺点。对功利主义的强调提高了效率和生产率，但它的问题是忽视了一些个体的人权，尤其是那些在组织中占少数的人的权利。以人权作为标准保护了个体不受伤害，并符合人身自由和隐私权，但它所创设的过度受法律约束的工作环境妨碍了生产率和效率的提高。对公正的关注保护了未被充分代表的员工和无权者的利益，但它鼓励了一种降低冒险、革新和生产率的应得权利观念。

一项好的决策不能仅使用一种标准就作出判断。随着整个社会对人权和社会公正方面越来越多的关注，管理者也需要提高非功利方面的道德标准。这也反映了今天的管理者所面对的强大挑战，因为使用诸如人权和社会公正这些标准进行决策远远不如运用功利主义标准（如效率和效益方面的影响）那么明确。

2.影响道德决策的因素

(1)个性特点及组织环境

个体的活动是否道德在很大程度上受到个体的个性特点以及他所工作的环境两方面的影响。道德发展阶段（stages of moral development）是对个体道德判断能力的评价。一个人的道德发展水平越高，则越少受到外界环境的影响，也因而行为更倾向于采取道德的方式。比如，大多数成人达到了道德发展的中等水平，这一水平上的个体受到同伴的有力影响，并会遵守组织的规律与程序。那些达到了更高水平的个体表现为：对他人的权利赋予更高价值，不太在意大多数人的意见如何，当他们坚信组织做错时敢于向组织的实践提出挑战。研究表明，外控者（即把生活中所发生的事归因于运气或机会的人）很少愿意为自己的行为结果承担责任，并更有可能受到外界环境的影响。相反，内控者更有可能根据自己内在的正误标准指导行为。

通过组织环境可以培养较高的道德决策水平：高层管理者的榜样作用；符合实际的绩效期望；在绩效评估中不但评估结果而且评估手段；对高尚道德行为的个体给予明确的认可和奖励，对不道德行为者的明显惩罚等。一个缺乏高尚道德观念的人，如果处在抵制不道德行为的组织环境中，会较少做出不道德的决策；相反，一个非常有正义感的人在允许或鼓励不道德活动的组织中,也会受到侵蚀。

(2)民族文化

世界各地不同的组织中,作决策的人和时间以及决策中理性所占的重要性地位各不相同,因此,在讨论个人决策时也应考虑到民族文化这一因素。在高权力距离的文化中(如印度),只有高层管理者有权作出决策;而在低权力距离的文化中(如瑞典),基层员工希望大部分有关日常工作的决策由自己作出。

(3)沉没成本

有很多证据表明,当个体认为要对自己的失败负责时,他会对这一失败活动增加投入。也就是说,他们"继续把钱投入错误的事情",以表明他们最初的决策并非错误,因此而避免承认自己犯了错误。

这一点对组织的管理决策来说有着很广泛的意义,管理者常常为了证明自己的最初决策是正确的,因而继续投入大量资源给那个从一开始就注定失败的决策,很多组织因此而蒙受了巨大损失。

【本章小结】

本章从三个大方面介绍了认知与管理。社会知觉对于理解人的行为具有非常重要的作用;归因是一种社会知觉,涉及人们如何解释其他人或他们自己行为的原因,介绍了社会知觉与归因在管理中的一些应用。

学习与创造在组织管理中的作用越来越大,根据学习理论来改变和塑造员工的行为使之符合公司的要求,能培养员工的创造能力从而提升组织的创新能力和竞争力。

决策被定义为在两个或多个备选方案中进行选择。不同的管理者决策风格也不一样,他们会采用不同的决策分析技术,将这些结合在一起,对行为决策的理论和实践有很大的影响。

【习题】

名词解释

相似性错误　防御性归因偏见　组织学习　学习型组织　期望值法　决策树　沉没成本

简答题

1. 社会知觉在管理实践中会导致哪些问题?

2. 员工行为的改变与塑造的方法包括哪些?

3. 在管理中决策的分析技术通常有哪些?

案例分析

“无论你进 IBM 时是什么颜色，经过培训，最后都会变成蓝色。”这是 IBM 员工培训时流行的一句话。IBM 大体上有三类培训，第一类是内部员工的，称为 international education，由教育部主管；第二类是给 business partner 和客户的，称为 customer education；还有一类是专门针对经理的，称之为经理加速培训（leadership acceleration education）.

在 IBM 员工之间传递着这样一个玩笑：在一间黑屋里坐满了多个公司互不认识的员工，突然打开灯，IBM 的员工可以准确地相互认出自己公司的人。这个玩笑喻示着这样一个事实：IBM 的员工相互之间有一种说不清楚的默契，就像钞票上的水印标签，虽然不很显眼，但它确实存在。在外国人眼里，广东人和上海人没什么区别，但在 IBM 员工眼里，本公司员工和其他公司员工之间的差别非常明显，这就是 IBM 教育形成的员工气氛。

问题 1：根据以上案例，分析 IBM 怎样塑造新员工的行为。

问题 2：结合本章内容，分析 IBM 管理中可能存在的社会认知偏差。

第九章 心理健康与管理

学习目标

1.掌握心理健康的定义，了解企业员工存在的主要心理问题；

2.了解 EAP 发展历程，熟知 EAP 的操作步骤；

3.掌握 EAP 效果评估的方法。

【本章知识结构】

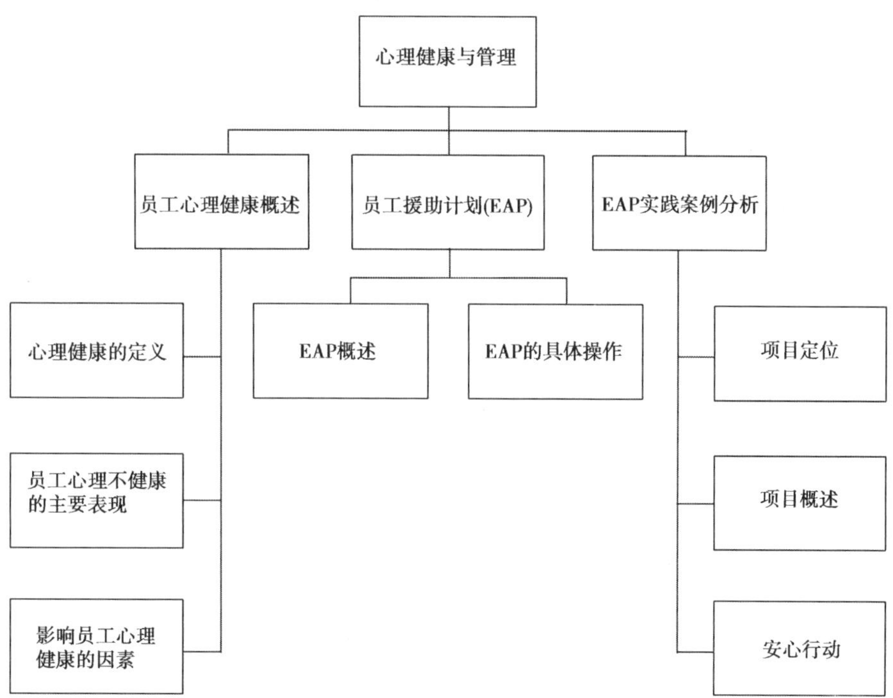

【引言】

华为员工小区内自缢，工作压力大，两度欲辞职

2008年7月18日下午，年仅26岁的华为员工张锐，在深圳梅林某小区的楼道内自缢身亡。进入华为只有60多天的他，生前曾多次向亲人表示工作压力太大，并两度想要辞职，为此父亲两度来深圳看望劝说。在父亲第二次来到深圳时，张锐选择了这种方式与亲人告别，没留下一句话，身后只有因上大学欠下的5万多元债务。张锐出生的那一年，父亲已经37岁，母亲29岁。他离开的时候，父母都已经白发苍苍。

华为人事部副部长张志刚承认华为公司的员工的确都有压力，但对于张锐来说，压力实际上远没到把他击垮的程度。他说，张锐进入华为只有60多天，没有转正，也不能独立承担项目。而且对于新进员工，公司都会配备思想导师，从各方面给予指导。此外，张锐性格比较内向，"外人很难进入他的内心世界"。张志刚对张锐的父母说："张锐选择了这条路，将痛苦留给你们，也给公司造成了负面影响，这是一种不负责任的行为。"

（来源：http://tech.163.com/07/0724/08/3K5DMBOC000915BE.html 徐维强 实习生米燕）

华为总裁任正非曾为患抑郁症的员工写了一篇名为"要快乐地度过充满困难的一生"的文章，文中写到，"华为不断地有员工自杀与自残，而且员工中患忧郁症、焦虑症的不断增多，令人十分担心"。

华为的状况并不是独有，一项历时五年，累计数据两万余例，涉及金融、通信、政府机构、IT、房地产等行业领域的调查结果，显示了这一问题的普遍性。调查结果表明：近60%的国内企业员工压力较大，出现职业枯竭的员工比例接近10%。

如何管理员工心理和情绪上的不良状态，是中国企业面临的新课题和待解的难题。由此也引出了我们本章的主题：心理健康与管理。员工心理健康问题已经成为企业最为关注的问题之一，在本章中，我们将通过分析企业员工普遍存在的心理健康问题，提出可行的解决方案，以及怎样结合这些方案进行企业管理。

第一节　员工心理健康概述

员工身体上的疾病，可以由个人及保险单位来支付，但心理上的压力与抑郁，却必须由组织来承担。因为心理上的不良状态，不仅会影响员工个人的工作表现，而且对创造力、团队协作、决策和领导力也会产生影响；对企业来说，则意味着工作效率降低、工作失误增加、沟通不畅、同事间关系不良、人才流失等，进而影响企业的运营效率和整体业绩。一个有效的企业员工心理健康管理可以为企业带来无穷的效益。

一、心理健康的定义

所谓健康(health)，不仅指没有疾病或不正常的存在，而且指每个人在生理层面、心理层面以及社会层面上能保持最佳、最高的状态。身心平衡、情感和谐是一个健康人所必备的条件。

世界卫生组织(WHO)对于心理健康的定义：心理健康(mental health)不仅指没有心理疾病或变态、个体社会生活适应良好，还指人格的完善和心理潜能的充分发挥，亦即在一定的客观条件下将个人心境发挥至最佳状态。

心理健康具体表现为生理、心理以及社会三方面的健康：

从生理角度来看，心理健康的人其身体无疾病，各项体检指标均在正常范围内，没有残疾也无不健康的遗传体质。健康的身体是健康心理的先决条件，即健康的身体是健康心理的基础。这是健康的第一层面。

从心理角度来看，心理健康的人，有着正确的自我评价，能客观地正视自身的长短优缺；能明确认识自己的潜能，并针对自身不同生理年龄特征为自己确定奋斗目标，有实现自我价值的需要；能妥善处理自身发展的高峰与低谷状态，调节自我的愉悦与悲伤；能兼顾自我发展与人际和谐；能平衡发展本我、自我与超我；能正视现实和困难，有乐观进取、积极应对的心态，而不依赖消极的心理防卫机制，是充满“阳光”的人。这是健康的第二层境界。

从社会角度来看，心理健康的人，能快速有效地适应社会环境，能妥善地处理人际关系，在社会中得到尊重，其言行符合社会生活中道德文化的规范；能扮演好符合社会要求的角色，有较强的社会责任感和使命感；能认识到自己是社会中的一员，能有为社会、为事业奉献的精神。这种健康是构建和谐社会的必备条件，是健康的最高境界。

二、员工心理不健康的主要表现

我国员工患抑郁和焦虑症的普遍性，是和中国经济快速发展的大背景相关联的。《华尔街日报》的专栏文章称，中国三个月的发展相当于美国一年的发展。这给企业带来了快速发展的机遇，也带来了快速增长的压力。企业为了保持竞争力，不断扩大组织规模，不断开拓新的市场，不断进行组织变革，进而不断对员工提出更多更高的要求。于是员工不得不连年超负荷工作，体力和精神严重透支，心理上难以放松，变得厌倦、易怒、焦虑、抑郁和情绪低落。就像一个人久“劳”成疾，员工的心理问题不断累积后也会成为中国企业的“疾”。我国企业员工心理不健康主要表现在以下几个方面：

1.**压力过度**

(1)压力定义及产生机制

压力(Stress)是员工在职业生涯中受到令个体紧张、感受到威胁性的刺激情境或事件,由此产生的持续性的紧张情绪状态。在工作中,当环境条件提出的要求超出一个人的能力和资源范围时,个体就会感到紧张,这是一种由于对潜在危险(身体上或精神上)的意识及如何消除危险而产生的精神和生理状况。

压力从产生到进一步发展,要经过以下几个阶段：

①个体与环境的匹配阶段

个体与环境的交互作用是压力和紧张产生的起点。个体作为组织的一员,必然会受到组织环境的影响,并以自身的行为反作用于组织,个体对组织中压力源的感知是有很大差异的。

②对威胁的评价阶段

如果个体与组织系统不匹配或者冲突,个体将对冲突是否影响自身目标或需要进行评估,如果不构成威胁就不会产生压力;反之,当个体感到环境将威胁自身目标时,压力就产生了。这种压力可以使人产生一系列的心理和生理的唤起反应,生理方面的反应表现为交感神经系统活动,血压、呼吸变化等;心理方面的反应有两个方面:威胁与挑战,一方面是对主要目标的威胁,另一方面也有获得更高成就的机遇。个人素质与个性,如自尊心等都对压力的估计和反应产生影响。

③应对策略的运用阶段

感受到压力的个体从应对资源中寻找最有可能减轻压力的策略。如果应对成功,就在认知水平上增强了将来应对同样问题甚至是不同压力源的信心,使个体和组织的效能得以增强;反之,如果应对行为并未导致威胁和冲突的减轻,压力会继续存在并将导致进一步的效果。

④紧张产生阶段

如果应对失败后没有新的有效策略可以使用,经历漫长的压力将导致紧张的产生。这种紧张表现为易怒、注意力不集中、疲劳过度、自我评价降低以及其他紧张症状。如果进一步发展将导致失眠、高血压等,使个人和组织效能削弱。

⑤反馈阶段

压力产生的后果(积极的和消极的)还将反过来作用于组织和个体,增强或减弱个体和组织系统的匹配程度,影响个体对威胁的评价。

(2)压力过度导致的问题

科学研究发现,压力过大将直接导致冠心病、高血压、肠胃溃疡等疾病,以及手脚麻木、肌肉酸痛、偏头痛、容易疲劳等各种亚健康症状,人体免疫力随之下降。由于压力的困扰,会造成如缺勤率、离职率、事故率高以及体力衰竭、精神恍惚、效率缺失、抑郁症和自杀等一系列心理和病理的后果,并最终影响企业的绩效。比较常见的由压力引起的问题主要有以下几种:

①焦虑(anxiety)

《中国青年报》社会调查中心于2006年11月份完成的一项调查显示,焦虑已经成为现代人的一种生活常态:34%的受访者经常产生焦虑情绪,62.9%的人偶尔焦虑,只有0.8%的人表示从来没有焦虑过。

房子要买,车子要购,孩子要读书,但是加薪遥遥无期,绩效目标无法达成,位置停滞不前,同事笑里藏刀,随时面临炒鱿鱼的危险……可见,焦虑已成为困扰现代人正常生活的重要心理问题。焦虑,如同疼痛和恐惧一样,作为对危险和伤害的警示信号,在人类对环境的适应方面起着重要的作用。但如果它长期存在,则可能会改变机体的正常功能,从而使适应性反应演变为疾病状态。

②抑郁(depression)

抑郁症在工作场所中的众多心理疾病中,是最普遍且危害性最大的精神问题之一。根据美国心理学会的界定,抑郁症作为一种情绪障碍,主要表现为情绪沮丧、兴趣缺失、睡眠障碍、体重变化、疲劳、精力减少、行动迟缓、有负罪感或觉得生活无意义、注意力不集中和决策能力降低,最为严重的表现是出现自杀倾向。

在中国有1600多万人患有抑郁症,抑郁症已上升为自1990年以来内地总疾病负担中的第二大疾病。抑郁症的高发年龄段是25岁到44岁,即正好是最佳的工作年龄阶段,其在工作人口中的患病率是2.2%到4.8%;每年给企业所造成的损失(工作效率下降、事故、病假、医疗等)就能达到数百亿美元,是让企业损失最大的一种心理疾病。因此,如何预防和治疗这种"精神残疾"——工作场所中的抑郁症问题,对员工、组织和社会的健康与和谐发展都是至关重要的。

③恐惧(phobia)

恐惧症是以恐怖症状为主要临床表现的一种神经症,主要表现为对某些特定的对象产生强烈和不必要的恐惧,并伴有回避行为。恐惧的对象可能是单一的或多种的,如动物、广场、闭室、登高或社交活动等,患者明知其反应不合理,却难以控制而反复出现。恐惧症以青年期与老年期发病者居多,女性更多见。

2.**职业枯竭**

(1)职业枯竭的定义

职业枯竭(job burn-out)是人们对自己长期从事的职业产生的一种疲倦感,它引起了心理和生理两方面的问题,诸如身体疲劳、情绪低落、创造力衰竭、价值感降低、人性化淡漠、攻击性行为等。

职业枯竭又称工作倦怠,是心理枯竭现象中的一种,是在工作的重压之下所体验到的身心俱疲、能量被耗尽的感觉。典型的职业枯竭是有工作能力,但却丧失了工作动力。

(2)职业枯竭与压力过度辨析

枯竭与压力不同,枯竭不仅仅是过度压力,同时也包括个体对持续不断的压力的反应,并且与自身内部资源不能应对所要求的任务和情境相联系。枯竭的信号和症状与压力类似,但是枯竭包含情绪耗竭和对工作或生活不断增加的负性态度。

职业枯竭不是一蹴而就的,是在工作的过程中,随着工作时间的增加慢慢产生的。根据现代人对自己个人价值观实现的心理需求层次可以将职业枯竭划分为5个阶段:

蜜月期:个人有旺盛充足的精力,工作有很高的热情和期望值,同时对工作的满意度较高;

适应期:开始接受正常的工作内容,慢慢进入角色并已习惯了频繁重复的工作内容;

先期厌倦期:开始对稳定的工作方式、乏味的工作内容及单调的工作环境产生了倦怠之感,但是因对个人晋升机会的渴求,还没有完全丧失对工作的主动性;

后期挫折期:个人的自信心受到威胁,对工作的热情、积极性与主动性逐步消减,出现了身心失调的不健康病症;

淡漠期:个人无法继续工作,出现严重的心理衰竭状况,对周围的人、事表现出极端的麻木不仁、冷漠态度。

总之,了解职业枯竭的演变过程对于正确认识和消解其中症状的困扰有很大帮助。

据调查,现代人产生职业枯竭的时间越来越短,有的甚至工作8个月就开始对工作厌倦,而工作一年以上的白领人士有高于40%的人想跳槽。产生职业枯竭的工作者会出现失眠、焦虑、烦躁等生理疾病、心理不适以及行为障碍,若不及时处理将会给自己带来不可预期的伤害。

(3)职业枯竭的特征

员工职业枯竭的日常行为表现是:不知道自己在做什么、怎样做;无端担心自己的人际关系,进而影响到对自己工作的满意度;困惑自己究竟会走向何方,对前途缺乏信心，开始抱怨所在单位的人事、组织结构；将责任归咎于同事；家庭不再是缓解压力之源，反而加重了心理的负担等。职业枯竭主要表现为以下六大特征：

①生理耗竭

生理耗竭被称作是职业枯竭的临床维度，主要表现是身体能量有一种耗竭感，感到持续性的精力不充沛、极度疲劳和虚弱，身体对疾病的抵抗力也在下降，然后出现一些身心症状，比如头疼、腰酸背疼、肠胃不适、失眠、饮食习惯的改变等等，严重的会导致精神上的疾患。

②才智枯竭

才智枯竭属于职业枯竭的认知维度，它主要表现在：一个人会感觉到一种空虚感，有一种被掏空的感觉；会觉得自己的知识已经没有办法去满足工作的需要了，思维效率下降、注意力不集中，不能很好地去适应当代的知识更新。

③情绪衰竭

这是职业枯竭的压力维度，也是职业枯竭非常显著的一个特征，主要表现在工作热情完全消失，而后表现出许多情绪上的特点，比如情绪烦躁、容易发脾气、容易迁怒于人、对人冷漠无情、麻木不仁、没有爱心，甚至悲观、沮丧、抑郁、无助、无望以及消沉。

④自我效能感降低

表现为个体对自己工作的意义和价值的评价下降，对自我效能的信心下降，时常感觉到无法胜任，从而在工作中体会不到成就感，积极性丧失，不再付出努力。

⑤疏离感（去人性化）

表现为个体刻意与工作、相关人员保持一定的距离，对工作不像以前那么热心和投入，总是被动地完成分内工作，对自己工作的意义表示怀疑，并且不再关心自己的工作是否有贡献；个体以一种消极的、否定的、麻木不仁的态度和情感去对待自己身边的人，对他人再无同情心，甚至是自己非常亲近的人（包括家人或者好朋友）。

⑥攻击行为

这是职业枯竭的另一个维度，攻击行为一般来说会有两个方向：一个方向是对他人的攻击行为会增多，比如人际摩擦增多，会在极端的情况下出现打骂无辜人的情况；另外一种情况是，他的攻击并不是指向外部的，而是指向自身，出现自残行为，甚至在极端枯竭的情况下出现自杀。

3.**工作狂**

“工作狂”(workaholic)也称工作成瘾综合征，学名叫做病理性强迫工作。它是对工作的一种过度依赖，表现为个体对现实生活失去兴趣，把大量自由支配的时间花在工作上，在工作时间之外思考工作的事情，所做的工作超出了组织要求和自身基本经济的需要，以此来获得心理满足。

“工作狂”与对工作“有热情”者有本质区别：

“工作狂”往往并不热爱自己的工作，他们的生活是“为了工作而工作”的自我沉溺，一般很难从工作中得到快乐，而只是拼命地工作以求某种“心理解脱”。此外，这些成瘾的人在工作中沉迷于为不可能达到的完美状态而奋斗，常常强迫自己做到“完美”。他们试图消灭不可预测的事物，对工作过度计划及过度组织，希望情况是可预期、持续的，因此也是可以控制的。因为对于失去控制的恐惧实在太大了，所以他们的思考方式常常是非此即彼，不能变得自然或者灵活，一旦出现问题或差错便焦虑万分，过度反应，同时却又将他人的援助拒之门外。

而工作“有热情”者则十分热爱自己的工作，从工作中能获得巨大乐趣，出现失误时既不会怨天尤人，也不会懊恼不已，相反却会聪明地修正目标或改正错误，同时也注意与同事和上司协调、配合，因而人际关系相对融洽。考核显示，尽管前者的工作量要比后者大得多，但工作效率和工作质量都明显不如后者。

企业要想在激烈的竞争中立于不败之地，就应当认识到健康、幸福、高效的员工是企业最宝贵的财富。因此，了解影响员工心理健康的因素并找到适合的解决方法才是可行之路。

三、影响员工心理健康的因素

1.个体因素

(1)人格特质

个体因素，包括对变化的容忍、低自尊、自我中心主义、坚持、坚强个性、A型性格和自我效能感，以及个体的动机、态度、能力等差异，都会对工作压力产生不同的影响。压力产生的本质原因就是个体的能力和工作要求之间的差异。每个人由于其家庭背景、社会阅历、受教育程度、工作环境等诸多条件不同，使得他们的各种能力(如工作能力、学习能力、社交能力等)出现差异，所以当不同的人面对同样工作的时候，他们所承受的压力是不同的。

这和工作组织特点强调外在因素不同，它主要是从个体的差异这种内在因素上来解释为什么工作压力会因人而异，因事而异。比如A型性格的人的特征是永无止境的奋斗，以求用较少的时间获得较多的成果。因此A型性格的人对压力比较敏感，容易患心脏病。

(2)角色冲突和角色模糊

角色冲突和角色模糊是组织中最普遍存在的现象，是与工作相关最大的压力源。角色冲突指个体所体验到的难以调和的同时来自于环境的不同期待，如必须与别人相处的压力、运用人力方面的困难、接到不同的相互有所抵触的指示信息或资料等。个体不仅是企业的员工,同时还在社会中扮演着多种角色。这些角色常常会与工作角色形成冲突,导致压力的产生。

角色模糊是指个体所体验到的角色环境的不确定性,主要是指对自己在工作中应充当什么样的角色把握不准,或者是不同的上司对工作的期待不同以至产生角色模糊。员工不清楚所分配的工作内容和相应的责任,就会因角色模糊而陷入压力之中,使得工作难以开展。

(3)职业生涯发展

对失业的担心、提升、调转和发展的机会,是产生压力的又一重要因素。提升的不足或提升的过度也可能会给员工带来压力;而调转和发展的机会关系到员工未来的职业发展,这些对员工来说非常重要但又十分不确定,因此成为员工工作压力的重要来源之一。

2.人际因素

人际关系是指人与人之间心理上的关系和心理上的距离。

在一个工作群体中,人际关系往往比较复杂,处理得不好就会引起矛盾,而个体在工作中是否能得到他人的支持直接影响个体对工作压力的体验。在具有压力的环境中,与善于支持、鼓励的同事一起工作,有助于员工减少压力,发挥潜能;相反,与关系紧张的同事共事可能使人更焦虑,会加大工作压力。与同事关系紧张,缺乏同事的社会支持,会给员工造成较大的心理压力。同时,不理想的工作和社会支持体系、同事之间存在的竞争、嫉妒或生气、组织领导缺乏对员工的关心等等因素也都会造成员工心理上的压力。

家庭成员之间不良的互动也是造成员工心理不健康问题的主要原因。例如,一个有着高度责任感的男人,可能认为他照顾和保护家庭成员的方式就是拼命工作,其配偶也会因丈夫的工作收益而支持其工作,隐瞒自己的孤独与压力,让孩子不打扰丈夫的工作,丈夫也因此更加努力地工作。但随着时间的推移,妻子的被忽略感、被抛弃感可能会越来越强烈,转而认为丈夫不顾家人地工作可能只是为了逃避责任,并非是为了保护家人,因而鼓动和联合孩子,采用言语攻击或情感疏远等方式来反对工作狂丈夫;而工作狂丈夫为了逃避这样的家庭纷争,会投入更多的时间与精力到工作上。

有研究者(T. H. Holmes 和 R. H. Rahe)发明了一种定量测量人们一年的生活变化情况的工具。他们把生活中的 43 项事件根据它们产生的典型压力的大小进行排列,得分越高,表明生活事件压力越大。把过去一年生活中所有发生的事件得分加起来,就能估计出他们所经受压力的大小(如下表所示)。

表 9-1　生活事件压力排序

生活事件	压力指数	生活事件	压力指数
配偶死亡	100	儿子或女儿离开家庭	29
离婚	73	姻亲带来的麻烦	29
婚姻失败(分居)	65	个体杰出的成就	28
监禁	63	配偶开始或停止工作	26
家庭亲密成员死亡	63	入学或毕业	26
受到伤害或疾病	53	生活环境改变	25
结婚	50	个体行为习惯改变	24
被解雇	47	和老板发生冲突	23
与配偶重修旧好	45	工作时间或环境改变	20
退休	45	搬家	20
家庭成员健康状况改变	44	转学	20
怀孕	40	娱乐形式改变	19
性生活障碍	39	宗教信仰改变	19
家庭中新成员的增加	39	社交活动改变	18
职务重新调整	39	负债或贷款不到一万	17
收入状况的改变	38	睡眠习惯改变	16
亲密朋友死亡	37	家庭聚会人数改变	15
改行	36	饮食习惯改变	15
与配偶争吵次数改变	35	假期	13
负债超过一万	31	圣诞节	12
贷款或契据取消	30	较轻微的侵犯法律行为	11
工作中职责变化	29		

(资料来源:T.H. Holmes & R. H. Rahe,1967,社会再适应等级量表)

3.组织因素

(1)组织结构

组织结构是通过大量的规章制度限制员工职权而形成的,它包括组织层次分化的水平、组织规章制度的效力、决策在哪里进行等。集权也是能限制员工决策自主权的组织结构的一个方面。大量的规定、高度集权、员工较少参与决策等,都是能造成压力的组织结构特征。

(2)工作特征

首先,工作量过大是压力的主要来源之一。工作质量、工作数量的超载,使员工长期工作负荷过重,并且随着人们生活节奏的加快,工作紧张度也越来越高;工作紧张度的增加又导致人们生活节奏的加快,如此的恶性循环,会加重员工的心理承受负担。而工作量不足也会使员工产生压力,难以满足员工自我实现的心理需求。

其次,工作场所因素和心理不健康标志之间在统计上有显著的联系。工作条件简陋或工作环境恶劣，如温度过高、噪音过大等都是工作压力的来源。近期的研究已经开始把工作地点的不确定性作为角色压力过程的一个调节因素进行检验。

(3)领导风格

管理者对下属的领导风格直接影响到下属工作的各个方面，进而对团队、部门和组织产生各种积极或消极的影响。当前国际上的大量研究表明，领导风格对当代企业尤其是组织团队能否成功应对变革和发展而言是一个非常重要的影响因素，它对组织员工的自我成长、工作满意度、组织承诺等都有很大的影响。

在不同领导风格的情境下，员工对工作的感知与员工绩效的关系可能会存在着一定的差异。研究发现，领导风格在员工效能感与工作结果关系中存在调节作用。一些领导者强调短期效益，希望用较少的资源和人力投入获得较高的产出，进行严格的财政控制，长期下来，这种文化会对员工形成压力，影响士气。

(4)企业生命周期

企业生命周期，一般是指企业从诞生到消亡的整个过程。企业与自然界生物一样都遵从"生命周期"规律，它们都会经历一个从出生、成长到老化直至死亡的生命历程。企业年轻时充满了灵活性，但控制力却不一定总是很强；企业老化时，关系变了，可控性增加了，但灵活性却减少了。

典型的企业生命周期模型，其形状类似于正态分布曲线。这种企业生命周期的模型比较有代表性，主要由四个时期组成：孕育期是企业生命周期的第一个阶段；在初生期，企业刚刚成立，很多方面处于摸索阶段；在成长期，企业生产规模扩大，销售能力强，业绩快速增长；在成熟期，企业的主要业务已经稳定，管理走上了正轨，制度比较完善；在衰退期，市场竞争加剧，消费需求发生变化，而企业未能及时掌握信息，导致业务萎缩，如果缺乏有效措施，企业就会不断衰退，最终走向死亡。

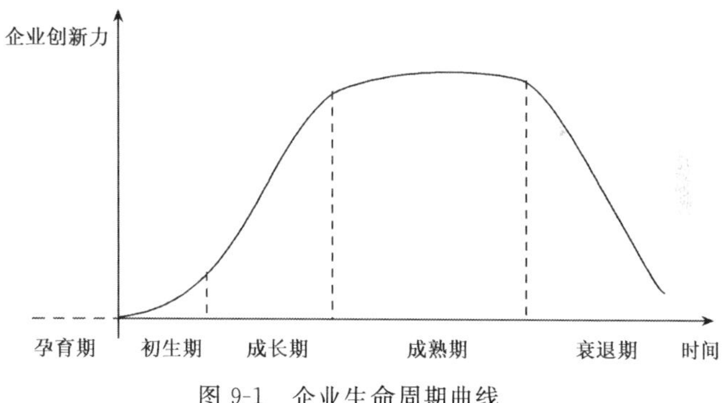

图 9-1　企业生命周期曲线

企业发展过程中每个时期都对员工造成特定的压力。例如，在初生和衰退阶段，公司的生存是不确定的，这两个阶段可能会伴有解雇和结构变动的特征。成长期和成熟期则可能造成组织过于僵硬和正规。

企业要想在激烈的竞争中立于不败之地，就应当认识到健康、幸福、高效的员工是企业最宝贵的财富。因此，也就引出我们下一节中要讲的员工心理援助计划。

第二节　员工援助计划(EAP)

中国健康型组织及EAP协会联合人力资源专业俱乐部，在2008年借助专业的调研平台进行了“中国企业员工职业心理健康管理调查”，共有7476名来自全国各地不同年龄、收入、职位和学历的在职人士参加了调查。调查结果显示，99.13%的在职白领受“压力”、“抑郁”、“职业倦怠”等职场心理因素困扰；同时结果也显示，仅有2.07%的被调查者所在企业会经常采取一些关注员工心理健康的举措。

从上面的调查数据中，我们可以发现，解决我国企业员工的心理问题已是刻不容缓，这个时候正是引进EAP的绝佳时期。EAP整体项目中所包含的心理服务可以很好地帮助员工缓解压力，把心理问题对自己的伤害降到最低。

一、EAP概述

【拓展阅读】

俞敏洪——从绝望中寻找希望

2007年5月8日，俞敏洪一行到达哈佛商学院，与MBA一年级900多名学生讨论新东方案例。在俞敏洪与MBA们分享了他的血泪奋斗史后，有学生问俞敏洪，原来想到美国读书没有钱，现在有了钱还愿不愿意来读书？俞敏洪答：“我还是很愿意的，但想一想，觉得读书太麻烦了，既然已经有了钱，我不如买一个哈佛文凭算了。”结果学生笑弯了腰。

这次哈佛之行，是俞敏洪近年在美国的第二次风光。2006年9月7日，新东方通过首次公开招股(IPO)顺利在美国纽约证券交易所上市，持股31.18%(4400万股)的俞敏洪身价狂飙。截至5月18日，其身价已超过40亿元人民币。

俞敏洪自己说：“人分两种，一种人有往事，另一种人没有往事。我真心希望大家能从这些故事中，读出一点人生的痛苦、一点挣扎、一点不屈、一点顽强、一点辉煌；我也真心希望，大家能从痛苦中读出快乐，从绝望中读出希望，从黑暗中读出光明，从迷雾中读出方向。”在绝望中寻找希望，人生终将辉煌！

任何人都有绝望的时候，企业应该帮助员工在绝望中寻找希望。

(来源：http://study.feloo.com/)

1.EAP **的涵义**

EAP 英文全称为 employee assistance programs,译为员工援助计划。在国内得到广泛认可的 EAP 定义为:组织为员工设置的一项系统的、长期的援助和福利计划;通过专业人员对组织的诊断、建议和对员工及其直接家属的专业指导、培训和咨询,旨在帮助解决员工及其家庭成员的心理和行为问题,以提高员工在组织中的工作绩效,改善组织管理。

2.EAP **的起源及发展历程**

EAP 最初起源于干预员工的过度饮酒行为,到现在它的内容已得到了极大地丰富。除了起初的酗酒问题之外,也涵盖了以员工压力和心理健康为核心的广泛的个人问题。它从实践中产生,经历了“实践—理论—实践”的过程,逐步发展成现在的可实施性强、指导性强,且容易运用于现代企业实际管理中的管理思想。

EAP 的发展大致可以分为三个阶段:

第一个阶段是 EAP 的萌芽阶段。19 世纪末,美国、英国等国家的企业员工酗酒问题十分严重,并影响到工作绩效,人们开始关注酗酒问题的真正起因。政府参与的禁酒运动、追求效率最大化的“泰勒制”以及为员工发放体恤金的相关法规的颁布,这三股力量的共同推动,促使 EAP 萌芽的产生。职业戒酒方案(OAP)也随之出现,OAP 就是 EAP 的雏形。

第二个阶段发生在 20 世纪的六七十年代,是 EAP 的发展成熟阶段。那时美国社会酗酒、吸毒、滥用药物等问题日益严重,除此之外,家庭暴力、离婚、精神抑郁、法律纠纷等等其他问题也越来越影响员工的工作表现。于是,越来越多的政府与法律机构采取相关行动,推动了职业方案的发展,OAP 内容随之扩大化,把服务对象扩展到员工家属,服务的项目增多,内容也更加丰富。

第三个阶段是 EAP 系统化阶段。如今,EAP 内容已得到了极大地丰富,涵盖了除酗酒问题之外非常广泛的个人问题。它以员工的压力和心理健康为核心,具体包括工作压力、职业心理健康、裁员心理危机、灾难性事件、职业生涯困扰、健康生活方式、法律纠纷、理财问题、减肥、饮食紊乱和网络成瘾等等各个方面,全面帮助员工解决各种压力问题和由这些压力引发的心理和行为问题。通过解决这些问题,使员工在纷繁复杂的个人问题中得到解脱,维护其长期的心理健康。

3.EAP **的服务范围**

员工援助计划的内容相当宽泛,从最早的员工戒酒计划发展至今近一百年的时间里,EAP 的服务范围逐步扩大,包含的内容也越来越多。按服务范围划分,可以分为职业戒酒计划(OAP)、员工援助计划(EAP)、职业健康促进计划(OHPP)、员工提升计划(EEP)。

(1)职业戒酒计划(occupational alcoholism programs)

20世纪初,美国的一些企业已开始注意到,员工的酗酒、吸毒和其他一些药物滥用问题会影响员工和企业的绩效,于是开始聘请有关专家探讨如何解决这些问题。20世纪40年代起,职业戒酒计划开始在许多美国企业中实施并逐渐普及,到了20世纪六七十年代,酗酒、吸毒、药物滥用、家庭暴力、离婚、精神抑郁等问题都严重影响了员工的工作表现,于是OAP扩大了它们的范围,提供了更多的帮助和服务,并且开始把服务的对象扩展到员工的家属。

(2)员工援助计划(employee assistance programs)

从20世纪60年代起,越来越多的企业开始执行员工援助计划,企业主要运用一些系统干预的方法来了解和诊断员工的问题并探讨问题产生的原因,积极主动地提供家庭、法律、医疗、财务等方面的援助,帮助员工解决问题。常见的干预方法主要包括评估、咨询、辅导、治疗等。1987年起,员工帮助机构开始进行EAP专业人员的考试认证制度。

(3)职业健康促进计划(occupational health promotion programs)

职业健康促进计划是针对员工戒酒计划、员工援助计划项目过于一般化,对员工的心理与行为问题缺乏细致描述的不足而提出的。它是组织所采取的寻找并解决那些在工作场所内外引起员工健康隐患问题的措施和活动的总称,目的在于提高员工的适应性、健康水平和主观幸福感,最终达到提高工作效率与组织绩效的目的。

(4)员工提升计划(employee enhancement programs)

从20世纪80年代起,一些新概念的提出使员工援助计划延伸至员工提升计划,它强调压力管理、全面健康生活形态、人际关系管理等问题,致力于改善工作中和工作后可能逐渐引发未来健康问题的行为。随着EAP的服务范围逐步扩大与员工提升计划的出现,EAP与压力管理逐步结合起来,越来越多的企业开始依靠EAP来解决员工面临的压力问题。

二、EAP的具体操作

1.EAP的预期目标

一个成功有效的EAP项目需要围绕员工个人和组织整体两个层面的需求展开。由于现在我国的员工所面临的问题与国外基本相同,所以我们的EAP也需要从这两个层面展开:

(1)员工个人层面

对于员工个人层面上的帮助,EAP可以做到:

促进员工身心健康,指导其提高生活品质;

帮助员工解决工作、生活中的各种心理困扰,改正不良习惯;

帮助员工缓解压力,降低压力对自身的副作用:

推进员工建构良好人际关系及工作和谐关系，更融洽地和他人相处；

促进员工家庭和睦，改善夫妻和亲子关系；

促进员工工作与生活的平衡；

协助员工自我成长，引导职业生涯发展；

提高工作绩效和满意度。

(2)组织整体层面

通过 EAP 项目，在组织整体层面上可以达到以下一系列改变：

丰富福利制度，满足员工不断变化和提升的需要，特别是心理层面的需求；

优化组织承诺，增强员工在组织中的幸福感受；

提高员工各项满意度指标，增进员工的向心力和凝聚力；

改善组织氛围，提高员工士气，提升工作间的合作关系；

降低由于员工离职、缺勤、意外事故所导致的损失；

改善管理效果、提高生产率；

减少招聘成本及培训费用；

减少赔偿投诉，减少客户投诉；

提高公司士气、提升公众形象，树立组织关心员工的形象。

2.EAP 的操作模式

按服务来源划分，员工援助计划可以分为以管理为基础的内部模式、以契约为基础的外部模式、以资源共享为基础的联合模式、以专业化和灵活性相结合的混合模式四种。

(1)内部模式

内部模式是组织内部设置专门机构或在人力资源部等相关部门新设职能，由内部专职人员负责员工援助计划项目的计划和组织实施。他们的工作是进行评估、短期咨询以及当需要长期咨询时向外界的服务供应者转诊。

该模式的优点主要有：专职人员对公司独特文化、潜在问题和员工特性有着更深的理解和把握，拟订方案更加富有针对性；更加有助于借助内部资源去执行和实施项目计划；公司高层更关注员工援助计划对组织需求的适应性；现场的 EAP 专家更能贴近组织的需要。

主要缺点有：专职人员因为身处同样的环境，在设计方案的过程中难免带有主观性；向同事直接提供帮助有可能因为觉察到个人隐私受到威胁而影响服务的使用；组织要消耗一定的人力、资源、时间来执行计划；由于它设立在工作所在地，员工对 EAP 的信任度有限，且它很难做到相关纪录的严格保密。

(2)外部模式

外部模式是组织将员工援助计划项目外包，由外部具有社会工作、心理咨询辅导等知识经验的专业人员或机构提供员工援助计划服务。

这种模式的优点在于组织人力资源的耗费最少，组织只需要支付一定的报酬就可以得到全套的服务；同时由于工作人员完全是组织之外的第三方，员工在接受服务的时候更能感到个人隐私的安全性。

缺点在于工作人员可能对组织的了解不够，费用也可能相对较高。

(3)联合模式

联合模式指若干组织联合成立一个专门为其员工提供援助的服务机构，该中心配备了专职人员。这种服务模式可以最大限度地节省经费，但是目前在中国很难实现，一方面由于中国对EAP有明确需求的组织比较少，很难形成规模；另一方面在人员配置、人员权限、薪酬福利、待遇支付等方面，多个组织也有引发争端的可能。

(4)混合模式

混合模式是指组织内部员工援助计划的实施部门与外部的专业机构联合，共同为组织员工提供帮助项目。这种方式既能保证工作人员的专业性、员工的信任度，同时也有组织内的联系人可以协助推进整体项目，并对质量进行跟踪、监督及评估。

(5)内部、外部EAP的比较分析

尽管在每一个具体的EAP项目中，都会有一定程度的改变或调整，但就目前讨论的情况来说，现在适合我国国情的项目多局限于一般类型的内部EAP和外部EAP模式。在某些情况下，内部和外部服务模式实际上是相同的，例如在项目实施过程中，外部EAP供应商在签订合同的组织内部安排一名全职的项目经理。下面就组织的控制、便捷性、灵活性、持续性、责任和花费等维度对内部模式和外部模式进行比较分析，如下表所示。

表 9-2　EAP 内外部模式比较

	内部模式	外部模式
便捷性	近，方便，保密性差	远，保密性强
灵活性	较差	较好
持续性	时间长，领导维持力强	不易持续，员工维持力强
责任	较易评估	不易评估
组织控制	较易控制	不易控制
花费	需要综合考虑企业规模，资源利用率等因素	

3.EAP 的操作步骤

虽然每个企业会根据自己的情况而选择不同的EAP模式，但是具体实施EAP项目的基本步骤大致相同(如图9-2所示)。

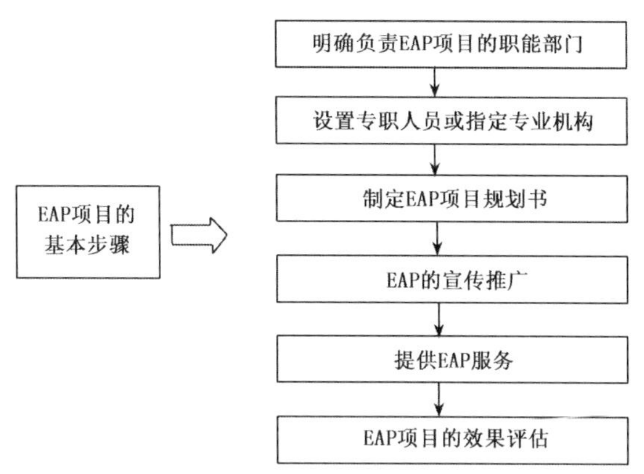

图 9-2 实施 EAP 的基本步骤图

(1)明确负责 EAP 项目的职能部门

由负责 EAP 项目的职能部门牵头，成立 EAP 工作小组推动项目实施。工作小组在规模较小的组织中可设立在职能部门内部，在规模较大的组织中也可以有其他职能部门人员介入，这些人员来自不同的部门，可以站在不同的角度提供意见。然后由 EAP 项目工作小组根据组织的特性和员工的需求，对 EAP 项目进行初步需求分析，为 EAP 模式的选定、专业机构的选择做好相应准备。

(2)设置专职人员或指定专业机构

对于采用内部模式的员工援助计划项目，需要设置专员具体负责项目的执行，并对该岗位的工作职责予以澄清和明确，确立相应的工作流程和制度。

其他模式需要甄选具备专业能力和实施能力的外部专业机构，并就整体合作事宜通过协约形式进行明确。外部员工援助计划服务商的挑选，要根据本企业的规模大小、对外部 EAP 费用的承受能力而定。对于规模较大的企业，企业的实力较强，且员工人数较多，降低了每位员工享受该计划的单位成本，可以选择较正规、专业的 EAP 服务商。如果企业规模非常的小(员工人数不到一百)，可以选择以内部 EAP 服务为主，只需要聘请一些专业的临床心理医生做心理咨询服务即可。

在员工援助计划外包的过程中，关于项目计划书的要求以及服务商的回复，要能够体现出本企业对员工的关心。企业应该挑选出一个随时能够为本企业的员工提供帮助的服务商，无论对大事还是小事其都能平等、公正处理，以一种关爱的态度为员工及其家人提供建议，使他们随时随地都能够得到及时的帮助。企业对外部 EAP 服务商的项目计划书应当适当地给予一些特定要求，应当了解该服务商将如何设计方案以适应公司的要求。

(3)制定 EAP 项目规划书

制定 EAP 项目规划书包括两个含义：一是组织内部 EAP 项目负责人制定的 EAP 项目规划书；另一个是组织需要外部 EAP 服务商提供的 EAP 规划书。

第一，组织内部的规划书

关于组织内部的规划书应该由 EAP 发起者，一般是人力资源部的特定人员撰写，其内容主要包括：

①制订 EAP 目标：从短期、中期、长期不同角度来阐述，具体情况要根据组织的情况和员工需求进行设定。

②设计 EAP 组织结构：选拔 EAP 内部专家组成员或寻找 EAP 外部服务商并签协议。

③划分 EAP 内外部组织职能：将内部 EAP 职能具体分配到每个组织成员；或者要求外部 EAP 服务商提供计划书，和外部 EAP 服务商一起商讨确定 EAP 相关政策和程序、EAP 的具体内容、转荐机构、提供 EAP 服务的方式、实施 EAP 的时间表、EAP 宣传资料等。

④进行成本预算：结合公司的财务状况和年度预算，并尽可能在细化的基础上量化。

⑤设计评估体系：设计出比较完整的评估体系。

⑥建立实时反馈机制。

第二，EAP 服务商提供计划书

如果企业寻求了外部的 EAP 服务商，就要要求 EAP 服务商提供计划书。通常，计划书会包含以下计划要素：

①描述该计划的文件。包括组织使用 EAP 的目的、政策、保密性、程序等方面的内容。

②描述该计划对公司员工及其家属提供的服务，并使他们了解如何能得到该计划服务的小册子。

③有关该员工援助计划的员工指导书和录像。录像介绍与方案宣传稿包括：一、为员工及其家人提供福利咨询；二、适合于采用员工援助计划服务的问题类型；三、为员工一家人免费提供咨询的次数；四、保密性；五、专业性；六、各个便捷服务点的地点、热线电话号码。

④管理人员培训大纲。包括：EAP 的简要认识、经理人员使用 EAP 的内容、EAP 在帮助经理人员处理员工的问题方面的作用。

⑤来自管理层的有关员工援助计划福利的跟踪备忘录。

(4)EAP 的宣传推广

在进行 EAP 的宣传推广之前，首先要做一个详细的 EAP 宣传规划。宣传计划工作一般包括以下几个步骤：明确影响宣传的因素（宣传方法、宣传场合、宣传时机、宣传对象、宣传者）、确立宣传的目标、整合企业资源（人力和物力）以及制定宣传计划（确定宣传形式、确定宣传的阶段和人物及时间表、成本核算、确立工作人员）。

（5）EAP 的具体实施

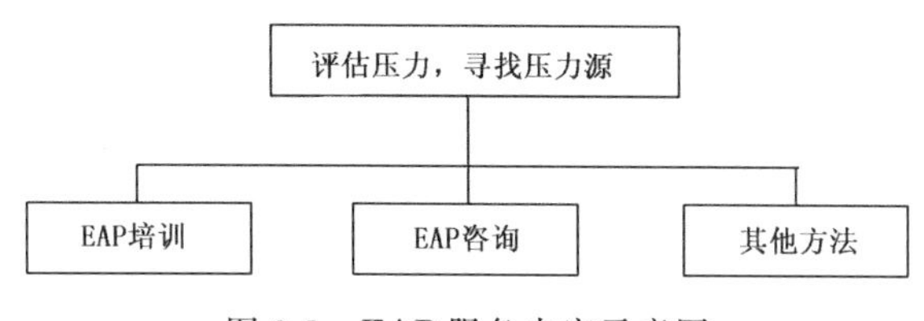

图 9-3　EAP 服务内容示意图

第一，评估压力，寻找压力源

完成前期的宣传活动，EAP 就开始正式发挥效用了。要想帮助员工解决工作、个人及家庭等问题，就必须先寻找到问题的根源。因此我们首先要找到压力源，然后才能对症下药。

这个步骤主要是由外部 EAP 服务商的专家进驻企业内部完成的，但是又离不开企业内部 EAP 负责小组以及各个管理层的协助。一方面由专业人员采用专业的心理健康评估方法，评估员工心理生活质量现状，并且根据压力源的划分，找出导致问题产生的原因。企业心理状况的调查研究是一项 EAP 有效开展的前提，旨在发现和诊断职业心理健康问题及其导致的因素，并提出相关的建议，减少或消除不良的组织管理因素；另一方面企业的内部管理层最清楚了解每位员工的心理、身体状况，因此，这个步骤中他们的帮助是必不可少的。管理层了解员工应该注意以下三个方面：一是要主动观察；二是要注意了解员工的方法和策略，尽量在一种自然背景下去了解员工；三是要善于从一个人早期的生活与工作背景去了解他。

根据我国的实际情况，压力源按照其普遍性排列先后顺序的大致情况是：首先是职业生涯发展、压力、工作绩效；其次是身体健康与饮食混乱、年龄老化、老人看护、子女赡养、家庭婚姻问题；然后是酗酒、债权人事务性、扣押债券问题、财务、法律问题；最后是艾滋病、性问题、自杀危险、滥用药物。

各企业 EAP 服务内容大致相同，但是因企业特性不同、员工需求的差异，这些服务内容将会依不同的阶段而分项实施。根据问题的普遍性和特殊性，解决问题主要有两种途径：EAP 的培训与 EAP 的咨询。

第二，EAP 培训

针对员工存在的一些普遍问题，EAP 执行者设计了覆盖职业心理健康、压力管理、时间管理、人际沟通、工作与家庭平衡等多个领域的培训，协助企业培养并开发自身员工巨大的潜能和力量，在提升员工价值的同时，能够实现企业管理的提升和效益。

①心理培训的需求分析和效果评估

当一个企业需要进行心理培训时，应当先进行培训需求的分析，从而使培训达到有的放矢、事半功倍之效。培训课程的开发与设置应当符合企业的实际情况和需要，不同的企业有不同的情况和需要，不进行调查分析，培训就可能脱离实际，无法达到预期的效果。分析要服从和着眼于组织、任务和个人三个方面的内容，确定有哪些培训需求、谁需要培训、哪些任务需要培训等(如图 9-4 所示)。

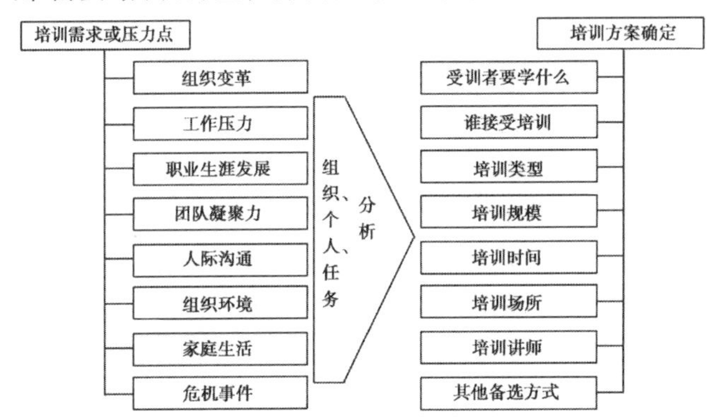

图 9-4　培训需求分析过程示意图

②培训的具体内容

针对评估压力得出的结论，EAP 培训主要的内容有职业心理健康培训、压力管理培训、工作与生活协调培训、子女教育培训、交互作用分析培训、人际关系能力培训、态度培训、新员工入职心理培训、时间管理培训、团队建设与 MBTI、建立企业的 EAP、咨询式的管理者等。

③培训方法

要想培训达到理想的效果，必须根据不同组织的特点和不同员工、不同主题选择适当的培训方法。企业心理培训常用的方法有讲授法、研讨法、角色扮演法、案例分析法、游戏法等等。任何一种培训方法都不可能绝对的完美，应根据具体情况特别是培训内容的特点来选取合适的方法。为了提高培训质量，往往不是单一的使用某一种方法，而是将各种方法穿插配合运用。

第三，EAP 咨询

通过大范围的宣传，能够在组织内部营造一种心理健康导向的工作氛围，并使管理者和员工在意识上发生某种转变。培训则进一步将这种意识上的转变深化到行为层面。但对于面临心理困扰的员工来说，真正能够起到帮助作用的则是专业的心理咨询。因此，在 EAP 的实施过程中，心理咨询起到重要的“各个击破”的作用。

①EAP心理咨询的特点

EAP的心理咨询不同于社会中专业咨询机构的心理咨询，不会为员工提供长期的治疗，如果在咨询过程中，咨询师发现员工有接受长期治疗的需要，EAP会建议将员工转介到相关机构。一般来说，大部分员工会要求EAP为他们提供帮助，解决在做出决定、缓解压力或生活计划上存在的问题。因此，EAP咨询师通常会帮助员工审视自己的生活，找出存在的问题，鼓励员工设计一个解决问题的行动计划并付诸实践。EAP咨询师希望能够在短时期内有效的帮助员工增加独立处理问题的能力。

在一个完整的EAP项目中，心理咨询的形式主要包括面谈、电话咨询、小组咨询以及利用网络的形式进行咨询。根据需要，心理咨询可以是个体咨询，也就是一对一的咨询，也可以是家庭治疗或者团体咨询。虽然只是在短时期内解决问题，但是咨询师在帮助来访者放松紧张情绪、营造安全氛围的过程中，也需要运用一些专业技术，如真诚、共情、接纳和尊重、建议与指导、总结，以及如何处理咨询过程中的沉默、如何设计咨询场所。

②心理咨询的工作流程

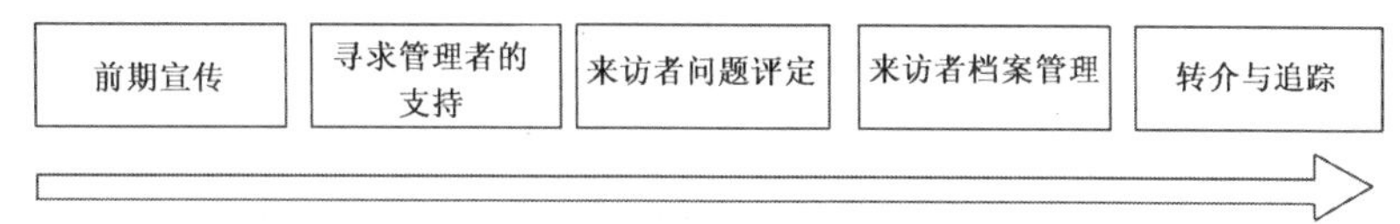

图9-5　EAP心理咨询的工作流程图

第四，其他方法

除了培训与咨询以外，EAP与企业的相关部门合作还可以采取其他一些行之有效的方法帮助员工解决压力。一个企业的员工可能会遇到相同的问题，如员工普遍感到压力过大、工作环境的不适应、生活乐趣的缺乏、专业知识的缺乏、组织整体的缺勤率上升、员工工作士气整体降低等，企业可以通过改善组织工作环境（物理环境）、改善工作的软环境（组织结构变革、领导力培训、团队建设、工作轮换）、完善制度建设、丰富员工的娱乐生活、开展有关技能训练、情感婚姻等问题的讨论会、团队辅导式的讲座等形式来解决问题。

当然，无论怎样细致地研究企业员工的心理、行为问题，也不可能面面俱到，总结出所有问题的具体形式，并给予解决方案。企业的内部EAP和外部EAP只有把握住EAP服务员工的理念，明确EAP服务的目标，掌握解决问题的原理，融会贯通，才能做到真正的以人为本，帮助员工抗击压力。

(6)效果评估

任何项目的实施，最重要的就是看效果。EAP项目的评估不仅提供一个机会，让使用EAP的企业看到投资得到了很好的回报；而且它有助于体现EAP的价值，使其受到人们的关注、尊重和喜爱，同时也有助于发现和改善执行中的问题，提高效率，为其自身的发展改进提供方向。

现行的 EAP 没有固定的评估模式，它的效果评估主要在五个层面进行：EAP 的使用情况、EAP 服务满意度、EAP 对个人改变的影响、EAP 对组织运行的影响、EAP 的投资回报率(ROI)分析。

表 9-3　EAP 效果评估标准

评估项目	评估内容	主要用途和注意事项
EAP 的使用情况	EAP 服务便捷性、及时性及使用率	有助于发现和改善执行中的问题，提高效率。根据此项评估结果可以对 EAP 有效性进行初步判断。
EAP 服务满意度	员工对 EAP 满意度； 管理者对 EAP 满意度	有助于从一般员工和管理者这两个角度全面对 EAP 有效性进行初步的满意度分析和判断。
EAP 对个人改变的影响	知识、态度、行为、心理健康、心理成长等方面的改变	对个人改变的测量有助于进一步分析 EAP 对组织的影响，并最终计算出投资回报率
EAP 对组织运行的影响	生产率、产品质量、总产值、缺勤率、人际冲突、沟通关系、员工士气、工作满意度等	采用时间损失法进行计算(时间损失的次数和天数)
EAP 的投资回报率分析	投资回报率(ROI)	ROI 分析操作起来比较复杂且成本较高，如果企业不提出要求，一般不做投资回报分析

EAP 项目的评估机制还必须配合有效、顺畅的反馈机制。如果企业使用外部 EAP，并且要求外部 EAP 服务商来完成评估效用这个步骤，那么就应该清楚他们提供哪些报告及报告的间隔时间。企业需要保证评估机制与反馈机制的融合，例如，可以设置控制指导委员会，定期评价员工援助计划服务的效力，受理投诉，作为公司与员工和员工援助计划服务商的对口机构。

第三节　EAP 实践案例分析

下面以某公司的 EAP 项目为案例来进行分析。

一、项目定位

EAP 是现代企业人本管理的一种重要模式，那些推行 EAP 服务的企业，能够更好地解决员工及其家属的心理问题，维护员工及其家属的心理健康，从而提高员工的工作效率，改善企业的管理和形象，有效地促进企业的发展。

在财富500强企业中，已有90%以上的企业建立了EAP项目，一些日本企业甚至在此基础上发展出了“爱抚管理”的新型管理方式。

在企业推进EAP项目应从全面提升管理水平、进行战略性的人力资源开发与管理的角度来进行定位。

二、项目概述

1.项目背景

某企业的员工以“80后”的年轻人为主，平均年龄仅25.5岁。这群员工思维活跃、敏感、成就动机高、要求多，他们日常接收到的信息多、受到的诱惑多，自身想法也就多，因此容易产生各种心理问题和困扰，进而干扰日常工作的正常开展和组织绩效。

来自职业本身的困扰因素主要包括：工作单调导致的枯燥与倦怠；各种繁重的指标考核带来的心理压力超负荷；工作时间不规律导致的工作、生活失衡；职业发展空间有限带来的职业失望甚至是绝望；与客户不良交往导致的心理冲突与不满；与管理层冲突（包括对管理者与管理政策的不满）导致的工作不满。

来自个人的困扰因素主要包括：情感与婚姻问题；家庭与子女问题；人际交往问题；不良习惯与身体健康；重大应激事件与心理创伤，例如地震。

2.核心功能及终极目标

（1）核心功能

稳定员工队伍，减少流失率。

维护员工心理健康，提高工作满意度、效率与质量。

推动组织文化建设，塑造健康组织与健康员工。

改善组织管理，减少管理与营运成本。

（2）终极目标

让企业成为“快乐、高效的职业领地”。

让员工成为“幸福的职业人”，真正做到“健康的生活、快乐的工作”。

3.项目原则

（1）不干扰员工的正常工作，让EAP项目与员工的培训、企业文化建设、班组建设、休闲娱乐等正常的活动有机融合。

（2）以问题为突破口，标本兼治，一方面注重短期的立竿见影的效果，另外一方面建立长效机制。

（3）注重总结升华，形成可以在公司内部推广、有效且有特色的EAP运作模式。

4.基本内容与步骤——五心行动

该项目分为五个阶段,即五个子项目来运作:

第一阶段:知心行动——了解客户服务中心员工的“真实之心”;

第二阶段:安心行动——帮助客户服务中心员工树立长期工作的“安稳之心”;

第三阶段:健心行动——帮助客户服务中心员工拥有“健美之心”;

第四阶段:传心行动——帮助客户服务中心员工向顾客“传递爱心”;

第五阶段:强心行动——发展客户服务中心员工的“潜力之心”。

下面我们就“安心行动”来具体分析阐明 EAP 的详细运作步骤。

三、安心行动

“安心行动”是 EAP 项目的一部分。活动内容包括几个大的版块:安心行动的宣传推广、影响员工安心因素的调查分析、员工安心的招聘预测模型和离职监控预测模型的建立以及测评工具的开发、新员工抗压力心理素质训练教材的开发以及培训师的培训、员工安心的辅导及其对班组长转训的技能培训、新老员工安心的团体辅导和个别辅导活动。

1.安心行动的宣传推广

为了配合 EAP 项目“安心行动”的顺利实施,帮助正确认识并积极配合活动开展,EAP 项目组利用多种形式、分阶段地对“安心行动”进行宣传推广,使“安心行动”随风潜入,润物无声。

(1)活动概述

宣传推广活动主要包括:

彩信宣传;

海报;

面对面的宣传;

EAP 理念的培训。

(2)主要活动成员

通过前期的培训工作,树立员工对心理健康的正确认识,鼓励员工遇到心理困扰问题时积极寻求帮助;同时也提高他们对 EAP 项目本身的关注。

2.评估压力,寻找压力源——影响员工安心因素的调查分析

治病要治根,成功解决问题的前提在于寻找到问题的根源。寻找企业员工面临的压力源,帮助确定问题的来源是企业外部、企业组织,还是员工个人问题,从而对症下药。

在这一阶段,主要是通过收集离职员工的历史资料,通过深入访谈员工安心的影响因素,并结合知心行动的调查结果,初步分析出影响员工安心的因素和高度忠诚的老员工的特征。参照分析结果，拟定离职原因的结构化访谈提纲，并联系访谈场地和相关人员，做了相关的访谈。

(1)活动概述

为了进一步的了解影响员工安心因素有哪些，先后对管理者和员工进行深入访谈。

通过深入访谈和资料分析，调查了解到组织结构、管理情况、岗位特征、个人状况以及家庭等等对员工离职的影响状况，在此基础上编制初步的测评工具，为随后建立离职预测模型和开发设计培训辅导课程提供了重要的参考资料。

(2)主要活动成果：找到压力源

通过调查了解，员工觉得愿意在移动工作的原因主要有：福利待遇好，处于同行业较高水平；同事之间相处久了感情很好；没有复杂的人际关系；通过竞岗到转到后台，公平；家庭父母全力支持(家庭经济因素一般)；直接领导班组长(积极人际情感)。员工想辞职的主要原因有：工作单调、易与社会脱节；上夜班，回不了家，体验消极情绪；考核指标重，压力大；身体不好，造成职业病(脊椎、嗓子)；没有出路。

3.EAP 活动开展——员工安心的团体辅导和个别辅导活动

根据压力源问题的普遍性和特殊性，主要有两种解决途径："一举歼灭"和"各个击破"。"一举歼灭"是针对问题的普遍性而言，例如员工普遍感到压力过大、工作环境的不适应、生活乐趣的缺乏、专业知识的缺乏、组织整体的缺勤率上升、员工工作士气整体降低等等。针对这类问题，企业可以忽略员工的个性。

第二种途径是"各个击破"，很明显，这主要是针对员工的个性化的特殊问题。员工之间存在着很大的差异，不同的生活背景、不同的教育背景、不同的性格、不同的人生经历，必然导致遇到的心理问题、困扰各不相同，这就需要专业的心理咨询人员对员工提供个性化、专业化的心理咨询服务，这种服务可能不必是面对面的，但是要保证是一对一式的服务。

伴随安心活动的，还有团体辅导和个别辅导活动，EAP 专员和助理针对不同的对象设计了两套不同的培训方案。

(1)活动概述

在本阶段，重点对老员工和新员工进行了多轮的团队辅导培训，主要针对他们存在的压力比较大、情绪不能缓解以及遇到困难和艰苦后不能坚持下去的问题，采取了团体辅导的方式进行干预，并结合个别辅导的方式来进行深入咨询，让受训人员在活动中获得感悟，并认识到问题所在，然后从认知和行为上去解决自己的问题。

①老员工的辅导活动

针对情况：老员工普遍存在的问题是压力过大、情绪问题、职业倦怠、工作热情逐渐减低，并且有离职的想法，因此针对这些问题，主要从让其明白现在工作不好找出发，步步深入，最后到接受现在，珍惜当下的工作。活动内容：活动主要包括："成长三部曲”、“心情晴雨表”、“抓住幸福，逃离痛苦”、“命运之牌”、“压力爆破”等。

②新员工的团体辅导活动

针对情况：新员工的工作不适应、KPI指标的压力、面对困难缺乏坚持和不愿意吃苦等状况。活动内容：活动的主要项目有：“千千结”、“特别拍卖会”、“人椅”等。通过对新员工的团体辅导活动，让新员工能够更快更好地适应新的工作和生活，提高自我效能感，同时提高应对困难的信心。

③个别辅导

在团体辅导活动的后续阶段，运用一对一的个别咨询模式对需要单独辅导的员工进行深入的交流，以便于及时的发现问题，将问题解决在萌芽状态，避免员工因为离职导致企业不必要的损失。

在员工的单独辅导方面，主要采用两种形式来进行，一种是电话沟通，一种是直接面对面的沟通。被辅导员工的心理困扰基本上集中在情绪问题、职业倦怠、压力过大、同事人际关系、离职倾向、自信心不够、员工管理中的矛盾等方面。单独辅导更多的是采用心理咨询方法和技巧来进行处理。单独辅导的时间一般在40～50分钟之间。

(2)主要活动成果

通过辅导活动，就客服员工而言，主要有三个方面的收获：一是提高自信心、工作的自我效能感，从而能够坚持面对困难和压力；二是提高他们工作中的理性思考，提高他们职业生涯规划的能力，缓解职业倦怠产生的情绪问题；三是提高了他们对组织的认同感，变得更配合班组的活动了。

4.员工安心辅导技能的班组长培训活动

(1)活动概述

为了能够比较好地提高班组长对员工安心的辅导操作能力，从而促进员工的安心程度，对班组长和管理人员进行了员工压力管理培训、员工情绪舒解培训和员工职业生涯辅导培训。

具体活动安排是：通过讲座、案例分享和情景演练的培训方式，提高班组长管理员工压力的能力。主要是对班组长进行了员工情绪缓解和职业生涯辅导培训，目的是提高班组长对员工进行职业生涯管理的能力，以帮助员工顺利度过离职的关键期。培训同样是采取讲座、案例分享和情景演练相结合的方式。

在对班组长的整个培训活动中，培训师对每个主题给出相应的案例。为了调动成员们的积极性，特将他们分为几个小组，并要在讨论后派出一名代表发言，使每位成员都积极参与到所给的案例讨论中，同时，大家也将自己在工作中所遇到的问题拿出来分享，以达到共同进步的目的。对班组长的培训结束后，参训人员需要填写一份无记名的培训效果调查表，以了解培训效果。

(2)主要活动成果

通过培训,提升及改善了班组长对员工压力辅导、情绪缓解以及职业生涯辅导的技能、技巧和方法;形成一套非常好的培训方案,帮助客户服务中心建立相应的转训机制;而且,还给班组长留下了课后作业,并通过督导的方式对班组长辅导员工的技能进行个别辅导。

5.员工安心辅导技能的班组长培训教材开发

(1)任务概述

通过对班组长进行培训后发现班组长对培训效果评价很好,希望在今后也能够转训给其他的班组长,为了实现该目标,搜集了移动安心行动的处理案例,并编制成培训教材。

(2)主要成果

开发了《员工安心辅导的案例式培训教程》。

6.新员工抗压力心理素质训练教材开发和培训

(1)活动概述

在对新员工的团体辅导活动中,了解到他们普遍存在工作压力大、不知如何调节不良情绪以及不能正确面对困难等问题,由于这些情况而导致员工的离职率非常高。为了帮助他们顺利地渡过这个难关,需要客户服务中心对每期的新员工都要进行这些心理素质的训练。

为了形成长期的机制,我们编制了相关的教材,并对客户中心的内部培训师进行培训,让他们掌握培训方法,以便将来针对每期的新员工都可以进行培训。

(2)主要活动成果

开发了关于《员工压力与情绪应对能力提升训练》和《新员工自我价值感提升训练》的培训教程。

对内部培训师进行培训,并通过培训提高内部培训师的能力。

7.员工安心的招聘预测模型和监控预测模型的建立以及测评工具开发

(1)任务概述

在安心行动的最后,建立了员工离职监控的预测模型和招聘的预测模型,并根据该模型编制了相关的测评工具。

首先,在访谈、大量调查和培训的基础上,提炼出影响员工离职的关键变量。

其次,通过以上的分析,编制相关的测评工具,并通过对离职和非离职员工的分析,建立招聘的预测模型和离职的监控模型。

最后,对测评工具的信度和效度进行了检验。

(2)主要成果

首先,编制了《员工安心的监控预测模型测评问卷》和《员工招聘预测模型的测评问卷》两个测评工具。

其次，构建了员工安心的监控预测模型和员工安心的招聘预测模型。

8.安心行动总体概述与评估

效果评估是一个完整的EAP的最后一步。任何项目的实施，最重要的就是看效果，EAP自然也不例外。对EAP实施的效果进行评估，一方面鉴定了该计划的有用性，也就是说评价了该计划是否真正帮助了员工以及企业，是否达到了预定的目标；另一方面反映了EAP的使用情况，有助于发现和改善执行中的问题，提高效率，为其自身的改进发展提供方向。

EAP效果评估的主要方法有问卷调查法、深入访谈法和资料分析法。问卷调查法是对接受EAP服务的员工进行有关心理压力状况、心理健康、组织承诺等心理指标的调查，了解员工对EAP服务的需求及建议，根据对所得数据进行科学统计和分析，描绘出员工心理健康、企业组织气氛的总体状况，并从中找出影响这些指标的心理因素。深入访谈法是指依据专家编写的访谈提纲，按照随机抽样原则选出一定比例的员工进行深入访谈，收集这些员工在压力状况、压力源等方面的信息，以及对组织工作和企业发展的建议，并对所得结果进行综合分析，作为问卷调查结果的补充和向组织领导层提交建议的依据。资料分析法是指由组织、人事等部门提供相关的资料，考察和计算员工缺勤、病假、离职和事故等方面的记录，企业在健康管理方面采取的措施和费用，以及由职业心理健康因素导致的增加额外人事管理费用的统计资料和个案。

安心行动不仅通过访谈、问卷等形式了解了员工的心理状况，也在培训中观察员工的参与状态和情绪起伏，力求能够更加深刻、更加全面地去了解他们，从而能够帮助他们解决工作中所遇到的情绪、压力问题，以更好的精神状态参与工作，为接下来的EAP工作做好准备和铺垫。

企业可以通过关注EAP的使用情况和服务满意度、EAP对个人改变的影响及EAP对组织运行的影响这一系列的指标体系，评价EAP的整体效果。同时，EAP项目的评估机制必须配合有效、顺畅的反馈机制。反馈机制为信息的传递奠定了基础，没有良好的反馈体系，评估的作用不可能得到淋漓尽致的发挥。

【本章小结】

时下，金融危机席卷全球，并购、重组、破产、裁员，无不给企业员工带来巨大压力。本章首先介绍了企业员工面临的心理问题及其影响因素，通过对这两方面问题的把握，我们引出了EAP项目的主要操作步骤，并通过中国移动EAP项目建设的实际案例，对EAP的中国操作模式进行详细解析。

面对员工的心理压力和创伤，企业首先想到的往往是通过内部调节、员工自我调节、企业组织员工活动等方式来予以缓解。面对企业内部管理问题,企业管理者考虑更多的是制度和方法问题,往往忽视了员工的工作压力和工作心态,只有恶性事件发生之后,才发现危险行为甚至严重的人群冲突的发生率与员工心理问题的相关性非常高。今天我们有60%左右的员工处于压力状态,有56%的员工受压力影响,有23%的员工处于职业枯竭状态,专业、正确、恰当和及时的EAP对每一个企业、每一个组织和每一个人来说都非常必要,企业应该立即行动起来,将EAP纳入到组织的管理系统之中。

【习题】

名词解释

心理健康　职业枯竭　疏离感　角色冲突　EAP

简答题

1. 分析内外部EAP模式的利弊。
2. EAP计划书主要包括哪几部分的内容?
3. EAP效果的评价标准有哪些?

案例分析

1. 小凡大学毕业,因为成绩优异顺利找到工作。上班第一天整理资料,作会议记录,忙得不亦乐乎,自觉不久便能在公司大展拳脚。然而试用期过后,状况依然没有改变。"整个公司的人都快把我当成专职秘书了,连影印文件都来找我。天哪,当初我是以软件工程师的职位应聘进来的,如今却变成了杂工!"小凡抱怨道。跳槽?没有好去处,那就忍着吧!每次过完周末、放完长假上班的时候,小凡的情绪总是异常低落,懒得多说半句话;这种情况渐渐变成麻木地应付各种琐碎事件;直到周五,突然异常兴奋,捧着电话絮絮叨叨,呼朋唤友参加周末聚会,情绪高到极点。如此循环交替,连她自己都控制不住。

问题:分析小凡出现这种状况的原因,并给予适当的调节方法。

2. 2009年,受金融危机影响,全球经济出现低迷和下滑的趋势,行业扩张收缩,导致国内外企业纷纷裁员。但我们深知,不管企业把裁员的准备工作做得如何充分,过程控制得如何完美,之后也做了很好的善后工作,都无法改变裁员事件本身的刚性实质;但如果在裁员过程中,企业对员工的感受多一些关注,与员工的沟通再充分一些,那么,员工对裁员接受起来也会容易得多,也能更加平静和体面地离开。

问题:请你以EAP外部供应商的身份,为裁员企业设计一份EAP项目计划书。

第十章　有效激励

学习目标

1.理解外部动机、社会动机和内部动机的作用；

2.了解三种动机条件下人的心理状况；

3.掌握三种动机条件下，如何采取有效的激励措施。

【本章知识结构】

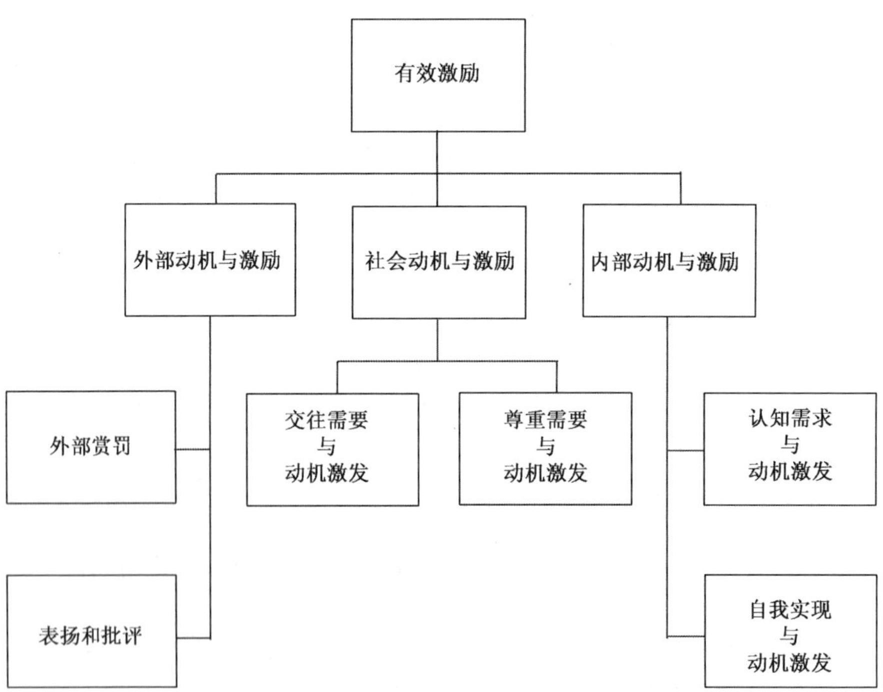

【引言】

索尼公司的内部招聘制度

有一天晚上，索尼董事长盛田昭夫按照惯例走进职工餐厅与职工一起就餐、聊天。他多年来一直保持着这个习惯，以培养员工的合作意识和与他们的良好关系。这天，盛田昭夫忽然发现一位年轻职工郁郁寡欢，满腹心事，闷头吃饭，谁也不理。于是，盛田昭夫就主动坐在这名员工对面，与他攀谈。几杯酒下肚之后，这个员工终于开口了："我毕业于东京大学，原本有一份待遇十分优厚的工作。进入索尼之前，对索尼公司崇拜得发狂。当时，我认为我进入索尼，是我一生的最佳选择。但是，现在才发现，我不是在为索尼工作，而是为课长干活。坦率地说，我这位科长是个无能之辈，更可悲的是，我所有的行动与建议都得不到科长批准。我自己的一些小发明与改进，科长不仅不支持、不解释，还挖苦我癞蛤蟆想吃天鹅肉，有野心。对我来说，这名课长就是索尼。我十分泄气，心灰意冷。这就是索尼？这就是我的索尼？我居然要放弃了那份优厚的工作来到这种地方！"

这番话令盛田昭夫十分震惊，他想，类似的问题在公司内部员工中恐怕不少，管理者应该关心他们的苦恼，了解他们的处境，不能堵塞他们的上进之路，于是产生了改革人事管理制度的想法。之后，索尼公司开始每周出版一次内部小报，刊登公司各部门的"求人广告"，员工可以自由而秘密地前去应聘，他们的上司无权阻止。另外，索尼原则上每隔两年就让员工调换一次工作，特别是对于那些精力旺盛，干劲十足的人才，不是让他们被动地等待工作，而是主动地给他们施展才能的机会。在索尼公司实行内部招聘制度以后，有能力的人才大多能找到自己较中意的岗位，而且人力资源部门可以发现那些"流出"人才的上司所存在的问题。

资料来源：www.yeeyan.org

成就激励最重要的表现形式就是合理晋升，索尼通过内部晋升与选拔的方式来激发人才的献身精神，不仅安全可靠，而且不需要培训，成本低。一个成功的管理者，就要像盛田昭夫一样，会努力满足下属的心理需求，对下属亲切，鼓励部下发挥创造精神，以此来激励以提高工作效率。

如何有效的激励员工以提高工作效率是一件很重要的事，这其中需要具备很多技巧，下面我们就从外部动机、社会动机和内部动机三个方面来探讨一下这些技巧。

第一节　外部动机与激励

外部的奖励和薪酬只要用得好，就能够提高员工的积极性，提高员工的外部动机。因此，外部赏罚对于员工的外部动机有直接的影响作用。这一节主要讲述外部奖赏与工作动机的关系。通过外部奖赏来引导和激发员工的工作动机，以提高企业的整体绩效。

一、外部赏罚

关于外部奖赏作用的研究源于桑代克的效果律。效果律包括赏和罚两种作用。桑代克曾用小鸡做被试来进行实验，结果发现奖的作用大于罚的作用，故更强调奖赏的作用。下面让我们具体看看赏和罚是怎样影响员工的工作行为的。

1.外部赏罚的积极作用

桑代克的动机理论认为，工作就是“联结”，即在外部的刺激和机体的反应之间建立起一种“新的联结”。根据他的效果律，一个联结形成时，如果伴随着机体满意的情况，该联结就得到增强（赏的作用）；反之，如果伴随着机体不愉快的情况，该联结就受到削弱。因此，外部的赏罚直接影响联结的形成（即工作）。

根据这个定律，如果一个养鸡场每次吹口哨时抛撒食物，那么，后来只要吹一吹口哨，鸡就会从四面八方汇聚拢来，就像士兵服从军号集合令一样，“口哨”（外部刺激）和“集合”（机体反应）之间就建立起了联结。这一行为上的工作动力来自于“食物的作用”（奖赏）。

外部的奖罚对企业中的员工也有同样的效果。月底、年终的奖金可以说是奖赏，这种奖赏能让员工更积极努力的工作。上班迟到或工作定额没有完成的扣分、扣钱，则是一种惩罚，它可以减少上班迟到等不良行为再次发生的几率。而且，越简单的工作任务，越基本的行为习惯，外部奖赏的作用越大。因为，对于简单的工作，其本身对人的吸引力很小，人们做这样的事情很大程度上是为了工作的需要或者说是不得已而为之，对它的兴趣基本靠外部动机来维持。所以，对于简单的工作任务来说，外部奖赏的作用要大一些。

外部奖赏一个很重要的作用就是塑造希望看到的行为，让被奖赏者按照你的要求来做事，因为只有他达到你的要求，才获得奖赏。这种外部奖赏很明确，员工知道什么样的行为能够得到奖赏，什么样的行为不能得到，它在一定程度上可以掩盖内在动机的作用，例如，重赏之下必有勇夫。当然，外部奖赏也可以促进内部动机，从而使整体工作动机增强，使员工更好地完成工作，在此外部奖赏起到了一个指引的作用，例如，员工以前没有接触过纳米技术，这时某公司突然要引进纳米技术，由于之前大家都不知道这个技术，知道的也只是只言片语的谣传——纳米技术是多么深奥、乏味。这个时候技术开发人员对这个都不感兴趣。于是，公司出台了一项政策：凡是愿意加入纳米技术研发团队的成员都有机会参加公司的年度旅行。这样就有很多年轻人因为公司的旅行参加了研发团队，当他们真正开始研究纳米技术时，又被纳米技术的魅力所吸引，从而喜欢上了纳米技术的研发工作，最终没日没夜的钻研纳米技术，并为之而疯狂。

2.外部赏罚的消极作用

惩罚的消极作用或许不用多说，大家都能理解。惩罚会使机体产生恐惧、焦虑、紧张等消极情绪与心理障碍，甚至会带来逆反心理与行为对抗，副作用是明显的。大量实验证明，即使是奖赏，如果处理得不好，也会带来副作用——降低对工作本身的兴趣。一位领导说过："对工作结果给以奖赏，似乎告诉你的员工，工作结果本身的价值还不够大！"这句话就是对外部奖赏降低了员工内部动机的很好的例证。

在教育上曾经有这样一个实验，费斯廷格在一项实验中让学生完成一项十分枯燥乏味的任务，然后给予一部分学生较高的报酬，而另一些则没有得到报酬。结果有报酬的学生认为这项任务十分乏味，而无报酬的学生反而认为这项任务更有趣一些。奖赏或报酬影响内在兴趣的现象被称为"过当效应"(overjustification effect)。在另一项研究中，格林和斯腾伯格(1987)让学生从事一项已经喜欢的数学活动(如设计几何图形)，依据他们活动的时间长短进行奖励。奖励结束后，学生可以自愿再活动下去，但没有奖励了。此时，和无奖励的对比组相比，受奖励的学生持续活动下去的时间明显要少。

在另一项研究中，研究者要求大学生完成一些智力游戏题。将大学生随机分成5组：第一组，正确解答付报酬；第二组，无报酬；第三组，不管解题质量如何，只要参加都给报酬；第四组，对正确解答给以口头表扬，无报酬；第五组，正确解答则给予表扬，同时付给报酬。待实验的"正式程序"结束之后，研究者观察参加实验的大学生还会继续多长时间去解这些智力难题。结果发现，在正确解答则给报酬的条件下(第1组)后来坚持的时间最短，在得到口头表扬的条件下(第4组)坚持的时间最长，无报酬的(第2组)、得到表扬和报酬的(第5组)坚持的时间几乎只有第4组的一半，第3组坚持时间处于第2名。实验的结果是不是可以这样来理解呢？当学生对工作任务本身已经感兴趣的情况下，外部的奖赏变得多余，甚至似乎减少了他们原来对工作的兴趣——减少了继续解答智力难题的时间。因此，我们在提高员工对单调工作的效率的时候，不能仅仅从外部奖赏来考虑问题，而是要从根本上改变工作的一些特性，使工作本身变得更有吸引力。外部奖赏更多的是一种促进对任务本身产生兴趣的手段。

有人发现奖赏大学指导教师，结果会使指导教师变得爱批评、不耐心、爱发命令，他们的学生会出现更多的工作上的错误。因为，受到奖赏的老师更倾向于把学生的管理工作当做是一种获取物质或精神奖励的一种手段，而不是把它看成是自己工作的责任和自己的兴趣。当指导老师受到奖赏时，他们知道：这个奖赏是因为他管理学生比较严格，学生的学习和生活良好所致。得到的东西总是害怕失去，指导老师为了维持这份奖励，对学生的行为将会更加严格，甚至苛刻，这样就使得指导老师变得爱批评、不耐心、爱发命令，正因为如此，他的学生便会出现更多的工作上的失误。没有受到奖励的指导老师更多的是把管理学生看成是一种责任，因为上级并没有明确要求要管理好学生——没有给予管理好学生的指导员以奖励，这个时候，管理好学生变成了一种责任心的体现或者是能力的象征，成了一种内在的激励——对自我的认可或者是一种自己想象的、猜测的，人家可能给予的正面评价。这样就使得：没有受奖赏的指导老师能创造一个更好的工作气氛，取得更优成果。

【拓展阅读】

领导者——小心反激励

很多时候，激励(motivate)与“反激励”(demotivate)只是一线之隔。很多人都曾为了主管弄巧成拙的反激励感到难过，但更危险的是，身为主管却没有发现自己正在“激励不成反变成打击”。

＊多赞美少批评，找出具体事情

有些管理者认为，赞美和批评员工的比例应该平衡。但在工作上，赞美与批评1∶1的比例可能行不通。管理学者 Adrian Gostick 提出，赞美与批评应该为 5:1 的原则。

＊及时送上量身定做的激励

逢年过节，手机里总是充满朋友传来的祝福短信。多半人会把一看就是网络上复制来的短信立即删除。把一样的激励话语传给员工；不问员工的喜好，一律用礼品当做奖品；在每个项目的加班期之后发固定金额的奖金；这些激励方式，也不会被员工记得。

＊举行公开仪式，表达真诚谢意

人们对于赞美的需求，比自己想象中更大。认可与肯定带来的正面效应能让一个人变得更好。没有主管会试图摧毁团队士气，但我们都可能在无心之中造成反效果。领导者千万记得掌握激励员工的技巧，别让反激励出现在你的团队里！

(资料来源：www.chinahrd.net)

3.发挥外部奖赏的积极作用

有人认为，如果任务本身带有按劳计酬的性质，那么奖赏会增加内在动机，但对于工作任务这种本身不带按劳计酬性质的任务来说，外部奖赏会降低内在动机。外部奖赏在什么条件下才不会降低员工的内在动机呢？研究表明，不损害内在动机的奖励必须具备三个条件：

(1)内在兴趣与外部奖励哪个更突出

如果外部奖励突出，内在兴趣就会受到影响。如果过分强调对工作成绩的奖励，奖励则成了人的工作目标，那么会降低内在工作动机。

(2)奖励与绩效的挂钩

如果我们的奖励不与绩效挂钩，获取奖励仅仅是因为做了某件事，那么内在兴趣也会受到影响。此时，人们更可能选择较简单的任务，活动积极但质量低下，更多刻板定型而较少创造性和灵活性。例如，企业会在年底给每个员工都发一定数额的奖金，如果不是按照员工工作的绩效来发不同数额的奖金，就起不了激励的作用，这样的年底奖金更多的成为了一种辛苦费。

另外，作为管理者，绝不要主观判定员工能自觉理解你所说的绩效的含义。为员工清楚地定义绩效的标准是管理者的职责。管理者应当自觉的先把绩效的标准想明白，然后向员工简洁准确地解释对他们而言绩效意味着什么。只有这样才能够成功地把工作动机和绩效联系起来。

(3)外部奖励的意义是肯定成绩还是限制人的行为

因为能力强而给予奖励，会促进内在动机；如果为了控制别人的行为，或依据是不是“听话”来给予奖励，就会损害内在动机。比如，有的企业会月底奖励那些全勤或者一次都不迟到的员工，要求员工“听话”。这样的奖励可能会降低员工的内在动机，即按时上班被认为是一种基本的职业操守，他们认为他们应该这样做，不这样做就不对。而此时的奖励很有可能就把这种内部动机转变成外部动机——获取全勤奖或准时上班奖。通过这样的限制行为的奖励降低了员工的内在动机。而且，还可能发生这样的情况，当大家习惯了这样的一种奖励之后，如果某一天取消这种奖励，大家都会认为全勤和按时上班是一种负担，而不是自己心甘情愿做的事情。

总之，关于过当效应的研究表明，奖励可以引发出积极的行为，但要注意它的一些局限。奖励的目标应该是最终不需要奖励，即通过外部激励的手段来促进对工作本身的兴趣，激发员工的内部动机，从而自发的积极努力的工作，最终以实现自我为根本动机。因此，要仔细考察被奖励的人是如何看待奖励的，在已具备内在动机的情况下，最好不要使用奖励手段。在外部的奖赏激发了内部动机的情况下，要逐步撤离外部奖赏。

二、表扬和批评

表扬和批评是外部赏罚的一种非常重要的表现形式，也是管理者在现实管理情景中经常使用的外部赏罚方法。批评和表扬看似是一个很平常普通的事情，很多人认为它不需要技巧，其实，表扬和批评是一种艺术，不仅要单方面用好表扬和批评，还要注意表扬和批评的平衡。只有两者得到了平衡，才能最大限度的发挥它们的作用。

1.表扬的艺术

表扬作为一种具体的工作技巧，不是随便说几句好话，或是拍拍肩膀就能奏效的。我们要注意以下一些技巧，才能使表扬恰如其分，发挥极大的作用。

(1)诚恳地表达对员工的赏识

对员工表达出发自内心的赏识。比如一个员工，他对问题给予独特的解决，不单单对他说："很好，你做得非常好。"或许这样说更有效："很好，我欣赏你独特的解决方式，解决问题的思路非常的新颖。"表扬应该是一种诚恳的、个人的欣赏而不是陈词滥调或浮夸的表扬。任何人身上都能找到值得欣赏的地方，有时需要对工作做些回顾，想一想是否没有给过哪位员工赏识，然后在他们身上找到值得欣赏的地方，把它们记下来。表扬员工不是为了抬举他们，也不是让员工更听领导的话，而是上级欣赏下属的自然流露，是一种内心的欢乐和喜悦的自然表达。

(2)对员工的关注要恰到好处

多关注，既不批评，也不表扬。这样会支持和鼓励员工，但不会使他们过于依赖他人的赞许。当员工某件事完成得较好时，领导容易陷入表扬的套路当中。我们可以不表扬，只表示关心，表示已看到员工做的努力和成果，员工也会非常满足，从而受到极大的激励。

(3)表扬要真诚

在表扬和赞许他人的时候一定要真诚。对表扬的事情一定要具体，而不是总是对人说"你真棒！""你很厉害！""你真行！"这样空洞的话，你一定要就某件具体的事情进行表扬，比如：你今天处理这件事情很灵活，要是我处理的话就不能这样顺利地解决问题。被赞扬的人就不会认为你是在讨好他，说的是虚情假意的话，使人感觉讨厌，才会真诚的接受你的表扬。

(4)明确目的性

表扬是领导对下属取得成绩或某种正确行为的认可和肯定。领导表扬的原因是下属有所为或有所不为，表扬的目的是为了提倡所为或不为。领导传递的信息表明领导对下属的态度，这种态度表示会激起被表扬者的成就感和满足感。值得一提的是，有的表扬除了给人以激励外，还无声无息地批评了那些平庸者或对立面行为。

因此，表扬不能无缘无故，不能毫无目的，不能为表扬而表扬。表扬的真正意义在于调动积极性，因此，在现实生活中，领导决不能让下属和群众听到莫名其妙的表扬，或听到表扬感觉“准没好事”。

(5)把握准确性

表扬切忌笼统空洞地泛泛而谈，任意拔高，把平常说成“伟大”，把小事说成“丰碑”，更不能无中生有。同时，还要切忌大事化小，小事化了，对有目共睹的功劳，如果只是蜻蜓点水，甚至抹杀掉，就容易使下属思想麻痹、难辨是非，以至无所适从，失去责任感。表扬一定要实事求是，恰如其分，要客观、公正、全面。表扬的内容要真实具体，让受表扬者知道哪里做得好，哪里做得不好需要改正和改进；口气要严肃而不失亲切，让受表扬者感到领导没有敷衍，更感到表扬的来之不易。

(6)注意适宜性

这是要求领导对表扬的理解不可过于狭隘。员工工作能力有强弱之别，基础有厚薄之差，如果只表扬那些各项工作都很出色、成绩突出的“全能者”，这个集体可能一时会做出突出成绩，但不会长久。每个人都有优点和缺点，表扬的对象不可能十全十美，刻意塑造“全”、“美”的偶像，即使“表”了也难“扬”，“完人”和“能人”可能还会被群众疏远。领导应对每一个下属施行表扬，任何人都会在某一方面或某个阶段把工作做好，领导一定要注意发现每个人的“闪光点”。很多人常常这样抱怨：“这个人一无是处，没有什么值得表扬的，我怎么表扬他？这件事情他确实做得很差，难道我却要说他做得很好，这样他会以为我在羞辱他。”其实，表扬的一个重要的技巧是：善于发现他人的闪光点。每个人都有他的优点，不可能全是缺点。例如，给员工布置了任务，最后做得不能达到要求，但比上次做得好一点，你就可以赞扬他有所进步，也可以赞扬他善于坚持，只要他不懈努力，最后一定能够达到要求。世上不是缺少美，而是缺少善于发现美的眼光。

(7)注意时机

哈利出差去旧金山发表演讲时，想给女儿海莉带一件礼物。他看到了他的女儿非常喜欢的一个玩具，一件不能不买的礼物。回家后，他当着海莉一个朋友的面，把礼物递给了她。女儿撕开包装纸看了一眼，便重重地扔在地板上，生气地跑回自己的房间。几个小时之后，她解释说：“我仍然喜欢那个娃娃，不过，我的朋友不喜欢。所以，我不想让她们知道。”这说明，恰当的礼物如果送出的时机不对也会出差错。其实，表扬也跟送礼物差不多，在不恰当的时候送出表扬也同样收不到预想的效果。

(8)讲究及时性

及时表扬与“延时”表扬产生的效果差别很大。及时表扬产生的渲染作用、鼓动作用、鼓励作用均有较强的行为激励功能。因为这时群众对事件的关切之情比较迫切，急需领导作出反应，当事人也希望立即能在公众场合得到领导的首肯，如果领导缄默不语或视而不见，对当事人和群众可以说是当场泼了一盆冷水，严重时会挫伤群众的积极性。一段时间之后，领导再对该人该事提出表扬时，当事人已不感兴趣，群众可能已忘却，已完全没有当场表扬的那种效果了。领导只有及时地表扬下属，把握好时机，确确实实做到当众、当场进行表扬，才能起到事半功倍之效果。例如，美国福克斯公司急需一项重要的技术改造。一天深夜，一位设计师拿了一台能解决问题的原型机闯进总裁的办公室。总裁看到这个主意非常妙，非常高兴，立即琢磨该怎样给予他奖励。他翻遍了办公室的所有抽屉，总算找了一样东西，于是躬身对那位科学家说："这个给你！"他手上拿的竟是一只香蕉。即使是这样的一只香蕉，也达到了激励和表扬的效果。其实，表扬或激励的承载物并不是很重要，重要的是它传递了领导或上司对下属的肯定和赞许。如果当时的总裁找不到东西给予表扬，完全对此只字不提，第二天才给予表扬的话，可能效果就不那么好了。

(9)注重表达的技巧性

表扬时运用的语气、语调、方式、场合不同，表扬的效果会大不一样。一般情况下，批评时要坚持"对事不对人"的原则。而在表扬时则不一样，既强调对人，又强调对事。是对人还是对事，要因人因时因地而异，完全取决于领导表扬技巧的驾驭能力。如果表扬者表扬的是把工作做好了的人的话，比如"你完成任务很不错！"被表扬者就会信心百倍，热情万分地投入到工作中去；若表扬者表扬的是人所做的事的话，也就是领导对个体行为的肯定、表彰，比如"你完成工作的方式我很欣赏！"或"你的高风亮节值得大家学习！"被表扬者就会感觉自己的做法是理智的、正确的，就会使积极的行为得到巩固、保持和加强。另外，在会上表扬过的同志，领导认为应在会下适当场合给个人予以感谢的话，也可以单独给予肯定，因为毕竟会上会下说话口气有些不一样，被表扬者更会感觉到一种无比的荣耀。

表扬下属，不仅要符合表扬的基本要求，而且需要管理者掌握具体的表扬方法。只有表扬方法运用得当，才会起到事半功倍的效果。管理者表扬方法不当，就可能起到消极作用。比如，单独表扬一个人可能会造成同事对他采取孤立的态度；泛泛表扬不能真正发挥激励的作用；表扬一个人的同时指出另一个人的错误可能会让下属之间更难相处，等等。

2.批评的艺术

要进行有效的批评，要注意如下几点：

(1)弄清事实的真相

很多情况下，领导总是一看到事情被搞砸了，就胡乱批评一通。但是想想这样一通不明就里的批评有效吗？答案肯定是没有效。这样的批评充其量只能够发泄一下领导的个人情绪，除此之外，没有一点儿作用，员工甚至都不知道是为什么而受到批评，更别说改正错误。在批评下属的时候，一定要弄清事实的真相，避免出现错怪下属的现象。比如，某公司组装一批节能灯，在公司交货的时候，经销商抽检发现灯泡不合格。领导回来就一顿乱批评，说线上的员工工作不认真，导致组装不合格。员工个个都觉得很冤枉，他们明明非常认真地做这批产品，没想到最后还是落得不认真的批评，扣奖金的后果。后来，把节能灯退回重装时才发现，不是大家没有组装好，而是这批货的镇流器供应商出了差错，导致这批货出现问题。问题发现之后，线上的员工个个都不满，虽然免除了奖金的扣发，但是，员工闹了很长一段时间的情绪使工作效率受到了很大影响。这就是不弄清问题就乱批评的后果。

(2)把握员工的心态

上司针对员工进行批评时还需要注意一些细节，比如，注意员工的情绪状态。当员工已经认识到是由于自己的原因造成了工作的失误，并且已经感到内疚的时候，上级就没有必要再直接批评他，而是可以这样提醒他：我知道你已经认识到了错误，但是，事情已经发生了，你也没有必要自责，重要的是你以后要注意，不要让类似的事情再发生，对于这次失误，我也不想多说什么，自己改过就行。这样，员工不仅会自愿承认错误、改正错误，还会对领导的宽容感激涕零，愿意以更加努力的工作来报答领导对他的宽容。

如果领导在员工犯错误之后仍然给予批评，这时员工的反应就不一样了。虽然员工知道这次工作的失误是由于自己的原因造成的，是自己对不起公司，给公司造成了损失，或许有些内疚，但是，在领导批评之后，他就不再觉得内疚了，因为他觉得他为他的错误付出了代价——承受了领导的批评。所以，他便觉得心安理得，觉得谁也不欠谁。员工接受批评并不是因为他觉得领导说得对，而是一种惩罚，对工作失误的一种补偿。这种批评永远得不到我们想要的结果——防止下次类似事情的发生。

(3)注意批评的技巧

批评往往会造成一种紧张状态，这种紧张状态又会引起一种刻板式的问题解决，这种情形不利于适应性的工作，并且还具有以下副作用：首先是管理者频频施惩，员工习以为常；其次，员工憎恨管理者，导致逆反心理，导致劳资关系的不和谐，甚至引起憎恨情绪泛化，变得憎恨社会与人生，玩世不恭；再者，惩罚易导致说谎、隐瞒等虚假欺骗行为。因此，在不得不使用惩罚时，应注意下列事项：

第一，使员工知道自己为何受惩，心服口服。如果不能让员工心服口服，不良行为将再次发生，惩罚得不到想要的结果——减少不良行为，惩罚的同时应告知他们何为良好行为，使他们明确努力方向，树立改正信心。

第二，批评尽量私下进行，而且不能对员工进行人身攻击和侮辱其人格。员工最不喜欢管理者的讽刺和挖苦。毕竟，员工和管理者都是平等的人，管理者没有权利对员工进行人身攻击，侮辱其人格。

第三，批评应该针对行为或表现，把注意力集中在事件上，而不是指向员工的人格。批评应该是为了设法避免或者防止将来发生类似的事件，而不是强调造成错误的责任或处罚。

批评的最重要技巧是培养员工逐步地做到自我批评，使员工既能从成功中也能从失败中得到教益。如果员工懂得了他失败的过程以及他的活动不成功的原因，那么这种经验就会起教育作用。把工作安排得能使员工自己证明他的成功和失败，这将有助于把对成功和失败的奖励和惩罚由外部迁移到任务本身和工作者自己身上。能自动向员工提供反馈的工作情境，能及时地告诉员工他的工作成功还是失败，这些工作情境能使员工作出自我赞扬和自我责备的反应。自我强化的运用表明外部动机已转变为内部动机。

有效的批评要以不损伤员工的自信和预期(对未来的希望)为条件。员工对自己成功与失败的预期是动机系统的重要组成部分，它能在不需要外部奖赏的前提下推动员工的工作，而且能指向未来的目标，追求“需要的延迟满足”而不是即刻的满足。如果批评使员工感到自己没有再成功的希望，就会使他追求眼前的舒服与享乐，那么这是一种失败的批评。

有经验的管理者总是善于根据各种不同的情况灵活而恰当地进行批评，以促进员工进步为目的，并且是善意的、同情的、理智的、寄以热切希望的，而绝不是以自己的情绪发泄为满足的。

第二节　社会动机与激励

为什么“关禁闭”对人来说是一种惩罚？因为人都有与人交往的需要。为什么“被孤立”会使人感到难受，因为人有被别人接纳和爱的需要。人总是愿意和别人在一起，而不愿独处，而且，特别愿意和情趣相投、感情融洽、熟悉随和、令人喜爱尊敬的人相处。这些需要都可以转化成为工作动机。

一、交往需要与动机激发

随着经济发展水平的提高，工作节奏也越来越快，我们相信，采用精神上的激励，并配合金钱的激励措施，能更好地激发员工的工作动机。下面，介绍几种如何针对员工的交往需要来激发员工工作动机的方法。

1.增强“干群”的融洽关系

有的领导说：“爱也是一种工作的动力！”这的确有道理。员工喜欢一个领导，爱屋及乌，也就喜欢这个领导分配的任务；不喜欢某个领导，这位领导所分配的任务也会受到株连。

本来，员工都有取悦和讨好领导的愿望，他们期望得到领导的喜爱、关注、赞扬和照顾，他们愿意用实际行动表示自己“有能力”，并寻求爱，从而满足交往和爱的需要。然而，一些员工在工作上失败了，他们从领导的话语、表情甚至手势中，体验到的是冷漠、厌弃，他们会感到：“我再努力也没有用，领导只喜欢业绩好的员工！”

如果领导能够和员工建立一种友好合作的关系，而且共同承担责任和解决问题，那么员工的行为就倾向于维护这种良好的合作关系。这样，相互间的交往就会促进工作；反之，如果这种情感关系不存在，而一些相互不信任、敌视、对立的态度存在于某些员工和领导之间，那么对抗行为和不合作态度必然会使“干群”关系受到损害。事实上，还可能产生一种情况：对权威人物（领导）的藐视可以成为一个员工取得伙伴赞许的一种手段。出现这一情况不但不奇怪，而且可以说是正常的、必然的。婴幼儿哭闹会引起家长的注意，而一些员工在童年时的家庭教育环境中已经“学会”了通过发脾气、任性、捣蛋来引起大人们的注意、关心和妥协，因此大人们的“注意”成了强化物。所以，被领导厌弃的员工可能采取问题行为、对立，抑或恶作剧的方式来“发泄”情绪或表示自己的存在，甚至故意用和领导对抗、破坏规章制度来“表现自己”，这些就是意料之中的事情。由此看来，领导应该理解、关心、同情在工作竞争中处于不利地位的员工，对他们的未来应该持一定的“期望”，而绝不能厌弃他们。

2.给予员工“期望”

给予员工期望本身就是一种激励，而且是一种长时间的激励，这种激励效应就是心理学上的“皮革马利翁效应”。“皮革马利翁效应”源自希腊神话中的一则故事，说的是塞浦路斯的一位王子皮革马利翁用象牙雕刻了一位美女，雕刻时他倾注了自己的全部心血和感情，雕成后每天捧在手中，用深情的目光注视着她，时间久了，有一天这女子竟然有了生命。

对待员工也是一样的，员工的成就和工作动机与领导者的期望有非常大的关系。领导者的期望是通过交往需要来激发员工工作动机的重要源泉。具体来说，可以通过两个方面来表达领导和企业对员工的期待，达到“期望效应”。

(1)让员工做主人

人人都希望做自己的主人，自己决定事情的方向与做法，同样的，作为员工，他们也希望可以做自己工作的主人。产生作为公司主人的意识，可以极大的调动员工的工作积极性，竭尽全力地为企业贡献自己的聪明才智。过去，国有企业一直把“增强员工主人翁意识”作为激励员工的口号。其实，这也同样适用于国外的企业和国内的私营企业，只不过方法和手段不同而已。让员工成为“主人”，说起来容易，做起来难。一旦真正做到这一点，员工就能最大限度地发挥自己的潜能。为了让员工成为“主人”，安捷伦公司尽量避免裁员。在公司最困难的时候，他们采取了压缩开支、全员降薪的办法。安捷伦的员工认为：自己的工作有贡献、自己的人生有价值，自己就是公司的“主人”。安捷伦教育员工，不要把工作看做一种责任，而应该看做一种动态行为。实践证明，这种吸引、保留人才的效果非常好，在职员工的离职率很低，招聘新人的成功率很高。安捷伦的具体经验有两点：一是不断更新留住人才的制度，及时把握员工的具体想法；二是鼓励和帮助员工学习第二技能，以应对各种变化。

(2)重视和信任员工

美国惠普公司不但以卓越的业绩跨入全球百家大公司行列，更以其对人的尊重与信任的企业精神而闻名于世。在惠普，存放电气和机械零件的实验室备品库是全面开放的，允许甚至鼓励工程师在企业或家中任意使用。惠普的观点是：不管他们拿这些零件做什么，反正只要他们摆弄这些玩意儿就总能学到东西。公司没有作息表，也不进行考勤，每个员工可以按照个人的习惯和情况灵活安排。惠普在员工培训上一向不惜血本，即便人员流失也在所不惜。

惠普的创始人比尔·休利特说：“惠普的成功主要得益于‘重视人’的宗旨，就是从内心深处相信每个员工都想有所创造。我始终认为，只要给员工提供适当的环境，他们就一定能做得更好。”基于这样的理念，惠普特别关心和重视每个人，承认他们的成就、尊严和价值。

在日本松下电器公司，用人秘诀之一也是尊重和相信员工。松下幸之助常说：“每个人都有工作的天性。如果你不让他工作，他最初也许会觉得轻松愉快。但时间一长，他也会百无聊赖。激发部下发奋图强的工作秘诀，就是信赖部下，让他们自主自发地去工作。当然，这并不意味着对部下不闻不问。作为管理者，该说的话还是要说，但必须注意说话方式，以免在批评时伤害部下的自尊心。这是我在长期的实践中感悟到的一点心得。”

3.加强有效沟通

有效的沟通还能满足员工的交往需要，并激发员工的工作动机。沟通具有重要的激励作用。例如，企业通过让员工们相互交往和交谈满足交往的需要；在流水线上，员工们知道他们可以一边进行常规工作一边互动；在零售业和银行业，互动的机会更多，因为员工通过不同程度地与顾客交往来完成工作。这些沟通交往能够使枯燥、常规的工作变得令人喜爱，只要这种互动存在，士气就会高些，生产率也会至少保持在可以忍受的范围内。然而，当社会交往受到抑制，员工们会通过限制劳动产出或者仅仅做到工作描述要求的程度来反抗体制，而允许人们在工作中满足沟通交流需要可以防止这些负面行为的发生。

二、尊重需要与动机激发

在需要层次理论中，比交往需要层次更高的需要是追求声誉或尊重的需要。在这种需要的推动下，个体不但希望与人交往，而且希望获得他人的赞扬，期望得到同伴的喝彩、羡慕。针对尊重的需要，我们可以从如下方面来考虑对员工工作动机的激发策略。

1.给予员工尊重与信任

员工只有感觉到自己被尊重、被信任，才会竭尽全力地为企业贡献自己的聪明才智。因此，尊重与信任应当成为企业管理的第一宗旨。日本工薪层的代言人甚至提出这样的口号："我们付给公司的并不只同机器一样，我们所获得的也不应只是薪水，我们需要获得尊重和信任。"因此，在给予员工尊重与信任时，有以下几点值得关注：

(1)肯定员工的人格尊严

企业员工的人格尊严能否得到真正的肯定，往往反映出这个企业对人力资源管理的重视程度。哪个企业把员工的人格尊严放在首位，它就能得到快速的发展。道理很简单，尊重他人就是尊重自己。摩托罗拉公司始终以"肯定人格尊严"为管理理念，对人保持不变的尊重。在摩托罗拉，人格尊严主要包括：和谐的工作环境；明确的个人前途；开放的沟通渠道；足够的隐私空间；充分的培训机会；平和的离职安排。

在离职问题上，尤其能体现出摩托罗拉公司对员工的尊重。公司尽最大可能避免裁员，当必须裁员时，裁员人选将根据员工的业绩、技能和服务年限等作出抉择。例如，在公司服务满 10 年的员工未经董事长和总裁批准不得列入裁员的名单；当员工由于个人或公司业务的需要而离开时，公司还将提供诸如安排其他工作、帮助介绍外面的工作、发放补偿金和继续发放某些福利和工资的帮助等。摩托罗拉以人为本、尊重个人、发挥人的潜能、实现个人价值与企业共同发展的经营理念，形成了员工和企业相互尊重的文化氛围，创造了良好的工作环境。摩托罗拉认为，管理的基础是尊重。在公司创办之初，就形成了一整套以尊重人为宗旨的企业制度和工作作风，并将这一思想渗透到企业文化的各个层面。摩托罗拉认为，尊重至少有四层含义：肯定个人价值；给予特殊信赖；创造和谐氛围；满足具体要求。

(2)多给予员工赞许和肯定

多给予员工赞许和肯定，员工会觉得领导者非常的尊重员工，员工的尊重需要就能得到满足。当员工的尊重需要得到满足后，员工就有非常强大的工作动力。那么怎样进行赞许和肯定呢？

简单的一句"谢谢"就可以让部属更加卖力，即使是再小的努力、再微不足道的成就，如果经理注意到部属的认真，就一定得给予适当的赞美。人类这种不重经济性报酬、重视精神上荣耀的想法还是普遍存在的。就算是一句简单的"谢谢你了"，如果部属感受到来自上司的赞许和诚意，也许当天下班时他的心情会较平常快活些，脚步会轻快些。

有这样一个案例，电力公司分公司G经理到自己管辖内的山中工地去视察。当他发现其中有人工作非常卖力，即使那个人做出来的成绩微不足道，他还是会趁全员集合的时候大大加以褒扬一番。几年之后该分公司一位退休的老职员说："我也是被G经理夸赞过的人，而其实我所做的只是不要让工厂里的木墙腐朽掉罢了，G经理甚至在朝会时和公司里的刊物上特别嘉奖我，让我受宠若惊。当时我真的有种'死而无憾'的感觉。在公司里默默耕耘了这么久，终于有人认同我的成绩，我当时真是觉得没有任何遗憾了。而且，这次公司举办的退休典礼，G经理也以来宾的身份参加了。最不可思议的是他竟然还记得我，而且在大家面前提起当年那件事，我感动得一直掉眼泪，不知道该怎么做才好。"士为知己者死，G经理就是把这个信念发挥到最高境地，而且他也因此成为一个非常幸福的人，相信一定有不少他的部下会觉得"其实我们真是很幸运呢！有这么了解我们的上司"。

2.设计有效的竞争机制

在竞争机制的设立方面，可以在公司设立竞争奖励机制，每隔一段时间，例如一个季度或者一年，评选出绩效最高或成就最高的员工，公开进行表扬与奖励。某些公司，特别是销售和营销部门，对于高绩效员工的奖励之一是独立的办公室，或者公司配备专属的用车等某些特权，就是运用了竞争的机制。

前面已经讲到，竞争虽然有好的方面，但同时如果处理得不好，也会带来很大的负面影响。在实际操作中，怎样建立良好的竞争机制，才能发挥竞争有效的一面，避免副作用呢？竞争有效的前提条件是：所有员工都感到他们有一定的成功或失败的可能性，从而被激发起尝试的动机；有多种多样的竞争活动，或按能力进行分组竞争，使得每个员工至少都有成功的机会；重点在于使员工努力做得更好，而不是去看别人做得不如自己好。怎样才能达到上述三个条件呢？当竞争是在能力相当的各组之间进行，并且既要求合作又要求竞争时，或者每个人都努力超过他自己以前的成绩时，那么就会满足上述三个条件。

因此，我们认为，通过团队或小组进行竞争，就可以达到上述三个条件，避免竞争所带来的负面作用。而且，如何促进员工的合作精神本身就是一个非常重要的管理问题。商品经济是以社会化大生产和高度分工为基础的，因此，也就高度强调合作精神，合作和团队精神是现代企业非常重要的管理要求。有研究表明，运用小组竞争（而不是个人之间竞争）的方法，可以提高工作效率。具体表现在：员工在合作小组或团队中，会变得更加积极，较少像过去那样消极被动；员工之间相互提供了关于自己成绩好坏的及时反馈信息，有利于元认知能力的提高和对工作方法的改进；

有助于经验不足、技能不强的员工稳步前进，并在前进中提高自信心和工作的内在动机与兴趣。而且，研究还表明，员工互助合作，由优秀员工对一般员工进行指导帮助，不仅对于一般员工有比较大的帮助和提高，对优秀的员工也有明显的促进作用。出现这种“相长”的效应，其主要体现在：

第一，当优秀员工指导一般员工时，有助于优秀员工理清自己的思路。要弄清自己的思想，最好的办法是自己讲一遍给别人听。讲不清楚，往往是想不清楚，要讲清楚，首先要自己想清楚。

第二，当优秀员工去指导一般员工时，有助于优秀员工增强自我意识，增强元认知调节能力。为了考虑自己是否讲得清楚，必须学会“审查”自己，这样，元认知能力就得以发展。

第三，当优秀员工去指导一般员工的时候，也有助于自己在知识上查漏补缺。在教导别人时，别人会提出疑问，有助于优秀员工发现自己未考虑的疏忽或未准确理解的知识。

在指导一般员工的时候，优秀员工还可以形成积极的自我概念。这有助于产生对社会有用的感受，减少孤独感，增加效能感、自我价值感和自尊心；而且，不怕对手超过自己，也就减轻了“总想和自己的团队成员竞争”的心理压力，有助于降低焦虑情绪，使心理功能更充分地发挥。

3.提高员工的成就动机

前面已经述及，成就动机分为追求成功的动机和避免失败的动机。就工作动机而言，从表面上看，追求成功和逃避失败，都能促进员工积极的工作，但在心理上和工作效果上却大不一样。追求成功使人振奋、乐观、积极、乐学好做，工作业绩也好；而避免失败使人感到忧心忡忡、心情压抑、消极被动、怕学怕做，工作业绩和工作效率也差。因此，我们应鼓励员工以追求成功和进步为奋斗目标，而不应以避免失败为工作目的。请看下面的案例：

约翰已50岁，是某大银行分行经理的助理，他已经当助理11年，表现平庸。分行经理都不愿意要他，可都没办法打发掉他。11年里他分别转到九个分行任助理。他的基本情况是：家里没有经济负担，衣食无忧，并继承了一大笔遗产；有几套公寓；太太在家打理家务，两个孩子都大学毕业，有很好的收入。

以前的经理认为该人没有积极性，不认真工作，担心他给集体造成损失（不能带来业绩），因此处处盯着他、批评他。新经理了解约翰的情况，通过仔细分析，发现他表现平庸最主要的是因为做什么事情都担心失败，并且，物质条件对于他来说已经没有激励作用了。于是，经理找出了新的解决办法：在分行周年的庆祝会上，经理定做了一个大蛋糕，上面写着分行最近一年财务记录，并说明是在约翰的努力下实现的，经理对他进行特别故意夸奖。约翰受到极大鼓舞。后来的很多事情，新经理都从这个方面不断地去强化他。从此以后其行为彻底改变。两年以后成为另一个银行的杰出经理。

在上面的例子中，约翰对金钱的需要已经得到了充分满足，一个满足的需要会停止其相应的动机作用，金钱对于约翰已经失去了它的激励作用；而且，以前经理的做法，就是担心他会带来问题，担心他的失败，因此，总是采取对立、防范和批评的方法，新经理所采用的激励方法，针对的是约翰的追求成功的成就动机。

麦克利兰(David.C.McClelland)基于他的理论研究，对发展一个积极的高水平成就需要提出了特别的建议。用麦克利兰的处方，管理者需要这样来进行管理：安排工作任务，要使员工能周期地收到其业绩的反馈，提供的信息能够使他们做出改正或纠正；向员工宣传成功模范；寻找且推广实现成就的英雄——成功的人，胜利者，把他们作为模范；与员工一起工作改善他们的自我形象；将现实主义引入与工作有关的所有话题：提升、奖励、调动、发展机会、成为团队成员的机会，并帮助员工以现实的方式进行思维，辅导他们以积极的态度思考他们如何完成目标。

另外，在工作中，企业可以通过建立一种合适的环境，在员工工作中提供回馈，增强个人意识，为个人提供适当的风险，这样可以发展个人的高成就感。对于成就动机较强的员工，要抓住他们希望得到自主权，得到及时的反馈与富有挑战性的任务的特点进行激励。由此，现代组织广泛的应用诸如自主设定目标、自主管理、参与股权、反馈认可等手段，来建立和保持对员工的激励。

还有，在工作中，某些员工的成功是以另一些员工竞争上的失败为代价的，这样总会使一些人在失败面前变得退缩和害怕。因此，心理学家们建议把"常模参照测验"变换为"标准参照测验"。就是说，工作中的竞争，不是比名次或等级，而应该是和自己之前的工作标准比进步，或比达到某个事先确定的某种标准的程度，也就是我们平常所说的，变横向比为纵向比。例如，对于员工来说，我们要对他们进行如下的鼓励：只要看到自己现在和以前相比，已经提高业绩指标了，哪怕还是被领导批评了，也要安慰自己："虽然比别人差，但我的确在不断的进步！""不怕慢，只怕站，只要我不断进步，不管现在如何，坚信自己总有一天会从'渐变'跃向'突变'的。"

总之，员工在工作中的成功与失败，会产生所谓的"光环效应"。在早期的工作经验中，不断地遭受失败的经验，这对任何员工来说，都是不幸的。早期体验到失败的员工，摆脱不了失败的威胁，不敢大胆创立新的活动，这会妨碍员工以后在大胆创新方面的努力。因此，处理好员工的成就动机，是一件意义十分深远的事！

第三节　内部动机与激励

行为主义的动机理论主要研究外部赏罚的作用，而认知心理学的动机理论则主要研究员工的认知因素对工作动机的影响，包括人的认知需要和自我认知的作用，本节主要介绍认知需要对工作动机的影响。

一、认知需求与动机激发

员工的好奇心和求知欲是员工认知需求的表现。因此，我们要满足员工的认知需求，可以通过激发员工的好奇心和满足他们的求知欲来进行。兴趣和好奇心是紧密相连的，好奇心是一个人的心理品质，是新发明、新创造的先决条件；兴趣则是对具体活动的好奇心的表现。

发展员工内在工作动机的最主要手段是让他们“付出有回报”，帮助缺乏工作动力的员工的最好办法，就是帮助他们在工作上取得进步，并在进步中体验一种内部的自我奖励，从而激发他们的好奇心和求知欲。下面针对员工的认知需求，探讨员工动机的具体激发方法。

1.激发员工的好奇心和求知欲

(1)利用信息或问题的不确定性，激发员工的求知欲和探索愿望

心理学研究表明，不确定的信息是引起员工内在动机的一个重要原因，适度的信息不确定性有助于内在动机的形成。在管理中，管理者要根据员工的抱负水平来使信息的不确定性程度达到最佳水平。如果信息的确定性过高，员工往往不会产生一定的内在冲突和不平衡性，难以激发好奇心，内在动机就不能充分地得到激发。但是，如果信息的不确性度过高，他们一开始就会对这种信息感到深不可及，易于弃之而不顾。因此，只有与员工的抱负水平相适应的适度的信息不确定性，即让员工通过一定的努力能够弄明白该信息，这种程度的信息或问题才有助于激发其探索欲望。

(2)通过信息的反馈，使员工产生满足感和成就感

随着问题的解决，员工的内在动机也在消退，这就要求管理者通过有组织的活动，使员工自己探索问题的答案，从中获得一种信息的满足感，或解决问题的成就感，并为其行为表现提供及时反馈，进行鼓励和表扬。只有这样，才会使这些员工更加积极地投入到以后的类似的工作中去。

(3)设置情境，引发员工的惊奇感和疑虑

在管理工作中，管理者可以结合具体的工作情景，运用适当的问题激发员工的

内在动机,也可以通过适当的概念冲突或惊奇感来引发内在动机。这里的惊奇感不是指穿一身奇装异服或开其他玩笑,而是指工作本身的特点引发的惊奇感。一种情况是增强个体与单调环境的接触,个体就会产生强烈的好奇心,能动地探索环境、收集信息,并试图将这些信息纳入自己的认知结构中;另一种情况是个体从千变万化的外界环境中得到的信息与自己已经形成的认知结构不一致时,就会意识到差异和矛盾,形成好奇心,并改正不和谐的活动,形成工作动机。

2.进行良好的工作设计

(1)让员工快乐地工作

通过树立各种各样适当的目标可以使工作富有挑战性,从而让员工在工作中体验到成功的快乐。挑战性过低令人厌烦,挑战性太强会使人产生挫折和失败感,因此,中等程度的挑战性比较合适。工作如果具有挑战性,会使员工对工作产生兴趣和求知欲。产生兴趣和求知欲以后,他就会以解决工作中的难题为乐,而不是以此为苦。当员工觉得工作是快乐的时候,员工的积极性就已经被调动起来了。例如,员工可能上班时间心不在焉,下班时眼睛都睁不开了,步履沉重,精疲力竭,回到家里感觉昏昏沉沉,但此时要是有人找他去KTV或其他的他喜欢的活动时,他可能会马上变得精神百倍,玩的多久多累都不知道疲倦,这便是苦与乐的区别。如果员工喜欢他的工作,就像喜欢玩电脑游戏、购物一样,那么他废寝忘食、通宵达旦的工作都不会是问题。对于这样的员工来说,加班已经不是苦差,而是一件乐事。一旦乐在其中,什么事都会被做好。

(2)工作轮换

工作轮换,是指员工觉得一项工作已不再具有挑战性时,把员工调换到水平层次相近的另一岗位上去。工作轮换可以使员工免受工作枯燥之苦,增强员工工作的积极性,满足员工的求知欲。对员工而言,他可以学到更多的技能,更深刻地理解各项工作之间的关系,对组织的整体活动安排也会有更深刻的了解与认识。对公司而言,可以挖掘员工的潜力,并在适应变革、填补职位空缺时,具有更大的灵活性。因为当员工一个人能够做多种工作时,工作团体的灵活性和适应性就会得到很大的提高。而且,工作轮换拓宽了员工的工作领域,给予他们更多的工作体验,这不仅仅有利于减少员工的单调感,而且也帮助他们对组织中的其他事务有更多的了解,使其产生求知欲,想学更多的工作知识和技能,这就为员工担任更重大的任务、承担更重要的工作做好了准备。

例如,加拿大北电网络的做法是:决不让一个员工做一个职位一直做到退休。该公司认为,要想激发优秀人才的热情,单纯的物质奖励只是一时之策。随着时间的推移,员工的物质水平提高了,薪金的激励效用就会慢慢降低。因此,公司在激励员工方面更注重帮助员工设计他们的职业发展规划。北电的员工工作两年就能得到轮岗的机会，有效地激发了自身的潜能。

(3)工作丰富化

员工每天八小时都在工作，工作是他们生活的主旋律。所以，从工作类型本身打主意往往卓有成效。在过去的二十年里，人们做了很多努力来使工作变得更有意义，这些努力比工作轮换要有用得多。工作丰富化(job enrichment)便是现代人本主义管理常用的方法。按照罗宾斯的说法，工作丰富化主要是指对于工作内容的纵向扩展。工作丰富化不只是简单的增加了工作种类，它还试着通过帮助员工满足发展、认同和承担责任的需求来进行工作设计，为很多管理者所推崇。

让员工能从事一件独立而又完整的任务，能增强员工的责任，使他把各项任务组织起来形成一个新的更完整的任务。让员工独自负责，不仅可以加强员工的“主人翁”意识，让员工觉得自己很重要，负有更多的责任，也可以让员工更好的理解管理人员，具有更多地了解自己工作绩效的机会。这样，他会自我评价、自我激励、自我改进，而无须上司加以提醒。

工作丰富化对一位本来从事单一工种的员工来说是一项很好的挑战。马斯洛昔日担任顾问的非线性系统公司的员工们，原本只负责流水线上的一项工作，他们由于看不到自己工作的成果显得无精打采。后来老板采取六人至八人一组的方法，让每一位员工有机会从头至尾完成一件成品，体会从开辟的毛坯到最后成品的成就感，工作效率因而提高了两到三倍。

工作丰富化，可以从以下几点入手：

①促进技能多样化。技能多样化是指一项工作要求员工使用各种技术和才能从事多种不同的活动的程度。因此，它不仅仅指扩大工作的横向数量(工作扩大化)，而且指扩大工作的纵向水平(工作丰富化)。

②保持任务完整性。这是指一项工作要求完成一项完整的和具有同一性的任务的程度，也就是说，个人可以从头到尾完成一项任务的程度。

③保证任务重要性。这是指该项工作对组织内外的其他人的工作和生活产生重大影响的程度。

④增强自主性。这是指个人能够自主安排自己完成任务进程的程度。

⑤提供反馈。这是指个人为从事职务所要求的工作活动所需获得的有关其绩效信息的直接和清晰程度，得到自己工作效果的明确信息的程度。

工作丰富化使员工有了更多的权利和责任感，同时也满足了员工的认知需求，对产品和服务质量的提高具有很好的促进作用。

3.建立培训机制来满足员工的认知需求

培训是人力资源管理工作的内在组成部分，不仅是提高组织绩效、获取竞争优势的重要手段，也能够满足员工自我发展的需要，满足员工的求知欲和好奇心。培训是通过学习、训练等各种手段提高员工的知识水平、业务技能和工作能力，并最终实现整体绩效提高的一种有计划、有组织的培养训练活动，是对人的投资，也是组织吸引和留住人才的重要因素。例如，沃尔玛为员工建立了一套行之有效的培训机制，并投入了大量的资金予以保证。沃尔玛视教育和培训为理念，为员工提供了大量的培训课程，成就了他们许多实现自我价值的机会。企业通过培训，能帮助每位员工更好地达到个人职业发展的目的。

随着经济和社会的发展，员工自我发展的需求也日益增强，他们求职时首先考虑的是个人发展、培训与晋升机会，而不是工资待遇，他们希望学习新的知识和技能，希望接受具有挑战性的任务。而培训可以帮助员工实现这些期望，员工的期望在某种情况下可以转化为自我实现。期望越高，员工在企业工作岗位上的表现会越好；反之，期望越低，表现就越差。员工对未来发展的预期都要求企业增加培训投资，而沃尔玛的培训策略正好满足了员工自我发展、自我提升的需求。

4.促使员工卷入工作任务

如果员工对工作没有兴趣，是不能有效的通过外部奖赏使他们变得富有内在动机的。只有设法使他们“卷入”任务之中，才能使他们体会到工作的快乐，才能达到提高他们求知欲和好奇心的目的。

“卷入”意味着什么？第一，它意味着要注意眼前的工作任务；第二，必须具备“卷入”之后的深入加工所需的工作经验；第三，员工有决定自己进度快慢的选择自由（而不是依照领导规定的步伐）；第四，有愿意更加“卷入”的动机。

随着卷入的持续，内在动机和兴趣在开始时不会有十分明显的提高，但是，经过一段较长时间的量变之后，会在某一时刻出现质的飞跃。最终员工感叹说：“嗨！这比我过去认为的有趣多了！”

那么，如何才能促进员工卷入到工作任务中去呢？首先，领导应设法使员工卷入工作任务的过程不但不会受到失败的威胁，而且应使工作任务变得更加容易完成，工作因此受到促进；其次，要抓住每一个机会向员工指出完成特定工作任务的社会价值，而许多领导往往忽视了这一点。要做到这一点，显然领导要完成许多“准备工作”，引发员工内在兴趣。

二、自我实现与动机激发

当员工的基本需要都得到相当程度的满足后，自我实现的需要就开始凸显了，尤其是知识型员工（技术员、研究员及管理人员等）最为明显。对他们这些有较高报酬、生活富裕、喜欢自己工作的人来说，外在的物质不再吸引他们，挑战性的工作要比加薪更有吸引力，培训的机会要比升职更有诱惑力。他们的兴趣是挑战性的工作和专业培训，而不再是外在的物质条件。

怎么通过满足员工的自我实现需要来激发员工的内部动机呢？有如下方法供参考。

1.为员工提供创造性的工作环境

为了生存和成功，公司必须创新。对于公司来说，外部和内部创新的一个重要源泉是他们的员工。而且，从员工的角度来说，自我实现倾向的员工都喜欢创造性的环境，喜欢更多给自己展现机会的平台，在这样的环境和平台下，员工可以发挥他们的创造力去开发新产品、提升技术或对公司产品或服务的过程进行改进。但是，这种创造力不会自动发生，公司必须为激发员工的创造力构造创造性的环境。只有通过在正确的地方培养正确的人，才能在组织中使创造力最大化。

管理实践说明，主管风格对员工行为有重要影响，员工自我实现的最大化可能要求管理者的特别支持和非控制性。当主管支持时，他们表现出关心员工的感情和需要，鼓励他们畅所欲言，提供正面的信息反馈，促使员工技能开发。这些行动可以提高员工在工作中的自我决定感和主动性，使他们思考、形成和最终贡献更多的创造性结果，从而满足员工自我实现的需求。同时，管理者不应该是控制性的，他们不应该严密地监视员工的行为，不应该在员工不参与的情况下做出决策，一般不应该强迫员工以某种方式去思考、感觉和行为。这些控制性管理行为会把员工的注意力从他自己的思考转移到外部关注点。对于高创造力的自我实现的员工，他们是自信的、知觉的和模糊的，他们倾向于从已有框架外部思考来解决问题。因此，特别重要的是，管理者不要过分控制、压迫，甚至于监视员工，妨碍他们的创造潜力。通过关心这些员工的意见、需要和技能开发，管理者们可以提高这些高潜力人群的创造力。

2.提供具有挑战性的工作

自我实现者具有较高的成就动机，他们对胜任和成功有强烈的要求，他们追求卓越、争取成功，热衷于接受挑战；敢于冒风险，愿意承担责任，追求的不是报酬本身，而是个人成就；想把事情做得比以前更好、更有效率，他们喜欢富有挑战性的工作。

1985年春，微软没能在最后期限前研制出视窗软件时，盖茨曾气愤地说，如果视窗软件不能在年底前上柜台销售，他就要鲍尔默走人。这个挑战性的工作几乎是一个不可能完成的任务。谁都认为盖茨只是一时气话，并不是真的要放弃鲍尔默。结果鲍尔默也不负盖茨所望，当年11月，WINDOWS在千呼万唤之后终于登台亮相。“微软觉得，有一套严格的制度，你就会做一个很规矩的人，但你的潜力发挥到70%就被限制住了，微软要每个人都做到100%。特别是做软件方面，需要人的创造力，所以微软有一种激励的文化，如果你现在的情况能做到70%，那公司给你资源，公司给你方向，公司给你鼓励让你去达到100%”。这正是微软对于员工的挑战：当公司给员工的资源也够了，给的待遇也够了，给的奖励也够了，那么员工还追求什么呢？在微软，这个答案是唯一的，那就是开展挑战性的工作，实现飞跃式的发展。“比赛就是如何有效地配置最好的运动员。谁能够最合理地配置运动员，谁就会成功。这一点对于商业来说没有任何不同。”微软的这套富有挑战色彩的制度让能者在宽阔的舞台上翩然起舞，其跃然的舞姿在微软的历史上镌刻下了浓墨重彩的动人篇章。

没有人愿意平庸和被人轻视，让员工特别是新员工承担一些具有挑战性的工作，还可以激起他们的信心和责任心，会让他们努力地想方设法完成任务。例如，在丰田公司，即使是流水线上的工作人员也会立即被分配到由高技能和强大工作动力的同事所组成的自我管理工作小组之中。在这些自我管理小组之中，他们必须迅速地学会变成具有高效率的小组成员。当某个项目小组与客户会谈时，即使该小组负责人手下全是一些刚刚新进公司的员工，也要担负这种责任，整个小组全力相互支持接受挑战。

总之，公司为员工提供挑战性的工作，发挥员工的最大潜力，不仅给公司带来巨大的效益，也满足了员工自我实现的需要，从根本上激发了员工工作的内部动机。

【本章小结】

激励的实质就是通过目标导向，使人们出现有利于组织目标的优势动机并按组织所需要的方向行动。由于现代企业竞争加剧，员工差异性大和需求出现多样性等原因，在组织管理中，激励越来越受到重视。在调动员工内在潜力去实现组织目标过程中，激励发挥着重要作用。

本章就怎样进行有效激励进行了阐述。首先，本章阐述了外部动机与激励的相关内容，重点介绍了如何正确运用外部赏罚、表扬和批评等进行有效激励。其次，阐述了社会动机与激励的相关内容，重点介绍了如何正确运用交往需要、尊重需要等激发动机，以达到有效激励。最后，阐述了内部动机与激励的相关内容，重点介绍了如何正确运用员工的自我实现需要、认知需求等激发动机，以达到有效激励。

总之，通过本章的学习，可以掌握很多有效激励员工以提高工作效率的技巧。

【习题】

名词解释

过当效应　工作轮换　工作丰富化

简答题

1. 通过设置有效的竞争机制来激励员工需遵循哪些条件？
2. 提高员工工作卷入度的途径有哪些？
3. 为提高员工内在工作动机，需怎样改进工作设计？

案例分析

1. 员工以前没有接触过纳米技术,某公司突然要引进纳米技术,之前大家都不知道这个东西,知道也只是只言片语的谣传——纳米技术是多么深奥、乏味。这个时候技术开发人员对这个都不感兴趣。公司就出台一项政策:凡是愿意加入纳米技术研发团队的成员都有机会参加公司的年度旅行。这样就有很多年轻人因为公司的旅行参加了研发团队,当他们真正开始研究纳米技术时,有被纳米技术的魅力所吸引。从而喜欢上了纳米技术的研发工作,最终没日没夜的钻研纳米技术,并为之而疯狂。

问题:该公司是采用何种方式达到激励效果的?试对这种激励方式加以分析。

2. 韩国某大型公司的一个清洁工,本来是一个最被人忽视,最被人看不起的角色,但就是这样一个人,却在一天晚上公司保险箱被窃时,与小偷进行了殊死搏斗。事后,有人为他请功并问他的动机时,答案却出人意料。他说:当公司的总经理从他身旁经过时,总会不时地赞美他"你扫的地真干净"。本案例中,就这么一句简简单单的话,就使这个员工受到了感动,并"以身相许"。

问题:试分析该公司经理使用的是什么样的激励方式,并对该激励方式加以阐述。

第十一章 良好沟通

学习目标

1.掌握沟通的目的和障碍，能运用有效沟通的方法和技巧；

2.理解并运用各种谈判技巧；

3.掌握并运用好冲突处理的方法技巧。

【本章知识结构】

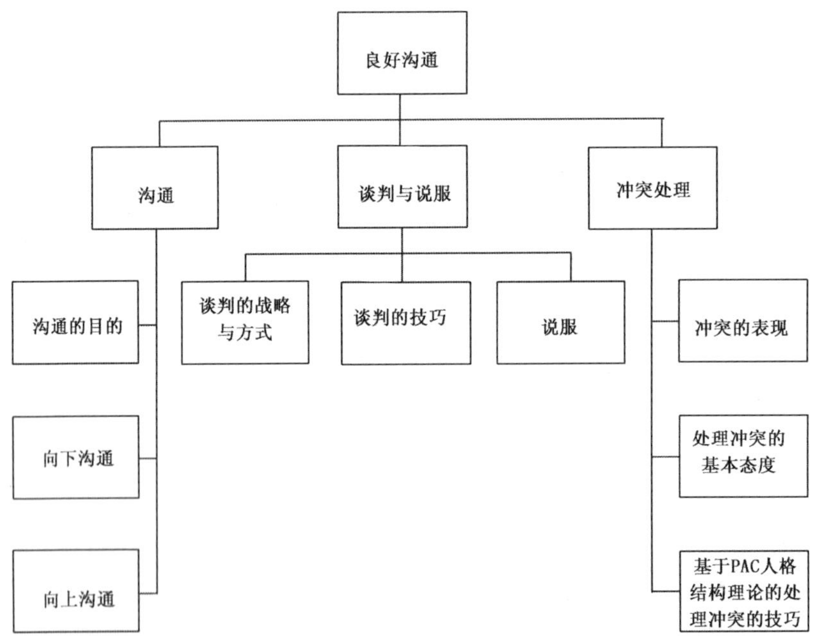

【引言】

1950 年，数学家塔克任斯坦福大学客座教授，他作博弈论方面的讲演时，用了两个囚犯的故事，被称为“囚徒困境”：

甲、乙两个人一起携枪准备作案，被警察发现抓了起来。警方怀疑，这两个人可能还犯有其他重罪，但没有证据。于是分别进行审讯，为了分化瓦解对方，警方告诉他们，如果主动坦白，可以减轻处罚；顽抗到底，一旦同伙招供，你就要受到严惩。当然，如果两人都坦白，两人还是要受到严惩，只不过比一人顽抗要轻一些。在这种情形下，两个囚犯都可以作出自己的选择：或者供出他的同伙，即与警察合作，从而背叛他的同伙；或者保持沉默，也就是与他的同伙合作，而不是与警察合作。这样就会出现以下几种情况（为了更清楚地说明问题，我们给每种情况设定具体刑期）：

如果两人都不坦白，警察会以非法携带枪支罪而将二人各判刑 1 年；如果其中一人招供而另一人不招，坦白者作为证人将不会被起诉，另一人将会被重判 15 年；如果两人都招供，则两人都会因罪名各判 10 年。这两个囚犯该怎么办呢？是选择互相合作还是互相背叛？从表面上看，他们应该互相合作，保持沉默，因为这样他们俩都能得到最好的结果——只判刑 1 年。但他们不得不仔细考虑对方可能采取什么选择。问题就这样开始了，甲、乙两个人都十分精明，而且都只关心减少自己的刑期，并不在乎对方被判多少年。

甲会这样推理：假如乙不招，我只要招供，马上可以获得自由，而不招却要坐牢 1 年，显然招比不招好；假如乙招了，我若不招，则要坐牢 15 年，招了只坐 10 年，显然还是以招认为好。无论乙招与不招，我的最佳选择都是招认。还是招了吧。自然，乙也同样精明，也会如此推理。

于是两人都作出招供的选择，这对他们个人来说都是最佳的，即最符合他们个体理性的选择。按照博弈论的说法，这是本问题的唯一平衡点。只有在这一点上，任何一人单方面改变选择，他只会得到较差的结果。而在别的点，比如两人都拒认的场合，都有一人可以通过单方面改变选择，来减少自己的刑期。

（资料来源：Camerer. C. F. Behavioral game theory: experiments in strategic interaction. Princeton University Press, 2003.）

为什么聪明的囚犯，却无法得到最好的结果？两个人都招供，对两个人而言并不是集体最优的选择。无论对哪个人来说，两个人都不招供，要比两个人都招供好得多。“囚徒困境”这个问题说明了沟通的重要作用，人生无处不交流，生活事事有沟通。沟通是人类信息交流、观点互换、情感互动、利益互惠的人际交往活动。当今世界就是一张巨大的沟通平台，不论人与人之间建立什么样的关系，只要生活在这个社会中，总会产生这样或那样的矛盾，小到家庭纠纷，大到国际争端，都需要沟通来解决实际问题，个体始终都扮演着一个沟通者的角色。

沟通是管理活动和管理行为中最重要的组成部分，也是企业和其他一切管理者最为重要的职责之一。人类活动中之所以会产生管理活动，人类的种种行为中之所以会产生管理行为，是因为随着社会的发展产生了群体活动和各种行为。而在一个群体中，要使每一个群体成员都能够在一个共同目标下协调一致地努力工作，就绝对离不开有效的沟通。

第一节　沟通

沟通无处不在，它可以是通讯工具之间的，如电报、电话等，这是通讯技术研究的问题；也可以发生在人与机器之间，如人机对话等，这是人工智能研究的范畴；还可以发生在人与人之间，这是社会心理学的研究对象；而在组织中发生的人与人、群体与群体之间的信息交流过程，或者组织与组织之间的信息交流过程，才是组织管理心理学研究的课题。

一、沟通的目的

【拓展阅读】

场景：一个经理正走在大厅里，这时他看见一个下属A迎面而来。两人碰面时，A打招呼道："早上好。顺便问一下，我们出了个问题。你看…"经理说："很高兴你能提出这个问题。让我考虑一下，再通知你。"然后他就和下属各自走开了。

通过这样一问一答，员工就把问题交给了经理，经理也在莫名其妙中把员工的问题背在了自己的身上，这个过程到底是怎么发生的，可能连经理自己都没有搞明白。

为了经理不会忘记这件事，以后下属会将头探进经理办公室，欢快地询问道："怎么样了？"这时候员工就开始监督经理了。

你的管理中是不是也经常出现这种现象？你是否也在经常抱怨下属把问题都放到了自己的身上？你是否经常想摆脱这种现状而又始终摆脱不了，反而更受其害？

（资料来源：www.ceconlinebbs.com，赵日磊，2010—4—26）

对一个组织来说，沟通的目的在于使组织中的每个成员都能够在适当的时候、将适当的信息、用适当的方法传递给适当的人，从而形成一个健全、迅速、有效的信息传递系统，以利于组织目标的实现。具体说来沟通体现在以下三个方面：

1.控制行为，改善绩效

沟通就是信息的传递与理解。由于处境不同、利益和知识经验各异，组织成员、群体会对某些问题、某一措施的认识和态度有差异，如果分歧过大会危及组织的存在，甚至导致组织的分裂或解体。因此，为了使人们达成共识，理解并执行组织的决定，就必须通过充分、有效的沟通——交换意见、统一思想、明确任务并协作行动以完成组织目标。没有沟通就无法协调、无从控制，就不可能实现组织活动的效果。

2.满足需求

沟通能满足需求，包括情感的表达和交流、自我的肯定、人际关系的发展和维持等。这里所说的情感，主要是指在工作过程中体验到的满足感或者挫败感。对于很多员工来说，主要的社交群体就是工作群体，员工之间通过群体内的沟通不仅可以交流挫败感或满足感，而且还可以进一步地探索自我以及获得他人对自己的肯定。因此，可以说沟通提供了一个情绪表达机制，员工通过沟通来释放压抑在心中的情感，从而满足了员工的社会需求。组织内部的人际关系，主要取决于沟通的水平、态度和方式。领导者深入基层、关心员工疾苦、虚心征求意见，就是沟通的一种方式。所以沟通是领导者的一项重要任务，是形成良好人际关系的关键。

3.帮助决策

正确决策是组织高效运作的关键。在决策过程中，无论是问题的提出、原因的分析，还是各种方案的选择比较，都必须以所掌握的有关组织内部、外界环境的信息为依据。决策的失误往往是由于信息的不完备所导致的。在组织的竞争中，先拥有信息就掌握了主动权；拥有比竞争对手更完备的信息，就能获得竞争优势。“知彼知己，百战不殆”说明的就是信息的重要性。而要获得完备的信息，就必须保证沟通的有效性。

在日常管理活动中，管理人员不仅要获得下属的信任，而且要得到上级和同事们的信任，通过缩短信息传递链，拓宽沟通渠道，来保证信息的畅通无阻和完整性。下面我们就向下沟通与向上沟通两方面来进行详细探讨。

二、向下沟通

【拓展阅读】

《亮剑》中的沟通艺术

电视剧《亮剑》播出后备受企业管理者的喜爱，其主人公李云龙爱憎分明的性格、不拘一格的战斗指挥艺术、高超的团队教训技术等同时也得到许多人的认可。

剧中人物在不同的场合，其沟通方式亦随之变化。

战场上的沟通必须是绝对的权威性质、不容置疑，在第一集李云龙正欲对板田联队实施突围攻击时接到了后撤的命令，但他审时度势决定不执行上级这一命令，仍然要从正面突出重围。

一营长张大彪提醒："团长，这可是违抗上级命令。"

李云龙："张大彪"

张大彪："到！"

李云龙："我问你，新一团谁是团长？"

张大彪："报告！新一团团长是李云龙！"

李云龙："执行命令吧！"

这是一段典型的上下级面对任务时的沟通，在任务面前，作为企业管理者对下属的沟通必须是这种权威式的沟通，作为下级只执行命令。

对象同样是张大彪，打完仗后却是另一种沟通方式。

李云龙手端酒碗："大彪，喝一口！"（此时的称呼已然发生变化）

张大彪一饮而尽，李云龙着急："你个兔崽子，给老子留点！你咋这么实在呢？"

简单的一碗酒、两句话，把上下级之间平时的沟通内涵全部包括其中。给大彪喝酒，是对其出色表现的鼓励；与其争酒喝，显示出上下级如兄弟般的私人情谊。由此我们可以看出，私下对员工多鼓励，对员工投入感情是建设高绩效团队的必备要素。

（资料来源：www.21manager.com）

向下沟通，就是把信息依据职权路线，由上层传递到下层的一种程序。

下属张三，请病假或因家事请事假，假期满后返岗上班，如果您是他的主管，见到他会怎么说？

＊张三，几天没上班，工作积了一大堆，今天赶快处理，否则…

＊不闻不问，心里却在嘀咕，张三是不是装病(事)偷懒。

＊张三，身体好一点没有，工作那么忙，身体要多保重哦。或张三，家里事办好了没有？有什么可以帮忙的？

1.上级要创造良好的沟通情境

谈心要交心，交心要知心，知心要诚心。在沟通中营造开放的沟通氛围，首先要明确沟通的重要性，创造一个相互信任、有利于沟通的小环境(图 11-1)；其次应该注意以下几个方面：

(1)了解：上级要充分了解下级的需求、情感、价值观以及个人的问题。

(2)主动：要主动接近下级和放下身段去和下级分享信息。

(3)鼓励参与：计划前多征询下级的意见，让他们有机会表达看法、想法。

(4)给予激励：传达命令和意见，不要忘了激励因素。

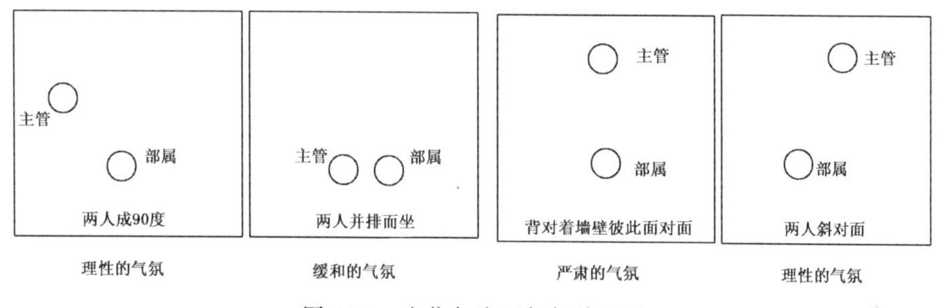

图 11-1　座位与沟通气氛关系图

2.向下沟通的三种基本方式

向下沟通通常是指用口头或书面形式向下级下达命令或指导他们怎样做事，主要有下命令、听汇报、商讨会三种基本方式，在使用这些方法时需注意：

(1)下达命令

下达命令需要注意的问题主要有：清晰表达命令内容、明确任务重要性、完成时间及标准；说明所提供的支持或资源；不要认为下级很了解你的话，需要进行要点确认；对于下级的疑问，如有必要可以亲自示范；最好以一次一个为原则。

(2)听取汇报

听取汇报要提前约定时间，让下级有充分准备；认真倾听，让下级感受到重视；对于出现的问题及时予以纠正；提出新的期望并进行辅导，对下级的工作进行认可与肯定并确定下一步工作重点。

(3)商讨问题

对于商讨重大问题要提前通知下级；在开始进行商讨时进行规划，避免跑题；多听多鼓励，诱导下级讲出真话；不做指示，让下级对商讨内容进行整理归纳，增强其自信心。

下面来看一下向下沟通中让无数中国企业老板头疼的问题：

老板在主席台上激情四射，慷慨陈词，下面员工目光呆滞，眼中无物，或在笔记本上狂写，面似认真。轮到各自发言，或顾左右而言他，或说老板的指示非常英明、自己深受鼓舞，更有甚者说自己的看法已经被其他同事说过，表示同意。表面上这样的会议意见高度统一，是胜利的大会、团结的大会，而实质上并没有解决任何问题。老板本人也很迷惑：我给了他们说话的机会，平常在下面一个比一个能侃，怎么拉到席面上就这么扭捏了？

员工不说话的心态可分成不同类型，综合起来有以下四种情况。

第一种是"不会说"。员工有心想表达，但不知道怎么表达；同时也受到文化制约，员工常常都寄希望于别人来说自己想说的话，即使说几句也常常词不达意。对于这类员工，管理者应该采取靠近的方式，不一定要说太多的话，只要让他在关键的时候点个头或摇个头就可以了，若要求其多说，反而会让其感到为难。若管理者的改革是企业员工心里的愿望，则他们会用很朴素的行为来表达心中的喜悦。

第二种是"不愿说"。员工曾经说过但没有得到反馈，或所得到的反馈离他的期望值太远，对组织失去信心。这类员工想离开组织的心理准备已经有了，只是时间问题。通过关注这些员工，管理者会发现组织存在的一些问题，如：组织的目标是否与大多数员工的期望值一致？组织的管理行为是否能激发员工的工作激情？组织的沟通渠道在哪里还存在障碍等等。管理者应主动靠近员工，通过心与心的沟通建立情感，并对其进行必要的引导，才会逐渐地了解并掌握必要的信息，让管理者发现组织自身及与员工之间存在的问题，及时采取相应的管理措施。

第三类是"不敢说"。员工原来说过但遭到来自反对方的打击，或感到组织中存在威胁因素，如果说了会对自己造成不利局面。这类员工若看到组织改革的目标方向与自己的期望一致，就会坚定并且快速地站到管理者一边，成为组织变革最忠实的支持者。当管理者初次与此类员工接触时，他们往往会有提防心理，这就要求管理者勇敢地亮出旗帜，表明坚定立场。

第四类是"不能说"。因企业内部存在的非正式组织或正式组织的某管理者对员工有恩，所以导致其认为不能说。针对这类员工，管理者刚开始时很容易看出来其行为与组织的使命或理念格格不入，对管理者的管理措施采取消极对抗。此时管理者就需要将危机或变革的前景告诉员工，使其认识到危机对其需求存在的机会或威胁，从而引发其对自己行为方式的反思。

总体而言，向下沟通要及时了解对方对信息是否理解和愿意执行。对于企业管理者来说，应善于听取下属报告，安排时间与下属联系，尽量消除上下级之间的地位隔阂及其所造成的心理障碍，引导、鼓励和组织基层人员及时、准确地向上级反馈情况。同时，对合理化建议在具体实施过程中的进展和出现的问题要跟踪检查，及时反馈给所提供建议的人；对实际实施的情况也应及时沟通，保护员工的积极性，有利于形成齐心协力、精诚团结、认知互动、上下同欲的团队精神。

三、向上沟通

向上沟通，就是下属对组织内的有关事物以及个人本身的状况、问题，向上级表示自己的态度和意见的一种程序。如报告、请示或反映意见。

【拓展阅读】

与上级沟通要从赞美和欣赏开始，而且要真心地发现上级的优点。上级坐在现在的职位，必有其优势与过人之处，应该欣赏其过人之处，通过赞美达到与上级有效沟通的目的。

与上司沟通时，有时候我们不同意其批评意见，又不想引起争论。敏捷而礼貌地转移话题是个好方法，常用的手段是消极地肯定。

帕特是某公司的职员，他的上司是克里斯。

克里斯：帕特，这份报告不会被认可的。

帕特：喔，我已经意识到这个问题了。我想我应该把版面修改一下，露出更多的空白，再增加一些表和图，更清楚地展示我的观点。此外，还可以在开头插入一个小结。你觉得呢？

克里斯：听起来不错，你想过添加一个目录吗？

帕特：好主意，还有别的建议吗？

克里斯：没了，我想这样改完后就可以了。

（资料来源：克里斯·科尔著，《智慧沟通的35种策略》，北京：中央编译出版社）

1.与上级沟通所需具备的基本态度

长期以来，受传统文化的影响，人们往往把拍马屁和有效沟通混为一谈，造成管理者或基层员工普遍不会与上级领导进行有效沟通。一旦与上级关系亲近，做些有效沟通的事，就会被认为是拍马屁，进而从道德与人格上受到舆论批判。

其实这种影响是很可怕的。如果每个人都担心遭遇“拍马屁”的舆论批判，奉行远离领导、远离上司的处世哲学，企业就很难团结一致、高效成长。而现实中，由于长期受传统道德理念的影响，人们都害怕被贴上道德标签，于是人们不会赞美、不敢赞美，最后必然不会沟通。因为，与上级的有效沟通往往就是从适度的赞美开始的。

赞美上级与有效沟通是进入职场的必修课。但任何事情都有度,度的把握要注意以下三个方面:

(1)尊重而不吹捧

首先要充分尊重上级,而且懂得利用其心理特点,在维护其领导权威的前提下解决问题;其次要支持领导工作,在工作上,对上级要支持、尊重、配合;另外在生活上,要主动关心,在难题面前要学会替领导解围。

(2)请示而不依赖

如果下级事事请示,大事小事都由领导做主,会让上级感觉办事不力。所以在处理问题时,要懂得分清轻重缓急,该请示汇报的就请示汇报,但绝不要依赖、等待。

(3)主动而不越权

作为下级,发现问题提出意见是很必要的,但在提意见的时候,需要考虑时间、场合和上级情绪等因素。

2.与上级沟通的主要方式

(1)接受任务

上级在下达任务时,要积极主动,认真倾听,通过提问和复述的方式,了解记录并最终确认任务的要点;另外需要对完成任务所需要的资源进行分析,并争取获得充足的资源;接受任务后需要向上级承诺应承担的责任并确定完成任务所需要的时间。

(2)工作汇报

在日常工作中,下级要分阶段及时主动汇报工作进度及完成状态;汇报前应认真准备,将汇报内容归纳整理,使其条理清晰,多用数据和分析,注意客观性和准确性;汇报结束后要了解上级的反映,适当进行补充和重复,并认真倾听记录上级的新任务和期望。

(3)商讨问题

在进行商讨会议时,注意建立平等、互动的气氛,避免盲目服从和"一言堂"[①]现象;下级要正确扮演自己的角色,按自己的权限作出决定,并与上级确认商讨结果。

沟通是一种交谊舞,它需要两个人来跳。组织内部的沟通,也必须是双向的交流,要使沟通有效,双方都应当积极投入交流。良好的内部沟通机制不仅能充分体现人与人之间的尊重与重视,同时也能及时发现管理方面存在的问题。平等、尊重、有人情味的关系氛围是一个组织保持稳定和持续发展的必由之路。

① 比喻领导缺乏民主作风,独断专行,一个人说了算。

第二节 谈判与说服

谈判几乎渗透到组织和群体中每一个人的相互作用之中，例如劳资双方进行的谈判，销售员与顾客之间的谈判等等。我们把谈判(negotiation)定义为，双方或多方互换商品或服务，并试图就他们的交换比率达成协议的过程。上述概念揭示了谈判的基本特征：谈判各方是相互依赖又彼此冲突的，若要达成有效的一致性协议——即满足谈判各方的需求，需要进行良好的沟通和互动。

谈判的基本成分包括：谈判各方、各方的利益、谈判的过程和结果。谈判一方是指某个人或有着共同利益的一组人，当谈判只由两方构成时，便是双边谈判；谈判者的利益是指每个人对资源分配的偏好或者效用；谈判过程是指结果未达成之前谈判各方所受的影响，包括谈判者之间的交流及实现谈判策略的行为；谈判结果是指谈判情境的产物：达成协议(agreement)或者僵局(impasse)(未能达成互相认可的协议)。

合作与竞争的观念和行为贯穿于每一次谈判，没有合作或没有竞争也就没有所谓的谈判可言。竞争是为自己争取更多的利益需求，合作是为了争取发展空间的拓展而采取的以局部、暂时利益换取全局、长远利益的战略行为。可以说，合作的最终目的就是为了促进竞争，让己方有更大的收获。竞争需要合作，合作促进竞争，二者相辅相成，缺一不可。本节主要从谈判的战略与方式出发，学习探讨谈判的技巧。

一、谈判的战略与方式

1.基本战略

谈判战略与谈判结果休戚相关，它是对谈判长期的整体把握。谈判战略的制定受到以下因素的制约：潜在的困难与阻力；双方所处地位的对比；可供谈判支配的时间；潜在的可变因素；双方的谈判能力及可接受的最低限度。

依据以上制约因素，在谈判中可以采用以下基本战略：

(1)AB模式战略

这是谈判中的一方占有绝对优势时所采取的一种模式。如了解到自己在谈判中处于十分有利的地位，由于对方对自己的产品绝对必需，并且自己是唯一的出品商，或者作为卖主拥有充分的回旋余地，可以在不同的买主中自由选择。

(2)立断战略

立断战略一般适用于下列情境中：供谈判支配的时间非常有限；处于相对有利的地位或双方的条件已经明朗化，没有必要再浪费宝贵的时间。

(3)乌龟战略

乌龟战略即采用一种长期的、谨慎的、节奏缓慢的战略，一般在有充足的谈判时间情况下使用。通常适用的情景如结果对双方至关重要，或一方处于不利地位，需要用时间来改善自身的条件和所处的地位。

2.谈判的方式

谈判有分配谈判和综合谈判两种方式，二者的对比见表11-1：

表11-1　分配谈判与综合谈判

谈判特点	分配谈判	综合谈判
可以利用的资源	进行分配的资源数量固定	进行分配的资源数量可变
主要动力	我赢，你输	我赢，你赢
主要利益	相互对立	相互融合或相互一致
关系的焦点	短时	长时

(1)分配谈判

分配谈判的特点是一方所获得的任何收益恰恰是另一方所付出的代价，反之亦然。分配谈判的本质是针对一份固定大小的利益谁应分得多少进行讨论协商。进行分配谈判时的战术主要是试图使对方同意你的目标点或尽可能接近它，从而达成协议。具体如下：

①劝说对方达到他的目标点毫无可能，而接受你的方案是明智的选择；

②证明你的目标是公正的而对方的不是；

③充分激发和调动对方的情感，让他觉得应对你慷慨。

(2)综合谈判

一个典型综合谈判的例子是分饼的故事。兄弟两人分一块饼，两人都坚持要一块大的，父亲提出建议：一个人可以随意切，但必须由另一个人先来选择。两个人接受了这个建议，都觉得自己得到了公平的待遇。与分配谈判相比，综合谈判的假设前提是至少还存在一种处理办法能得到双赢的结果。

综合谈判中的双方都应该存有这样一个信念：谈判的另一方不是我们的对手，而是共同解决困难的伙伴。也就是说，要把双方的冲突看作是一个有待解决的困难，这可以提高双方的地位，并使双方互相接近。

二、谈判的技巧

1.谈判前的准备

谈判犹如两军对垒，只有运筹帷幄，才能决胜于千里之外。因此，谈判之前，充分的准备工作必不可少。需要准备的具体内容如下：

(1)背景

①谈判的具体内容

②谈判对手的经历、经验、能力等有关知识

③对方的需求

④谈判的时间和地点

(2)目标

①我们的目标是什么

②所期望的最佳结果

③可接受的最坏结果

(3)优势与不足

①我们的优势是什么

②我们的劣势是什么

③我们对对方的优劣势的分析

【拓展阅读】

情况1:

小王:赵总,你好,我是大华公司的销售人员小王,这是我们产品的资料,你看你们是否感兴趣?

赵总:放我这吧!我感兴趣的话给你打电话。

小王:你看看,我们的设备质量好,而且价格也便宜……

赵总:对不起,我还有个会,我会和你联系的,好吗?

小王:……

(小王刚走,赵总顺手将小王的资料扔进了垃圾桶。)

情况2:

老李:赵总,您好,我是大华公司的销售人员老李,这是我们产品的资料,你看你们是否感兴趣?

赵总:放我这吧!我感兴趣的话给你打电话。

老李:如果用我们的设备,会比你现在用的W型号的设备效率提高30%,而且节能10%……

赵总:效率提高30%?你讲讲。

老李:……

赵总:好、好、好!我将认真考虑你们的设备。

(资料来源:www.sino—manager.com)

为什么赵总对小王的介绍不感兴趣？小王的准备明显不足，他不清楚客户到底需要的是什么，也不知道如何打动客户，而老李显然事先经过调查，知道客户的需求所在，老李所说的正是赵总在苦苦寻找的解决问题的方案。

正所谓"知己知彼，百战不殆"。"知己"的重点就是制定最高目标，估计一下自己在谈判中可获得的最佳结果，把这种估计作为自己努力的目标，然后再制定一个最低目标。谈判本来就是相互妥协的过程，其中必然有让步，确定让步的最后限度，将会使自己应对自如；"知彼"的重点就是了解影响谈判对方的重要因素，如与企业的谈判，首先要了解对方的生产情况、全年利润、流动资金等等，从而推测对方在谈判中会提出什么样的利益要求，并努力推断出对方的最高目标与最低目标。

2.谈判中的技巧

(1)言语表达

表达能力在谈判中是至关重要的，高水平的表达，往往能够有力地说服对方，取得谈判的成功。美国著名律师马格安·伯伦说过："谈判最大的秘诀和最重要的能力之一，就是将自己表达的观点渗透进对方的头脑中。"表达的基本要求有：

①清楚——双方只有听清楚谈判内容、要点之后，才能进行深入的谈判。

②动人——让对方心动是说服的前提，动人的表达是双方进行有效沟通的手段。

③简练——谈判要点介绍要简练，不需要在一些常识问题上投入过多时间和精力。

(2)倾听

在谈判桌上，倾听也是一门艺术。倾听不仅是耳朵听到相应的声音的过程，而且是一种情感活动，需要通过面部表情、肢体语言和话语的回应，向对方传递一种信息——我很想听你说话，我尊重和关心你。倾听时需要注意：

①鼓励对方先开口

②集中精神

③让人把话说完，切勿妄下论断

④使用并观察肢体语言，注意非语言性的暗示

⑤适当给出回应

(3)发问

在谈判中，如何及时有效地发问是参与谈判的人员经常会遇到的一个问题。为了解对方真实的想法与意图，必须十分机警地利用多种方法和技巧探知对方的要求，因此发问就是十分有力的工具。同时，发问也是最常用的获取信息的手段。如果想要谈判获得成功，就必须在仔细倾听的基础上，密切观察对方的动作、眼神及表情，然后进行恰当而有效的发问。发问必须符合以下的要求：

①尊重对方是最基本的要求

②问题不要具有压迫性，要留给对方足够的回旋余地

③把握好发问时机，不要打断对方

把握好了发问时机，那么要如何问呢？掌握多种形式的发问方式也是非常重要的。发问主要有以下几种形式：

①明确性发问——可以用来探明对方所说的真正含义。

②澄清性发问——这是针对对方所讲的内容进行反馈的一种方式。澄清性发问可以使对方对所讲内容进行证实或补充。

③探索性发问——探索性发问是一种提高，可以用来更充分地发掘信息，对对方来说，也是一种启示，可以引发对方更深入的思考。

④强迫性发问——这是一种强迫对方在一定范围内做出选择的发问方式。虽然有时需要使用，但是这种咄咄逼人的提问方式还是要慎重使用，以免出现僵局，导致谈判破裂。

⑤提示性发问——这种方式具有强烈的暗示作用，可以用来引导对方做出回答。

在这里需要注意的是，各种发问方式并无优劣可言，最有益于谈判成功的发问方式就是最好的发问。

【拓展阅读】

谈判的语言技巧在营销谈判中运用得好可带来营业额的高增长。某商场休息室里经营咖啡和牛奶，刚开始服务员总是问顾客："先生，喝咖啡吗？"或者是："先生，喝牛奶吗？"其销售额平平。后来，上级要求服务员换一种问法："先生，喝咖啡还是牛奶？"结果其销售额大增。原因在于，第一种问法，容易得到否定回答，而后一种是选择式，大多数情况下，顾客会选一种。

（资料来源：http://limiao555.blog.sohu.com/11393138.html）

(4)应答

掌握了发问的技巧，还需要了解一些回答提问的技巧，从而可以使自己在谈判中立于不败之地。回答提问时可以运用以下技巧：

①尽可能不要彻底回答对方所提出的问题。如对方询问产品价格，如果直接把价钱告诉对方，那么在随后的谈判中就会处于被动的地位。因此，在回答提问的时候要适当把问题的范围缩小，或者对回答的前提加以修饰和说明，尽量把对方的注意力吸引到所要讲的内容上。

②在回答对方的提问之前，要给自己留出一定的回旋余地，不要急切地回答对方的问题，以免过早地暴露出自己的意图。在这种情况下可以利用反问把重点转移。

③尽量减少对方继续追问的兴致和机会。减少对方追问的机会的唯一的方法就是回答时注意不要有漏洞。

【拓展阅读】

小李：赵总，你看，我们可以在报价的基础上下降10%。

赵总：你们的价格还是太高，我们再考虑考虑。

小李：好吧，一口价，我再降5个点。

赵总：好吧，我们开会研究一下。

一个月后，赵总：小李，我们决定购买你们公司的产品，但是还要降5个点。

小李：对不起，李总，我给你报的已经是底价了。

赵总：小李，你不实在！你的竞争对手可又给我降了5个点，你看着办吧！

小李：……

（资料来源：www.sino－manager.com）

精明的买家总是认为卖方不会将价格一次让到位，他们总是试图让卖方一再让步。小李在第一次拜访中连连降价，导致后来没有降价的空间，成交困难。

(5)让步

让步是双方合作精神的最好体现，同时也是保证谈判圆满成功的原则和策略。在谈判中做出一定的妥协让步，不但需要勇气和气度，更需要特定的技巧。

①不做无谓的让步。让步要让得有价值，要有利于自己。让步是为了换取对方相应的让步和妥协。

②让步要在刀刃上。自己小小的让步，不会影响到自己的利益，但是能够给对方带来较大的满足。

③让步的幅度不要过大。每一次让步的幅度应该比较小，而且次数不能太多，节奏也不能太快。让步过大，次数过多或节奏太快都会给人一种软弱或自信心不足的感觉。在这种情况下，谈判的难度就加大了。

除了以上这些技巧之外，在谈判中应该注意避免激怒对方，在提出反对意见时要慎重，给自己充足的时间考虑对方意见。即使经过长时间考虑后，结果仍是反对，对方也会认为你是充分考虑了他的意见的。另外不要过多陈述自己的理由，这样容易被对方理解为你自信心不足。

三、说服

不论是在谈判中还是在日常生活中，我们都会需要去说服别人，让别人接受自己的观点，从而达到自己的目的。

【拓展阅读】

张林是某文化传播公司的部门主任，该公司规定员工每周必须写一个工作汇报。有一次，他发现员工小陈交上来的工作汇报只有敷衍了事的两三行，于是随手在他的本子上写道："请认真写，每次务必写满一页！"第二日上班，张林打开小陈的本子一看，不由得啼笑皆非，只见上面写着：请原谅，我不会写。并且用了特大号的字体，把这一句话撑满了一页纸。

张林对小陈做了个分析：小陈属于"胆汁质"型的下属。他聪明机灵，但脾气倔强任性，有了错误听不得批评。由于直接给一个硬性的道理，引发了小陈的抵触和逆反心理。既然事情已经发生了，怎样减轻和消除小陈的不良情绪呢？中午时分，张林把小陈叫进了办公室，给他沏了一杯茶，亲切地同他谈心，后来就转到工作报告的问题上了。小陈也直言不讳地说了许多心里话，但无非是一些莫须有的牢骚。张林知道，这是由于小陈的工作紧张从而产生了心理压力，于是好生安慰。最后，张林又晓之以理，说明了写工作报告的重要性，小陈的抵触心理最终得到了解除。在当天就认真地写好了上周的工作报告，交到了张林的案头。

（资料来源：www.cec.globalsources.com）

心理学家认为，要争取别人赞同自己的观点，光是观点正确还不够，还要掌握微妙的交往技术。心理学家经过研究，提出了许多增强说服力的方法，其中最基本的有以下几种：

(1)未成曲调先有情

第一次"务必写满一页"的批示有居高临下和强迫之意，下属抵触情绪顿生。第二次，先通情后达理，情理相融，终于取得了良好的效果。俗话说：情不通，则理难达。实践证明：未成曲调先有情，以情开路，情理结合，不失为说服的一个好方法。

在广告心理学中，为了达到说服受众的目的，文案主要采取两种方式：一是以情动人，一是以理服人。在产品同质化严重的今天，商品的个性化越来越少，以"理"服人的策略则运用得越来越少，而以情动人的策略则运用得越来越多，并且二者的结合度也越来越高。其实，这种心理说服理论对于人际关系尤其是职场中管理者和下属的关系同样适用。

管理下属时，以理服人有赖于切合下属的实际行动和后果利害进行深入浅出的说理分析。管理者要善于把握下属的心理，使下属分清是非轻重和利弊，自觉地规范自己的行为并执行命令。每个下属都有他的心理盲点，当你“通情”的策略恰好找准他的情感之需的时候，你就成功了，你所下达的任务必将得到有力的执行，而不再是被搁浅。

(2)修饰仪表

通常大家会认为，自己受到他人的言谈影响要大于其外表，其实并不尽然，我们会不自觉地以衣冠取人。实验证明，寻求路人的帮助时，那些仪表堂堂、有吸引力的人要比那些不修边幅的人有更多的成功可能。

【拓展阅读】

参加谈判时，一定要讲究自己的穿着打扮。此举并非是为了招摇过市，而是为了表示自己对于谈判的高度重视。

1.修饰仪表。参加谈判前，应认真修饰个人仪表，尤其是要选择端庄、雅致的发型，一般不宜染彩色发。男士通常还应当剃须。

2.精心化妆。出席正式谈判时，女士通常应当认真进行化妆。但是，谈判时的化妆应当淡雅清新，自然大方，不可以浓妆艳抹。

3.规范着装。基层公务员在参加正式谈判时的着装，一定要简约、庄重，切切不可标新立异。一般而言，选择深色套装、套裙，白色衬衫，并配以黑色皮鞋，才是最正规的。

(资料来源：baike.china.alibaba.com)

(3)使自己等同于对方

如果你试图改变某人的个人爱好，越是使自己等同于他就越具有说服力。如一个优秀的推销员总是使自己的声调、音量、节奏与顾客相称，甚至身体姿势、呼吸等也无意识地与顾客一致。这是因为人类具有相信“自己人”的倾向。另外每个人最容易接受的是他自己的观点，用对方自己的价值观去投射其偏差是最容易说服的，而且会让对方感到很有面子。

(4)运用具体情节和事例，提出有力的证据

说服他人时，如果向听众提供可靠的资料而不是个人的看法，就会增加说服力。但要记住，听众受到证据的影响，也相同程度地受到证据来源的影响。优秀的劝说者都清楚地知道这样一点：个别具体化的事例和经验比概括的论证和一般原则更有说服力。因此在日常生活中，要说服别人，应旁征博引，使用具体的例子，而不是一味空洞说教。

第三节 冲突处理

【拓展阅读】

西和古尔德公司是纽约一家十分著名的律师事务所。它于本世纪60年代中期成立，并以创建人威廉·西(Willian Shea)和米尔顿·古尔德(Milton Gould)的名字命名。西和古尔德可谓是天生的最佳搭档。西的领导才干远甚于他的法律才干，而古尔德则是著名的律师，他们共同建立了令人惊叹的杰出工作队伍。70年代至80年代中期，公司得到了充分的发展和繁荣，在鼎盛时期，西和古尔德公司拥有350名律师，并对纽约的政治、银行、房地产、运动等领域产生了十分重要的影响。

由于竞争激烈，再加上一些主要客户流失，很多大中型律师事务所纷纷倒闭。1994年1月Shea&Gould公司的合伙人投票表决公司解散，导致西和古尔德公司灭亡的真正原因是这些合伙人无法和睦相处。一位世界知名的法律顾问说："这家公司的合伙人在基本的、主要的问题上存在差异，而这又是无法调和的。"这位顾问在前一次会议上也指出："你们之间没有经济问题，你们有的是个性问题，你们之间相互憎恨。"

(资料来源：www.cec.globalsources.com)

冲突可以成为组织中的一个严重问题，它能造成混乱的局面，使得员工几乎无法在一起共同工作；但是，冲突也有一些不太为人知的积极方面。下面将为大家详细地介绍冲突的相关内容。

一、冲突的表现

在这里，冲突的表现分四类来介绍：员工个人之间的冲突；团体之间的冲突；与上下级之间的冲突以及工作与生活上的冲突。

1.员工个人之间的冲突

员工个人之间的冲突原因是各种各样的，如由工作意见分歧引起的，因个人的恩怨、个性不合造成的，具体可归纳为以下几个方面：

(1)不公平现象

上级在处理事件时的不公正或偏袒，会引起或激化冲突；或在对某个人表现特别的关注时，会引起与此人同岗位的员工的猜疑并可能埋下冲突的隐患。

【拓展阅读】

有个农场主的葡萄熟透了,如果当天不把葡萄全部摘完的话,葡萄就会烂掉,而他自己又不可能在一天内把葡萄全部摘完。于是他就在市场上找了一群人,对他们说,“如果你们能在今天帮我把葡萄全部摘完的话,我就给你们每人一个金币。”这群人听后非常高兴,就跟这个农场主来到葡萄园里摘葡萄。

当到中午的时候,农场主发现葡萄很多,这些人不可能在一天内把葡萄全部摘完,于是他又到市场上找来了一群人,报酬也是给每人一个金币。

当到下午2点钟左右的时候,这个农场主发现这些人虽然非常卖力的摘葡萄,但他们还是不可能在一天内把葡萄全部摘完。于是他又到市场上找来了一群人,报酬也是每人一个金币。

当日落西山的时候,葡萄终于全部摘完了。农场主把最后一批人叫过来,给了他们每人一个金币,于是这群人非常高兴地走了。他又把第二次招来的人叫过来,每人给了他们一个金币,这群人并没有表现地非常高兴,但没有说什么,也走了。当他把第一次招来的人叫过来,给了他们每人一个金币的时候,这些人不高兴了。他们说:“为什么我们干的活比后来的这些人多,给的钱怎么都是一个金币呢?”

(资料来源:www.chinahrd.net)

看过这个故事的人都会跟第一批人有同样的感觉,这是不公平的,三批人的劳动量是不一样的,但最后的报酬却是同样的,这势必会引发冲突。

(2)个性与偏好

每个人都有自己的交际偏好,会喜欢某种类型也会讨厌某种类型,而不同类型的人在工作的节奏、细致、认真等方面各有差异,当员工与员工在工作风格上不能匹配,又不能相互谦让时,矛盾便开始累积。

(3)认知因素

一位足球队教练为了向队员们说明喝酒对身体的危害,就想在一次例会上向全体队员做一个演示,来说明这个问题。

演示是这样的,有两个透明的烧杯,分别在里面装满了清水和烧酒。此时教练夹起了一只蚯蚓,先放到清水里,蚯蚓自然在里面神气活现地扭动起来。队员们不明白教练的用意,都聚精会神地看着。然后教练又将这只蚯蚓从清水里夹出来放到了盛满烧酒的杯子里,可想而知,可怜的蚯蚓扭动了几下后就瘫软了,不动了。

此时队员们都很惊异,诧异地看着教练,这时教练就解释道:我做这个演示的目的就是要告诉大家一个道理,有谁可以告诉大家?沉默了一会儿后,一位运动员举手了，大声地说道：“教练的目的就是要告诉大家一个既深刻又简单的道理，蚯蚓在清水里神气活现而在烧酒里就死掉，这说明了烧酒能杀虫。所以呢，要多喝酒，这样的话胃里就不会长虫。”教练一听这话，真是哭笑不得。其实，从他的本意出发，他是想劝运动员们不要半夜三更的去酗酒，因为酒对有机体的伤害是很大的，会对队员的身体造成伤害。然而他却得到了这样一个啼笑皆非的结果。

其实，对同一个问题的思考，结果的差异如此之大，是由于考虑的角度不同，根源就在于个人立场不同，都是从自身的角度去考虑的。由于人们的知识、经验、态度、观点等方面存在差异，导致对同一事物有不同的认知，同时也是冲突产生的主要根源。

2.团队之间的冲突

团队成员在一起工作，势必会产生争论和冲突，作为管理者必须正确看待这些冲突，并设法解决。团队冲突一般通过以下几个方面表现出来：

(1)小团体意识

如某些部门因为地位比较重要而盲目自大，甚至会轻视别的部门，不愿与其他团队合作。

(2)争夺资源

企业的资源是有限的，一般来说，企业总是根据各自所需以及战略发展的要求来分配资源。各个部门或个人为了实现自身的目标，都想争取更多的资源。在资源争夺过程中就产生了冲突。

(3)竞争

好的竞争确实会有助于绩效的提高。但竞争一旦过度，就会物极必反，对工作形成障碍。

3.与上下级之间的冲突

在企业里，你可能同时是别人的上级和下属，一旦与上下级的关系处理不够妥当，就可能会发生冲突。与上下级的冲突主要表现在两个方面：

(1)当上司严厉批评你的下属时

当你的上下级之间没有通过你而直接进行接触的时候，你就处于一个比较敏感的境地中。如果与上级站在同一战线，那么你和下属之间必然产生矛盾；如果你与下属站在同一战线，那么就和上司产生了矛盾。

(2)曾经的下属领导你时

你的下属突然之间变成你的领导，这时候你们之间的关系是最敏感的，极易发生冲突。

4.工作与生活的冲突

随着经济的发展，业务往来的增加，企业需要员工投入更长的工作时间；再加上通信技术的不断发展使得我们可以随时随地工作，最终导致工作和生活的界限越来越模糊，因此工作和生活就产生了各种摩擦和冲突。

对企业而言，员工因为工作与私人生活的冲突造成的后果是不容忽视的。已有证据表明，其负面影响包括生理上（如易烦躁可能导致的血液内胆固醇含量的升高）和精神上（如压力、消沉、缺乏活力和生活满意度下降）两方面，从而会影响企业的生产效率和经营目标。

二、处理冲突的基本态度

作为一名管理者，总要面对许许多多的冲突，要解决这些冲突就需要拥有解决冲突的基本态度。要有效处理冲突，必须做到主观上态度坦诚、相互包容，客观上依据一定的步骤来进行。

所谓坦诚，通常是指为人处世上表现出来的坦率、诚恳的态度和行为，其特点是心里坦荡、表里如一、语言直率。坦诚就是胸怀坦荡、心灵诚实、实话实说、不隐瞒。杰克·韦尔奇在《赢》一书里说："我一向力陈应该坦诚待人。事实上，我对 GE 的员工谈坦诚，讲了 20 多年。"

所谓"人非圣贤，孰能无过"，讲究的就是"恕人"。面对冲突时，一定要与对方坦诚相待，通过多种手段积极与其进行沟通，把事情真相和自己的观点清楚地展示给对方，让对方理解。如果遮掩隐瞒，则会给对方造成更大的伤害，彼此心存芥蒂，最终不利于冲突的处理。

在解决冲突时，除了要有一个坦诚的态度外，还要有"有容乃大"的胸襟。胸宽则能容，能容则众归，众归则才聚，才聚则业兴。胸襟开阔、雍容大度是中华民族的优良传统。如果处处工于心计、气量狭小，那么不但不会取得任何真正的成功，也体会不到任何团队协作的满足与快乐，更不用说能建设性地解决冲突了。

在一个团队中，每个成员的优缺点都不尽相同，应该主动寻找团队成员积极的品质，并且学习它，让自己的缺点和消极品质在团队合作中被消除。团队强调的是协同工作，较少有命令和指示，所以团队相互包容的工作气氛很重要，它直接影响团队的工作效率。如果团队的每位成员都去主动寻找其他成员的积极品质，包容其弱点，以他人想被对待的方式对待他人，那么团队的协调、合作就会变得很顺畅，团队整体的工作效率就会提高。

"态度决定一切"，以坦诚、相互包容的态度处理冲突，往往更能赢得支持和理解，使冲突处理取得意想不到的结果。要高效地处理冲突，化冲突为和谐，除了遵循这些必要步骤外，掌握一些处理冲突的技巧也是必需的。

三、基于 PAC 人格结构理论的处理冲突技巧

柏恩（T.A.Berne）提出了人际之间相互作用分析的理论，又称人格结构 PAC 分

析理论。柏恩认为:个体的个性是由“父母”(Parent—P)、“成人”(Adult—A)、“儿童”(Child—C)三种心理状态构成的。

父母状态即P状态,以权威和优越感为标志,通常表现为统治人、训斥人以及其他权势式的作风;成人状态即A状态,表现为客观和理智;儿童状态即C状态,表现为服从和受人摆布,一会儿逗人喜爱,一会儿发脾气,使人讨厌,这种状态出自一人一时的感情冲动。当一个人的人格结构中P成分占优势时,行为表现为凭主观印象办事,独断专行,滥用权威,总喜欢用“你应该……”,“你不能……”,“你必须……”等语气说话;当人格结构中的A成分占优势时,其行为表现为待人接物冷静、慎思明断、尊重别人,总喜欢用“我个人的想法是……”等语气说话;当人格结构中的C成分占优势时,其行为表现为无主见,遇事畏缩,感情用事,激动愤怒,总喜欢用“我猜想……”、“我不知道……”等语气说话。

根据上述分析可知,人们在相互交往作用过程中起主导作用的是PAC三者中的一种心理状态。根据PAC分析理论,人际交往存在着以下十种类型:

①PP对PP型

在这种类型中,甲乙双方都表现出一种颐指气使的武断,如甲方说:“你把这任务完成一下。”乙方却说:“你不见我正忙着吗? 找别人干去吧!”

②AA对AA型

在这种交流类型中,双方都能以理智的态度对待对方,如甲问:“你能把这项任务完成吗?”乙说:“如果没有什么干扰,我想是能够的。”

③CC对CC型

在这种类型中,甲乙双方都易诉之于感情。比如甲说:“过不到一起干脆离婚。”乙答:“离就离,谁离不开谁呢!”

④PC对CP型

在这种交流类型中,甲乙双方表现出权威和服从的行为,即甲方以长者自居对待乙方,乙方亦能服服帖帖不以为意。如甲作为上级对乙说:“这件事完不成要受批评。”乙作为下级回答:“真完不成,我甘愿接受批评。”

⑤CA对AC型

在这种交流类型中,一方表现为小孩子脾气,而另一方则表现为有理智的行为,这经常会发生在同事之间、夫妻之间。

⑥PA对AP型

在这种交流类型中,甲方表现为有理智,但又担心自己控制不住自己,为此,甲方经常要求乙方担作P的角色,起到对甲方的监督和防范作用。这在上下级、同事、夫妻之间经常会发生。

⑦PC对AA型

在这种交流类型中，甲方要求乙方以理智对待他，但乙方则以高压方式对待甲方，这在上下级、同事之间经常发生。

⑧CP 对 AA 型

在这种交流类型中，甲方讲理智，而乙方却易感情用事，这种现象也经常发生在不同人之间的交流中。

⑨PC 对 PC 型

在这种交流类型中，一方采取命令式而另一方不服，也采取同样方式回敬。这种交流方式必然会引起矛盾冲突，经常表现在上下级、家长和子女之间。

⑩CP 对 CP 型

在这种交流型中，甲乙双方都把对方作为权威看待而表现出一种服从的意向，这在同事和朋友之间经常发生。

当甲乙两人交往，乙方接到信息后，按照甲方的期望作出反应时，这种交往关系属于平行性的或称互补性的。如甲方用 AA 型(即成人一成人型)交往方式，乙方也用 AA 型方式回答甲方，就是这种交往关系。在现实生活中，比如，甲方作为上级领导问："这件任务，一星期内能完成吗?"乙方作为下级答道："如果没有干扰，我想是能够完成的"。在这种情况下，交往可以无限制地继续下去。

但在现实生活中，也常常会遇到交叉的相互作用，如 PC 型对 CP 型，即甲方作为下级问上级："我希望能被提拔。"乙方作为上级答曰："你连目前的任务都完不成，还谈什么提拔!"这种交往中，乙方的反应出乎甲方的期望，交往属于"交叉性"或"非互补性"关系。这种关系会导致交往中的误会、紧张以及信息交流的中断。

作为一个管理者，在利用 PAC 理论处理人际关系时，应尽量地让组织成员理解自己和他人交往中的心理状态。若他们在交往中遇到障碍，应尽量采用成人反应去处理，以防止交往或信任危机的产生。所谓成人反应，即采用 AA 型交往方式促使人们相互理解、信任与支持。

一般来说，工作中最有效的交互作用是成人对成人的交互作用。这种交互作用促使问题得到解决，视他人同自己一样有理性，降低了人们之间感情冲突的可能性。但是，互补式的交互作用也能令人满意地发挥作用。例如，如果主管想要扮演家长的角色，员工想要扮演孩童的角色，他们之间可以形成一种比较有效的工作关系。但是在这种情况下，员工无法成长、成熟，不知如何贡献自己的想法。因此，虽然互补式的交互作用确实能发挥作用，但在工作中能够得到最优结果并且最不可能带来问题的是成人对成人的交互作用。

总之，通过人际交往的 PAC 分析，有助于帮助管理者了解自己与他人之间以及他人与他人之间交往时的心理状态，并通过改变交往中的心理状态来改善人际关系；同时，也有助于培养组织成员的理性，使他们冷静分析问题，用成熟的成人心态去交往，避免主观偏见和感情冲动，从而形成心平气和的交往氛围，最终实现组织的目标。

【本章小结】

由于本章良好沟通偏向实践部分，所以着重介绍了有效沟通的实用技巧，谈判与说服的战略和技巧以及冲突处理的方法和技巧，并在讲授这些技巧和方法过程中插入大量案例故事，便于大家理解和运用，同时增强了本章的适应性和可读性，希望通过这些技巧和方法的讲解能够促进和提高大家的沟通能力。

【习题】

名词解释

谈判的基本成分　乌龟战略　倾听　PAC 人格结构理论

简答题

1.沟通的目的是什么？

2.谈判之前需要做哪些准备？

3.团队冲突有哪些具体表现？

案例分析

财务部陈经理结算了一下上个月部门的招待费，发现有一千多块没有用完。按照惯例他会用这笔钱请手下员工吃一顿，于是他走到休息室叫员工小马，通知其他人晚上吃饭。快到休息室时，陈经理听到休息室里有人在交谈，他从门缝看过去，原来是小马和销售部员工小李两人在里面。

“呃”小李对小马说，“你们部陈经理对你们很关心嘛，我看见他经常用招待费请你们吃饭。”“得了吧”小马不屑地说道，“他就这么点本事来笼络人心，遇到我们真正需要他关心、帮助的事情，他没一件办成的。你拿上次公司办培训班的事来说吧，谁都知道如果能上这个培训班，工作能力会得到很大提高，升职的机会也会大大增加。我们部几个人都很想去，但陈经理却一点都没察觉到，也没积极为我们争取，结果让别的部门抢了先。我真的怀疑他有没有真正关心过我们。”陈经理听到这里只好满腹委屈地躲进自己的办公室。

问题 1：请分析陈经理对员工的关心存在哪些问题？

问题 2：结合本章内容，分析引起这些问题的原因并讨论可能的解决途径。

第十二章　高效团队

学习目标

1.了解团队的定义、分类及发展阶段，掌握团队的核心四要素；

2.通过实例的分析，掌握团队建设的基本思路和具体方法。

【本章知识结构】

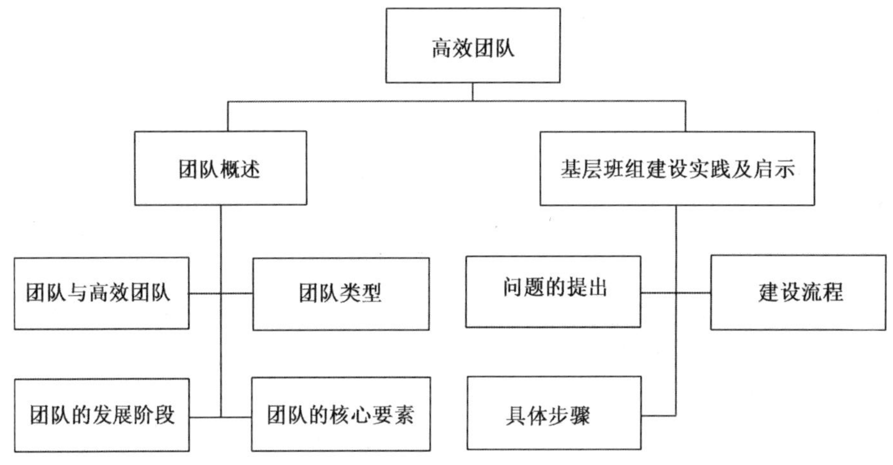

【引言】

某公司有两个比较能干的人才，在这两个人的分别带领下，该公司每次接到项目后，都能以客户满意的结果最终结项，该公司张总非常重视和赏识这两个得力的干将。最近，张总接到一个大项目，该项目需要整合全公司的人力、物力和财力才能完成好。为此，张总决定打破以前让这两个能干的下属各带一个团队的做法，让他们两个共同组成一个团队来完成该项目。张总最先的想法是：这两个能干的下属各自具有不同的特点，能够相互优势互补，只要他们齐心协力，该项目一定能圆满完成。但是，事与愿违，两人弄不好，而且搞窝里斗。张总非常困惑，通过仔细分析后发现，这两个人的不同特点是：

杨某，37岁，大学本科，勤学肯问，工作积极努力，善于动脑筋，想办法，并善于将学到的知识应用于实践，不仅成绩突出，效益也好；而且性格开朗、精力充沛，善言谈，好交际，活动能力强。但他有些骄傲自满、自负，有人说有些盛气凌人，性情急躁，有时顶撞领导。李某：42岁，大专学历，老员工，从基层干起，性格内向，行事稳健，处事滴水不漏，风风雨雨，几起几落，一路打拼上来，内秀，待人谦和，尊重员工，各方面关系处理得很好，经常得奖。但有人认为他缺乏开拓精神，求稳怕变，按部就班，处世过于圆通，不得罪人；效益上比不上杨某。

表面上看，两个人是相互优势互补，但其实关键特征不互补，主要表现在：两个人的权力欲望都比较强，都希望自己在权力上处于支配地位，通过自己的言行影响他人。老李属于感情型处事，特点是有人情味，处理事情灵活，但以自己的好恶看待事物；小杨属于理智型处事，特点是客观、理性，原则性强，但有时缺乏灵活性，刻板。两人都属于感觉型的人，其特点是对细节敏感、思维具体现实，关注眼前和小事情，而缺乏关注发展变化和宏观战略的思维；两个人以前都是技术出身，缺乏有效的人际沟通的技巧和相关训练，对对方的人性假设都是敌意和错误的。

（资料来源：www.chinakm.com）

大雁有一种合作的本能，它们飞行时都呈v型。这些雁飞行时定期变换领导者，为首的雁在前面开路，能帮助它两边的雁形成局部的真空。科学家发现，大雁以这种形式飞行，要比单独飞行多出12%的距离。

如果我们能把复杂的事情变得简单，把困难的事情也变得很容易，我们做事的效率就会倍增。合作，就是简单化、专业化、标准化的一个关键，世界正逐步向简单化、专业化、标准化发展，于是合作的方式就理所当然地成为了这个时代的产物，团队也随之产生。

第一节　团队概述

合作可以产生1+1>2的倍增效果。据统计，诺贝尔获奖项目中，因协作获奖的占三分之二以上。在诺贝尔奖设立的前25年，合作奖占41%，而现在则跃居80%。一个由相互联系、相互制约的若干部分组成的整体，经过优化设计后，整体功能能够大于部分之和，产生1+1>2的效果。

一、团队与高效团队

1.团队

团队(team)是指由两个或两个以上相互依赖的、承诺共同原则、具有共同愿景、为共同目标而努力的成员组成的群体,它以成员高度的互补性、知识技能的跨职能性和信息的差异性为特征。

团队是一种特殊类型的群体,所有影响群体的因素都会影响团队。但是,并不是所有的群体都是团队,团队的绩效还受其他类型的群体所不具有的因素的影响。团队作为一种特殊类型的群体,与其他类型的群体比较,主要区别在于:

(1)目标不同

群体只是个体成员绩效的简单相加,成员目标必须跟组织保持一致。团队是为了获得协同效应,即团队追求的是大于个体成员绩效总和的绩效,成员除了与组织目标一致外还可以产生自己的目标。

(2)协作方式不同

协作性是群体和团队最根本的差异,群体的协作性可能是中等程度的,有时成员还有些消极,有些对立,配合只是例行公事性的配合;但团队中的协作性是一种齐心协力的气氛,是一种积极的、有创造性的互动配合。

(3)责任不同

群体的领导者要负很大责任,而团队中除了领导者要负责之外,每一个团队的成员也要负责,甚至要一起相互作用,共同负责,责任既是具体化到每个成员身上的,又是团队共同的责任。

(4)能力互补

群体成员的技能可能是不同的,也可能是相同的,而团队成员的技能是相互补充的,把不同知识、技能和经验的人综合在一起,形成角色互补,从而达到整个团队的有效组合。因此,仅仅把工作群体换一种称呼,改成团队,而不从深层次上对组织进行改造,并不能自动提高组织的绩效。

另外,团队与传统的部门结构或其他形式的稳定性群体相比,团队的优势主要体现在:

第一,能够提高生产率。团队成员为了一个共同目标或特定的任务而奋斗,他们会积极合作,相互帮助,分享经验,从而有利于提高生产率。

第二,提高士气。对一个团队来说,团队成员之间通过相互交流,沟通讨论,会产生意想不到的思想,易取得创新成果。现在的和过去的成功不但是团队成员追求目标的记录,也是构成这个团队背景的因素。这些成绩能够提高整个团队成员的士气。

第三,具有很强的凝聚力。在同一个地方工作的人就更容易形成团体,即使他们的工作不是紧密联系。共同工作的时间越长,越容易产生凝聚力。一个团队因为共同的目标而在一起工作,长期工作的结果会无形中产生很强的凝聚力。

第四,快速解决问题。集体的力量大于个人的力量,团队作为一个有组织、有共同奋斗目标的集体,往往能够迅速形成一种力量从而解决企业的大难题。

第五,获得自我满足感。在成功的团队中,团队成员之间往往相处得很融洽,一起交流的过程中,成员们都会有种成功的满足感以及人际交往上的满足感。

正是因为团队相对于传统企业中组织结构所具有的优势,才使得这种组织形式获得了广泛的应用,成为一种日益重要的企业组织形式。

2.高效团队

【拓展阅读】

帕金森定律(Parkinson's Law)

英国著名历史学家西里尔·诺斯古德·帕金森(Cyril Northcote Parkinson)通过长期调查研究,写了一本名叫《帕金森定律(Parkinson's Law)》的书,他在书中阐述了机构人员膨胀的原因及后果:一个不称职的官员,可能有三条出路:第一是申请退职,把位子让给能干的人;第二是让一位能干的人来协助自己工作;第三是任用两个水平比自己更低的人当助手。

这第一条路是走不得的,因为那样会丧失许多权力;第二条路也不能走,因为那个能干的人会成为自己的对手;看来只有第三条路最适宜。于是,两个平庸的助手分担了他的工作,他自己则高高在上发号施令。两个助手既无能,也就上行下效,再为自己找两个无能的助手。如此类推,就形成了一个机构臃肿、人浮于事、相互扯皮、效率低下的领导体系。由于对于一个组织而言,管理人员或多或少是注定要增长的。那么这个帕金森定律,注定要起作用。

(资料来源:baike.baidu.com)

高效团队(Effective team)作为一个能够满足团队相关利益者要求的协作性群体,它与我们平时所称的团队存在着区别:

首先,从目标的制定过程来看,一般团队的目标往往是管理者或领导制定的,是建立在管理者的愿望或工作需要的基础之上的。而高效团队的目标是一个目标体系,它不仅反映了管理者的愿望,同时也反映团队成员的要求和服务客体的需要,它的制定需要这几方面人员的共同参与,并且能够为大家所接受。

其次,在范畴上,高效团队只是团队的一部分。团队是一个很大范围的概念,它包括一切为了实现某种特定目标,按照约定俗成的共同规范和方法,进行协同合作的成员在技术或技能上是互补的群体，高效团队仅仅是其中的一种。

第三，在表现形式上，高效团队是团队与外界因素的关系协调的表现。内部支持和外部支持是高效团队的一个主要特征，要建立团队不仅需要团队内部关系的协调——建立一个合理的基础结构，同时也需要与外部的关系协调——得到管理者或领导的支持。在这一点上，一般性团队与高效团队存在着较大的区别，在大多数情况下，团队只是强调团队内部各种因素之间的关系协调，并未涉及到与外部的关系。

综合上面的观点来看，团队反映的是一种内部关系的协调，是对一个具有某种特征的群体的定性描述。而高效团队反映的是团队内部关系以及团队与外部关系两种关系的协调，是对团队在经过与外界因素形成互动后的结果和状态的描述和评定，包含着对一个互动过程的评定问题，存在定性和定量两方面的界定，是团队相关利益者对团队与外界因素互动结果满意的综合体现。

二、团队的类型

根据团队的存在目的和拥有自主权的大小，可以对它们进行分类。在组织中，有三种类型的团队比较常见：问题解决型团队、自我管理型团队、多功能型团队。

1.问题解决型团队

问题解决型团队的核心点是提高生产质量、提高生产效率、改善企业工作环境等。它通常由来自于同一个部门的多名工程师组成，在这样的团队中成员就如何改变工作程序和工作方法相互交流，提出一些建议。在问题解决型团队中，成员针对问题相互交换看法或者提出建议，成员几乎没有什么实际权利来根据建议采取行动。

在研发系统中，问题解决型团队是经常出现的。如我们在产品开发中遇到了一个技术难题，单凭个人的力量已经无法解决，或者不能按时解决，这时成立一个技术难题攻关组是一个比较好的方案。再如，软件部门可以就如何提高软件编码质量成立一个问题解决型团队，该团队由部门内的资深工程师们组成，在充分讨论后提出各种提升编码质量的建议，这样，既可以加快这些建议的执行，又能使部门的工作更加规范。这样的效果单凭部门经理一个人的努力是比较难达到的。

在20世纪80年代，应用最广的一种问题解决型团队是质量圈，它最初起源于美国，后来传到日本，被看做是日本以低成本生产高质量产品的一种技术。质量圈分成6个部分：首先要找到质量方面存在哪些问题；接下来在众多问题中选择一些必须马上解决的；然后进行问题的评估，如果不解决可能会带来什么样的损失，这个问题的等级是重量级的还是轻量级的；第四是推荐的方案，解决问题要采取什么样的方式比较好；第五是评估方案，看看可行不可行，它的成本花费是多少；最后一部分是决策最终是否实施。

通常质量圈由 5 到 12 名员工组成，他们每周有几个小时碰头，着重讨论如何改进质量，他们可以对传统的程序和方法提出质疑。在质量圈中，问题的确认这一部分是由管理层来最终实施的，团队的成员没有权力来确定问题在哪里，只能提出意见。第二到第四个部分是由质量圈的成员操作，最后两个部分需要管理层和质量圈的成员共同把握。

在这六个部分当中权利其实是分解的，并不是所有质量团队的成员都有权力或能力完成这六个任务。

2.**自我管理型团队**

问题解决型团队的做法行之有效，但是只是针对某些特定的问题，在调动员工参与决策过程的积极性方面明显不足。这种欠缺导致企业努力建立新型团队，即一种真正独立自主的团队。他们不仅注意问题的解决，而且执行解决问题的方案，并对工作结果承担全部责任，这种团体即为自我管理型团队。

自我管理型团队通常由 10 人～15 人组成，队员之间从事相互依赖的工作，他们承担着以前由主管所承担的一些责任。一般来说，他们的责任范围包括：组织计划、分配工作任务、控制工作节奏、做出操作层面的决策等。自我管理型团队还可以挑选自己的成员，并让成员相互进行绩效评估。这样，主管人员的重要性就下降了，甚至可以被取消。

对于那些需要快速决策，而决策同时又依赖技术、市场、财务等多方面信息和状态的综合部门可以采用自我管理型团队模式，例如，公司级的产品管理、核心技术部门等。

对自我管理型团队的效果的总体研究表明，实行这种团队形式并不一定能带来积极效果。比如，在这种团队中，员工的满意度有所提高，但成员的缺勤率和流动率偏高。

美国德州一汽公司因为推行自我管理型团队而获得国家质量奖。美国最大的金融和保险机构路得教友互动会，因为推行自我管理团队在 4 年的时间中减员 15%，而业务量增加了 50%，主要的原因是提高了员工的满意度，推行了自我管理型的团队。麦当劳成立了一个能源管理小组，成员来自于各连锁店的不同部门，他们对怎样降低能源问题提供自己鉴定的方法，解决这一环节对企业的成本控制非常有帮助。能源管理小组把所有的电源开关用红、蓝、黄等不同颜色标出，红色是开店的时候开，关店的时候关；蓝色是开店的时候开，直到最后完全打烊后关掉。通过这种色点系统他们就可以确定，什么时候开关最节约能源，同时又能满足顾客的需要。这种能源小队其实也是一个自我管理型团队，能够真正起到降低运营成本的作用。

但推行自我管理团队并不总是能带来积极的效果，虽然有时员工的满意度随着权利的下放而提升，但同时缺勤率、流动率也在增加。所以首先要看企业目前的成熟度如何，员工的责任感如何，然后再来确定自我管理团队发展的趋势和反响。

3.**多功能型团队**

多功能型团队是由来自不同领域同一种等级的员工组成，成员之间交换信息，激发新的观点，解决所面临的一些问题，来到一起的目的是完成一项任务，任务完成后又回到各自的部门。多功能型团队在其形成的早期阶段往往要消耗大量的时间，因为团体成员要学会处理复杂多样的任务。在成员之间，尤其是那些背景不同、经历和观点不同的成员之间，建立信任和真正的合作也需要一定的时间，而且要求团队成员具有很高的合作意识和个人素质。

目前，我国企业中多功能型团队还非常少见。即使一些企业尝试建设真正意义上的团队，其组建运行尚处于摸索之中。

麦当劳有一个危机管理队伍，责任就是应对重大的危机，由来自麦当劳营运部、训练部、采购部、政府关系部等部门的一些资深人员组成。他们在平时共同接受关于危机管理的训练，甚至模拟当危机到来时怎样快速应对，比如广告牌被风吹倒，砸伤了行人，这时该怎么处理？一些人员考虑是否把被砸伤的人送到医院，如何回答新闻媒体的采访，当家属询问或提出质疑时如何对待？另外一些人要考虑的是如何对这个受伤者负责，保险谁来出，怎样确定保险？所有这些都要求团队成员能够在复杂问题面前做出快速行动，并且进行一些专业化的处理。

虽然这种危机管理的团队究竟在一年当中有多少时候能用得上还是个问题，但对于跨国公司来说是养兵千日，用兵一时，因为一旦问题发生就不是一个小问题。在面临危机的时候，如果做出快速而且专业的反应，危机会变成生机，问题会得到解决，而且还会给顾客及周围的人留下很专业的印象。

除了上述的三种团队类型外，还存在虚拟团队，在本书的第二章我们已经做过介绍，虚拟团队是利用信息技术将实际上分散的成员联系起来，以实现一个共同目标的团队。团队成员可以通过Internet、可视电话会议系统、电子邮件等方式沟通。虚拟工作团队可以完成其他团队所能完成的所有工作，如分享信息、做出决策和完成任务等。虚拟工作团队可以包括同一公司不同部门的成员，也可以包括不同公司的成员，如供应商或者合作伙伴等。当一家公司进行大范围地域研发布局或者生产布局时，有可能会使用虚拟工作团队。

三、团队的发展阶段

一个良好的团队，如同一个有机体，是有生命与意义的。有生命的开始，就会有生命的结束。团队也是如此，一个团队从形成到开始发挥作用，有一个发展过程。从团队建设的角度出发，一般认为，团队发展的典型形态，大致可分为五个阶段：组建期、磨合期、稳定期、执行期、衰退期。

1.组建期

为了完成某些任务时采用团队的形式或是以团队为整个组织的运行基础而决定组建团队,团队成员经过了精心的筛选。在团队组建之初,团队成员比较关注所要做的工作的目标和工作程序。其特点是,团队的目的、结构、领导都不确定;团队成员各自摸索群体可以接受的行为规范,保持礼貌和矜持,一开始还不表现出敌视态度。当团队成员开始把自己看做是团队的一员时,这个阶段就结束了。

在这个阶段,主要应完成以下两方面的工作:一方面是形成团队的内部结构框架,另一方面是建立团队与外界的初步联系。

2.磨合期

团队经过组建阶段后,隐藏的问题逐渐暴露,由于团队成员彼此的不太了解,会因各自不同的目标及个体的能力、对某个事项的见解不同而产生冲突。成员们虽接受了团队的存在,但对其为个人所带来的约束存在抵触,对于团队的领导权仍有争议。当从属关系明确时,这一阶段便告结束。在磨合期间,团队领导要在团队中快速树立起自己的威信以排解冲突,如遇事要进行及时的沟通与反馈,尽量保持成员处于同一个步调。

3.稳定期

成员经过一段时间的磨合,团队逐渐走向规范,凝聚力增强,团队成员彼此有了更深的了解与配合,开始形成亲密的关系。这个阶段的特点是成员间的人际关系开始解冻、工作技能开始提升而且团队已建立规范和流程。团队的合作精神、凝聚力、竞争力以及团队文化等在这个阶段形成。当团队结构稳定下来,团队对于什么是正确的行为基本达成共识时,这阶段就结束了。

4.执行期

团队的发展经历了前面的三个阶段,本阶段团队开始发挥作用,成员之间能自觉地做到高效合作,彼此的认同感与对团队的忠诚度、依赖性也很强;此时也是团队出成效的时期,团队成员能积极地、有创造性地、有成效地一起开展工作。这个团队已熟练掌握处理内部冲突的技巧,也学会了团队决策和团队会议的各类方法,并能通过团队追求团队的成功。

5.衰退期

为完成某项特定任务而组建的团队,团队可能会随着某项工作任务的完成而解散,结束使命。这个阶段成员的反应差异很大,有的很沉浸于团队的成就中,有的惋惜在共同的工作团队中建立起的友谊关系,不能像以前那样继续下去。

需要注意的是,这个发展顺序只是模式化的说明。一个真实的团体总是处在不断变化之中,有时可能几个阶段同时并存、展开,有时可能跳跃过某个阶段,有时又可能退化到以前的阶段。例如,当一个团队并不是为了完成一项任务而组建时,在稳定期结束后会进入团队休整或整顿，对于不同的团队而言，会有不同的结局。

四、团队的核心要素

一个高效的团队有一些典型的特征，这些典型的特征可以表现在无形的方面，如文化、团体氛围和心理状态；也可以表现在有形的方面，如目标、规章、制度、角色、团队结构等方面。下面对其中的一些关键性特征进行介绍。

1.有形要素

(1)共同目标

联想集团总裁柳传志曾说："中国有很多优秀的人才。这些人才好比一颗颗珍珠，需要一根线把他们连接起来，组成一串美丽的项链。这根线就是企业的共同目标。这个目标能够引导大家共同去追求、去努力。"这句话道出了共同目标在团队发展中的地位与作用。共同目标可以凝聚全体团队成员的士气和力量，使其为共同目标的实现而奋斗。如果没有了共同目标，就谈不上什么团队精神，团队也就失去了存在的必要。由此看来，团队在制定共同目标时必须慎重，尤其是对下面的几个问题必须认真考虑。

①共同目标必须能够体现共同利益

所谓共同利益，就是团队成员的个人利益在共同目标实现过程之中或之后都能够有所体现。而如何确定大家都认同的利益关系，却是任何一个团队都非常关注的现实问题。共同目标是团队对其成员的利益吸引和行为方向的界定，这种基于利益基础的共同目标会给员工带来源源不断的动力。如果失去了这一动力，成员便会消极懈怠，从而无法实现共同目标。

由此看来，共同目标的制定必须考虑员工的共同利益，使他们意识到共同目标的实现与否与他们自身利益的实现与否密切相关，这一点也是一个团队必须应该做的。然而在现实的企业管理中，管理者往往只关心企业的目标，而很少关心员工能从目标中得到什么；员工则认为企业的目标是管理者的事，与自己无关等诸如此类问题在某些企业或其他组织中普遍存在，而这样的企业或组织是不可能组建成团队的。

②共同目标必须具有可行性与可操作性

在制定共同目标时，也有许多现实的问题需要分析，如需要判断与分析自身产业的发展现状和前景，预测此产业是否有成长空间，成长空间有多大；调查与分析此产业其他竞争对手的发展状况及如何制定相应的发展策略；研究当前的政策环境是否有利于本产业的长久发展；新技术的应用是否对本产业的开发长久有益；另外还有本产业的资金实力、管理体制及人才情况等都要进行分析。企业只有对这些现实问题进行系统分析后，才有可能对自己应该做什么和怎样作出正确的判断，也只有这样，制定出的共同目标才具有可行性和可操作性。

③共同目标必须清晰、系统

在共同目标的制定过程中，含混不清与虚无是最忌讳的。以中关村为例，从20世纪80年代诞生第一家企业到现在的数千家企业，能够保持良好发展势头的只有联想、四通及北大方正等这些目标清晰的企业。可以说，清晰的共同目标可以为团队注入无穷无尽的能量。然而仅有这些还是远远不够的，还必须采取策略去实现这一共同目标。因此，根据企业主客观条件与要达到的目的，进行目标策略的系统设计也是必不可少的。

(2)团队制度

制度是团队生存发展的基础。团队产生的很多问题，归根到底，可以说都源于团队的制度，因此，我们要从团队各项制度入手来解决团队存在的问题。可以说，团队的制度决定着团队的价值取向，也决定着团队建设的问题。同时，团队的制度必须适合于团队的战略及团队结构。

①建立合理的绩效考核制度

团队目标是团队成员实现个人价值的重要部分，同时也是团队成员绩效考核的重要依据。目标的设定必须清晰明确；必须可分解落实到每一个团队成员，将团队目标与个人目标有机统一；设定的目标必须可完成并且富有挑战性。目标的设定必须具有可量化、可考核的指标体系；在实施的过程中对目标的完成情况定期与团队成员进行沟通；对团队已有资源、可利用资源、需要克服的困难有明确的认识，克服困难的途径、方法和策略必须明确，找出差距和原因；最后还需对达成目标的时间予以明确。

合理确定绩效考核标准是建立绩效考核制度的基础。进行绩效考核时，需要将个人的奖金同整个团队的任务完成状况挂钩。当整个团队的任务完成率不高的时候，个人的奖金也只能兑现一部分。关键的一点是让大家了解：整个团队的工作，必须每个人都努力才能将事情做好。只有当整个团队成为团队的主力，个人的空间才能有更好的发挥。

②人事安排和提升标准

人事安排和提升是最关键的团队成员决定，需要仔细考虑并有明确的政策和程序，这些政策和程序必须符合公正和平等的高标准。因为，有关人的各项决定将向组织中的每一个成员表明，企业真正需要的、重视的、奖励的是什么。因此，企业首先应该建立适合的培养及提升制度。

③创造有利于人才发挥所长的文化环境

人才的激励不仅仅指给好的团队成员提供晋升的机会，还包括创造一个有利于人才发挥所长的文化环境。一个企业能否真正留住人才，发挥人才所长，与团队的文化氛围关系密切，更与团队的人才制度密切相关。团队应该从制度上保证团队内部建立起尊重人才、理解人才、关心人才的良好风气，并制定人才成长的各项政策。

(3)团队领导

古人云："千军易得，一将难求。"道出了领导者的得之不易。领导者是团队目标的指路人和裁定者，是团队管理的核心人物。领导者在团队管理中担负着重要的职责，制定具体措施、调整发展方向、协调各种关系等，都离不开领导者的工作。领导者对外代表自己所在的团队，对内要对全体团队成员负责，在团队管理中发挥着重要的作用。

从某种意义上讲，团队精神就是团队领导者意志的表现，团队领导者支撑着整个团队的行为与前进的方向。因此，团队领导者的素养在某种程度上起着关键的作用。那么，团队领导究竟应具有什么样的特征呢？

首先，作为团队领导者须集博学与专长于一身，同时还须具有创造性思维。因为对于一个团队领导者来说，知识就是财富，就是产品质量，就是团队的前途和命运，就是组织和社会的责任，广博的知识是一个领导者成功的基础。另外创造性思维也是不可或缺的。而所谓创造性思维，是指要对已成定论的东西抱有质疑态度，敢于对旧问题进行新的解释，对旧模式和旧框架进行改造和重构；并且能用已有的理论、模式去解释新的事物，从中找出新问题，形成新的创见。

其次，健康的心理素质也是团队领导者所必备的。领导者需要用其完善的心理素质来实现其领导功能。健康的心理素质可以提高领导行为的自觉性、有效性及行为目的的明确性。因此，团队领导者必须具有出色的经营心理，如自重、自制心理；善于自我控制情绪和言行，则是领导者成熟的标志。在重大事件面前，团队领导者必须保持良好的自制，冷静沉着，以稳定军心，保持全体团队成员的信心。

第三，德才兼备。有才有德是对领导者的基本要求，这里特别要强调的是"德"。"以德服人"是我国的古训，说明领导者的道德品质具有很强的示范效应，对团队成员的影响极大。另外领导者的职业道德在团队管理中作用甚大，必须有"容贤臣之量，识小人之明"，团队才有发展的潜力。

2.无形要素

(1)团队文化

随着知识经济时代的到来，传统的对人本身及行为的管理必然上升到对人的头脑和思想文化的管理。高效团队的组建必将带来企业文化的一系列变革，团队文化也就应运而生。与传统的企业文化相比，究竟团队文化有什么特征呢？

①平等化的关系

这里平等化的关系主要是和传统的企业文化相比较而言的。在传统企业文化的企业中，管理者和职工及不同等级的管理者之间存在着严格的界限，有着鲜明的等级性，他们拥有的资源的多少和被管理者人数的多少取决于他们地位的高低；而在团队文化的企业中，却是较为平等化的关系，管理界限和等级界限非常模糊，权力相对来说比较分散，尤其是管理者的地位是通过对问题的解决能力、掌握的跨专业技能来体现。

②合作状态

由于企业对客户提供的服务应该是完整的、全方位的，因此，等级意识、小团体意识非常不利于团队的管理。团队文化需要的是企业对信息资源和能力分享的调整、合作，以提高和改善企业的整体效果。团队文化还必须拥护内外之间的合作伙伴关系，以长远的目光来对待企业的发展。

③勇于开拓进取

文化的革新应成为企业团队发展的一个重要方面。团队文化要求人们勇于开拓，具有首创性，对不明了的事物进行探究，而且乐于接受新事物，并能把对新事物的认知转化为企业前进的动力。团队文化要能够提高员工和睦一致的程度，缩小等级差别，激发员工必胜的斗志，鼓励员工为共同的企业目标而奋斗。

(2)队员心理

①归属感

建立团队，最重要的是要在认知上形成一种强烈的、积极的归属感。个体不能孤立地存在，必须依靠外在的环境才能生存和发展，人除了具有自然属性外，更重要的是具有社会属性，只有在相互依存的群体中才能健康成长。因此，团队建设也就是在创造一种特殊的环境，这种环境使其中的成员都得到认同，把自己所在的团队看成是自己的归属之地。如果其中的成员没有认同这一环境，而到其他群体中去寻找自己的社会身份，那么，这个团队也就名存实亡了。

②认同感

这里的认同感主要是指情绪认同。群体情绪认同是群体中人际关系发展水平的标志，而且有效的群体情绪认同可以改变成员的行为。在集体中，成员把自己与其他成员视为同一，体验他人的心情如同体验自己的心情一样，这种有效的情绪认同便可以改变他们的行为。真正团队的特点也就是在成功与失败时有共同的感受、有情绪上的温暖和共情。而且，有效的情绪认同，取决于个人把自己与其他成员视为同一的程度及个人对待群体中的其他成员态度积极的程度。

③共识度

虽然在团队中，每个成员都会有自己各不相同的观点、看法和信念，但在长期稳定的工作群体中，还是会有很多达成共识的地方，这种共识可以成为人们决定采取或不采取行动的有利因素。是否达成共识，更多的是以行动而不是用语言来表现的，有些共识是含蓄的、隐蔽的，无须说出来。那么究竟什么样的共识才有利于团队管理呢？一般认为，首要的一个共识便是互相尊重，包括管理人员对团队成员的尊重、信任和重视以及对团队工作的尊重，还有团队成员之间的互相尊重。共识的达成并不是一件容易的事，它涉及观念的转变等多个方面的问题。但它却是团队建设必要的心理基础之一。

④参与度

有研究表明，参与管理在团队管理中的效果是比较明显的，而且群体参与的效果又要远远优于个人参与。因为个人参与提出的建议，即使是很有价值，但在没有得到群体的认可之前，也很难决定下来并贯彻执行。因此，团队管理中的团队工作方式，就体现着对团队成员参与的重视。而且，团队（尤其是自我管理型团队）的工作基础之一就是成员的参与。

（3）团队效能感

团队效能感是团队力量的源泉之一，在管理心理学中，一般认为团队效能感（collective-efficacy）是"团队成员对团队成功完成特定任务所拥有共同能力的信念"，即团队成员始终都相信，通过大家的共同努力，一定能够完成所面临的团队任务，实现团队目标。需要强调的一点是，团队效能感所指的并不是能力本身，而是团队成员对于自己所属团体总体能力的一种评价和信念。因此，一般说来，团队效能感的高低与团队能否成功顺利地完成团队工作任务成正比，即团队效能感高，更有可能成功地完成团队任务；团队效能感低，成功完成团队任务的可能性就较小。

任何事物都具有两面性，团队效能感也不例外，它既有积极的作用，也有消极的作用。从积极作用来看，团队效能感会影响人们追求成就的模式，促进人们对于管理资源的计划和战略的构建，决定着人们对所在团队付出努力的程度。由此来看是团队效能感越高，就越有利于团队成功完成其任务。与此同时，团队效能感在一定条件下也会产生消极作用。比如，一个效能感过高的团队，就很容易使团队成员过高地估计其完成任务的能力或使团队成员过分自信，以致出现低绩效或决策失误的现象。

团队效能感与团队绩效之间有着密切的联系。大量研究结果表明：在不同任务特征下，团队效能感会对团队绩效产生不同的影响。例如，当任务不确定性较高时，团队成员独立工作，且群体取向较低时，团队效能感与团队绩效之间的关系比较弱；相反，当团队任务要求比较确定，团队成员之间依存性较高，且群体取向也强时，团队效能感与团队绩效之间显示出正相关关系。团队目标也会对团队效能感与团队绩效之间的关系产生影响，在中等难度的团队目标下，团队效能感与团队绩效之间的关系最为密切，而在难度偏低或过高的团队目标条件下，团队效能感对团队目标承诺和团队绩效的影响都不明显。

通过了解团队的定义、类型及组成要素，为学习第二节打下了良好的理论基础。在下一节中我们将主要以班组建设为例，贯穿团队建设的要素进行分析探讨。

第二节　基层班组建设实践及启示

当丰田成为全球企业学习的标杆时，全球的媒体、管理学者、经济学家蜂拥而至，去全面研究丰田生产方式。有学者问起丰田老人："谁是丰田的第一管理者?"即丰田的基层管理者是谁这个常见问题时，丰田老人毫不犹豫地回答："丰田的班组长。"

班组管理是企业最具生命力的管理。班组文化是企业最基本的文化；班组管理的内容，如绩效管理、员工管理、工作管理、终端控制、质量控制、成本控制等是企业全部管理落地的根本基础；贯彻力、控制力、执行力、文化力等都取决于班组的基础管理力量。班组建设是依靠组织群体成员自己(通过外来组织发展人员帮助)的一种提高组织群体效能的计划性变革活动。近年来，这一方法被西方企业广泛采用。其目的是：分析并解决问题，完成工作任务；协调群体内部关系，提高群体效能；改进群体和组织的活动过程，提高工作的有效性。

一、问题的提出

A 公司是一家中外合资的纸制品制造企业。近年来，随着中国改革开放步伐加快，市场经济发展迅速，该公司面临市场激烈竞争的严峻挑战。如何进一步激励士气，降低成本，提高车间生产效率，已是当务之急。借鉴已有行业经验，公司领导决定以班组建设为变革的着手点。

首先，A 公司高层领导决定派人力资源部及生产部管理人员进行专题考察与相关技能培训；其次，借助科研院校的资源对公司管理现状进行调查研究。通过调查与讨论，高层管理同意以小范围内试点推行标杆班组模式作为变革第一步，并给予全力支持。

二、建设流程

1.人员配备

生产部 A 生产线工作管理小组(简称 A 班组)正式宣告成立，12 名成员均是工作性质相同或接近的基层工作人员，有车间主任、操作工人、设备维修人员、品质管理人员、技术支持人员。他们首先围绕如何降低 A 产品的损耗问题展开了专题研讨。成立标杆班组需有 6 至 8 名受过高度训练的专业人员，他们能分享对产品、服务方面的信息，并能得到足够的资源支持，对问题的解决、时间安排、质量和成本费用有明确的责任，并有权计划执行控制整个生产过程。

2.**建设流程**

一个完整的班组建设一般要经过三个过程。一是解冻:解冻组织内原有的价值观念和态度,让组织群体成员自己发现问题,意识到改革的需要;二是推进:群体成员共同参与收集资料,分析情况,找出问题,制定解决问题的行动方案;三是再冻:集体总结、评估贯彻计划的结果,在新的基础上予以巩固。

3.**建设方法**

班组建设的全过程必须由全体成员参与,在具体运作中,再结合运用组织发展的"行动研究"法,使其更易操作。行动研究是一种以数据为基础的解决问题的模式,既是一种解决问题的途径,也是一种重要的研究手段。"行动研究"共分为七个阶段:

(1)双方具有相似的价值和理论基础;

(2)问题的认识和确认;

(3)收集数据;

(4)向组织的成员反馈数据,促进他们对数据的吸收与了解;

(5)与组织成员一起分析数据,诊断问题;

(6)拟订行动计划并采取行动;

(7)行动后的数据收集和反馈诊断。

为了达到预期的目标,我们与该公司共同拟定了一份"提高工效,降低成本,进行班组建设"的培训课程计划,班组建设以培训开路,行动研究贯穿始终,解冻一推进一再冻,一步一步展开。培训的目标是:协助建设标杆班组;降低消耗;提高生产效率。

三、具体步骤

1.**解冻阶段**

班组建设的第一步是"解冻","解冻"阶段必须做好:必要的理论与方法准备;开展对组织现状的调查;分析组织现有的态度、价值观念,并寻找解冻的突破口。

(1)理论与方法上的准备

班组建设是组织发展的一项重要方法。西方组织发展以现代系统理论作为指导思想,它把企业看作开放的社会和技术系统,系统中任何一处变化均会影响其他子系统,甚至整个系统的状态及其变化。

在生产部推行班组建设绝不是孤立的事件,必须考虑到公司整个系统的状态及其与外部环境的互相影响和作用。现代系统理论是班组建设的基础理论,为此对生产部全体经理开展系统思维和解决问题程序的专题培训是必要的。任何问题解决的前提都是摸清现状,而管理者所面临的是一个系统的综合性的问题,必须改变以往传统的线性思维的方式，确立全新的系统思维的方式。在学习系统思维的培训课程中，通过情景模拟、角色扮演，使其从中悟到：过去思考问题缺少系统的观点，解决问题往往从自我考虑，结果解决了自己的问题却给别人制造了许多问题，反过来制约了自己的问题的解决。

整个培训以参与为主线，采用教师讲授、案例教学、小组活动、大组交流、行动研究等多种形式。培训中注重选用公司内部真实案例，把参与培训者置入真实的情景中进行真刀真枪的操练。

在解决问题程序的培训中，生产部的经理们对生产部工作现状做了全面的力场分析。在分析了生产部现状的动力和阻力因素之后，经理们运用有关技法，寻找出当前影响目标实现的五项关键阻力因素作为主攻目标。这也是A班组所需解决的问题。对此，公司生产部还专门召开业务会议进行讨论，会议一致认为在五项关键阻力中，加强物料采购及供应的管理是一项急待解决的问题，它严重阻碍日生产量的提高，问题的主要原因在于计划和采购两部门之间的沟通合作不畅。

通过运用班组建设中的"角色分析讨论会"的方法对生产部下属的计划、采购两部门成员开展了"角色期望，角色认知"专题培训。角色分析的班组建设，首先要求"采购"和"计划"两个部门的成员集体参与培训，并写出他们的工作职责、地位以及对对方角色的期望；然后再扮演对方的角色，估计对方对自己的角色要求，再将各自的意见进行交流并加以修改，在取得一致意见的基础上再做书面描述。

(2)开展组织现状的调查

开展对组织现状的调查，发现并分析原有的态度和价值观念。一个班组就是一支团队。成功团队的八项标准包括：目标明确，组织归属，参与感，有效地沟通，正确处理各种冲突，鼓励自我发展，团队合作，新观念的建立。一个高效的团队应赋予员工最大的责任与发展空间，让他们充分参与目标的制定、问题的解决，每个成员均被指派一定的角色。当全体成员均能整合自己的技能并予以充分发挥时，团队力量也会增强。

为使A班组早日达到这些目标，首先要开展对组织现状的调查，发现原有的态度、价值观方面存在的问题，找出现状与目标之间的距离，才能使行动研究更具体化。为此我们开展了以下三项调查：领导能力及行为方式测评；组织气氛的调查；A班组工作管理模式现状的力场分析。调查的方法有观察、问卷、访谈及力场分析等。

①领导能力及心理素质的测评/班组成员的自我鉴定

该项测评主要以问卷为主。通过问卷测评，得出的初步结论是：班组成员在处理冲突方式上，还是以竞争而不是以合作方式为主。通过结果反馈，使班组认识到他们还尚未找到解决冲突的最佳途径；从领导方式的调查结果看，绝大多数成员对生产的关心超过对人的关心；从领导风格看，以自由的风格为主。这些都表明，班组成员在如何处理生产与人际关系上还尚未找到最佳点。

②组织气氛调查问卷

运用问卷的方法对组织气氛进行调查，涉及积极性现状与趋势分析、工作动机、参与管理、工作目标、沟通与合作、需求结构、激励因素、工作满意感等项目，并将调查结果以图表的形式反馈给班组与相关人员，组织小组讨论、大组交流。大家对组织气氛现状有了一个较全面的了解，找出了存在的差距，明确了加强部门间的合作、提高组织归属感是团队建设的关键所在。

③A 班组管理模式现状的力场分析

力场分析法是组织发展工作中常用的有效技法。运用力场分析法可帮助、启发和引导管理人员全面认识分析问题，寻求解决的途径。力场分析法认为，任何处于稳定的事物都处于作用力(动力)和反作用力(阻力)的平衡的力场中，要对一个组织进行变革就必须改变组织现状的这种力场平衡状态。通过增加动力或减少阻力的方法，使现实状态向目标状态推进。力场分析除了能帮助系统分析、全面了解情况外，还注重整个力场分析过程心理因素研究和组织气氛的控制。一个成功的力场分析，既能帮助全面分析问题又能帮助有效沟通、明确目标、团队合作，增强完成任务的责任感。对 A 班组管理模式现状力场分析见表 12-1。

表 12-1　A 班组管理模式现状力场分析

优势(动力)	劣势(阻力)
成员在某些方面已具务一定的技能	缺少经费(活动)
领导重视	对远期目标认识不够深刻
企业政策、企业文化支持工作管理小组	班组工作缺乏计划
生产条件具有一定的优势	生产工人的流动性较大，造成生产技能生疏
班组成员积极性高	上、下级间因工作条件限制缺少交流与沟通
兄弟部门的积极配合与支持	公司近期状况严峻；市场竞争激烈，对公司的前景感觉渺茫
员工已具有一定的紧迫感	班组间的沟通较少
已有较明确的近期目标(降低消耗)	成员的业务技能还不够全面
员工已具备一定的岗位轮训的条件	员工的整体素质较低
	个人目标与集体目标结合还不够
	班组缺少培训

(3)寻求“解冻”的突破口

在做了一系列理论和方法的准备，掌握了“领导能力及行为方式测评”、“组织气氛”、“A班组管理现状”三方面的数据之后，对现状有了一个较全面的了解，这为解冻阶段继续贯彻“行动研究”打下了基础。通过向组织成员反馈这些数据，组织全体成员共同参与、讨论分析数据，共同诊断问题，目的是要找出造成现状和目标之间的关键阻力因素。根据80/20原则，这些阻力在数量上虽然只占百分之二十，但起到百分之八十的影响。

班组成员讨论认为，影响现状与目标最主要的五项差距(阻力)是(按主、次排序)：个人目标与组织目标结合不够；班组缺少计划；上下级的沟通交流不够；工作班组成员缺少培训；班组间缺少沟通。

2.推进阶段

团队建设的“解冻”需要一个过程，尤其在改变人们固有的观念和传统的管理行为方面更不是一朝一夕的事。衡量是否“解冻”的标准是：成员是否激发了变革的动机和紧迫感；摸清现状，是否找到“解冻”的突破口；团队合作是否加强。

经过“解冻”阶段的工作，A班组已有了理论与方法上的准备，已制定了工作目标，团队合作也得到了加强。经研究，双方一致同意将团队建设活动继续推进到第二阶段——“推进”阶段。A班组具体实施已制定的目标：团队建设，降低消耗，提高日产量达到预定目标。

在西方企业，一个成功的班组要经过三到五年的自身建设，期间一般要经历五个阶段：开始阶段；困惑阶段；以领导为中心的团队；紧密团结的团队；自我指导的团队。以开始阶段为例，必须完成可行性论证、目标开发、测定行动计划、选择开发的地点、管理人员与成员开始行动(尤其在培训方面)等。

班组的活动有多种形式。例如：轮流上岗值勤可增强每个成员的组织能力；任务承包责任制有利于班组成员都能掌握生产的全过程；产品质量互检制有利于提高员工的责任感；现场管理巡视制，有利于提高每位成员的管理水平。对此A班组的成员一一探讨，有的已加以采纳并付之行动。

(1)共同制定出班组工作目标

提高工效目标：A产品产量每班达1.4万只；R产品产量每班达1.2万只。

降低消耗目标：原材料消耗降低两个百分点。并拟定具体的实施计划，找出生产线12个质量与成本消耗的控制点。

(2)以(车间)生产案例为引导的“解决问题”培训

根据生产部经理的建议，该项培训以提高“车间设备运转质量”为主题展开。因为生产线运转的速度、设备质量的好坏是影响生产效率的关键因素，全体成员对车间设备工作现状做了认真的力场分析。通过全面分析，大家认识到：设备运转效率不高是影响生产效率的关键因素。分析过程中首先找出在设备管理方面存在的五个关键的阻力,然后将这些问题予以分析归类:A类是本班组的努力可以解决的问题;B类是经过本车间的努力可以解决的问题;C类是经过他人帮助,本车间可解决的问题;D类是由于主客观条件的限制,一时还无法解决问题。

问题的过程主要是通过班组建设会议形式,帮助工作班组成员认清问题和解决问题。活动中通常有外来咨询人员参加,与班组成员一起收集资料、归纳分析、阐明问题,引导班组展开讨论,并结合运用“解决问题程序中的有关技法”,讨论出解决问题的方案(要求2个以上),然后根据大组交流方案,目标管理的要求,下达目标任务书,贯彻执行,之后便是执行后的跟踪评价。下面(表12-2)是车间设备现状力场分析结果。

表12-2 A产品车间设备现状分析

动力	阻力
调换产品由一天减少为三小时,是机修和车间合作努力的结果	为减少次品,应将流水线调到最佳车速;
机修工及时到生产现场;	设备保养上,封口机定期清洗保养制度不完整
机修工技术水平有较大的提高;	对设备的基础管理还不够,操作工对机器的性能不熟;
机修工学习技术的愿望很强;	对操作工人调动频繁,对工作不熟;
操作工学习修机器的愿望与很强;	原材料进厂合格率不合理,造成成品中二等品、废品多
车间、班组的管理水平有所提高;	操作工责任必须加强;
机修部门对车间特别支持,团队精神强;	纸碗的外观尺寸的偏差造成故障;
在增产的同时减少人员;	设备的运转受天气的影响;
班组已初具规模;	停机原因记录不够详细;
设备与车间两主任之间配合好;	断料引起的废品情况虽好转,但仍有发生。
车间主任懂设备,有利于机修人员沟通。	

(3)联系生产实际,开展有关“工效学”理论和方法的培训

“工效学”培训的内容有:生产一线员工如何认识工效;效率与效益、目标与手段的再认识;市场意识与提高工效的关系;作业分析与测定;一次合格率考核;作业标准的制定与改进;投入产出分析等。以上内容为A班组“降低消耗,提高工效,达到上半年的日产量指标”打下了理论上的基础。

(4)加强团队自我建设

A班组已日趋完善和成熟,可以自主制定出工作目标与行动计划,每周定期活动,成员自我变革意识增强,每次活动的主题由班组成员集体讲座决定,班组成员轮流主持工作。如今参与管理的范围已逐步扩大到整个车间,他们参与制定和修订管

理的各项制度、管理生产线12个质量和成本控制点、共同研究如何制定新的工时定额及如何提高生产线的运转速度。

3.巩固发展阶段

对现实的目标、取得的成绩,必须采取措施予以“再冻”,巩固已学过的理论与方法,不断开发自身的变革能力。经过A班组全体成员近半年的努力,日产量的生产效率有了很大提高。

在尝试了“解冻”、“推进”之后,对已取得的成绩如何“再冻”是承上启下的关键一环,这是群体建设的成败所在。“再冻”的核心是对组织内已初步形成的管理观念、行为方式包括在此基础上形成的管理制度、管理规范加以稳定和内化,因为原先的旧观念、旧的行为方式在内外环境的影响下不会轻易退出,还会卷土重来。一个企业的组织变革活动的原动力是人的行为和人际关系。A班组已认识到这一点,并已对此提出新的培训要求,对已取得的成果予以巩固,沿着班组发展的阶段一步一步走下去。

【本章小结】

团队是指拥有共同的目标、工作方法且以此自我约束、对其他队员负责的一小群人。团队是拥有高度自主权、内部没有明确分工、个人之间可以自动协作的一种自我形成、自我管理的组织,或者称为自组织。这种组织可以是一个完全独立的组织群体(称为独立团队);也可以是一个非独立的组织形式(称为附属团队),一个单位内部就可以形成若干个这样的团队。

团队的力量远远大于一群人的简单相加,共同目标、高度信任、团队协作、领袖作用、相互激励的团队才能成就高效的团队。企业强大的竞争优势不仅在于员工个人能力的卓越,更重要的是体现团队合力的强大,这正是高效团队的精髓。一个高效的团队必将是一个有核心竞争力的团队,必将是一个优秀的团队,必将是一个成功的团队。

【习题】

名词解释

团队　质量圈　团队效能感　力场分析法

简答题

1.团队有哪几种常见的类型?

2.简述团队的发展过程。

3.高效团队的核心要素是什么?

案例分析

A 纸制品集团是国内一家大型的纸制品生产厂家，在西南地区处于行业领头羊的地位。它为多家世界顶级食品品牌提供外包装，一直以产品质量和品质领先。但是随着市场竞争加剧，很多小作坊式企业以成本低，卖价低的优势抢走了很多中小企业客户；另外伴随着金融危机的到来，该集团员工也纷纷跳槽，基层新员工流失率在 2008 年 6 月到 9 月之间，竟然达到 90％，离职原因不外乎工作环境差、工资低、班组长的歧视这三个主要方面。

员工流失过快，客户订单不能及时完成，企业高层决策者们绞尽脑汁，找来专家进行问题调研，结果发现问题根源还是在基层班组：

首先，基层管理人员素质问题。主要表现在不公待遇，班组长偷偷给自己帮派的员工多记工时等；其次，老员工的“人言可畏”，对新员工说公司的坏话，不愿意带新员工等；第三，各种制度不健全，管理混乱。

问题：请你为 A 公司设计一份班组建设方案。

第十三章　卓越领导

学习目标

1.了解卓越领导的特征；

2.掌握卓越领导的艺术，并且能够运用到实践中；

3.重点理解和掌握领导决策力的训练方法和途径。

【本章知识结构】

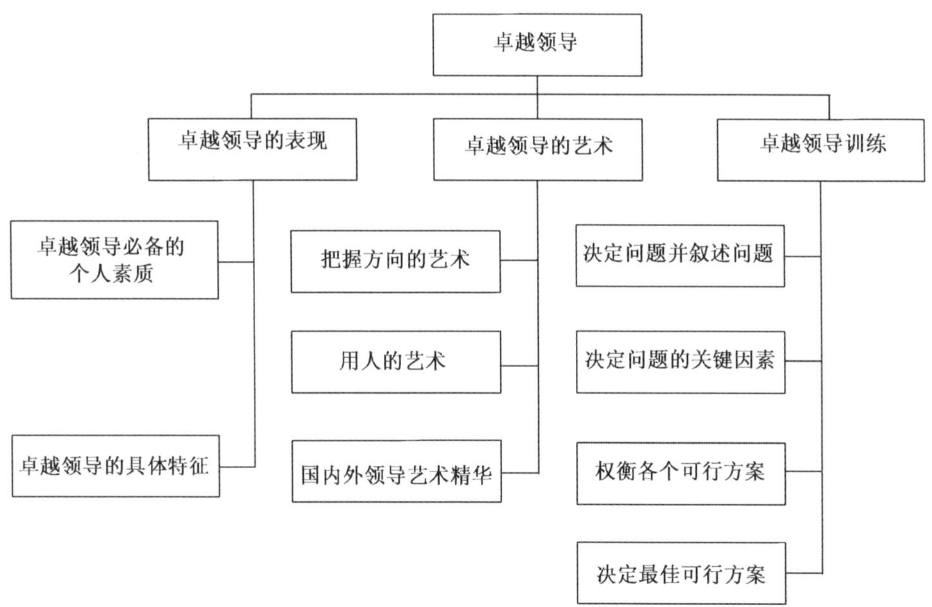

【引言】

第一个在世界赢得尊敬的中国企业家

张瑞敏,1949 年出生,中国科技大学工商管理硕士,高级经济师。现任海尔集团公司董事局主席、海尔集团公司党委书记,海尔集团首席执行官。1984 年临危授命,出任青岛电冰箱总厂厂长,使企业扭亏为赢,年均增速高达 81.6%。

1997 年荣获《亚洲周刊》颁发的“1997 年度企业家成就奖”;1998 年以来,先后应邀登上哈佛大学、瑞士国际管理学院、哥伦比亚大学、沃顿商学院等世界一流大学的讲坛。1999 年被英国《金融时报》评为“全球 30 位最具声望的企业家”第 26 名;2002 年 9 月 6 日,荣获国际联合劝募协会设立的“全球杰出企业领袖奖”和“最佳捐赠者奖”。“2002 年感动中国年度人物”唯一获此殊荣的企业家。

2004 年 12 月 26 日,在青岛举行的“20 年 · 1000 亿 · 世界的海尔”研讨会上,张瑞敏说:“这个题目比较确切地表达了海尔的过去、现在和未来。20 年就是海尔所走过的路,1000 亿是海尔现在达到的水平,世界的海尔是海尔将来必须为之奋斗的目标。世界的海尔,让海尔站在一个新起点上。总结过去,不是欣赏和留恋过去,因为过去属于死神,未来属于自己”。

(资料来源:http://baike.china.alibaba.com/doc/view—d1820417.html)

从技术、生产、市场到各方面管理,从普通员工到高层管理人员,从企业内部到社会各界,张瑞敏以他超凡的领导才能将各种有益于海尔发展的要素都调动起来,为实现海尔人的宏图伟愿发挥着领航员的作用。激烈的竞争和成熟的市场,也使许多企业意识到,它们比以往任何时候都需要更多像张瑞敏这类的领导人才。战争时期政府和军队的领导艺术要比和平时期重要得多,同样,当公司间经济冲突激烈展开时,经营管理中的领导就变得更重要了。

企业成长、经营多样化、全球化和技术进步,这些因素的综合作用使得公司的经营活动变得更加复杂。即使是最好的管理专家,如果没有真正的领导艺术,在复杂的环境中其管理也将不会成功。领导艺术问题对公司整个的经营管理将产生越来越重要的影响。在本章中,我们主要对卓越领导及领导艺术进行学习和探索。

第一节　卓越领导的表现

尼克松在《领导者》一书的开始曾这样说过："有史以来——从古希腊人，经过莎士比亚，直到现代——很少有什么主题能像伟大的领袖人物那样经久不衰地吸引着戏剧家和历史学家。……这些领袖人物们扮演的角色之所以引起人们如此之大的兴趣，不仅仅是因为它的戏剧性，也是因为它的重要性——它的影响。当一曲戏闭幕时，观众们鱼贯退出剧场，回家去继续他们正常的生活；而当一位领袖的生涯结束，降下帷幕时，观众的生活也就起了变化，同时历史的进程也可能发生深刻地变化。"由此可见，领导者的地位与影响是无与伦比的，在领导者地位愈来愈重要的今天，无论是公司、集团、还是团队，领导者都在发挥着不可替代的作用。

一、卓越领导必备的个人素质

相对于造就一批仅能成功管理的队伍而言，造就一批强有力的、能进行有效领导的管理队伍可能要难得多。研究表明，培养一个成功的公司领导者要比培养一个成功的企业经理要复杂得多，尽管后者本身也不是一件容易的事。而要培养一个既能成功管理，又能出色领导的公司管理者就更复杂了。因此了解进行成功领导所需的个人素质及其源泉就显得很有必要。约翰·科特在《现代企业的领导艺术》一书中提出的卓越领导必备素质得到了广泛认可，主要包括以下几点：

1.个人价值观及进取精神

能够公正地评价所有的人和组织；精力充沛，并具有建立在自信心基础上的对权力和成就的追求。

2.能力和技能

【拓展阅读】

好领导要会讲故事

在西方企业管理界，斯蒂芬·丹宁享有"故事大王"的美誉，他不仅善于讲故事，而且极力推崇领导者应通过讲故事的方法提高领导力。在其新作《松鼠公司》中，丹宁讲述了一个松鼠公司运用讲故事而获得成功的寓言。

该书的主人公是一只名叫戴安娜的松鼠，她是松鼠公司的CEO。戴安娜从酒馆老板那里学会了编故事和讲故事的本领，于是组织公司主管在公司内部大讲特讲各自的故事，调动员工积极性，激发企业团队精神，共享最新信息，从而成功地使松鼠公司从传统的松果埋藏企业转型为松果储存企业。

在从事企业管理咨询之前，丹宁曾任世界银行知识管理项目部主任。当时，他致力于把世行变成一个知识分享的组织，为此，他运用幻灯、图表、书面报告等手段，试图让世行官员接受他的观念，但这一切努力都无济于事。后来，丹宁想到了讲故事的办法。1995年6月，丹宁向世行官员讲了这样一个故事：赞比亚卡马那市的一位医生苦于找不到治疗疟疾的方案，最后登录美国亚特兰大疾病控制中心的网站，在很短的时间内获得了想要的全部信息。世行官员听完这个故事，很快就汇集起来讨论知识管理事务，并向行长提交了报告。1996年8月，世行行长在年度会议上宣布，要把世行变革成一个知识分享的组织。

（资料来源：http://www.rs66.com）

思维敏捷，具有相当强的分析能力，良好的判断力，以及能从战略上、全局上考虑问题的能力等；人际交往能力强，能迅速建立起良好的工作关系；感情投入，有说服力，注重对人及人性的了解。

3.**行业及企业知识**

有广泛的行业知识，包括市场、竞争、产品、技术等方面；广泛了解公司情况，公司历届主要领导人及其成功原因，公司文化、历史、制度。

4.**人际关系**

在行业及企业的主要活动中，有很高的声望和出色的业绩，并以此为依托，在行业及政府部门拥有一整套广泛而稳固的人际关系。

二、卓越领导的具体特征

下面我们从思考力、决策力、领导力、组织力和执行力五个方面具体来讲一下卓越领导的特征。

1.**思考力**

对于企业家来说，思想就是力量，思考力就是能力。每一种执行的后面必定有一种理念或思维来支撑和延续着这种执行，并带来可预期或者可控的效果。许多成功的领导，他们首先自己保持敏锐的思考力，高瞻远瞩地思考问题，直接准确地分析问题，才能提出激动人心的愿景与目标，制定出符合企业发展的战略，带领管理好整个团队，推动企业不断向前发展。

【拓展阅读】

并购康柏后的新惠普，其前任 CEO 卡莉因在其任期内的 20 个财务季度中，7 个财务季度的利润未达华尔街预期，公司股价下跌了 55%而被免职。现任的 CEO 马克·赫德仅用一年的时间迅速清除了这些灾难性的影响，并使惠普释放潜能，销售与利润同时上扬，赢得赞誉声一片。他做了什么呢？他只关注和全力做好了经营管理的最基本层面上的两件事：提高效率和控制成本。在卡莉时代，惠普的组织结构过于复杂，销售人员往往需要对每一种产品都要有所了解才敢和客户进行沟通，这样往往导致效率低下，增加不必要的协调成本。而马克·赫德在精简结构后，各个产品线的销售人员只专注于自己负责领域的产品推销：打印部门的销售人员再也不用对服务器的性能做详细了解。这种调整让惠普的产品线更加清楚，客户也会对其一目了然，不但降低了销售成本，而且提高了运营效率。而节省下来的资金又投向了研发、销售等能保持长期发展的业务或者部门中，为提高公司长期的竞争力打下了坚实的基础。

马克·赫德在用人方面也体现了他的精准的思考力。在选拔首席营销官时，马克·赫德先画出一张"技能图"，然后根据这些技能对所有人进行筛选，最后选定了在惠普工作了 26 年的凯西·里昂。在筛选过程中他运用了最基本却常被忽视的逻辑层面，即需要什么就寻找什么。马克·赫德有句名言："好的公司要么善于成长，要么精于效率，而只有伟大的公司才能同时做好这两件事情。"

（资料来源：http://www.p5w.net/job/zcjy/200708/t1179582.htm）

超凡的思考力是卓越领导的特征之一，思考力主要包括两个方面：洞察力和创新力。

（1）洞察力

高度的洞察力是保证组织目标有效实施的一个重要条件。

①洞察发展，转化目标

领导者能否为组织决策、设计建立一个合理有效的发展目标和战略规划，直接关系到组织群体的发展绩效。在组织目标的确立过程中，领导者的洞察力起了关键作用。高瞻远瞩是我们对成功领导远见的赞许，也是对其敏锐洞察力的认可。

【拓展阅读】

本田汽车许多人都不陌生。在世界汽车行业里，每80辆轿车中就有一辆是“本田”牌的。但使本田公司取得引人瞩目的成功、从而扬名天下的却是本田摩托车。本田摩托不仅在日本国内是龙头老大，在世界上也是首屈一指。这一切，首先应归功于它的创业者本田宗一郎。

本田的发展历史并非一帆风顺，同样存在着目标的选择，决策的风险。以70年代初为例，当时本田摩托在美国市场正畅销走红，本田宗一郎却突然提出了“东南亚经营战略”，倡议开发东南亚市场。此时东南亚因经济刚刚起步，生活水平较低，摩托车还是人们敬而远之的高档消费品，许多人对本田宗一郎的倡议迷惑不解。本田拿出一份详尽的调查报告解释说：“美国经济即将进入新一轮衰退，摩托车市场的低潮即将来临。假如只盯住美国市场，一有风吹草动便损失惨重。而东南亚经济已经开始腾飞。只有未雨绸缪，才能处乱不惊。”一年半后，美国经济果然急转直下，许多企业产品滞销，库存剧增，而在东南亚摩托车开始走俏。本田公司因为已提前一年实行创品牌、提高知名度的经营战略，此时便如鱼得水，公司非但未遭损失，还创出了销售额的最高记录。

（资料来源：http://www.hxrc.com）

许多成功的领导人正是在洞察市场变化，研究其发展规律的基础上，准确把握目标和发展方向，从而引领市场潮流并抢先占据有利地位，使组织立于不败之地。

②洞察人性，激励成员

日本京都陶瓷的创立者稻森胜夫认为：“不论是研究发展、公司管理或企业的任何方面，活力的来源是人。而每个人有自己的意愿、心智和思考方式。如果员工未被充分激励去挑战成长目标，当然不会成就组织的成长、生产力的提升和产业技术的发展。”

现代组织的领导者，需要更多地关注组织成员精神的需求，并对其成长要素、个性特点、价值取向、性格优势等因素有所洞察和了解，充分认识和理解个体差异性，并在尊重的基础上，因势利导，采取一定的激励手段激发工作热情和对组织的认同感，实施积极的领导。

③洞察变化，利导冲突

组织系统是随时可能变化的，从稳定到不稳定，从不稳定到稳定，各种变化冲突都是难免的。成功的领导者应具有对环境的敏感性，随时关注冲突发生的可能，洞察其内在原因，预测可能发生的结果，控制和减少不良冲突的产生、激化，解决冲突所暴露的问题；同时，力图掌握冲突可能带来的组织不均衡，并利用冲突所激发的创造力，强化正面作用，降低负面损失。

自从第一次能源危机后，日本汽车就开始在号称汽车王国的美国大展雄风。省油、价廉、耐用、售后服务好成为日本车横扫北美市场的利器。全世界规模最大、市场占有率最高的通用汽车，营运和获利都大幅下滑。面对恐慌，通用汽车公司的董事长罗杰·史密斯开始进行一项破除官僚组织与劳资结合的改革计划，称为土星计划。他认为事已至此，要击倒日本，就必须加入他们的行列。他首先力排众议，和本田进行合作。第二步就是破除官僚化且无效率的层级组织，改变工序控制，实行生产设备在科技上的高度整合。最后，就是劳资结构的重整，要求劳资双方一起工作，共同决策，盈亏均沾，资方不得任意遣散劳工，劳工不得动辄威胁罢工。这些改变使公司脱胎换骨，终于扭转乾坤，再创生机。

组织发生危机时，各种冲突可能激化，此时领导者引导和操作变革的方法和手段更能显示领导者的洞察力和驾驭水平。

(2)创新力

当今世界正在进行着有史以来前所未有的巨变。要想让变化变为机遇，我们必须不断地从事创新。从某种意义上讲，领导力就是创新力，而创新也正是企业家的精髓。

表 13-1　2009 年最具创新力公司 TOP5

排名	1	2	3	4	5
企业名称	华为技术	腾讯	中兴通讯	比亚迪	百度
领导人	任正非	马化腾	侯为贵	王传福	李彦宏
典型创新事件	全球第三大通讯设备制造商。光通讯设备第一大供应商，国内第二大 TD－CDMA 供应商。2008 年全球专利申请数为 1737 件，是全球第一大国际专利申请公司。2008 年，华为 GSMR 通信技术为代表的“大秦铁路重载运输成套技术与应用”项目，获得国家科技进步一等奖。	申请专利超过 1800 项，获得授权专利 300 多项，投入开发了电子平台，来支持公司内部专利的管理流程，门户网站腾讯网成为全国最大门户网站，并利用世博会独家互联网合作伙伴的身份，在 2009 年进行了一系列具有公益性、创新性的品牌推广活动。	国内 3G 网络市场份额最大的供应商，拥有 40% 的 CDMA，35% TD－SCDMA 和 21% 的 WCDMA 份额，2009 年建成节能效果为 39%的绿色通讯网络，建成全球首个以 ALL－IP 软件无线电技术为基础的通讯网络，在 TD 方面，中兴通讯的研发人员超过 3200 人。	已建成西安、北京、深圳、上海四大产业基地，乘用车产能有望突破 100 万辆，在整车制造，模具研发、车型开发等方面都达到了国际领先水平，依靠锂离子电池的技术优势，2008 年推出全球首个不依赖专业充电站的新能源汽车比亚迪 F3DM 双模电动车。	每年投入 1/3 营业额在研发上，每天有 30 项技术创新，推出老年搜索、盲道搜索以及农村信息化方面的创新项目，致力缩小数字鸿沟，2008 后 8 月与和讯结盟，共同打造百度财经频道，2009 年投入 5000 万举办“全国大学生乡村信息化创新大赛”，联合大学生群体推进中国数字化乡村进程。
创新力指数	138.681	134.136	133.568	132.662	131.755

(资料来源：http://huicheng2008.blog.hexun.com/40097789_d.html)

2.**决策力**

领导就是决策,不能决策就不能做一个好的领导者。决策是一个过程,它包括决策研究和决策行动两个方面。通俗的说,就是“谋”和“断”两个方面。决策研究是智囊团的职责,集中体现在“谋”上,而决策行动是领导者的职能,集中体现在“断”上。“谋”与“断”是有联系的,多谋才能为善断创造条件,但“谋”不能取代“断”。经营决策成功,还可以使企业避免倒闭的危险,转败为胜。

3.**领导力**

(1)人格魅力

领导者的人格魅力,是位于领导者权力影响之外的、能让下属和群众敬佩、信服的一种自然征服力,是领导者为官立业的根本。从一定意义上讲,“领导”就是领导者人格魅力在管理过程中的作用,是领导工作成败的关键所在。

(2)影响力

如果说传统意义上的领导依靠的是权力,那么现在的领导则更多的是依靠影响力。领导者的影响力是由权力性影响力与非权力性影响力所组成的。

权力性影响力强调命令与服从,而非权力性影响力则强调顺从与依赖。非权力性影响力更多地属于自然性影响力,表面上并没有合法权力那种明显的约束力,但实际上它常常能发挥前者(权力性影响力)所不能发挥的约束作用,主要成分包括品格因素、能力因素、知识因素和感情因素。

(3)知人善用

优秀的领导者,总是能带领团队成员越过一个又一个的巅峰,创造一个又一个新纪录。分析起来,优秀的领导者除了有前瞻性的眼光,另外一个重要特质是能知人善用。

在组织管理中,领导者必须知员工长短,才能善用其才。一个有智慧的领导者,在用人的时候既善用人长,又善用人短。很多时候一个优秀的人才往往是优缺点一样突出,如果只是盯着其缺点不放,人才就会流失。所以发现人才不仅需要明察秋毫,更需要独具一双慧眼。

4.**组织力**

(1)控制

领导控制力是一种综合能力,具体体现为:领导通过确定和塑造价值观、倡导和制定规范、选拔和监督干部、预防和解决冲突、处理和利用信息来保障组织依照既定目标发展,进而实现组织目标的能力。

【拓展阅读】

美国肯德基国际公司的子公司遍布全球60多个国家,达9900多个。然而,肯德基国际公司在万里之外,又怎么能确保他的下属能循规蹈矩呢?

一次,上海肯德基有限公司收到了3份总公司寄来的鉴定书,对他们外滩快餐厅的工作质量分3次鉴定评分,分别为83、85、88分。公司中外方经理都为之瞠目结舌,这三个分数是怎么评定的?原来,肯德基国际公司雇佣、培训一批人,让他们佯装顾客潜入店内进行检查评分。这些"特殊顾客"来无影,去无踪,这就使快餐厅经理、雇员时时感到某种压力,丝毫不敢疏忽。

(资料来源:hrbooks.giga—tv.com)

在很多企业,员工与老板经常打游击战,关键问题在于缺乏行之有效的完善制度。如果建立了一套完善的制度,让员工意识到,无论任何时候,都须一如既往地认真工作,那么,底下的员工就不会钻空子了。

(2)激励

世界500强的企业在选拔CEO时,除了考察其经历、知识和其他能力之外,激励能力的高低往往是一票否决的指标。领导者不单要自己干得好,更为重要的是要使下属干得好。通过激励来提高员工的士气、调动员工的工作积极性是组织绩效的重要保证。因此,领导者激励能力的高低也是领导水平的综合体现。

(3)沟通

完美的领导者用约70%的时间与他人沟通,剩下30%左右的时间用于分析问题和处理相关事务。有沟通才有成长,良好的沟通力是一个领导者的品质和能力的体现。良好的沟通能力是卓越领导力的桥梁和翅膀,在准确传达领导者意见、要求、决策的同时,也广泛传播了领导者的影响力。

5.**执行力**

执行力是决定企业成功与否的一个重要因素,也是现代企业增强核心竞争力的源泉,执行力既反映了企业管理层领导的观念、素质和心态,也反映了企业的整体素质,是连接企业战略决策与目标实现之间的桥梁。

要成功执行决策,领导者必须对企业的营运、人员与环境有完整的了解;唯有透过领导人亲自深入参与执行的实质面,甚至某些细节,才可能让执行力展现出来。

以罗兰·贝格咨询公司为例,凡与其总裁罗兰·贝格打过交道的人都知道,他不会忘记任何事情,哪怕是一件小事。他每天都接触大量的各色各样的人物,每一件需要自己和别人做的事情他都会用录音机记下来,让秘书打出并发放给相关人员。同时,他会在每一份“内部备忘”上标明时间,到了这个时间,秘书就会把这个“内部备忘”重新放在罗兰·贝格的案头。罗兰·贝格常常将自己比作一支球队的教练,而教练的主要工作应当是在球场上完成的,他应该通过实际的观察来发现球员的个人特长,只有这样才能为球员找到更好的位置,将自己的经验、智慧和建议传达给自己的球员。

卓越领导力渗透于企业每日的经营管理中,只有亲身参与到企业运营当中,才能拥有足以把握全局的视角,并且在必要时做出正确的决策。

第二节 卓越领导艺术

领导艺术是领导者在一定的知识和经验的基础上形成的,是非规范化的、有创造性的领导方法、方式、技能等的操作性综合。它表现为领导者创造性地灵活运用已掌握的各种知识和方法,具体分析各种复杂因素,妥善解决领导工作中实际问题的综合能力,它贯穿于整个领导过程和领导活动的各个方面,跟领导方法一样,存在于每一个领导行为之中,直接影响领导效果。有多少种领导行为就有多少种领导艺术,如决策艺术、用人艺术、指挥艺术、沟通艺术、协调艺术、激励艺术、批评艺术等等。本节中主要就把握方向的艺术与用人艺术展开具体探讨。

一、把握方向的艺术

1.战略思维的艺术

李嘉诚作为商界传奇,其成功因素取之不尽。以李嘉诚的领导艺术而言,他符合了成功企业家的各种条件:有智能、注重人际关系网络、性格成熟、追求成功、社会阅历丰富、有远见和高度的自我激发能力、信任下属、逆境中保持冷静、愿意接受反对意见等。1973 年,香港出现有史以来最大的一场灾难,恒生指数由一千七百多点下跌至一百五十十点。股价大跌使地价也同时受到拖累,亦出现下跌。但李嘉诚毅然不断地购入地皮,之后香港房地产业飞速发展,使长江实业成为香港最有实力的地产发展公司。

上市近 20 年屹立不倒,而且终于熬成老大的,放眼中国股市,惟王石一人。对资本的认识,恐怕没有人比王石更深刻。1983 年,王石做饲料生意,香港那边突然传出鸡饲料有毒,导致玉米饲料卖不出去压在手里。巨亏后,王石痛定不思痛,再向玉米行。因为香港那边不收购了,北方产区的玉米更不值钱了,王石“就不信香港那边再也不吃鸡”,开始大量收购玉米。当冒险买回的饲料还有两天到深圳的时候,香港澄清说饲料没毒，鸡也没毒。此举让王石大赚，为其以后的业务积累了原始资本。

李嘉诚的商业嗅觉，王石的玉米传奇——从这些实例中，我们不难发现，卓越的领导者，战略思维是必备的。战略思维首先是一种全局性思维和整体性思维，它与全局和整体密不可分。只有胸怀全局、立足全局和着眼全局，才能发现并抓住影响全局的重大问题，制定正确的战略和策略。古人云："不谋全局者，不足谋一域"，"善谋者，谋势；不善谋者，谋子"都是讲的这个道理。"子"就是局部；这里的"势"就是总体布局和态势。没有全局在胸，就不会真的投下一着好棋子；没有全局意识，不可能做出正确的战略谋划。

2.描绘愿景的艺术

作为一个领导人，要能够对自己的下属施加和产生影响，第一件要做的工作就是为下属制造并不断强化一个梦想，而且这个工作的前提是领导人自己首先要拥有一个更大的、作为指导方向的梦想。因此可以说，一个人是否具备造梦（或者说愿景）的能力是其能否成为领导人的重要标志。

领导者用愿景传递的是一种信念和价值观。目标和愿景的作用是不同的。目标可以被衡量、被评估，做不到就该下台，没有商量的余地。人们会厌恶整天谈的都是量化的东西，于是领导者必须要学会将目标改变成愿景。愿景是允许做点白日梦的。现在做不到，以后就朝这里下工夫，总有出头的一天。例如：要成为全中国最大的电器城，现在苏宁、国美都在朝这个愿景努力；也有公司的愿景是成为中国最大的网络书店，例如当当网、卓越网等。

但愿景还有一个要件，就是要找到深层的需要与价值。企业要有核心价值，才能永续发展，"核心价值"就是"企业必要且持久的信念，需要外界评断，而且经得起时间考验的指导原则"。

3.做事先做人

做事之前必须学会做人，学做人时必须先学会怎样去尊敬别人，不懂得尊重别人的人永远不会成为一个好的领导者，同时也不会得到别人的尊重。只有平等待人、平易近人方能得到别人的敬仰，激发其潜力，让人觉得努力付出是值得的。其实工作有许多时候不是用金钱来衡量的，而在于心情、心境，在一个愉悦的环境中工作，就是苦点累点心里也是甜的。

二、用人的艺术

1.知人善用

根据马斯洛（A.H.Maslow）的需求层次理论，结合企业现状，我们发现，下属对领导者的期望和要求，按照由低到高的顺序排列，主要有四个层次，以下分别针对每个层次的特点，为领导者提供不同的用人策略：

(1)追求安全型

期望领导者公道正派，光明磊落，不整人，不落井下石，不嫉贤妒能，不把下属当“替罪羊”抛出去，并勇于为下属承担责任。应该说，这是每个下属对领导者的最起码的期望和要求，因而属于最低层次的心理需求。

策略：在适当时机、适当的场合，采取适当的方式方法，对偶犯过失的下属公开表示谅解和袒护，以此来满足多数下属追求安全的心理期望，增强大家的安全感。

(2)追求温暖型

期望领导者能关心自己的疾苦，及时帮助自己解决生活和工作上遇到的各种困难，为自己提供起码的工作条件和生活条件。显然，这属于下属的较低层次的心理需求。

策略：在力所能及的范围内，尽可能帮助下属解决生活和工作上遇到的各种困难，并使这一项工作规范化、制度化(包括指定专人负责抓好这项工作)，在必要的时候亲自出面，以此来满足多数下属追求温暖的心理，使大家感受到组织上的温暖。

(3)追求信赖型

期望领导者能够充分理解自己，信赖自己，放心地让自己参与各种重要的组织管理活动，把一些比较重要的工作交给自己，经常听取自己提出的合理化建议，并能够对自己说一些知心话。显然，下属对领导者的这一期望和要求，并非人人都能得到满足，它已经属于较高层次的心理需求了。

策略：有意识地让一些素质较好的下属参与一些重要的管理工作，经常征求他们的意见和看法，并在不出格的前提下，跟他们说一些知心话，以此来满足部分下属追求信赖的心理，有效地激发他们的积极性和创造性。

(4)追求事业型

期望领导者和自己情趣相投，思想一致，能够为自己获取事业上的成功提供条件，甚至期望领导者在必要的时候能让自己承担一定的决策风险。不难看出，这是少数雄心勃勃的下属最高层次的心理需求。

策略：为少数德才兼备、确有成才希望的下属开辟道路，以此来满足他们追求事业的心理需求，使他们尽快成才。

需要指出的是，作为一位卓越的领导者，要获得理想的赢心效果，并且将这种理想的赢心效果长期保持下去，使下属由衷地信任、敬佩和拥戴自己，只有一个办法，就是“以己之心，换人之心”。

合理使用人才，还要注意善用人才的长处。一个聪明的领导者，必须掌握科学地使用人才的方法。如下面案例中的老总，懂得用人所长。另外还要在扬其所长、抑其所短的同时,把握住人才长处与短处相互转化的时机。知人善用,知就要知每个人的长处与短处,知每个人的特点,知每个人的心理追求;善就应善在正确对待人才的过错,善在能够合理运用人才的长处。

【拓展阅读】

老总带着三名中层管理人员到一座海内名山游玩。这三名下属都是人中俊杰,老总的得力干将。行到山脚,老总自己坐上缆车,笑呵呵地对三名下属说:“你们就爬山吧,比比谁的脚力好。记着谁拿到第一,我可是有奖励的哟!”

三名下属彼此对望一眼,都笑了,比就比吧,正当壮年,谁怕谁啊,就当是锻炼身体吧。山鸟啾啾,溪水潺潺,三个人朝着青石山道奋力攀登起来。

一个小时后,第一个人登上了山顶,老总正对着云山苍苍,一脸沉静地吸着烟。老总抬起手腕看看表,欣慰地笑了:“一小时十五分,你的效率就是高啊!我真没看错你!”老总递给他一根烟:“把你的数码相机给我看看。”老总打开他的数码相机,里面空空如也,满山秀美的风景居然一幅都没有留下。老总语调深沉透着遗憾:“可惜,你太执著了,这样容易急功近利啊!”

半个小时后,第二个人上来了。老总打开他的数码相机,只见里面静静地躺着二十几张风景照,全是这座山上的名胜,光与影的配合相当不错。老总一展眉头,哈哈大笑:“你懂得欣赏!”

又过了半个小时,第三个人姗姗来迟。老总打开他的相机一看,一百多张照片,张张美轮美奂。老总拍拍他的肩膀,一声轻叹:“你还是这么贪玩。”

一年后,老总退休了。第二个人被任命为总经理,第一个人被任命为集团里唯一的副总。第三个人原地不动。若干年后,集团在他们俩人的领导下,稳步推进,逐渐发展壮大。老总登山识人的故事也传为美谈。

(资料来源:www.chinavalue.net)

2.激励的艺术

卓越的领导力是一种相互凝聚的爆发力,不是一个人、一个职位或一个项目的力量,而是领导者与追随者相联系时所发生的相互力,在相互作用中,团队的潜力爆发出来,成为推动团队前进的能量。领导力的产生过程类似于化学反应,即领导者好比媒介物,通过一连串化学变化,激活团队潜在的各种能量,同时也激发出自身能量。卓越的领导者更要激励这种互动的产生,以下所讲的就是在激励中的领导艺术:

(1)先激励自己

领导者自身应该养成积极的心态，不断激励自己为理想而努力奋斗。强烈的自我努力是成功的先决条件，这种力量可以是出自于外力的激励，也可以是出自于内力的自我激励。企业家经营之初，尤其是搞生产项目，技术往往是一大难关，取得一项技术可能要经历一番磨难；当然不乏靠买技术、买专利成功的实例，但对靠自己发明技术闯入经营领域的企业家而言，由于缺乏资金、设备、人才，往往会遇到意想不到的考验，这就需要以超人的承受力面对这一切。

(2)宽容——心胸宽广，大智若愚

正所谓“水至清则无鱼”，凡事物极则必反，领导者对于战略性的事要严责，但是对待更多的情况则需要表现出大度和宽容，中国的古训“不痴不聋不为家翁”也正是这个道理。在领导下属的过程中，领导者对下属所犯的错误应该要宽容一些，因为其错误正是在成长过程中尚不成熟的表现，及时发现是可以改正的，应该予以理解和包容。

(3)尊重、爱护下属——从细节里见真情

正所谓“希望别人怎么对自己，自己就应该怎么对别人”，下属对于领导者的忠诚实际上是来源于领导者本身的感召。因此，要实现对下属的良好领导，就必须在大事小节之中体现出对其充分的尊重。只有尊重了别人，才能期望得到别人的尊重。

领导者在与下属的相处过程中，将心比心是至关重要的，只有领导人照顾员工，员工才会照顾公司。因此，组织的领导者应该在尽可能多的细节小事上体现出对下属的关心与爱护，这样才能使得团队形成凝聚力和向心力，实现共同的成长。

3.沟通的艺术

沟通是双向的行为。要使沟通有效，双方都应当积极投入交流，当员工发表自己的见解时，管理者也应当认真地倾听。积极的倾听应当是接受他人所言，而把自己的意见推迟到说话人说完之后。在倾听他人的发言时，还应当注意通过非语言信号来表示你对对方说话的关注。如果员工认为你对他的话很关注，他就乐意向你提供更多的信息；否则就有可能把自己知道的信息怠于向你汇报。

(1)利用好肢体语言

研究表明，在面对面的沟通当中，一半以上的信息不是通过词汇来传达的，而是通过肢体语言来传达的。要使沟通富有成效，管理者必须注意自己的肢体语言与自己所说的话的一致性。比如，你告诉下属你很想知道他们在执行任务中遇到了哪些困难，并乐意提供帮助，但同时你又在浏览别的东西，这便是一个“言行不一”的信号，员工会怀疑你是否真正地想帮助他。

(2)利用好非正式沟通

管理者应当在工作中充分利用好非正式沟通的正面作用。非正式沟通轻松随意，对缓解工作压力、增进人际关系大有好处。组织管理者可以有意识地创造机会，在组织内部正确引导非正式沟通，从而使上下级之间或同级之间有更多的机会相互了解、沟通，最终使组织能够健康发展。

另外，组织管理者可以在组织内部适当培育和利用非正式沟通渠道。当组织做出涉及员工自身重大利益的决策时，可以事先通过非正式渠道将这一消息传递出去，以观察员工的反应，同时收集相关的信息，为最终决策提供依据。这样就在无形中把员工纳入到了决策的制定过程中来，使他们对新政策有了更多的了解，同时也对决策的制定产生了一定的影响。

三、国内外领导艺术精华

1.约翰·艾达尔的领导艺术模型

约翰·艾达尔(John Adair)于20世纪六七十年代期间在萨里大学工作时创立了领导艺术的行为模式，他认为领导者必须具备某种特征、素质、能力和才能，并在行动中体现出来。但他又强调工作和团体的重要性，这也是这一领导艺术模式的主要风格特点(见图13-1)。

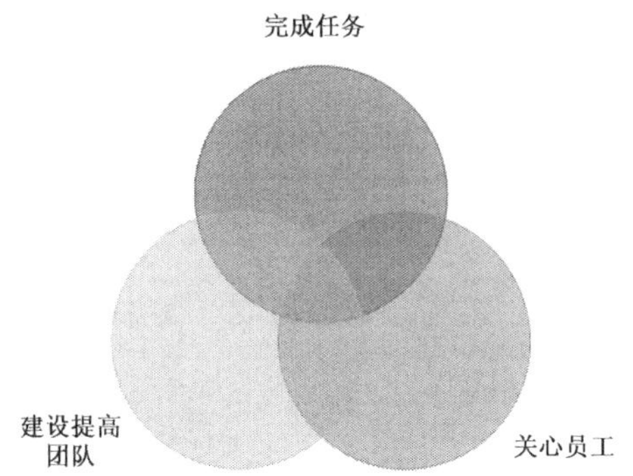

图13-1　约翰·艾达尔领导艺术模型(Action Centred Leadership Model)

领导者应致力于完成任务、建设团体和关心每个成员，而三者之间必须达成一种平衡关系。一个领导者，如果只把注意力放在任务上，全力以赴地制作生产计划，却忽略了对工作团体的培训、激励和鼓舞，常会遇到不能协调一致和机能失调的问题。领导者如果只致力于激发团队精神，却忽略了员工，使其得不到最大的参与度和责任度，就会使其缺乏真正的成就感。

2.“无为而治”的领导艺术

老子正是认为治国安民，要反对“有为而治”，而主张“无为而治”。在他看来，“为无为，则无不治”，老子把“无为”看作圣人“取天下”和“治天下”的手段。根据道家的观点，在自然无为的状态下，事物就能按照自身的规律顺利发展，人、社会亦是如此。

老子《道德经》中有这样一段话：“太上，不知有之；其次，亲而誉之；其次，畏之；其次，侮之。信不足焉，有不信焉。悠兮，其贵言。功成事遂，百姓皆谓‘我自然’。”用现代管理思想和领导科学来解读，这段话可以理解为：最好的领导者，是能够创造环境，提供帮助并不需行使权力的人；第二类领导者是让下属亲近并赞誉的人；第三类领导者是让下属畏惧的人；最差的领导者是让下属牵着鼻子推动工作的人。领导人不能建立信任，下属才有不信任感。最好的领导人不在言多，不在令多，事情成功后，人们说这是很自然的。由此可以看出，“无为”并非要领导者什么事都不做，而是要领导者在工作中有意识地授权、放权，把权力交给人民，让每个人能充分发挥积极性、能动性去做自己分内的事。

无为，不是不为，也不是无所为，而是要领导者有所为，有所不为。“为”的最高原则是“为无为”。“为无为”是这样的一种“为”：在不该为的时候就不为，在该为的时候就要为。这是一种恰到好处的造诣，它体现的是尊重事物自然而然的发展趋势，也是最智慧、难度最大、效果最好并且最自然的一种领导方法。因此，老子所讲的“无为”不是消极等待，毫无作为，而是以“无为”的态度去“为”，“无为”只是一种手段，最终要达到“无不为”的理想境界。随着组织规模的发展与壮大，社会复杂程度的不断加深，领导者越来越多地陷入各种纷繁的事物中不可自拔。实践证明领导者的过度干涉只会物极必反，致使整个组织和社会陷入僵化和混乱之中。因此，现代的领导者必须按照科学的方法去“为”，在工作中要抓主要矛盾、抓中心、抓关键。

本节的最后，我们还需了解领导艺术并不等同于领导方法。领导方法是在长期的领导工作的实践中形成和发展的，并且又回到实践中接受检验和发挥作用，它有一定的时代性、条件性和规范性；领导艺术不仅与领导者的实践经验有关，而且与领导者个人的素养、风格等密切相关，它是将领导方法加以熟练、巧妙运用的结果，具有更多的非理性。

第三节　卓越领导训练

本节是以一个案例为出发点，以决策力训练为主导，其中穿插洞察力训练等来讲述领导力的训练，以便读者对领导力训练有一个深入的了解和把握。

在某公司中有一位优秀的工程师，在过去的5年中，他不但技术好，凡事具有创意，而且忠诚可靠。可是最近几个月来，他的顶头上司发现，他自己创了一份事业，利用晚间和周末时间来做，而且生产和出售与公司相同的产品。

几个月来他的顶头上司都未采取行动。他认为这个工程师的这份事业不会有多大的出息，他很快就会失去兴趣。不过有一天，这位顶头上司发现，这位工程师开始在上班的时间利用公司的电话为他自己的事业购买原料。

这位顶头上司立即责备他，随后向公司领导提出了报告。领导于是给这位工程师一份书面通知，要他停止这项事业，否则他应该辞职，并限他30天内决定。

30天以后，他的顶头上司又当面问他是否结束掉了，工程师回答说，他和朋友谈过，也问过有关部门。他表示他用不着辞职或是结束自己的事业，他的理由是他已做好分内的工作，在外的事业并未妨碍他的工作。同时，他事业的规模很小，对公司也不会造成任何伤害和威胁。另外，他并未利用公司的资源，和公司也没有经济上的来往，他利用业余时间做自己的事，跟公司没有一点关系。

这位顶头上司把他与工程师的谈话，据实向公司领导做出了报告。很明显，现在公司遭遇到一个难题。听到他的顶头上司如此说，假若你是这家公司的领导，你会采取什么行动呢？

一、决定问题重点并叙述问题

1.收集大量的信息

要弄清楚问题的重点首先就要搜集信息，以便对问题进行全面系统而准确的了解和把握。资料不经过分析、整理、查证是没有用的，事实上整理分析工作是需要训练的，公司里的人给你的资料不一定是好的、有用的，需要你不断地进行整理补充。

2.多思考

洞察力是在足够的知识基础上，经过苦思而形成的。在思考的过程中，也要注意以下几个事项：

①纵观全局，协调一致。

②深谋远虑，不拘泥于过去和现在的状况，而是着眼于未来的发展。

③深思熟虑，预防不测。

3.注意细节的变化

天下难事，必作于易；天下大事，必做于细。细节，如同沙粒、水滴，被有心者积攒、汇聚，便可成为大漠、江海。细节之中蕴涵的往往就是决定成败的玄机。一些优秀的领导者，往往是在一些细节小事上面，洞察到别人未曾留意的事情，也是因此而判断,并由此大胆地推断。留心身边的小事情,从中发现一些别人不易察觉的端倪,在出现问题前就发现问题,并及时解决。

4.注意事态的发展变化

关注事态的发展与变化,要知道任何事物都是持续发展的,随时关注与自身相关的一些事态的发展,也是提高对问题重点的洞察能力的好方法。

5.辨识以及描述问题的重心

①注意不要受那些次要问题重心的混淆。

②不要将一个问题的症状看成是问题本身。"利润降低"是一个症状,但重心是为什么利润会降低。

③描述问题要避免用"非此即彼"的词句。除非我们目前遭遇的问题只有两个可供选择的行动方案:是不是要开除他。

④在你经过研究分析后,发现描述不够仔细,你要不厌其烦,再重新写过。甚至是在发现先前有错误时,不惜改变问题重心。

二、决定问题的关键因素

1.客观事实

①在问题发生前的5年当中,这位工程师表现优异、负责。

②他本身事业的产品和公司的产品相同。

③他的顶头上司知道这件事,但有几个月未采取行动。

④这位工程师被发现利用上班时间从事私人的业务。

⑤你以书面通知他结束自己的事业或者辞职。

⑥他声明他不辞职也不结束他自己的事业。

2.可能的假设

①正如他所说的,他的朋友和有关部门都支持他的立场,你若开除他,他可能向有关部门提出诉讼。

②正如他所说的,他和本公司没有金钱上的来往。

③他事业目前的水准对公司不会造成伤害和威胁。

④如果你要求,他会同意不再利用上班的时间做他自己的生意。

⑤目前公司的政策并不特别禁止员工兼营事业。不过彼此的利益仍然有所冲突,包括从公司工作得到的拥有感、机密等等。

⑥这位工程师在公司并不是主要角色,他离开公司不会造成直接的负面影响。不过如果众人认为开除他不公平,会影响到公司员工的士气。

三、权衡各个可行性方案

1.解决的行动方案

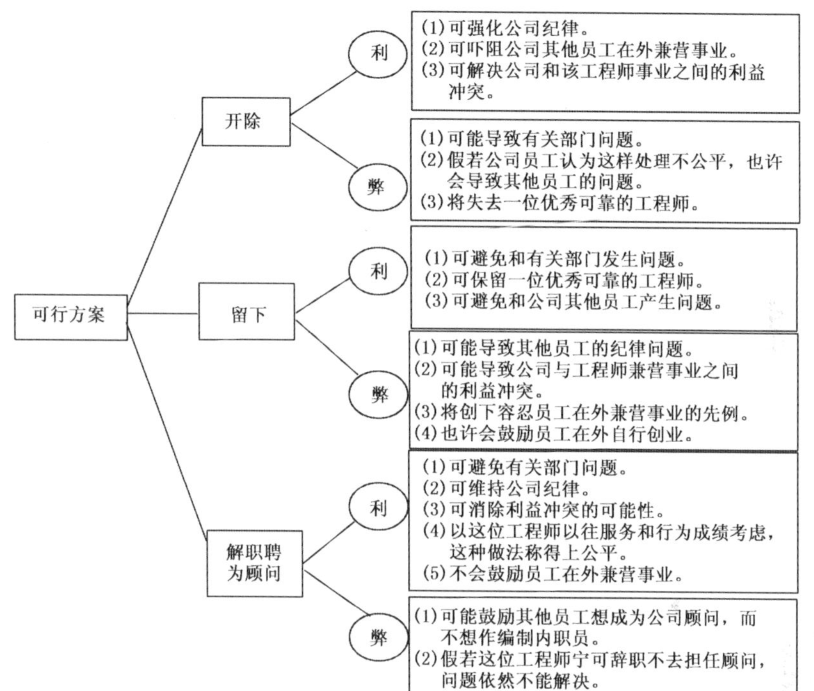

2.方案权衡的心态

【拓展阅读】

吸引追随者的秘诀

当众公开表扬，私下里批评。当你在众人的面前表扬别人时，这会使他得到一种心理上的巨大满足，这种满足是人人都需要的。当你在批评他人的时候，私下进行最好，这样可以避免损伤别人的自尊心。不顾别人的面子而当众批评他人，多数会招致别人的反感情绪。

多抽出时间来和你的属下沟通、交流，这样他们会觉得你是重视他们的。同样，他们也会很欣赏你的这种做法，当然就注意你，看重你的领导。留意关心你的部下，多创造一些接触的机会，他们会觉得你很平易近人，也欣赏你的务实，最重要的是他们会觉得你是值得信赖的。你与属下的倾心交流，将会大大激发他们的工作激情，而且这种情形会产生一种良性循环。有许多的人都有这样的体会：他们很在乎与"老板"的交流，常常把同自己的"老板"谈话看成是一件很荣耀的事，并且还专门提出来以示自己是受重视的，他们会经常这样说："昨天老板告诉我……。"

在你领导的工作中，还应当有引起一点竞争、比赛的机制，这样可以活跃气氛，增加工作的兴趣和挑战性，这是符合人的天性的做法，没有竞争就没有生命力，这是个千真万确的道理，你切不可忽视这个重要的手段，如果你运用得当，将会助你一臂之力，使得你在领导的道路上走向辉煌！

（资料来源：www.ceres.org）

(1)信赖是相互的，没有人会相信一个不相信别人的人。所有不信任的表现都将影响组织的发展，更为重要的是，这样的不信任将严重影响组织目标的实现。

(2)领导者要有一股用尽天下之才、天下之利的气度：对异己的包容，对陌生的人与事物包容，对不如己者的包容。领导者的胸襟应该像大海一样宽广。领导者不同于普通人的地方就是他是追随者的希望与期待。

最后从分析比较中归纳出以下几点：所有的可能行动方案都有缺点；要求这位工程师辞职，但聘请他为顾问，继续为公司提供工程上的服务；假若他不肯辞职，那就开除他。解决办法要向这位工程师说明，告诉他事情要怎么办，这对双方都很公平；同时尽快制定一项管制员工在外兼营事业的正式政策。最后，这是唯一可行的解决方案，没有重大的负面影响：即要求这位工程师辞职，然后改聘为顾问。

四、决定最佳可行方案

假若前面的工作做得正确，最佳解决方案就已非常明显——要求这位工程师辞职，改聘他为顾问。

上述问题描述了一个决策过程，决策是领导者综合素质的体现。只有看问题全面、透彻、深刻，决策果断、正确的领导者，才能够称得上是一名优秀的领导者。决策时领导者的技巧还有哪些呢？

1.运筹帷幄,决胜千里

(1)策略性的目标设定

立定标杆、全力以赴。比如射标,一定要有一个靶,才会射中标的。同样的,人生若没有目标,只会任由环境影响,而非自己影响环境。

目标设定的7个步骤:

A.先拟出期望达到的目标

B.列出达到目标的好处

C.列出可能阻碍达到目标的障碍点

D.列出所需信息

E.列出寻求支持的对象

F.订定行动计划

G.订定达到目标的期限

(2)行动

不付诸行动的决策是无效的,将决策转化为行动,决策者必须先在脑海中回答出以下几个问题的答案:"决策应该传达给哪些人?"、"采取何种方式来传达?"、"由谁发起这些行动?"、"怎样组织才能让执行者顺利完成自己的任务?"。第一个问题和最后一个问题常常容易被领导者所忽视。

(3)明确定义问题

了解问题的真正所在,才能做出正确的决策,否则不仅无法解决问题,而且可能产生新的问题。定义问题是为了设定范围、理清细节,最好的方式就是将目前的问题切割成数个更小的问题,这样才能看清楚问题的原貌。

不同类型的问题有不同的处理方式,因此必须事先区别是属于一般的问题还是属于特殊的问题。如果属于突发状况,就必须重新全盘地考虑完成所有决策的步骤再做出决定。因为有时候突发状况可能代表了未来的趋势或新商机所在。

(4)设定决策的优先次序

每个人每天都有非常多的事情要做,为更有效地决策,一定要设定其优先次序。会设定优先次序也是领导者要学习的一种能力。

设定优先次序,可将要决策的事情区分为5类:

A:必须做的决策;

B:应该做的决策;

C:量力而为的决策;

D:可以委托别人去做的决策;

E:应该删除的工作。

最好大部分的时间都在做 A 类及 B 类的事。

(5)搜集有意义的信息

决策不仅是做出决定而已,在这之前必须进行详尽的资料搜集和评估工作,事后更要进行检讨,才能真正累积经验,提高日后决策的成功机会。

(6)考虑各种可能的解决方案

这个阶段的重点在于大家相互脑力激荡,提出各种想法,不要考虑后续可行性的问题。请记住:点子愈多愈好;不要做出任何的价值判断;愈是突发奇想的点子愈好。

所有的想法都提出来之后,找出比较有可能执行的,然后针对每一个想法再详细讨论使其更为完整,并试着将不同的想法整合成更好、更完整的方案,最后筛选出数个选择方案。

(7)仔细评量筛选出的选择方案

每一种方案的优缺点是什么?可能造成的正反面结果是什么?这些选择方案是否符合你设定的预期目标?首先你必须依据先前所搜集到的客观数据作为评量的依据,同时评估自己是否有足够的资源与人力采取这项选择方案。

2.把握决策时机

在现实中往往有很多天赐的良机,稍纵即逝,领导者更要紧紧抓住这些良机。如何抓住良机呢?这就需要决策者具有果断的素质。果断是对信息进行了充分加工,做出十分迅速而准确的反应,是“短、平、快”式的深思熟虑。

(1)决策宁慢勿草率

在决策时,先不要忙于作指示,而要善于引导和启发组织中的成员自己分析、思考和解决问题,使他们也可以参与决策,同时也给自己思考的时间。迟缓的决定总比草率的决定来得恰当,不做决定胜过错误的决定。凡是经得起暂缓的决定,就该暂缓一下。

(2)延缓决策过程

这方面最典型的例子就是备受业绩压力的业务人员。在一个月或一个季度结束之前,业务人员的业绩总是最好,因为他们总会运用各种策略逼迫客户快些点头,包括降价、给予各种优惠或来个清仓大拍卖。通常在这种情况下,顾客反而更要犹疑不决,逼得业务人员不得不做更多让步,才算精明。

(3)避免过度专注于特定的信息

即使决策的程序完全符合理性的原则,在执行过程中,我们也很难避免落入某些思考陷阱当中。通常,我们对于最先接收到的信息印象特别深刻,受到的影响也最大,这就是所谓的参考点偏见,我们很容易过度专注于某个特定的数据或资料,而且很难摆脱它的影响。就好比你要预估下个月的营业额,可能你会直觉地认为必须参考上个月或是前半年的业绩数字。过去的经验固然很重要，然而在快速变迁的世界里，历史的信息有可能产生误导。

(4)判断信息的可信度

有时候我们所参考的信息与决策之间并没有直接的关联。例如，某些公司根据员工待在办公室的时间来评定绩效，然而这两者之间并没有必然的关系。唯有信息与结果之间的关系是“直接、一致且没有偏见”，才能正确利用信息，做出明智的决定。

【本章小结】

本章从实践的角度出发，首先分别从思考力、决策力、领导力、组织力和执行力五个方面详细介绍了卓越领导的具体特征；然后从把握方向、用人这两个方面介绍了卓越领导的艺术；最后是领导力的训练，着重介绍了提升领导力的方法和途径。在本章中插入了许多实践的案例或故事，便于理解和掌握，同时增加了本章的可读性和趣味性。

【习题】

名词解释

约翰·艾达尔领导艺术模型　无为而治　目标设定七步骤

简答题

1. 卓越领导需要具备哪些个人素质?
2. 激励下属时，卓越的领导应采取怎样的方式?
3. 情感激励的基本原则是什么?

案例讨论

黄同在某大型家电产品公司工作，前几年因为工作特别突出被从基层职员提拔为西区的大区经理。他现在管理着10个人。

黄同认为自己是“富有人情味的人”，但他的手下工作效率并不高。黄同的手下出现了分化，一部分人有能力而且积极地完成工作，而另一些人则显得对工作漠不关心且难以完成工作。有两个典型：王强和吴力。王强已经工作四年，是个靠得住的人，平时关心顾客，工作有效率。黄同与王强处得很好，而且他相信王强能在没有监督的情况下完成工作。

吴力的情况则和黄同不同，他在这个岗位上的时间还不到一年。在黄同看来，吴力在与同事的交往上花了太多的时间。每天吴力都是第一个下班的人，他几乎没有完成过规定标准75%的工作量。黄同经常找吴力谈话，明确地告诉他应该达到的目标和标准。但没有什么效果。

在一次沟通技巧培训课程结束后，黄同决定对每个人要更加友善和坦诚，尤其是对吴力和其他表现差的人，他要更关心他们的生活、理解他们的感受。因为从前他给了他们太多的压力，要求他们取得更高的绩效并建立有纪律的工作习惯。他希望吴力(还有其他人)会逐渐成长并进入良好的工作状态。

两个星期后，黄同坐在自己的办公室里，心情沮丧。他在自己领导风格方面所做的改变显然是不成功的，不仅吴力的绩效没有提高，而且，其他雇员(包括王强在内)的工作业绩与以前相比，都出现了下滑。

问题1:从领导力的角度进行分析，到底哪里出了问题，

问题2:结合本章内容，谈谈如果你是黄同，你会怎么做?

参考文献

A.1 普通图书

[1]庄士欣.组织行为理论与实务[M].北京:人民邮电出版社,2003.

[2]李磊,马华维.管理心理学[M].天津:南开大学出版社,2006.

[3]金盛华.社会心理学[M].北京:高等教育出版社,2005.

[4]商磊.组织与人格[M].北京:中国政法大学出版社,2006.

[5]胡冶岩.行为管理学[M].北京:经济科学出版社,2006.

[6]卢盛忠.管理心理学[M].浙江:浙江教育出版社,2006.

[7]程正方.现代管理心理学[M].北京:北京师范大学出版社,2004.

[8]王沛.社会认知心理学[M].北京:中国社会科学出版社,2006.

[9]彭聃龄.普通心理学[M].北京:北京师范大学出版社,2004.

[10]陈国海.组织行为学[M].北京:清华大学出版社,2006.

[11][美]L.A.珀文著,周榕等译.人格科学[M].上海:华东师范大学出版社,2001.

[12][美]劳伦斯·R·詹姆斯,米歇尔·D·马兹勒著.丁彪,李永鑫译.工作组织中的人格[M].上海:上海财经大学出版社,2005.

[13][美]伊万切维奇,康诺帕斯基,马特森著.邵冲等译.组织行为与管理[M].北京:机械工业出版社,2006.

[14][美]麦克沙恩,格里诺著.井润田,王冰洁,赵卫东译.组织行为学[M].北京:机械工业出版社,2007.

[15]王重鸣.管理心理学[M].北京:人民教育出版社,2001.

[16]伍叶琴.管理心理学[M].重庆:西南师范大学出版社,2005.

[17]刘毅.管理心理学[M].成都:四川大学出版社,2003.

[18]霍佳颖.组织的管理沟通[M].北京:中国发展出版社,2007.

[19]李强,李昌,唐素萍.管理心理学[M].北京:北京工业大学出版社,2002.

[20]汪雪兴.管理心理学[M].上海:上海交通大学出版社,2001.

[21]袁凌,李敬,吴文华.组织行为学[M].长沙:湖南大学出版社,2004.

[22]陈国权.组织行为学[M].北京:清华大学出版社,2006.

[23][美]吉布森,伊凡赛维奇,唐纳利著.王常生译.组织学[M].北京:电子工业出版社,2002.

[24]明恩溥.典型的中国人文明与陋习[M].北京:书海出版社,2004.
[25]余世维.有效沟通[M].北京:机械工业出版社,2006.
[26]申明,郭小龙.管理沟通[M].北京:企业管理出版社,2002.
[27]王垒.组织管理心理学[M].北京:北京大学出版社,1993.
[29]斯蒂芬·P·罗宾斯著.孙健敏,李原译.组织行为学[M].北京:中国人民大学出版社,2006.
[30]刘永中,金才兵.冲突管理[M].广州:广东经济出版社,2004.
[31]王继承.谁能胜任—胜任模型及使用[M].北京:中国财政经济出版社,2004.
[33]莱尔·史班瑟,莘那·史班瑟著.魏梅金译.绩效考核—美国军方才能评鉴法[M].广州:汕头大学出版社,2005.
[34]朱永新.管理心智[M].北京:经济管理出版社,2005.
[35]张声雄.学习型组织的创建[M].上海:上海科学普及出版社,2003.
[36]李宏,杜学忠.组织行为学精华读本[M].安徽:安徽人民出版社,2002.
[37]关培兰.组织行为学[M].北京:中国人民大学出版社,2004.
[38]黄维德,刘燕徐.群组织行为学[M].北京:清华大学出版社,2005.
[39]李剑锋.组织行为管理[M].北京:中国人民大学出版社,2003.
[40]时巨涛等.组织行为学[M].北京:石油工业出版社,2003.
[41]陈树文.组织管理学[M].大连:大连理工大学出版社,2005.
[42][美]A.D.西拉伊,M.J.华莱士著.刘笑萍译.组织行为学[M].北京:煤炭工业出版社,1992.
[43]黄希庭.心理学导论[M].北京:人民教育出版社,1990.
[44]朱永新.管理心理学[M].北京:高等教育出版社,2002.
[45]苏东水.管理心理学[M].上海:复旦大学出版社,2002.
[46]谭昆智.组织文化管理[M].北京:北京大学出版社,2008.
[47]周永生.管理学基础[M].北京:清华大学出版社,2006.
[48]徐向艺.管理学[M].山东:山东人民出版社,2005.
[49]黄维德,刘燕,徐群.组织行为学[M].北京:清华大学出版社,2005.
[50]金盛华.社会心理学[M].北京:高等教育出版社,2007.
[51][美]约翰.科特著.史向东,颜艳译.现代企业的领导艺术[M].北京:华夏出版社,1992.
[52]杨东编著.员工激励[M].北京:中国轻工业出版社,2009.
[53]克里斯·科尔著.智慧沟通的35种策略[M].北京:中央编译出版社,2009.
[54]Camerer. C. F. Behavioral game theory: experiments in strategic interaction [M]. Princeton American: Princeton University Press, 2003.

A.2 学位论文

[1]孟慧.企业管理者大五人格特质,特质目标定向和变革型领导[D].上海:华东师范大学心理学系,2003.

[2]张志峰.大五人格特质在互动过程下对团队绩效影响研究[D].呼和浩特:内蒙古工业大学管理学院,2006.

[3]马志刚.建立以"人格"为本的人力资源管理模式[D].呼和浩特:内蒙古大学 MBA 中心,2007.

[4]肖虹.班杜拉社会学习理论的认知与融合性特征研究[D].济南:山东大学哲学与社会发展学院,2007.

[5]冯桂梅.态度改变理论在大学生思想政治教育工作中的应用[D].长春:吉林大学行政学院,2007.

[6]刘孝平.基于基准管理的企业员工激励机制改善研究[D].天津:天津大学管理学院,2006.

[7]李扬.普通公务员职业自我效能感问卷的编制及其应用[D].重庆:西南大学心理学院,2008.

[8]方永平.行政处级干部的管理能力结构及其特征分析[D].杭州:浙江大学管理学院,2003.

[9]丁慧平.组织决策的理性思考及其感性修正[D].吉林:吉林大学哲学社会学院,2006.

[10]曹蕾.外企员工心理状况及相关因素研究[D],苏州:苏州大学管理学院,2005.

[11]黄桂英.澳门翻译员工压力一应对方式与心理健康关系研究[D],厦门:厦门大学教育科学学院,2005.

[12]钱奕榕.多元文化对主流宗教的挑战[D],上海:华东师范大学历史系,2004.

[13]李虹.基于组织绩效的企业内部伦理能力构成因子研究[D].浙江:浙江师范大学工商管理学院,2006.

[14]赵卿.古代鲜明管理者管理伦理架构及其组织行为意义[D].贵阳:贵州师范大学心理学系,2007.

[15]汤毅晖.管理人员工作压力感一控制感一应对方式与心理健康的关系研究[D].南昌:江西师范大学教育学院,2004.

[16]王静.儒家和合思想对日本企业教育的影响[D].长春:东北师范大学教育学院,2006.

A.3 期刊论文

[1]曾维希,张进辅.MBTI 人格类型量表理论研究与实践应用[J].心理科学进展,2006,14(2):255—260.

[2]贺琼.MBTI 人格理论在企业招聘中的应用[J].人口与经济,2009 年增刊:107—108.

[3]唐军.人力资源管理者的 MBTI 类型研究[J].人口与经济,2002,10(增刊):48—52.

[4]齐立滢."大五"人格理论在人力资源管理中的应用[J].人口与经济,2009 年增刊:105—106.

[5]田凌飞.荣格心理类型理论与量表历史发展研究[J].中国健康心理学杂志,2009,17(6):746—748.

[6]敖小兰.心理类型理论概述[J].西南民族大学学报人文社科版,2004,25(1):393—397.

[7]谢琳璘.九型人格与企业用人[J].人力资源,2008,6:86—89.

[8]陈国海.九型人格在企业人才招聘中的应用[J].商场现代化,2006.7:250—251.

[9]王黎.张建新.从人格特质角度看管理人员应付组织变革[J].心理学动态,2000,8(4):57—62.

[10]廖成林,袁艺.基于社会认知理论的企业内知识分享行为研究[J].科技进步与对策,2009,26(3):137—139.

[11]成晓光.班杜拉的社会学习理论中的认知因素[J].辽宁师范大学学报社会科学版,2003,26(6):30—33.

[12]龚珊珊.班杜拉社会认知理论对教学的启示[J].黔东南民族师范高等专科学校学报,2006,24(5):51—53.

[13]李霞,傅红梅,谢晋宇.London的职业动机理论及其对人力资源管理与开发的启示[J].科学与科学技术管理,2008,9:192—195.

[14]李娟,刘军明.工作动机理论的研究趋势分析[J].新疆教育学院学报,2006,22(1):42—45.

[15]姜立利.期望价值理论的研究进展[J].心理探索,2003,2:33—35.

[16]陈爱吾.归因理论在人力资源管理中的应用[J].技术经济,2003,11:27—28.

[17]郑建君,金盛华.领导领域中归因理论的研究述评[J].心理科学进展,2009,17(2):432—441.

[18]王震.论归因理论在人力资源管理领域中的应用[J].商场现代化,2006,8(下旬刊):310—311.

[19]高凯.基于态度改变理论的大学生人际冲突解决策略[J].辽宁工业大学学报社会科学版,2009,11(4):90—93.

[20]马德峰.态度改变:费斯汀格的认知不协调理论述评[J].华中理工大学学报社会科学版,1999,4:79—81.

[21]徐伟丹,袁安府.甄选背景下应聘者知觉研究的理论框架及评述[J].改革与战略,2008,24(8):158—160.

[22]朱冬梅.动态领导:领导理论的新发展[J].韶关学院学报·社会科学,2007,28(4):81—83.

[23]蒋毅群.论企业管理中的人际EQ[J].工会理论研究,2000,2:36—38.

[24]王琳楠,马越峰.情商理论(EQ)与新型领导力[J].科技管理研究,2006,3:115—116.

[25]刘晓琴.劳动力多元化背景下的企业文化构建[J].企业改革与管理,2006,3:54—55.

[26]杜钢.美国多元化文化教育五十年:回顾与前瞻[J].北京科技大学学报.2007,6(23):148—150.

[27]陈艳平.跨国企业的劳动力多元化[J].当代经理人,2006(3):175—176.

[28]于民辉.经济全球化与文化多元化[J].理论探讨,2006,8:22—24.

[29]马平.全球化格局下的民族多元化发展趋势[J].民族文化研究,2005,1(16):35—39.

[30]李晓云.国际广告传播中的种族多元化趋势[J].新闻爱好者,2008(9):85.

[31]袁安府.和谐员工多元化探讨[J].经济界,2008(12):53—57.
[32]陈万思.基于职业经理人胜任力模型的 MBA 复试设计[J].人才资源开发,2008(10):62—63.
[33]顾卫杨.基于胜任力模型的企业人力资源管理研究[J].吉林省教育学院学报.2009(3):105—106
[34]彭金武.当代组织设计理念的变迁[J].北京行政学院学报,2008(1):61—65.
[35]刘松博,胡威.国内组织设计研究的发展与现状[J].经济理论与经济管理,2006,(9):24—29.
[36]李志,唐波.基于组织视角的政府与企业管理者胜任特征比较研究[J].重庆大学学报(社会科学版),2009(2):45—49.
[37]徐联仓,陈龙,王登.心理学为提高企业素质服务[J].心理学报,1985,(4):339—345.
[38]凌文辁,陈龙,王登.CPM 领导行为评价量表的建构[J].心理学报,1987,(2):199—207.
[39]王登峰.中国基层党政领导干部的胜任特征与跨文化比较[J].北京大学学报(哲学社会科学版).2006,43(6):138—146.
[40]时勘,王继承.企业高层管理者胜任特征模型评价的研究[J].心理学报,2002,34(3):306—311.
[41]金杨华,陈卫旗,王重鸣.管理胜任特征与工作绩效关系研究[J].心理科学,2004,27(6):1349—1351.
[42]林泽炎,刘理晖.转型时期中国企业家胜任特征的探索性研究[J].管理世界,2007,(1):98—104.
[43]秦发盈.国外组织学习理论综述与本土应答[J].继续教育研究.2004,(4):11—15.
[44]金乐.论组织决策的理念和技术[J].河南社会科学,2008,9(16):118—119.
[45]朱方伟,武春友,佟胜凯.企业组织学习的障碍分析[J].大连理工大学学报,2004,25(3):28—31.
[46]赖文燕,蔡国栋.西蒙的“有限理性”的理论意义和实践价值[J].内蒙古科技与经济,2009(9):22—23.
[47]毛良斌.组织学习的理论,应用及研究展望[J].经济论坛,2009,3(13):7—10.
[48]赵风中.组织学习障碍探析[J].科学管理研究.2006,(1):84—87.
[49]陈丽君.组织诚信:超越个体品德的组织伦理和行为[J].现代哲学,2005,(4):105—112.
[50]赵平安,高猛.“面子”管理的哲学与艺术[J].领导科学,2009,3:25—27.
[51]从莲.“人情”与“人情味”[J].经济论坛,2009,2:31.
[52]李立新.从科学决策看领导团队[J].HR 经理人,2009,6:53—55.
[53]刘波.从称呼异同看中西方面子观对比[J].黑龙江史志,2009,2:96—97.
[54]刘威.大众媒介受众的代际转变分析[J].东南传播,2009,1:147—148.
[55]韩东京.古代帝王思想对现代内部人控制思想的影响[J].会计之友,2006,7:89—90.
[56]时雨,方来坛,时勘.工作卷入研究的新趋势[J].心理科学,2009,1:158—160.
[57]蒋艳清.儒家和合实现对企业管理的影响[J].湖南行政学院院报,2006,4:59—61.

[58]曾晖，赵黎明.组织行为学发展的新领域[J].北京工商大学学报(社会科学版)，2007，3：84—90.

[59]刘继云，孙绍荣.行为科学理论研究综述[J].金融教学与研究，2005，5：36—37.

[60]Moses L Pava.The Path of Moral Growth. Journal of Business Ethies，2002，38：43—54.

[61] Dua，J. K. Journal stressors and their effects on Physical health，emotional health，and job satisfaction in a university. Journal of Educational Administion.1994，32(1)：59—78.

[62] Fehr，E.&Schmidt，K. M. A theory of fairness，competition，and operation.Quarterly Journal of Economics，1999，14：817—868.

A.4 参考网址

[1]blog.sina.com.cn
[2]www.toshiba.com.cn
[3]www.ceres.org
[4]wiki.mbalib.com
[5]www.ceconline.com
[6]www.cpirc.org.cn
[7]www. icxo.com
[8]www.psytopic.com
[9]www.bokee.net
[10]baike.qudong.com
[11]www.360doc.com
[12]www.89mc.org
[13]www.u148.net
[14]koudai.360.cn
[15]www.21manager.com
[16]www.chinagate.com.cn
[17]xinli.9939.com
[18]news.xinhuanet.com
[19]baike.baidu.com
[20]www.51kang.com
[21]down.cntrades.com
[22]tech.163.com
[23]www.xlxcn.net
[24]www.yeeyan.org
[25]www.cec.globalsources.com
[26]www.drcnet.com
[27]www.chinakm.com
[28]www.sino—manager.com
[29]www.wiseman.com?
[30]hrbooks.giga—tv.com?
[31] www.rs66.com
[32] www.chinavalue.net
[33] huicheng2008.blog.hexun.com
[34] www.hxrc.com
[35] www.p5w.net
[36] baike.china.alibaba.com